생명과
장소

생명과 장소 — 창조하는 생명의 원리

초판 1쇄 인쇄 _ 2010년 2월 5일
초판 1쇄 발행 _ 2010년 2월 15일

지은이 · 시미즈 히로시 | 옮긴이 · 박철은, 김강태

펴낸이 · 유재건 | 주간 · 김현경
편집팀 · 박순기, 박재은, 주승일, 박태하, 임유진, 강혜진, 김혜미, 박광수, 김재훈
디자인팀 · 이해림, 신성남 | 마케팅팀 · 이경훈, 정승연, 서현아, 황주희, 이민정
영업관리팀 · 노수준, 이상원, 양수연

펴낸곳 · (주)그린비출판사 | 등록번호 · 제313-1990-32호
주소 · 서울시 마포구 동교동 201-18 달리빌딩 2층 | 전화 · 702-2717 | 팩스 · 703-0272

ISBN 978-89-7682-342-7 04100
978-89-7682-302-1 (세트)
이 도서의 국립중앙도서관 출판시도서목록(CIP)은 e-CIP 홈페이지(http://www.nl.go.kr/ecip)에서
이용하실 수 있습니다.(CIP제어번호: CIP2010000279)

그린비 출판사 나를 바꾸는 책, 세상을 바꾸는 책
홈페이지 · www.greenbee.co.kr | 전자우편 · editor@greenbee.co.kr

生命と場所

RHIZOME • II
NEW HORIZONS
리좀총서 II
02

생명과 장소

창조하는 생명의 원리

시미즈 히로시
지음

박철은
김강태
옮김

gB
그린비

현상 앞에서 겸허해지는 것,

이것이 현상으로부터 배우는 것이다.

서문

이 책의 구판이 세상에 나온 1992년 이후, 과학기술은 근대 문명의 리理를 실로 첨예화했다. 그것은 생명을 물物로서 포착하여 과학에 의해 언어화하려는 움직임이다. 주체성을 분리한 사물로서의 생명체를 대상으로 하는 분자생물학, 대뇌생리학이나 인지과학, 정보 및 시스템과학, 카오스 이론이나 복잡계과학complex system science에 의해 생명의 본질을 해명하려고 하는 연구, 그리고 그들의 성과에 기초해 '인간과 사회의 해명'을 목표로 하려는 여러 연구들, 열거하자면 한이 없다. 어느 쪽으로부터도 "이 방향으로 나아간다면 문명의 정체停滯를 타개할 수 있다"는 자신만만한 예측이 나오고 있다. 이 연구들이 경제적 이득을 확대할 가능성이 있다는 것은 나도 부정하지 않는다.

그러나 살아 있다는 것은 사물에 국한되지 않으며, 또 살아 있다는 것에는 언어화할 수 없는 활동이 포함된다. 과학은 어떻게 아이의 마음에 꿈을 주고, 고독한 노인의 마음을 위로할 수 있을까.

지구 규모의 생태적 위기를 해결할 방향을 찾아내지 못한 채 시대는 폐색閉塞 상황에 빠져 있다. 이 상황 아래서 문명에 새로운 방향성을 부여할 사유를 요구하는 목소리가 높아져, 이 책도 이 새로운 정황을 맞아 재검토하게 되었다. 나 자신이 이 거대한 문명의 전환기에 태어난 인간으로서 과학의 새로운 방향성을 보여 줄 수 있도록 이 책을 쓰고 싶다는 바람을 갖고 있었다. 이 책의 내용은 구판이 출간된 이래 7년을 경과하고서도 여전히, 아니 오늘날에야말로 더욱 큰 사회적 의의를 가지기 때문이다. 또 최근 나와 내 공동연구자들의 연구가 진행되면 진행될수록 이 책에서 취하는 관점과 그 내용이 장소와 생명의 본질을 해명하는 데 본질적인 의의를 가진다는 것도 분명하게 되었다. 한마디로 말해서 이 책은 적어도 현시점에 있어서는 과학적 관점에서 쓰인 유일한 '설계적 장소론'의 입문서로 위치지어질 것이다. 그렇지만 한 가지 중대한 문제가 있었다. 구판을 그대로 세상에 내놓는다면 그 의의가 충분히 이해되지 않을 것이라는 우려가 그것이다.

구판 간행 과정에서 많은 분들의 수고가 있었다. 그럼에도 불구하고, 유감이지만 구판은 결과적으로 나의 의사를 충분히 반영했다고는 말할 수 없는 형태로 편집되었다. 나의 미발표 논문을 수록한 플로피 디스크가 담당편집자의 손에 넘겨진 뒤 집필 시기가 다른 논문이 섞이게 되었으며, 그것도 기본적으로는 '통합'이라는 과정을 거치지 않고 다른 많은 글들을 덧붙이는 형태로 편집되었던 것이다. 그 결과 사상과 논리의 일관성을 잃어버리게 되었다. 내가 정리된 원고를 읽어 보게 되었을 때는 원래 디스크의 내용은 사실상 해체되어 있었고, 나에게는 이미 어떻게 할 방법이 없는 상황이었다. 궁지에 몰린 나는 최후의 수단으로서 발상을 전환하게 되었다.

이참에 이 책을 내가 오랜 연구 끝에 발견한 '장소론의 응용에 의한 구속조건 생성의 과학적 이론'을 발표하는 기회로 삼는 게 어떨까. 또한 '덧붙이는' 편집 방법에 의해 유사한 논리가 몇 번씩이나 반복되게 된 전개를 오히려 긍정적으로 살려 나선구조를 그리면서 푸가fuga처럼 상승해 가는 논리적 구성이 되도록 문장을 고친다면 어떨까. 잘 된다면 장소적 자기언급의 순환운동, 즉 '논리를 부분적으로 만들면서 그 결과를 논리의 전체적인 가닥 속에 위치 지어 전체에 있어 의미를 부여하고, 다시 부분으로 돌아온다'라는 극히 생명적인 활동을 나선상의 논리 구성으로 상징하는 것이 가능할지도 모른다. 이러한 희망을 가슴에 품고 편집공학연구소의 다카하시 히데모토高橋秀元 씨의 협력을 얻어 가능한 한 재정리했던 것이다.

이상의 경위를 거쳐 겨우 세상 빛을 보게 된 구판이었다. 그렇다 하더라도 발상의 전환을 막판에 결단하지 않으면 안 되었기 때문에 중복된 내용이 도처에 남고 같은 개념이나 용어에 관한 여러 묘사가 뒤엉켜, 독자에게 큰 노력을 요구하는 책이 되었다는 것은 부정하지 않는다. 무엇보다 나 자신이 이 구판을 그대로 세상에 남겨 놓는다는 것은 도무지 참을 수 없었다. 구판을 새롭게 고쳐 써서 그 의의를 세상에 묻고 싶다는 것이 내 간절한 바람이었다. 그래서 신판 간행에 있어서는 나선형의 논리 구성은 남기면서도, 쓸데없이 장황해진 부분을 삭제해 용어를 정리하고 무엇보다 전체로서 하나의 '줄거리'를 말하는 책이 되도록 애썼다. 더욱이 우리들의 연구 상황을 이해시키기 위해, 새로운 부와 각주, 또 '독자에게 보내는 편지'라는 형식으로 보론을 추가했다.

이리하여 전체를 수정한 이 책을 어떻게 명명할 것인가에 관하여 당초 저자 측과 출판사 측의 의견 대립이 있었다. 저자 측은 논리적인 구조의 큰 변경이 없는 이상 개정증보판으로 명명해야 한다고 주장했지만, 판을 전면적으로 바꾸게 된 출판사 측은 신판이라 부를 것을 희망한 것이다. 그러나 충분한 토의가 이루어져 서로의 입장을 충분히 이해할 수 있었기 때문에 양자의 모순은 자기동일적 해결에 도달할 수 있었다. 출판사는 저자가 이 '서문'에 "이 신판은 실질적으로는 구판의 개정증보판이다"라고 쓰는 것을 허용했다. 저자는 부제나 표지, 부나 장의 표제를 어느 정도 변경하는 것을 허용했다. 이상의 제안이 행해지고 실행되었다.

1999년

시미즈 히로시

차례

2부 생명시스템의 복잡성

3부 생명의 자기창출 과정을 푼다

4부 장소적 관계의 제창

| 일러두기 |

1 이 책은 清水博, 『生命と場所—創造する生命の原理』(NTT出版, 1999)를 완역한 것이다.

2 본문의 주석은 모두 각주로 되어 있으며, 옮긴이 주는 끝에 '—옮긴이'라고 표시했다. 또 옮긴이가 본문에 추가한 내용은 대괄호([ ])로 묶어 표시했다.

3 단행본에는 겹낫표(『 』)를, 논문에는 낫표(「 」)를 사용했다.

4 외국 인명이나 지명, 작품명은 2002년에 〈국립국어원〉에서 펴낸 '외래어 표기법'을 따라 표기했다.

1부

생명의 논리를 살피다

1장_ 생명을 어떻게 기술해야 하나

생명에 대한 관점

본래 생명은 관계론적 존재이다. 그것도 이중의 의미에서 '관계'에 관계되고 있다. 첫번째로 생명체는 많은 요소(부분)의 집단으로 이루어져 있는데, 그 요소들 간에는 다양한 관계가 생성하고 소멸하고 있다. 두번째로 생명체 자신이 다른 생명체와 관계를 가지고 있다.

이 두 종류의 관계가 없다면, 생존 상태가 불안정하게 된다. 이들의 관계는 어떠한 것이 아니면 안 된다고 규정된 것이 아니다. 뒤에서 설명하고 있듯이, 상황에 따라 다양하게 변화한다. 왜 변화하느냐면, 변화하는 것이 생명의 유지를 위해서 필요하기 때문이다. 그러나 그 관계가 어떤 관계라도 좋은 것은 아니다.

어떠한 것이 아니면 안 되는가는 질문에 답하는 것은 어려우므로, 오히려 어떤 관계라면 곤란한가를 묻는 쪽이 좋다고 생각한다. 어느 쪽이든 생명이란 관계를 그 존재 양식으로 하고 있으며, 그 관계의 존재 양식은 다의적이고, 또한 관계의 다중적 층이 서로 겹쳐져 있다. 더욱이 그 층 사이에도 순환적인 관계가 활동하고 있다는 것이 생명체에 있어서 본질적으로 필요한 조건이다.

고전적인 과학의 사고 방식은 자연을 지배하는 유일한 진리가 있다는 신념에 의해 지탱되고 있다. 우리들이 역학을 배웠을 때에는, 대상이 취할 수 있는 상태로 두 개 이상의 다른 유형이 존재하고 있다는 식의 다양성을 인정하는 법칙은 생각할 수 없었다. 이런 것이 가능하다고 한다면 사고 방식의 어딘가에 이상한 곳이 있다는 말이 된다. 예컨대 다리를 놓으려고 할 때, 방정식의 해에 이런 다양성이 있다고 한다면 다리를 설계하는 것은 불가능하다.

그런데 생명체의 본질적인 특징은 다양한 해가 존재한다는 것뿐만 아니라, 어느 정도의 다양성이 있는가를 미리 아는 것이 불가능하다는 것, 즉 규정 불가능한 무한정성無限定性에 있다고 나는 생각한다.[1] 그러나 무한정한 상태에 무한한 가능성이 있다고 해도, 그것이 어떠한 해일지라도 상관없다는 것은 아니다. 어떤 제한이 있음에 틀림없다.

그러나 그것이 어떻게 되어 있는지는 거의 모르고 있는 실정이다. 예를 들어 한 개의 돌을 집어던질 때에 그것이 어떠한 운동을 하게 되는가는 실제 돌을 던지지 않아도 계량적으로 알 수 있다. 그것은 돌의 운동법칙을 기술하는 결정론적인 방정식이 뉴턴에 의해 주어져 있기 때문이다. 그러나 하나의 수정란이 있을 때, 어떠한 반점이 생기고 어떠한 성질을 가진 '개'犬가 될지를 가르쳐 주는 방정식은 아직까지는 알려져 있지 않다. 하물며 인간의 사회문제가 되면, 극히 복잡해서 정확하게 답하는 것은 불가능

1) 이 글에서 저자가 사용하고 있는 무한정이란 용어는 그 내포상 무한정하다는 의미와 한정되지 않았다는 의미를 함께 가지고 있기 때문에, 본문에서는 맥락에 따라 무한정과 비한정으로 나누어서 번역하였다.—옮긴이

하다. 이것들은 문제가 되는 대상에 복잡성이나 자율적인 변화가 있는지 없는지에 관련되어 있다. 이렇게 생각해 보면, 정보의 의미가 어떻게 결정되고 어떻게 변화해 가는가를 예견하는 이론은 깊은 사고를 필요로 한다는 것을 알 수 있다.

뉴턴은 사과가 나무에서 떨어지는 것을 보고 만유인력의 법칙을 떠올렸다고 전해지고 있다. 그것이 사실인가 아닌가는 별도로 해도, 낙하하는 물체의 관찰에서부터 그의 유명한 운동방정식이 발견되었다는 것은 사실일 것이다. 생명체의 생성을 생각할 때, 뉴턴의 '낙하하는 물체'에 해당하는 관찰 대상이 있을 것인가.

어떤 것에 주목해서 또 어떻게 하면 생명체의 상태가 생성하는 과정을 나타내거나 변화하거나 하는 과정을 기술할 수 있는 법칙이 발견될 수 있는 것일까. 일반적인 법칙성을 처음부터 찾는 것은 무리라고 해도, 제한된 범위 내의 현상을 잘 설명할 수 있는 방법은 없을까. 이러한 관계성과 다양성의 문제를 조금 생각해 보면 문제는 산더미처럼 발생한다.

'관계'에서 출발한다

생명체가 서로 연관을 맺는 관계가 겹겹이 다중화되어 있고 상호 의존해서 살고 있다는 것을 고려하고서, 인간을 예로 들어 보자.

우선 큰 시야에서 지구 위의 인간을 보면, 아무리 인간만이 위세가 당당하다 해도 자연환경이 사멸한다면 그 속의 인간도 살아 있을 수 없다. 거기에 자연과 인간의 밀접한 관계가 있다.

다음으로 인간이라는 생명체로 시야를 좁혀 그것을 구성하는 세포를 보자. 인간을 형태 짓고 있는 세포들 내에 암세포가 발생하여 그것이 증식하기 시작한다고 해보자. 그 암세포가 아무리 왕성하게 번성해도 그로써 인간이 죽어 버리면 암세포 자체도 살아갈 수 없게 된다. 여기에서 생명체와 세포의 밀접한 관계가 있다는 것을 알 수 있다.

그렇다면 생명체가 자신의 주위 환경에 작은 변화를 가하는 것도 허용되지 않는가 하면 그런 것도 아니다. 예컨대 초식동물은 풀을 먹지만 그것을 단지 "자연을 황폐하게 하고 있다"고 단정할 수는 없다. 만약 초식동물이 없어진다면 식물이 너무 번창할 것이고, 지상의 탄산가스를 전부 소비해 버려 일제히 고사枯死해 버릴 가능성도 있기 때문이다. 식물 측에서 판단해 보면 적당히 솎아질 필요가 있는 것이다. 동일한 양상이 초식동물에게도 해당한다.

자연환경의 상태에도 극히 복잡한 다양성이 있다. 결코 균질적이고 일의적인 것은 아니다. 이러한 자연 속에서 많은 야생 동물은 자유로운 의지에 따라 행동하고 있는 듯 보인다. 그러나 그 행동을 전체적으로 파악해 보면, 어떤 특별한 종만이 번성해서 자연의 거대한 생명적 조화를 파괴하지 않도록 순환적인 관계가 만들어져 있는 것이다.

이 관계는 다양성이나 다의성을 허용하는, 말하자면 '느슨한 관계'로, 그 관계가 생명적 조화를 만들어 내고 있을 때 내가 '정합적인 관계'(1부 각주 17)라고 부르는 것이 성립한다. 그렇다고 해서 무제한적으로 느슨하지는 않을 것이다. 어딘가에 살 수 있기 위한 한계가 존재함에 틀림없다. 어디에 어떠한 한계가 있는가는 일의적인 문제가 아닐지도 모른다. 더욱이 진화를 위해서는 관계의 적극적인 변화를 필요로 하는 경우가 있음도 확실하다. 이 타당한 관계란 어떠한 관계인가는 아직 잘 모르고 있다.

이것은 개인과 사회의 관계에 관해서도 말할 수 있다고 생각된다. 환경과 개인의 관계는 평균 수명이 늘어난 일본 사회에서 금후 더욱더 중요한 문제가 될 것임에 틀림없다. "머리로만 살면 모가 난다. 정情에 치우치면 휩쓸린다. 고집을 부리면 옹졸해진다. 아무튼 인간세상은 살기 힘들다"고 나쓰메 소세키夏目漱石가 개탄한 것처럼, 인간관계는 극히 어려운 것이다.

그렇다고 해서 관계가 없으면 해결되는 것도 아닌 듯하다. 사회 조직 내에서 열심히 일해 온 사람들이 이럭저럭 정년이 되고 퇴직을 하면, 그때까지 자신이 활동의 지주로 삼고 있던 목표를 상실해 버리는 것을 볼 수 있다. 퇴직 전의 생활에는 목표가 있고, "바쁘다, 바쁘다" 하고 입버릇처럼 말하면서 그 목표를 향해 열심히 일하는 것이 삶의 보람이기도 했으며 인생의 충실이기도 했다. 그때 자신의 주변에는 같은 목표 아래 여러 인간관계가 만들어져서, 그것이 갖가지 의미에서 자신이 목적에 집중하는 것을 지탱하고 있었다. 그 속에서 조직을 위해 기여하는 것이 사는 기쁨이기도 했다. 그러나 퇴직에 의해 그때까지의 목표를 잃어버린다는 것은 그때까지의 인간관계 밖으로 놓여 버리게 됨을 의미한다.

인간관계를 잃은 상황하에서는 새로운 목표를 설정해도 그 의의가 약하고 지속할 수 없게 돼 버리는 경우가 많다. 일찍이 그렇게나 바라고 있던 휴식도 매일이 휴식이 되어 버리면 결코 즐거운 일이 아님을 알게 된다. 빛나는 것처럼 생각되던 인생이 갑자기 재미없는 것으로 변해 버려, 설사 물질적으로 풍족해도 정신적으로는 이미 건강하게 살아갈 수 없는 상태에 빠져 버린다.

사는 보람을 갖기 위해서는 목표를 필요로 하지만, 그것은 인간적 관계 속에서 비로소 의미를 부여받고 또 행복과 결부되는 것이다. 새로운 관계를 만들기 위해서는 관계가 완전히 고정돼 있지 않을 필요가 있지만, 동시에 새로운 관계가 새로운 의미를 가질 필요도 있다. 그러나 오래된 의미를 버리고 새로운 의미를 갖는 데는 괴로움이 동반되고 시간도 필요하다.

느슨한 관계의 네트워크를 만듦으로써 좋은 인간관계를 만들고, 그 관계 속에서 서로 사는 의의를 발견하도록 해가는 것이 중요한 원리가 된다. 산다는 것은 본디 관계 속에서 산다는 것이다.

인간은 많은 의식 상태를 취할 수 있는 동물이다. 하나의 상태에서 다른 상태로 의식을 옮겨 가면서 주위와의 관계 형성 방식을 변화시킨다. 일반적으로 깨어 있을 때와 자고 있을 때는 의식의 상태가 다르고, 직장과 가정에서도 의식 상태가 다르다. 또 절이나 신사에서의 선남선녀도 군중 속에 있으면 사람이 바뀐 듯이 되어 버린다. 알코올이나 특별한 약에 의해 의식 상태를 바꾸는 것도 가능하다.

즉, 인간에게는 불특정 다수의 의식 상태가 있고, 그 의식에 의해 인간관계도 변하고 또 합의 방법이나 옳고 그름의 판단조차 바뀌게 될 가능성이 있다. 가와이 하야오[2]에 의하면, 노이로제는 환자를 깊은 의식 상태에 이르게 함으로써 자연적으로 치료되는 듯하다. 깊은 의식일수록 이미지의 자율성과 정동감情動感이 크다. 의식 상태의 다양성이라는 점에서 바라보면, 한 사람에게 있어서도 일정 폭 안에서 가치 기준의 다양성이 있어 좋다. 하물며 문화가 다른 사람들 사이에 가치 기준의 다양성이 있는 것은 당연할 것이다.

어떤 의식을 가질 때 인식이나 판단에 가장 적절한가를 생각해 보면, 실은 절대적인 기준은 없을 것이라는 점을 알 수 있다. 그것은 환경 속이나 인간의 집단 속에서 결정되는 구조로 되어 있다. 따라서 어떤 가치 기준이 보다 넓은 생활공간 속에서 공유 가능한가 불가능한가 하는 것에 의해 그

2) 가와이 하야오(河合隼雄, 1928~). 일본 융파 분석심리학의 제1인자. 심리요법의 실천과 함께 심층심리학의 방법에 의해 예리한 일본사회론, 문화론을 전개했다.

기준의 보편성이 허용된다는 것이 기본적인 사고 방식이 된다.

그러나 다양한 가치관의 존재를 전제로 하는 복잡한 사회에서 하나의 기준밖에 허용되지 않는다는 태도를 취하는 것은 무리임에 틀림없고, 또 좋은 것도 아니다. 그렇다고 어떤 가치 기준이나 가져도 좋은가 하면 그렇지도 않다. 유일한 원리가 있는지 없는지는 알 수 없지만 보다 보편적인 원리는 있을 것이다. 그것을 찾고 싶다고 생각하는 것이 나의 입장이다.

그 원리는 본질적으로는 생명에 숨겨져 있음이 틀림없다. 어떠한 생명이라도 생명이 풍요롭게 존속해 가기 위해 이 지구상에서 전 지구적 의미에서의 생명적인 관계와 조화를 만들 것을 필요로 하고 있다고 생각하기 때문이다.

바야흐로 많은 국가나 민족이 상호 의존하며 존재하고 있는 것이 사실이다. 서로 협력하고 생명적인 조화에 가치 기준을 놓은 세계의 평화, 정보와 부의 공정한 유통을 생각해야 한다. 이런 의미에서의 통합적인 전 지구적 기준을 생각할 필요가 있게 되었음에 틀림없다. 그를 위해서도 새로운 '관계의 과학'이 필요하다.

생명의 설계 원리

지금까지 우리들(나와 연구 협력자들)이 취해 온 접근 방법 혹은 사고 방법을 한마디로 말하면 "분석과 재구성에 의해 생명시스템을 생명 본질의 설계 원리로부터 명백하게 파악한다"는 것이다. 이 '설계 원리'라는 것은 생명시스템이 어떻게 설계되어 있는가를 밝히는 것이며, 그 구조와 정보(혹은 언어라 해도 좋지만) 즉 하드와 소프트 양측을 해명하고 실제로 그 원리를 사용해 인공적인 생명시스템을 구축한다는 것을 큰 목표로 하고 있다.

〈그림 1〉 생명시스템 해명을 위한 방법

제1단계	생명시스템을 구성 요소로 분해한다	=	분해
제2단계	구성 요소로부터 생명시스템을 설계해 구성한다	=	재구성
제3단계	생명시스템 설계 원리의 해명	=	해명

'분해와 재구성에 의해 생명시스템을 생명 본질의 설계 원리로부터 해명하는 것'이라는 방법은 다음 세 단계를 거친다.

제1단계로, 생명시스템을 구성 요소로 분석하는 과정이 있다. 생명시스템을 그대로 보는 것이 아니라 우선 이것을 분해해서 요소에 관여한 정보를 손에 넣는다. 물론 이 경우에 생명시스템을 실험적으로 분해한 것도 있지만, 머릿속에서 이론적으로 분석한 것도 해당한다.

제2단계로, 그렇게 뿔뿔이 흩어 놓은 구성 요소로 그 이상 단순화시킬 수 없는 생명시스템을 설계하고, 생명시스템의 흥미롭고 본질적인 특징을 나타내는 시스템을 재구성함을 생각한다. 이 분해와 재구성을 엄밀하게 생각함으로써 비로소 생명시스템의 본질을 그 구조, 그리고 그 구조가 낳는 요소 사이의 관계, 그 관계가 낳는 정보라는 관점에서, 요소 위에 서서 이해하는 것이 가능하다.

제3의 단계로, 생명시스템의 설계 원리를 해명하고 그 시스템이 자율적으로 변화를 낳거나 생명 현상을 일으키는 단계를 이해해 간다는 생각이다.

왜 이러한 분해와 재구성이라는 일견 장황해 보이는 방법으로 생명시스템을 연구하는 것인가. 단적으로 말하면, 생명시스템은 복잡한 시스템이고, 매우 의외성이 풍부해서 단지 요소의 성질을 더하는 '보텀-업'bottom-up 적인 사고 방식만으로는 이해할 수 없는 것이다. 지금까지의 과학적 방법에 의하면 시스템을 구성하고 있는 요소를 골라내고, 그 요소의 성질을 해명하는 것이 우선 첫번째였고, 두번째로 이 성질을 근거로 생각을 쌓아 나가는 것에 의해 근본 시스템의 성질을 이해할 수 있다고 가정해 왔다. 그러나 이제 그러한 방법으로는 생명시스템을 이해하기에 충분하지 않기 때문이다.

지금까지의 과학적 방법은 필시 물질의 이해에는 적절한 방법일 것이다. 그러나 생명시스템에는 그 복잡성을 내부로부터 통제하는 활동이 있으므로 자율적인 정보시스템의 존재를 생각할 수 있고, 그 정보시스템은 요소들의 존재양식을 역한정하는 성질('톱-다운'top-down 적인 성질)이 있기 때문에 '보텀-업'적인 방법만으로는 이해할 수 없다. 쌍방향으로 모순 없는 상태가 되는 것이 생명시스템에 있어 본질적인 것이다. 그 때문에 제2단계인 분석한 요소로부터 시스템을 구축해 가는 재구성적인 방법이 극히 중요하게 된다.

이러한 연구법은 이미 우리들의 연구에 있어 오랜 기간에 걸쳐 실시되어 왔다. 처음에는 근육의 자율적 운동 능력을 이해하기 위해 실시한 유동 셀flow cell 연구였다. 유동 셀은 근육을 일단 분자 단위까지 분해하고 그 분자를 다시 적절히 배열함으로써 만들어지며, 근육과는 다른 그러나 생체운동의 본질적인 특징을 보여 주는 인공적인 시스템이다. 우리들은 그 해명에 성공했다. 그 단순화시킨 시스템을 철저히 연구했고, 결국 분자에 있어 우리들이 '동적 협력성'이라 명명한 운동이 생성됨을 확인한 바 있었다. 그 동적 협력성[3] 즉 정합적인 관계를 생성하는 성질이야말로 복잡성이

〈그림 2〉 유동 셀

왼쪽 사진처럼 고리 형태의 홈(slit) 벽에, 근육의 액틴(actin) 분자를 중합해 섬유 상태로 만든 것을 일정 방향으로 나열, 수없이 고정해서 홈 속에 미오신 분자의 두부(頭部)와 ATP(생물의 에네르기원인 아데노신3인산)용액을 넣은 장치. 어떤 온도 이상이 되면, 고정된 액틴의 방향에 따라 액체는 정상적인 선회 운동을 일으킨다. 이것은 미오신이 관계자로서 작용해, 동적으로 정합적인 상태를 만들어 내는 과정이라 생각할 수 있다.

높은 생물시스템이 그 자율적 제어를 위한 정보를 만들어 내는 메커니즘이라는 것을 알 수 있게 된 것이다.

마찬가지의 방법을 뇌 연구에 적용해 온 것이 우리들이 말하는 '홀로닉 컴퓨터'holonic computer 연구이다. 그것은 외부로부터 들어온 정보가 우선 분해되고 그 다음 재통합된다는 생각으로 이루어져 있다. 이렇게 재통합할 때 사용되는 동적 협력성으로서 '동조 현상'[4]에 의한 정합적인 관계의 생성이라는 메커니즘이 사용된다.

---

3) 동적 협력성. 비평형상태에서 불안정한 시스템(1부 각주 18)에 있어, 시스템의 요소가 협력적으로 행동하는 것에 의해 시간적, 공간적으로 질서 있는 동적 정합적 상태가 발생할 때, 그 협력성을 동적 협력성이라 한다. 나는 1997년, 근육을 재료로 한 생체 운동의 연구 과정에서 "정합적 운동이 생기기 위해서는, 시스템이 비평형적 상태에 있고 운동 요소에 협력적인 행동이 생길 필요가 있다"는 생각에 도달, 이것을 동적 협력성이라 불렀다.

4) 동조 현상(entrainment, 引き込み). 비선형 리듬의 상호 작용 프로세스에 보이는 자발적 동조(同調) 현상. 자극을 일정 시간 계속하면, 시간에 비례해 효과가 돌아오는 경우를 '선형 응답'이라 하고, 초기에는 전혀 반응이 없었는데 어떤 시점에서 급격히 반응이 높아지는 경우를 '비선형 반응'이라 한다. 비선형 반응의 대표적 현상인 비선형 리듬에서는 독립적인 두 리듬의 진동수가 어떤 범위 내에 있을 때 두 진동은 (상호) 동조에 의해 변화하고 양측이 같은 진동수가 된다.

생명의 자기언급적 창출성과 요소

이처럼 분해, 재구성, 해명의 세 단계를 거쳐 생명을 이해하려고 하면 다음과 같은 가설이 성립된다.

우선 첫번째로 "생명시스템의 본질적인 특징이란 무엇인가" 하는 것이다. 나는 생명시스템의 특징은 자기언급적인 창출성self-referential creativity에 있다고 생각하고 있다. 즉 시스템의 존재에 있어 의미 있는 정보를 내부 지식과 내부 법칙에 기초해 스스로 만들어 가는, 즉 자기 자신을 창조적으로 만들면서 그것을 실현해 가는 것에 생명의 본질이 있는 것이다. 이것은 극히 능동적인 성질이다. 정보를 밖에서 받아들여 단지 그것에 반사적으로 반응하는 것이 아니라, 시스템이 자신을 스스로 생성하고 이야기해 가는 것에 그 본질이 있다.

두번째로 '이러한 시스템을 구성하는 요소란 어떠한 것인가'를 생각할 필요가 있다. 근대 물리학에서는 아직 이러한 생각은 취해지지 않았다. 내가 '요소'라 부르고 있는 것은 그 요소에서 출발하여 생명시스템의 본질을 논리적으로 재구성할 수 있는 것이다.

즉 생명시스템의 요소로서 우리들이 생각하고 있는 것은 자기언급적 창출 현상을 만들어 내는 것이 논리적으로 가능한 구성 요소이다. 따라서 그것은 보통의 원자·분자 등이 아니라 까마득히 복잡한 것—일종의 복잡한 시스템 이 되는 것이 보통이다.

이러한 요소는 어떠한 성질을 가지는 것일까. 나는 요소 간의 관계에 입각해 자기 상태의 표현을 자율적으로 생성해 갈 수 있는 것을 요소(관계자)의 자격이라 생각한다. 그렇게 생각할 때 비로소 생명시스템의 자기언급적 창출성이 논리적으로 도출되기 때문이다. 또 이것 이외에 요소의 성질로서 들 수 있을 만한 것은 요소는 심각한 내부 모순이 없는 생명시스템을 구성할 수 있다는 것이다.

요소 집단이 하나의 살아 있는 시스템으로서 존재하기 위해서는 전체에 있어서 심각한 모순 없는 시스템을 구성할 수 있어야 한다. 이를 위해서도 자기언급성은 중요한 성질이다. 시스템 내부에 심각한 모순이 발생해서 시스템 전체로서 통합된 활동이나 작용을 만들어 낼 수 없다면, 생명시스템이 살아 있는 시스템으로서 존재할 수 없게 된다. 이러한 조화로운 시스템의 원리를 해명함에 있어서 요소가 모두 같은 성질을 가지고 있다면 간단하지만, 요소가 제각기 개별적 특성을 가지고 있는 상황에서는 문제는 복잡하게 된다. '자유와 다의적인 조화'라는 문제가 그 핵심이 되기 때문이다.

지금까지의 공학적인 시스템 구축법은 요소의 성질을 결정하고 그 결정된 성질을 가진 요소 간에 여러 가지 관계를 도출하는 규칙을 미리 부여해 두는 식으로 행해졌다. 예컨대 텔레비전의 브라운관을 구상하는 경우에는 화면 구성 요소의 성질은 일정해야만 한다. 그러나 생명시스템에서는 요소 간의 관계에 대응해서 요소 자체가 그 성질을 생성하고, 따라서 그 표현이 창출적으로 변할 필요가 있다. 이러한 성질은 예컨대 한 세포가 몸속의 어느 위치에 놓여 있는가에 따라 세포 간의 관계성이 변하고 그 세포의 성격이 새롭게 창출된다는 사실과 대응하고 있다. 이러한 생명시스템과 요소의 관계는 인간을 요소로서 보고 사회와의 관계를 생각하는 경우에도 발견된다.

첫번째로 들었던 '생명시스템의 자기언급적 창출성'에 관하여 고찰을 더욱 진전시켜 보자. 이것은 바꿔 말하면 생명의 본질은 자기가 자기를 창출하는 것에 있고, 정보이론적으로 보면 스스로 정보를 만들어 내는 것에 있다는 것이다. 나는 생명시스템은 매 순간 정보를 만들어 내지 않으면 살아 있을 수 없다고 생각하고 있다. 즉, 매 순간의 창출origination이 생명의 존재 조건이라는 것이다. 생명시스템이 살아가기 위해서는 환경 속에서 처음으로 경험하는 미지의 변화에 적절히 대응해 갈 필요가 있다. 환경에 변화가 일어난다 해도 그에 대한 대응이 적절하면 생명시스템은 살아남을 수 있다. 환경은 매 순간 변화해 가므로 미리 준비한 정보만으로 새로운 변화에 대응하는 것은 불가능하다. 그래서 창출이 생명시스템의 중요한 성질이 된다.

여기서 말하는 창출이라는 것은 넓은 의미에서의 자기 설계designing이다. 다른 말로 하면 자기 자신을 표현하는 것, 즉 새로운 자기의 상태를 '서술하는 것'narration이다. 그 서술은 밖에서 들어오는 정보에 반사적으로 반응해서 표현하는 것이 아니다. 또 테이프 레코더같이 기록된 정보를 그대로 밖으로 읽어 내는 것도 아니다. 그것은 전체로서 완결된 의미를 가진 정보를 자기 자신의 내부에 비축한 지식을 기반으로 해서 일정한 법칙성에 따라 일어나는 그 내부적인 동역학dynamics에 의해 만들어 내면서 밖으로 표현해 가는 것이다.

여기서 '완결된 의미'라는 것이 생물을 위해서 특히 중요하다. 그것은 줄거리로서 의미를 이루고 있다는 것이다. 의미나 운동상에 어떤 통합이 있다는 것이 (생물이 하나의 독립한 자기를 가지고) 외계에 적절히 대응해 가기 위해 필요하다는 것을 지적해 두고 싶다.

정보의 창출에 관한 지금까지의 논의에서는 이 점에 관한 고찰이 불충분했었다. 그래서 우리들은 맥락에 맞는 의미나 통합적인 기능과 결부된 정보를 생각한다는 관점을 취하고 있다. 하나의 맥락이 있는 줄거리로서 수정하거나 발전이 가능한 가설(일종의 구속조건)을 자기창출하면서,

〈그림 3〉 관계자

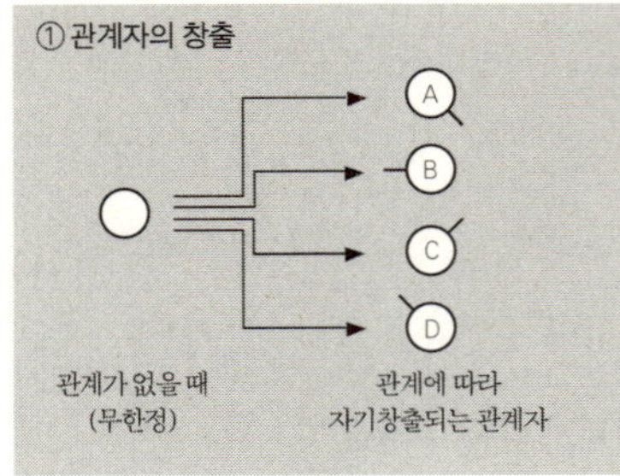

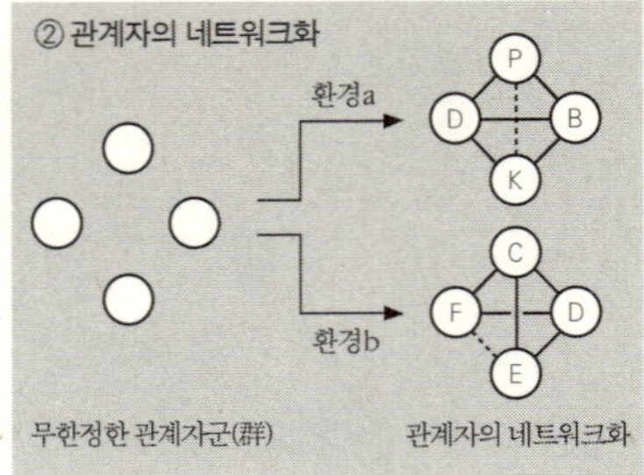

〈그림 4〉 장과 장소

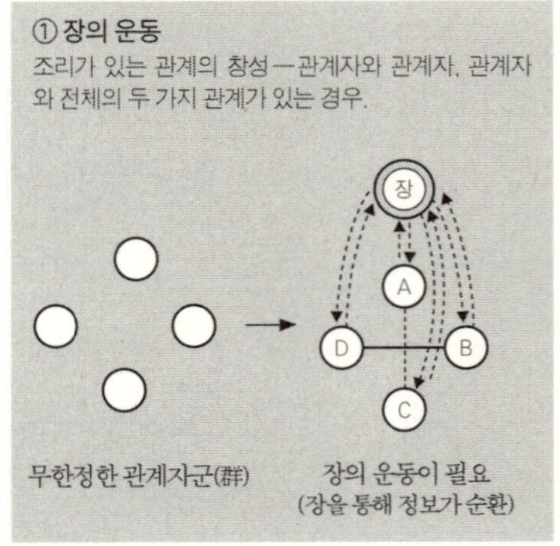

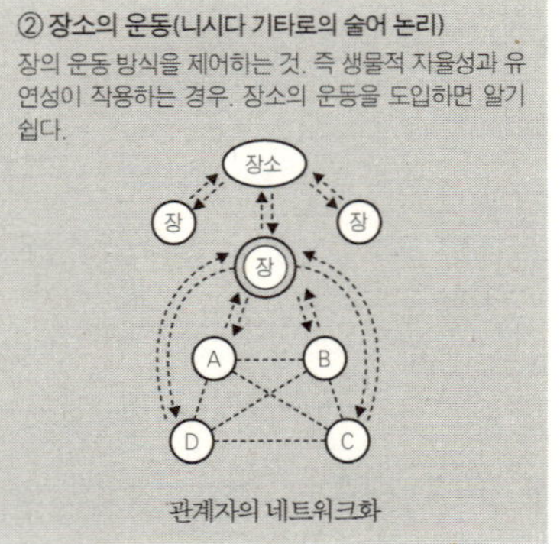

관계자의 창출, 관계자의 네트워크화, 장의 운동, 장소의 운동에 관하여 간략한 모델을 만들어 두었다. 이 그림들(그림 3, 4)을 상상하면서 읽어 나가 주셨으면 한다.

그 가설에 정합적으로 되도록 미지의 정보를 매 순간 위치 짓는다는 원리에 입각해 창출을 진행해 갈 필요가 있다. 나는 이렇게 가설로서 자기설정한 줄거리 속에서 새로운 정보를 적절하게 위치 짓는 성질이 존재하기 때문에, 미지의 변화에 생명시스템이 대응할 수 있다고 생각하고 있다.

생명시스템의 원리는 존재론적 관계 네트워크의 이론이 된다. 이 존재론적 관계 네트워크는 관계에 의존해서 자기표현적인 성질을 생성하는 요소로 만들어져 있다. 이것이 '관계자'關係子이다.

우리들은 우선 관계자를 요소로 한 정합적인coherent 관계(같이 작용하고 있는 요소 간의 정합적 관계)의 네트워크 구조를 생각한다는 방식을 취했다. 관계 생성과 소멸에 의해 그 네트워크 구조를 끊임없이 변화시키면서, 관계자가 그 관계에 따라 자기표현 상태를 자율적으로 만들어 감으로써 네트워크 전체의 표현 상태가 변한다. 여기에 생명시스템의 자기언급적인 표현의 기초가 되는 운동이 있다고 생각하고 있다.

여기서 말하는 '네트워크 구조'에는 주의가 필요하다. 예컨대 뇌에 대해 생각해 보면 뇌 속에는 일정한 정적 또는 해부학적 구조가 존재한다고 생각되지만, 동적으로 보면 그 구조 속에 실은 다양한 관계의 네트워크가 순간적으로 만들어졌다가 사라지곤 한다. 그것은 예컨대 표정·시선·손발을 위시해 정합성을 동반하는 신체적인 운동을 생성하는 관계의 네트워크를 만들고 있다.

인체의 구조는 고정적인 것이 아니어서 인간은 그 해부학적 구조의 제약 속에서일지라도 여러 가지 자세를 취하거나 자유로운 행동을 하거나 할 수 있다. 따라서 생명이론은 어떤 구조적 가능성 속에서 끊임없이 관계의 네트워크가 변화하고 거기에 따라서 관계자의 성질이 매 순간 바뀌며, 더 나아가서는 시스템의 성질도 변화하고 있다는 자율적이고 복잡한 시스템 이론이 된다. 그 관계자의 표현적 성질은 관계에 따라서 만들어진다. 관계자는 본질적으로 다의성을 가지고 있는 것이다.

'장소'와 구속조건의 생성

그러면 어떠한 원리에 의해 관계자 시스템에서 새로운 성질이 생성되고, 어떠한 원리에 의해 관계자 시스템이 '자기를 말하는' 것이 가능한 것인가.

이 문제는 극히 복잡해서 종래의 과학 이론에 의해 풀 수 없다. 그 이유는 전술했듯이 관계자의 성질이 관계에 의해 창출적으로 변해 가기 때문이다. 틀[frame]로서의 정적 구조는 고정되어 있다고 해도, 관계자와 관계자 사이의 동적인 관계 구조는 끊임없이 변해 간다.

관계자의 성질을 미지수로 한다면, 그 미지수 사이를 연결하는 연립 방정식에 해당하는 것이 관계자 간의 관계성이다. 이 방정식을 풀어 미지수를 알고 싶다고 생각해도, 그 방정식의 형태 자체가 또 미지수에 의존해서 변해 버리는 복잡한 문제가 된다. 이것은 일반적으로는 풀 수 없기 때문에 '불량 구조 문제'[不良構造問題] 또는 '불량 설정 문제'[不良設定問題]라 불린다.

그래서 이 문제를 풀려고 하면, 지금까지의 사고 방식과는 다른 새로운 사고 방식이 필요하게 된다. 우선 관계자 사이에 만들어진 관계의 가능성이 어떤 범위에서 정해져 있다고 가정한다. 예컨대 뇌가 어떤 정보를 느끼고 그 의미를 알려고 하는 경우, 들어온 정보에 의해 관계 짓는 방식의 가능성은 뇌 속에서 어느 정도 좁혀진다.

그러나 같은 신호를 보아도 사람에 따라서는 다른 의미를 느낀다든지 그때의 기분에 따라 다른 행동을 하는 일이 있다. 그 경우 뇌의 관계자의 표현 상태는 일의적이지 않을 가능성, 어떤 범위에서 여러 가지 값을 가질 가능성을 보이고 있다. 이는 곧 그 상태(해[解])를 하나로 좁혀 가는 방법이 필요하다는 것이다. 그 해의 가능성을 좁히는 작용을 하는 것이 '장소'이다. '장소'라는 것은 비한정한 가능성을 하나로 좁혀 간다. 이것을 과학 용어로 '구속조건을 생성한다'고 한다.

관계자 집단 속에서 관계자가 자율적으로 자신의 성질을 정한다는 것은 방정식의 형태를 자율적으로 정해 간다고 하는 것과 다를 바가 없다. 그 경우 집단 전체에 대한 '구속조건'이 생성되지 않으면 집단 속에 있는 개개의 관계자의 성질도 정해지지 않는다.

생명시스템과 관계자에는 여러 층위가 있지만, 그에 따라서 '장소'에도 여러 층위가 있다. 예컨대 인간 집단을 생각할 경우, 그 속에서 어떠한 행동이 표출되는가 하는 것은 '구속조건'에 의해 변한다. 만약 구속조건이 없다고 한다면, 각자가 뿔뿔이 흩어져 행동해 버린다. 목적이 명확하지 않은 집단의 경우는 그러한 것도 허용될 수 있을 것이다. 그러나 그 집단이 하나의 목적 아래서 행동하는 경우에는 그것은 적절하지 않다. 거기에서 '장'場의 필요성이 나타난다. '장'은 '장소' 속에서 관계자에 의해 자기조직되어 관계자의 활동을 종합하는 작용을 한다. 그것이 구속조건으로서 작용하는 것이다. 가족이 가정의 일부이듯이 관계자도 '장소'의 일부가 되어 있다. 따라서 관계자는 '장소'를 매개로 해서 자기언급적인 '장'을 창출하고 이것을 자기의 구속조건으로 하고 있는 것이다. 이것을 나는 '장소적 자기언급'이라 명명하고 있다.

'장소'는 해의 가능성을 한정하는 구속조건을 생성한다. '구속조건'을 만들어서 관계자의 상태를 정한다는 것은 해의 형태를 예측해서 방정식의 형태를 어느 정도 정해 간다는 논법이 된다. 이것은 역으로 문제를 취해 가는 것이 된다고 생각할 수 있다. 이 '장소의 논리'는 니시다 철학[5]의 세계에서 말하는 '역대응'이라는 문제와 관계가 있다고 생각된다.

어쨌든 존재론적인 관계시스템이 생성적으로 활동하기 위해서는 '장소'가 필요하다. 관계자 집단으로서의 생물이 '장소'의 상황과 정합적으로

---

5) 니시다 기타로(西田幾多郎, 1870~1945). 세계에 선(禪) 사상과 실천을 널리 알린 스즈키 다이세쓰(鈴木大拙, 1870~1966)와 함께 동양의 논리를 연구. 나와 너의 관계론적 철학을 제시. '무의 장소'로부터의 관계가 발생하는 과정에 관하여 논급하고, 장소의 논리로서 '술어 논리'(述語論理)를 제창. 단 니시다의 '무의 장소'와 이 책에서 서술한 '장소'의 관계는 금후의 과제이다.

되도록 자신이 자신의 상태를 정하고 있는 이상, 생물 안에서도 '장소'(내부 장소)가 존재하고 있다고 결론 내리지 않을 이유는 없다(나는 내부 장소를 '장'으로 부르고 있다). 거기에 '장소'가 반영되어 그 상황에 기초해 '장'을 낳는 구조가 있어야 한다. 관계자는 자기에게 있어서의 외부 장소와 내부 장소, 즉 '장소'와 '장'을 양자가 정합적인 한 구별할 수 없다. 그래서 특별히 필요 없는 한은 양자를 같이 '장소'로 부르기로 하자.

생명시스템에 있어서는 '보텀-업'적으로 정보를 관계자 시스템으로부터 '장소'를 향해 처리해서 보내는 방법과, 역으로 '장소'로부터 '톱-다운'적으로 관계자에게 장의 정보를 전하는 운동이 닫힌 원환으로서 양립하듯이 시스템의 상황을 구속시키게 된다는 것이 지금까지 내가 생각해 온 논리이다. 이것을 '전일적 고리'holonic loop라 부르고 있다.

나의 꿈과 관점

생명시스템을 이처럼 복잡한 과정으로 이해하려 하고 있는 예는 일본에는 그다지 없다. 일본인의 이해는 논리적 이해가 아닌 이른바 상호 이해, 혹은 상호 공감이라고 생각되는 경우가 많다. 문화적으로 비교적 균질한 사람들 간에는 상호 공감이 소통이나 이해의 기본이 되지만, 가치관이 다르거나 공감의 방법이 다른 사람들 간의 소통이나 이해에는 이론의 공유에 의한 상호 이해가 필요한 것이다. 나는 안이한 일본적 상호 공감을 피하기 위해 재구성의 방법을 취하고 있다. 이 방법이면 일본 이외의 다른 나라 사람들에게도 이해될 것이다. 나는 이러한 방법으로 과학기술을 통해 일본이나 동양의 철학 내지 사상의 근본을 세계 여러 나라의 사람들이 이해해 주었으면 하는 꿈을 가지고 있다.

이러한 이해와 관계 있는 방법에 관하여 말해 두고 싶다. 그 첫번째는 마투라나와 바렐라의 오토포이에시스[6] 즉 '자기창출' 이론이다. 그들의 생각에는 개념적으로는 우리들의 생각과 닮은 점이 있다. 그러나 그들의 생각은 '생명시스템의 구성적인 설계 논의'는 될 수 없을 것이다. 왜냐하면 그 사고 방식 속에는 동역학을 기술하는 이론이 없기 때문이다. 따라서 그것은 설명의 논리밖에 되지 않는다.

또 논리의 출발점을 어디서 찾는가, 어떻게 논리를 만들어 가면 그 논리가 하나의 완결된 형태를 취하는가 하는 기준을 명확히 하고 있지 않다. 따라서 지금 무언가를 둘러싸고 논의하고 있다고 해도 거기서 말로 설명하기 부족한 점을 구체적으로 명확하게 할 수 없다는 결점이 있다. 이것은 그들이 존재론적인 네트워크의 논리를 사용하고 있지 않다는 점에 원인이 있다.

또 우리들의 생각은 어떤 점에서 자크 데리다의 '탈구축'[7]이라는 생각과 유사한 듯이 생각된다. 탈구축이란 단지 시스템을 분해하기만 하는 것

---

6) 오토포이에시스(Autopoiesis). 1970년대 초, 칠레의 생물학자 마투라나(Humberto R. Maturana)와 그 문하 바렐라(Francisco J. Varela)는 생명시스템을 특징 짓는 메커니즘을 오토포이에시스라 명명했다. 오토포이에시스는 ① 시스템을 생산하는 구성 요소의 네트워크가 시스템을 통일체로 만든다. ② 구성 요소는 상호 작용에 의해 회귀적으로 이 시스템의 구성 요소를 생산한다. ③ 네트워크를 발생시키는 구성 요소는 이 네트워크의 실현에 참여하는 구성 요소로서 네트워크의 경계를 구성한다는 이 세 가지 규정을 가진 시스템과의 관련성으로 정의된다. 즉 네트워크에 있어 자기언급적 원환으로서 생명시스템을 파악하여, 인식의 문제와 관련한 이론을 전개했다. 그러나 이 요소와 회귀적 생산시스템에 의해 생물시스템의 동태를 설명할 수 있는지에 대해서는 여러 가지 이론(異論)이 있다.

7) 탈구축(Déconstruction). 프랑스 철학자 자크 데리다(Jacques Derrida)의 용어. 철학의 탈구축은 "역사적 유래에 의해 구조화된 철학적 개념들을 사용해서 철학을 발전시키면서, 철학적 개념들이 역사화됨에 맞춰서 배제하고 은폐한 것은 무엇인가를 응시하는 것"으로 정의된다. 이것은 본래 다의적이고 유기적인 요소를 일의적이고 원자적인 요소로 환원하여, 그것에 의해 구축된 질서(cosmos)를 지양해 나가려는 사고 방식에 대한 문제제기는 될 것이다. 그러나 이 책에서 서술하는 복잡하고 개성적인 관계자에 의한 생명적 현상을 다루는 경우에는 논의 이전의 대전제를 제시하고 있음에 지나지 않는다.

은 아니다. 시스템에 생명을 부여하기 위해 해체하는 것이므로 다양한 재구성의 가능성을 품고 있어야만 한다. 그러나 우리들의 연구 방식은 필시 데리다의 그것보다 과학적·기술적인 방향을 포함하고 훨씬 구체적인 논리성을 중시하는 방법이다. 이런 점들은 이하 점차 뚜렷해질 것이다.

이상과 같이 생각하고 있으나 덧붙이자면, 비트겐슈타인(2부 각주 1)이 말했듯이 의미는 현실세계의 '언어 게임' 속에서 생성하고 알려지는 것이다. 그러한 관점에서 생각하면, 생물이 관여하는 여러 행동에 관해 처음부터 이 행동은 '가치가 있다'든가 '무가치하다'고 양분해서 생각하는 것은 바람직하지 않다.

한 언어나 행동이 여러 가지 의미를 가지는 것이 생명적인 것이라고 우선 생명력의 본질을 이해하고 싶다. 여러 윤리 기준이나 정치적 가치판단에 의해 이 부분은 논한다든가 저 부분은 논하지 않는다든가 하고 싶지 않다. 언어나 행동은 일의적이지 않고, 설령 어떤 상황 아래서 악惡이었던 것도 다른 상황에서는 선善이 되는 다의성을 가지고 있다고 생각하는 것이 생명을 깊이 이해하는 데 극히 본질적인 점이 아닌가 하고 생각하기 때문이다. 정의에서 출발하는 지금까지의 과학적 방법은 생명의 본질적 이해에는 적합하지 않다.

2장_자기조직과 정합성

생명 현상을 생각함에 있어서

생명시스템에 보편적인 성질의 하나는 생명 현상을 제시하는 능력이 있다는 것이다. '생명 현상이란 무엇인가'에 관해서는 예부터 많은 학자들에 의해 논의되어 왔지만, 적어도 현시점에 합의되어 있는 것은 센트-죄르지[8]가 진술한 것처럼, 시스템이 생물과 같은 질서를 자율적으로 만들어 내는 현상, 즉 자기조직 현상[9]이라는 것이다.

질서란 요소의 집단이라는 개념을 매개했을 때 비로소 생각될 수 있다. 그것은 '요소의 행동이나 작용 간에 정합성이 발생하는 것'으로 일단 이해할 수 있다. 단 이 질서는 결정 구조처럼 빈틈없이 단단히 짜인 정적

---

8) 얼베르트 센트-죄르지(Albert Szent-György). 헝가리의 생리화학자. 비타민C, 비타민P의 발견자로서 알려짐. 1937년 노벨 의학·생리학상 수상.

9) 자기조직 현상. 열역학적인 상전이현상(相轉移現象), 예를 들면 결정 생성, 강자성체(强磁性體)의 자발자화(自發磁化), 산일(散逸)구조 등의 비평형상태에서의 상전이현상 등에서부터 생명시스템이나 생물시스템의 여러 현상, 또한 형태형성, 지각과 행동, 생물 진화, 사회집단의 형성과 발전 등에까지 광범위하게 걸쳐 있다. 이 현상들의 공통적인 성질은 구조가 없는 곳에 특징적인 구조가 생겨나서 시스템의 질서의 정도가 올라가는 것이다.

인 것이 아니라 본질적으로 동적인 것이다. 더욱이 맥락에 맞는 운동이 존재하기 위해서는 요소와 요소 사이에 관계가 존재해야 할 뿐만 아니라 요소와 전체 사이에도 정합적인 관계가 존재해야 한다. 그래서 생명을 이해하기 위한 기본적인 관점으로서 그 시스템의 구성 요소(개별)와 시스템(전체)의 관계로 생명 현상을 이해하는 것이 필요하게 된다.

이처럼 생명 현상의 특징은 질서 있는 패턴이나 운동이 자발적으로 만들어진다는 점에 있다. 이것은 질서 있는 것이 자연적으로 무질서하게 되어 가는 변화의 반대 현상이다. 이 무질서 상태로의 변화를 엔트로피[10]가 증대하는 변화라 하고, 이것은 무생물의 세계에서 일반적으로 관찰되는 것이므로 그 역으로 운동하는 생명 현상은 그만큼 눈에 띄게 된다.

생명 현상의 특징인 이 질서의 자기조직 현상이 어떠한 원리에 의해 일어나는 것인지는 오랫동안 수수께끼였으나, 그것이 물리적 법칙으로 해명된 것은 1970년대의 일이다. 그러나 사실을 말하자면 이것은 올바른 표현이 아니다. 자기조직 현상의 해명이 진전된 것은 비선형 화학반응이나 레이저laser 같은 살아 있지 않은 시스템 속에서도 자기조직 현상이 일어나는 예가 주목되어 그 법칙성이 물리학적으로 깊이 연구되었기 때문이다.

나도 이것과 거의 때를 같이 해서 생명 현상 연구를 시작했다. 그것은 1960년대 말 대학분쟁과 같은 시기에 시작되어서 오늘날까지 이어지고 있다. 사견으로는 자기조직 현상의 물리학은 생명 현상의 이해에 있어 중요

---

10) 엔트로피(entropy). '무질서함의 정도'를 나타낸다. 우주도 미시적으로 보면, 엔트로피가 계속 증대하고, 완전한 무질서 상태[熱死]를 향하고 있다고 간주된다. 여기에 비해 생명은 무질서한 상태에서 질서를 형성해 가므로 엔트로피가 소멸해 가는 계(系)로서 이해된다. 정보전달도 엔트로피의 소멸로서 설명할 수 있다. 하트리, 섀넌 등은 이 엔트로피와 정보의 관계를 수리적으로 취급하려고 했다(2부 그림 9). 그러나 의미적 정보를 다루는 경우, 정보와 엔트로피의 형식적 관계에만 주목하는 것으로는 불충분할 것이다.

하고 또 불가결한 기초이지만, 그것만으로는 생명의 이해에는 크게 못 미치고 있다. 그 이유는 그것만으로는 생명 현상의 본질과 근본적으로 관련되어 있는 '생물적 자율성'을 논의할 수 없기 때문이다. 생물적 자율성을 해명하려고 하면 '자기란 무엇인가' 하는 의문을 막을 수 없다.

1970년대에 구상되어서 시작된 나의 생물적 자율성에 관한 연구는 1980년대 초부터 동료들과 '바이오 홀로닉스'bioholonics란 명칭의 프로젝트로서 본격적으로 추진되었다. 나의 생각으로는 생물적 자율성은 내가 '관계자'holon라고 부르는 요소에서 출발해 연구를 진행함으로써 비로소 깊은 인식에 도달할 수 있을 것이다. 그러나 유감이지만 일본에서는 바이오 홀로닉스 연구가 이해와 함께 다소의 오해도 전달한 감이 있어, 1부에서는 자기조직 현상의 기본적인 점부터 해설하고 싶다.

자기조직 시스템의 예: 레이저

자기조직에 관한 과학 논문으로서 현재 세계적으로 널리 받아들여지고 있는 것으로 독일의 하켄[11]이 제시한 이론이 있다. 하켄은 이 이론에서 학제적인 넓은 응용 분야를 가지는 과학인 시너제틱스synergetics를 제창하고 있다. 그 이론의 핵심은 예속화slaving 원리라 불리는 것으로, 그것을 이해하는 것은 자기조직 현상의 본질을 이해하기 위해서도 필요하다.

하켄은 자기조직 시스템의 간단한 예로서 레이저[12]를 착안, 엄밀한

---

11) 헤르만 하켄(Hermann Haken). 독일의 물리학자. 레이저 이론 탄생의 아버지로서 알려졌다. 에를랑겐 대학 졸업 후, 1960년 슈투트가르트 대학 교수가 된다. 하켄은 그 레이저광 이론을 질서형성의 이론으로서도 일반화해 자기조직 현상에 폭넓게 응용했다. 또한 복잡한 시스템의 중요성을 제기하고 그 정보와의 관계에 흥미를 가지고 있다.

이론에 의해 얻어진 결과를 예속화 원리의 형식으로 정리해 일반화하려고 생각했다. 레이저는 많은 '레이저 분자'로부터 방출되는 빛을 모아 강한 광선을 만드는 장치이다. 레이저 분자에는 보통의 상태와 흥분해 있는 상태의 두 가지 상태가 있고 그 어느 한 쪽을 취할 수 있다.

보통 상태에서 흥분한 상태로 옮겨 가기 위해서는 맨 정신의 사람이 술 취한 상태로 바뀌는 경우처럼 분자 내부에 에너르기를 가해야 한다. 이것을 '펌핑'pumping이라 한다. 술 취한 사람이 언젠가는 술에서 깨서 맨 정신인 상태로 돌아오듯, 흥분한 상태인 레이저 분자도 이윽고 보통 상태로 돌아온다. 그때는 '펌핑'에 의해 받아들였던 에너르기를 빛(광자光子, 즉 빛의 입자)으로서 밖으로 방출하는 것이다.

이 광자의 방출이 일어나는 메커니즘은 다음과 같다. 레이저 분자에서는 전자가 운동하고 있다. 그것은 알기 쉽게 말하자면 분자 속을 전자가 저쪽으로 갔다가 이쪽으로 돌아왔다가 하는 '전자의 왕복운동'이다. 전선에 에너르기를 부여해서 그 속의 전자를 일정 주기로 이처럼 왕복운동시키면 전자파가 방출되는 것이 라디오 방송의 원리인데, 레이저 분자의 경우에도 그것과 마찬가지의 일이 일어난다. 단 라디오 방송의 경우보다 전자의 왕복운동 주기가 꽤 짧기 때문에 주기가 짧은 전자파인 광자가 나오는 것이다.

---

12) Laser(Light Amplication by Stimulated Emission of Radiation, 방사의 유도방출에 의한 빛의 증폭)의 이니셜을 취해 레이저라 한다. 레이저는 위상이 집중된 강력한 단색광을 낸다. 예를 들어, 〈그림 5〉처럼 마주 향한 거울을 갖춘 상자 속의 레이저 원자에 에너르기를 가하면(pumping) 상자 속 원자의 일부는 펌핑 이전보다 에너르기 준위가 높은 여기[励起; 분자·원자·원자핵 등 양자역학적인 계가 외부에서 에너르기를 얻어, 처음보다 높은 에너르기를 가진 상태로 옮겨 가는 것]상태가 되어, 광자를 방출한다. 광자는 여기된 다른 원자에 충돌, 다시 광자가 방출된다. 순차적으로 방출된 광자는 거울면 사이를 왕복하고, 위상이 집중된 광선(레이저)으로서 발진(発振)된다. 이것은 무질서한 광자가 정합적인 질서를 만들어 내는 예의 하나라 할 수 있다.

〈그림 5〉 레이저 발진의 모식도

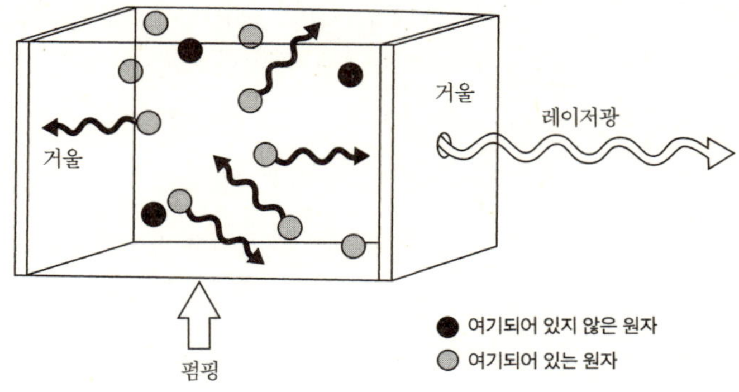

여기서 레이저 내의 많은 분자가 서로 무작위로 광자를 내고 있을 때, 방출된 광자의 집단을 '엇결성 빛'incoherent light이라고 한다. 광자는 일종의 파도이므로 서로의 마루의 위치나 골의 위치와는 관계없이 많은 광자의 파도가 겹쳐져서 합쳐진 것이 엇결성 빛이 된다. 파도의 마루와 골은 서로 상쇄되므로, 모여 있지 않은 빛은 빛을 방출하고 있는 분자의 수에 비해 그 강도가 약하다.

그러나 흥미로운 점은 '펌핑'의 강도를 점점 높여 흥분한 분자의 수를 점점 많아지게 하면, 갑자기 레이저 분자에서 서로의 마루와 마루, 골과 골이 모여 광자가 방출된다. 왜 이렇게 되는 것일까. 이 현상을 엄밀하게 해명한 것이 하켄의 이론이다. 그 이유를 한마디로 말하면 흥분 상태에 있는 많은 분자들 내부의 전자의 운동 사이에 정합성이 생겨나기 때문이다. 이 정합성의 발생 원리야말로 예속화 원리인 것이다. '펌핑'이 약할 때는 흥분 상태인 광자의 수가 적고, 빛이 모이지 않는다. '펌핑'의 강도를 크게 하면 갑자기 빛이 모이게 되는 것은 수용액 속 소금의 농도를 높여 가면 갑자기 결정이 분출하기 시작하는 것에 해당한다. 개개의 분자나 거기에서 방출된 광자와 레이저 속에 모여 있는 무수한 광자의 집단체인 빛은 거의 개인과 사회처럼 층위가 다른 것으로, 이것들을 미시와 거시 혹은 요소와 집단으로 표현한다. 이것을 물리학에서는 "논리적인 계층이 다르다"고 한다. 요소를 밑의 계층, 집단을 위의 계층으로서 정의하는 것이다.

레이저는 똑바른 튜브의 양끝에 거울을 서로를 향해 맞춰 고정하고 그 사이에 레이저 분자의 집단인 기체를 가둔 것이다. 분자에서 방출된 빛은 이 두 장의 거울 사이에 가둬지게 된다. 거울을 사용하는 것은 분자에서 방출된 빛을 가능한 한 오래 레이저 속에 가두어 두기 위해서이다. 그러나 빛은 결국 튜브 벽에 흡수되거나, 반투명한 거울로부터 외부를 향해 레이저 광선으로서 밖으로 발사되는 등으로 해서 소멸한다. 그래서 일정 강도의 레이저 광선을 계속 쏘아 내려고 한다면 끊임없이 '펌핑'을 할 필요가 있다.

왕복운동을 하는 물체에 그 운동의 고유 주기와 같은 주기로 진동하는 힘을 가하면 물체는 밖에서 오는 힘에 동조해서 강하게 운동하기 시작, 이른바 공명 현상[13)]을 일으킨다. 바이올린 동체의 공동 속은 여러 주기의 공기 진동이 일어나도록 되어 있고 그 하나가 현의 진동에 공명하도록 되어 있다. 이것과 마찬가지로 흥분한 분자 속에서 일어나는 전자의 왕복운동도 일정한 주기를 가지고 있어서, 같은 주기로 변화하는 힘을 밖에서 부여하면 그 힘에 동조해 강하게 진동하게 되는 것이다. 그 때문에 여러 장소에 있는 분자에 같은 진동 외력을 일으키도록 진동장에 힘을 가하면, 공명의 결과 분자 상호 간에도 동조 운동이 일어나게 된다. 즉, 동일한 거시적인 진

---

13) 공명 현상(共鳴現象). 일정한 고유 진동수를 가진 선형 진동자에 동기적인 외력을 가한 경우, 그 진동수가 고유 진동수에 가까울수록 진동자의 진폭이 증폭되는 현상. 공명할 때는 원래의 고유 진동수가 유지된다. 그러나 비선형 진동자(4부 그림 5) 간에는 두 개의 진동자가 서로 진동수를 근접시켜 같은 리듬이 되는 '동조'가 생긴다.

동장에 놓여진 분자는 서로 동조하는 내부운동을 가진다고 말할 수 있다.

라디오 안테나가 방송국으로부터 일정한 주기의 전자파를 받아들이는 것은 안테나 속의 전자에 왕복운동을 일으키는 힘이 주어진 것이다. 그 전자의 운동을 증폭시킴으로써 라디오를 수신할 수 있다. 안테나의 설계에 있어 중요한 것은 방송국으로부터 오는 전자파에 전자의 운동이 공명할 수 있도록 설계하는 것이다.

레이저의 경우에는 각 분자 속 전자의 왕복운동이 안테나 속 전자의 왕복운동에 해당한다. 방송국에서 보내진 전자파에 해당하는 것이 두 장의 거울 사이에 축적되어 있는 대규모의 빛이다. 여기에 축적되어 있는 빛이 모이고 더구나 그것이 한 종류밖에 없다고 한다면 각 분자 속 전자 운동은 이 빛이 일으키는 장에 동조하게 되므로, 그 결과로서 분자들이 서로 동조하는 내부운동(전자의 왕복운동)을 가지게 된다.

그 결과 방출된 광자는 서로 모이게 된다. 또 방출된 광자 군은 비로소 레이저 속에 있던 거시적인 빛과도 합쳐진다. 거시적인 빛은 분자에 압력을 가함에 따라 그것과 동조하는 상태로 분자의 내부운동을 유도하고, 결국 자신과 같은 빛을 만들어 낸다. 이것을 자신이 자신과 같은 성질을 가지게 만드는 촉매 작용을 하고 있다는 의미에서 '자기촉매성'이라 한다. 자기조직 현상에서 공통적으로 보이는 것이 이 자기촉매성이다.

질서 파라미터와 예속화 원리

그런데 레이저 속에 비축되어 있는 빛은 한 종류로 한정될 수는 없고, 그 파장이나 위상에도 무수한 종류가 있다. 최종적으로 출현하는 레이저는 무엇에 의해 결정되는 것일까. 각종 빛이 자기촉매성에 의해 서로 분자 내부

운동을 자신과 동조시켜 그 강도를 더해 가려 하므로 분자 수가 유한한 이상 당연히 서로 경쟁이 일어나게 된다. 이것은 한정된 시장에 동일 업종의 기업이 끼어들어 시장을 지배하려고 경쟁하는 것과 유사하다. 차이가 있다고 한다면 작용받은 분자가 작용한 빛의 강도와 같은 광자를 자기촉매성에 의해 방출하는 것이다.

따라서 빛의 강도가 증가한 만큼 그 빛의 작용도 강하게 된다. 빛이 강해지는 만큼 강하게 작용하기 때문에, 그 빛에 공조시킬 수 있는 분자 수도 그만큼 많아지게 된다. 이것은 저축할 때 복리 계산에 의해 원리금이 증가하는 것과 같다. 이율에 아주 조금이라도 차이가 있다면 최후에는 커다란 차이가 되어 버리는 것이다. 이 이율의 차에 해당하는 것은 최초의 각종 빛의 강도라고 생각된다.

최초의 이 빛의 강도 분포는 어떻게 정해지는 것일까? 레이저의 초기 상태에서는 흥분한 분자의 무리가 서로 무작위로 다양한 종류의 광자를 방출하고 있다. 어떤 종류의 광자를 방출할지 그 확률이 일시적으로 전부 동등하다고 해도 '요동'[14]에 의해 가끔 같은 종류의 광자가 많이 방출되면, 그 광자의 초기 분포가 많아지게 된다.

그런데 다음 순간에는 그 종류의 광자를 방출하는 분자의 수가 '요동'에 의해 감소하기도 하지만, 잠시 동안 광자 수의 평균치가 다른 것보다 크다는 것이 중요하다. 이렇게 최종적으로 출현한 레이저 빛이 정확히 예견할 수 없는 '요동'에 의해 결정된다는 것은 흥미롭다.

---

14) 요동(揺らぎ). 물리학에서는 평균치와의 격차를 가리킨다. 온도·압력·체적과 같이 시스템의 거시적인 상태의 물리량은 시간이나 집단에 관해 평균화한 것이다. 그러나 그것을 구성하는 원자나 분자는 끊임없이 운동하고 있으므로 각 시각의 물리량은 평균치와 차이가 난다. 이 차이를 '요동'이라 한다.

그런데 최종적으로 출현하는 거시적인 레이저 빛의 파장이나 위상을 결정하는 것은 '요동'만이 아니다. 그 거시적인 빛이 레이저라는 시스템의 성질을 고정하고 있는 거시적인 구속조건(경계조건)에 적합할 필요가 있다. 여기에는 고정된 두 장의 거울 사이의 거리가 구속조건이 되고, 이 거리를 바꾸면 자기조직되는 레이저 빛의 파장이 변화한다. 이는 거울이 있는 곳에 파의 마디가 겹치는 빛 이외는 증폭할 수 없기 때문이다. 즉 시스템과의 궁합이라고도 말할 수 있는 것이 있어 궁합이 나쁜 빛은 최종적으로 살아남을 수 없다. 따라서 만일 '펌핑'의 강도가 일정하다면 레이저 빛은 '요동'과 구속조건에 의해 결정되는 것임을 알 수 있다.

이렇게 해서 최종적으로 출현하는 빛이 결정된다고 하면, 그 빛은 안정적으로 레이저 속에 계속해서 존재한다. 이것은 그 빛이 다른 종류의 빛과의 경쟁에서 항상 이기는 조건이 일단 만들어지면 그 조건이 유지되기 때문이다. 이것을 "레이저에는 일종의 작업기억working memory이 있다"고 말해도 좋다고 생각한다. 이 경쟁에 항상 이겨서 많은 분자의 내부운동을 계속해서 자신에게 동조시키고 있는 것은 한 기업이 초기 홍보에 성공하면 많은 고객을 끌어들여 시장을 점유해 가는 것과 같다.

이 상황을 하켄은 한 종류의 광파(의 진폭)가 모인 거시적 질서macro dynamics가 다수 분자의 내부운동micro dynamics을 동조시키도록 "지배하고 있다"고 한다. 역으로 미시 동역학은 질서에 "예속되어slave 있다"고 표현한다. 이 질서에 대한 예속화 현상이 일어날 때에 '예속화 원리'가 성립한다(이 '지배'라든지 '예속'이라든지 하는 단어는 제어 공학 분야에서 사용되어 온 학술적인 전문어로 사회적인 의미를 부여할 만한 것은 아니다). 하켄은 이 모인 빛의 파도의 진폭에 따라서 거시적인 질서의 크기를 양적으로 표현해서 이것을 '질서 파라미터parameter'라 불렀다.

균질적 시스템에서의 자기조직 현상이란 생각과 그 한계

그런데 예속화 원리가 성립하고 있을 때에는 거시 동역학은 미시 동역학에 비해 천천히 변화한다. 그 때문에 미시 동역학은 항상 거시 동역학에 뒤따라 변화해 간다. 이것은 사회 내에서 사람들이 입는 여러 복장이 유행에 지배되어 변해 가는 것과 유사하다. 따라서 레이저(사회) 속의 변화를 정하는 것은 거시 동역학(유행)이라고 생각된다.

이로부터 미시 동역학(매일 개개인의 복장 변화)에 관한 정보를 압축해서 얻어지는 '질서 파라미터'(거시 동역학을 나타내는 유행의 크기의 지표에 해당하는 변수, 통계적인 평균을 취하는 것도 정보 압축의 한 방법이다)에 주목해서 전체적인 관점에서 레이저를 바라보면, 시스템 안에서 질서가 자기조직되는 상황을 전체적으로 파악할 수 있다. 이것이 시너제틱스[15]의 주장이다. 하켄은 예속화 원리가 레이저뿐만이 아니라 자기조직 시스템 일반에서 성립하는 것이라 생각했다.

이러한 자기조직 현상의 본질에 관하여 일본 사회에서는 오해가 꽤 넓게 퍼진 듯하다. 그래서 오해를 피하기 위해 굳이 설명을 덧붙여 둔다. 미시가 거시에 '예속한다'는 것은 문자 그대로 거시적인 계층의 명령에 따라 개개의 미시적인 분자가 움직이는 것은 아니다. 질서 파라미터가 미시적인 요소에 부여하는 영향이 '장'이라 불리는 것에 해당한다. 구속을 받는

15) 시너제틱스(Synergetics). 그리스어로 '협동(協同) 현상의 학문'을 의미한다. 시스템의 구성 요소가 협동 작용해서 무질서한 상태에서 질서 있는 상태로 자율적으로 질서를 형성하는 현상을 그 대상으로 한다. 하켄(1부 각주 11)은 레이저 현상을 "자연방사(自然放射)에 내포된 많은 모드(mode)의 경쟁 속에서 어떤 모드가 다른 모드를 압도해 살아남아 전체가 협력적으로 정합적인(coherent) 진동을 한다"는 관점에서 연구했다. 더욱이 그것을 자연계만이 아니라 인간사회나 의식의 질서 연구로 확대하여 그러한 연구 분야를 시너제틱스라 명명했다.

〈그림 6〉 미시적 상태와 거시적 상태 간의 되먹임 고리의 순환

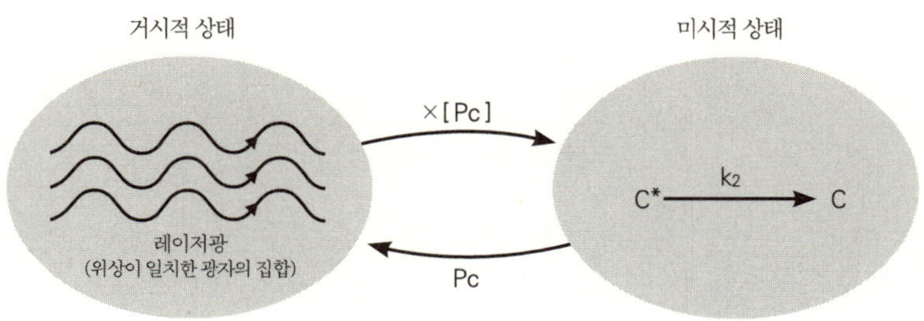

레이저의 경우, 미시적 상태는 '개개 분자 내의 전자 상태'에, 거시적 상태는 '방출된 광자 군이 만들어 내는 장'에 해당한다.

것은 거시적 질서이지, 개개의 미시적 요소의 운동은 아닌 것이다.

유행은 개인이 어떠한 복장이라도 자유롭게 선택할 수 있다는 것을 전제로 해서 즉 개인의 자유 의사의 존재를 전제하고 생기는 것이고, 일정 규칙에 의해 구속된 유니폼을 입는 것과는 완전히 질이 다른 것이다. 사실 예속화 원리가 성립하고 있을 때 한 분자에 주목해 그 행동을 보면, 어떤 때에는 레이저 광에 동조하고 어떤 때에는 동조하지 않는 듯이 자유로운 행동을 하고 있다. 따라서 한 분자를 짧은 시간 동안 보고 있는 것만으로는 예속화 현상이 발생하고 있는지 아닌지를 판단하는 것은 불가능하다.

이것은 예를 들어 매일같이 옷을 다양하게 바꿔 입고 출근하고 있는 사람의 복장을 단기간 관찰하는 것만으로는, 그 사람이 유행에 영향을 받아서 옷을 선택하고 있는지 아닌지 단정할 수 없는 것과 유사하다. 분자 층위의 '요동'(개인 층위의 자유 의사 발휘)을 전제로 하는 질서의 자발적인 형성이 여기서 말하는 자기조직 현상이다.

프리고진[16]이나 하켄 등을 중심으로 발전된 자기조직 현상의 물리학적 이론은 엔트로피의 증대, 즉 질서의 붕괴와 산일만으로는 다룰 수 없었

던 그때까지의 열역학이나 통계물리학에 획기적인 변화를 일으켰다. 그러나 이 이론들을 생물이나 정보의 창출 문제에 적용하는 데는 두 가지 문제점이 있다.

첫번째로 이 이론들은 레이저나 용액 속의 화학 반응처럼 균질적이고 실체론적인 요소의 집단으로 만들어진 균질uniform한 시스템을 대상으로 한 것이다. 우선 균질한 물리적 시스템 내에서의 자기조직 현상을 이론적으로 제시할 것이 요구되었기 때문이다. 두번째로 그 이론들은 "시스템의 경계조건(구속조건)은 고정되어 시간적으로 변화하지 않는다"라는 전제 아래 도출되고 있다.

따라서 그 이론을 근거로 해서 생물의 운동이나 정보의 자기조직을 논하는 경우에는 '시스템의 균질성'과 '고정된 구속조건'이라는 이중 제약의 타당성을 손상시키지 않는 범위여야 한다. 더욱이 생물적 요소를 실체론적으로 다룰 것을 전제로 할 필요가 있다.

산일 구조와 정합성

시스템에 질서를 출현시키기 위해서는 우선 시스템 내부에 '과잉 에네르기'가 축적되어 불안정한 상태가 만들어질 필요가 있다. 이 불안정한 상태란 '일촉즉발'의 상태이다. 그것은 작은 자극에 대해 시스템 내부에서 연쇄반응이 발생, 반응이 자기촉매적으로 증폭되어 가는 것이 잠재적으로 가

---

16) 일리야 프리고진(Ilya Prigogine). 모스크바 출생. 브뤼셀 자유대학 교수. 비선형역학·비평형 통계역학 등에 많은 업적이 있는 브뤼셀학파의 중추적 존재. 특히 비평형적 시스템(3부 각주 5)에 있어서의 거시적인 질서 형성 체계를 열역학적으로 설명하는 원리로서 산일 구조를 제창. 1977년 노벨화학상을 수상했다.

능한 상태이다. 말하자면 시스템의 감도가 이상하게 증대하고 있는 상태라 말할 수 있을 것이다.

다음으로 이 불안정성 때문에 시스템 내부에 자극이 되는 계기가 발생하면 많은 요소들 간에 연쇄반응이 발생한다. 즉 어떤 요소의 반응이 자극이 되어 다음 요소의 반응을 유발, 단기간에 시스템 전체로 반응이 확장되는 것이다. 그리고 서로의 반응이 서로의 자극이 되는 상호자극 상태가 발생한다. 이것은 이미 설명한 자기촉매성이다. 사회 내에서 새로운 패션이 유행할 때에도 이것과 마찬가지의 상호자극 상태가 만들어진다. 이 상호자극 상태에 있는 요소의 무리 속에도 요소는 상호 정합성[17)]이 있는 작용을 자율적으로 발생시키고 있다고 말할 수 있다.

정합성이라는 개념은 톱니바퀴처럼 서로가 단단히 물고 있는 결합이 아닌, 시간적인 정합성을 동반하는 가장 유연하고 정보적인 결합을 가리킨다. 이 정합성을 발생시키는 원인이 되고 있는 것은 결국 시스템의 불안정성과 자기촉매성이고, 이 불안정성의 원인이 되고 있는 과잉 에네르기가 시스템에서 사라지면 정합성도 소실된다.

그런데 요소가 반응하면 그것에 따라서 에네르기가 사용되므로, 과잉 에네르기는 그만큼만 소실된다. 예를 들어 유행하는 스타일의 옷을 입고 싶다는 바람도 그 옷을 얻었을 때 충족되어 그만큼 과잉 에네르기가 소실되게 된다. 그러나 여전히 대량의 과잉 에네르기가 축적되어 있거나 또 어

---

17) 정합성(coherence). 과학에서 두 개 이상의 미시적 요소 상태의 시간 변화에 있어서, 그 각자의 요소 간에 일정 관계가 있는 것을 정합성이라 한다. 여기서는 coherence를 보다 넓게 파악하여, consistency(일관성, 무모순성)까지 포함한 개념으로서 사용하고 있다. 단 consistency는 닫힌 영역끼리의 정합성을 가리키는 것이 보통이지만, 열린 영역 간, 예를 들면 카오스 간에도 정합성을 생각할 수 있다. 구체적으로는 ① 동적 coherence(동조), ② 기능적 coherence(기능적 정합), ③ 의미적 coherence(조리가 맞음)의 삼중의 의미를 부여하고 있다.

딘가에서 과잉 에네르기가 보급되거나 하면, 요소의 반응은 반복되어 상호 자극하는 상태가 정상적으로 출현한다(구속조건이 바뀌기까지 유행은 계속된다).

이것을 사회라는 시스템 전체로 바라보면 이 정합성의 실현(자기촉매성의 전면적인 출현)에 의해 과잉 에네르기는 연쇄반응을 동반하고 효율적으로 산일하게 된다. 이 정합성은 프리고진에 의해 산일 구조[18]라 불리고 있는 것과 같다.

정합성이 발생하기 위해서는 시스템 내부에 불안정 상태가 만들어져 있는 것 외에 각 요소에 '자기촉매성'(어떤 요소의 움직임에 의해 다른 요소에 그것과 같은 양상의 움직임이 유발되는 성질)이 있어야 한다. 이 전형적인 예는 폐색된 상황에 놓여 심리적으로 불안정한 때에 군집심리에 의해 눈사태처럼 한꺼번에 우르르 일어나는 행동에도 나타난다. 이러한 경우에 사람들은 평소의 개성을 포기하고, 타인과 동등한 요소로 행동하는 경향을 가진다. 공황의 경우나 혹은 유행하는 스타일의 옷을 다투어 입으려는 행위도 여기에 결부된다(예를 들면 일본인의 행동에도 약간 이러한 '폐색된 균일시스템'으로서의 행동이 보인다. 일본인에게는 불안정화하기 쉬운 문화적 본질이 있는 듯하다).

---

18) 일리야 프리고진(1부 각주 16) 등이 평형 상태와는 멀리 동떨어진 상태에서 나타난 구조를 산일 구조(dissipative structure)라 명명했다. 열역학 제2법칙을 분자 층위의 현상에 결부시키면, 우주의 엔트로피는 계속 증대하고 최종적으로는 모든 분자가 무질서한 상태에 다다른다. 그러나 구름의 형태 형성이나 대류 패턴의 형성 등의 현상에서는 복잡한 구조화가 일어난다. 이처럼 평형에서 벗어난 상태에 있는 계(系)에서는 계를 구성하는 요소 간에 되먹임을 사이에 둔 상호 작용이 일어나, 물질이나 에네르기의 흐름이 어떤 층위에 도달하면 새로운 구조가 자연발생적으로 나타난다(자기조직화). 이렇게 해서 나타난 구조가 산일 구조이다. 생체나 생태계, 인간집단 등도 복잡화하고 구조화되어 자기조직화를 일으킨다. 그러나 생명 현상은 그 요소 자체가 복잡한 개성을 띠고 있으므로, 종래의 산일 구조론을 단순하게 결부시킬 수는 없다.

카오스의 발생

균질한 시스템은 그 속에서 작용하는 외부 환경과의 경계조건(구속조건)과 불안정화의 정도가 일정하게 공통되어 있으면 본질적으로 한 가지 패턴의 질서밖에 만들어 낼 수 없다. 이 질서의 형성은 하켄의 예속화 원리에 따른다. 예속화 원리가 성립하는 조건을 넘어서 시스템의 불안정화의 정도를 더 크게 하면 곧 '카오스'[19]라 불리는 난류와 같은 불확정하고 복잡한 변화를 반복하는 상태가 발생하는 일이 많다. 흥미 있는 것은 '카오스'의 복잡성을 띤 외관 속에는 시스템의 단순성을 반영하는 간단한 법칙성이나 정합성이 숨어 있다는 것이다.

이 카오스의 발생을 예를 들어 생각해 보기로 하자. 관계 있는 예를 들기 위해 군집심리의 문제로 돌아가자. 나는 호텔 1호실에서 이 원고를 쓰고 있다. 이 호텔에는 두 개의 비상계단이 있다. 일시적으로 이 호텔 내에 재해가 발생했다고 하자. 그다지 긴급성이 없는 경우에는 숙박객은 냉정하게(군집심리에 빠지지 않고) 제각기 독립적으로 자신에게 있어 최선의 경우라 판단하는 비상계단으로 아래로 내려갈 것이다. 이것은 과잉 에너르기는 있지만 시스템의 불안정화의 정도가 낮고, 요소의 운동에 정합성을 유발하는 것이 불가능한 상태에 상응한다.

이 상태보다 불안정화의 정도가 조금 올라가면, 사람들은 전체적으로

---

19) 카오스(chaos). 일반적으로는 '혼돈'을 말한다. 단 역학계에서는 이것과 달리 결정론적 방정식으로 풀 수 있는 현상 내에 불규칙하고 예측 불가능한 현상이 나타나는데, 그 현상을 카오스라 부른다. 난류 등의 자연 현상, 화학 반응, 생태계의 수리 모델, 생체 반응계 등에 카오스적 행동이 발견되고 있다. 카오스는 서로 가까운 일군의 초기 조건에서 출발한 궤도군이 동일 궤도로 수렴하지 않고, 관측 정도의 유한성도 있어 예측 불가능하게 되는 현상이라 말할 수 있다.

상황을 여유 있게 판단할 만큼의 정신적 여유를 잃는다(판단의 대상이 되는 정보를 모으는 범위가 넓어지면 넓어지는 만큼 판단에 시간이 걸린다). 그래서 국소적인 판단에 따라 주변의 사람이 움직이는 쪽으로 자신도 움직이려고 한다. 즉 행동상의 정합성이 생기는 상태가 된다. 긴급성이 낮다면 약간의 혼란은 있어도 두 계단에서 사람들은 그다지 질서를 흩트리지 않고 내려갈 것이다. 이 상황을 정상적인 흐름의 상태 또는 상태공간 내에서의 고정점의 발생이라 한다.

한층 불안정성을 증대시키면 이번에는 사람들은 앞을 다투어 계단으로 향하려 한다. 이 때문에 점점 국소적인 판단에 의존할 수밖에 없는 상황이 된다. 그러면 많은 사람들이 내려가는 방향으로 다른 사람보다 빨리 나아가려고 하는 사람들로 계단이 꽉 막혀 버려 아래로 내려갈 수 없다. 그래서 사람들은 다른 계단으로 앞을 다투어 향한다. 이와 같은 반복에 의해 두 계단에서 사람들은 거의 토해지는 것처럼 아래로 내려오게 된다. 이 상황을 '리듬 진동' 또는 '한계 순환limit cycle의 발생'이라 한다. 불안정성을 점점 높여 가면 한계 순환의 주기가 짧아지면서 그 진동도 복잡하게 된다. 이것을 '다중 주기 진동'이라 한다.

불안정성의 정도가 더욱 올라가면 어떻게 될 것인가. 그 뒤에 출현하는 것이 '카오스'라 불리는 현상이다. 긴급성이 절박해지면 사람들은 판단할 여유를 점점 잃어버리고, 거의 광기에 가까운 이상상태가 되어 결과를 불문하고 타인보다 빨리 출구에 도달하려고 눈사태처럼 한꺼번에 몰려들어 움직이는 것조차 곤란한 상태가 나타나는 것이다. 그 결과 사람들은 두 계단에서 간헐적으로 뭉쳐서 내려가지만 그 행동은 혼란스럽고, 언제 어떻게 내려갈지는 도저히 예상할 수 없게 된다. 이것은 일종의 난류 현상이다. 대공황 때에는 경제적인 카오스 상태가 출현해 사람들은 앞을 다투어 주식을 팔려고 하는데, 이 현상도 이것과 마찬가지이다. 인간은 본래 개성을 가진 존재이고 각자의 의지에 의해 행동하고 있지만, 이들 예로 알 수 있는 것처럼 일정 국면에서는 (서로 연결을 만들 여유가 없으므로) 그 개성을 발휘할 여유도 없이 본능에 따라 행동한다. 이와 같은 경우에는 사람들의 집단 행동을 동등한 요소의 집단으로부터 생긴 등질적인 자기조직 시스템으로서 근사적으로 다루는 것이 허용된다. 또 이것과는 다르지만 사람들의 몇 퍼센트가 유행하는 옷을 입는가 하는 경우도 개인 의지의 수준에서는 여러 의사 결정에 의해 옷을 사게 될 것이다. 그러나 의사 결정의 수준이 꽤 불규칙하게 분포해 있기에 개인의 특수한 사정은 부정된다. 이러한 경우도 대체로 근사적인 균질 시스템 모델을 사용할 수 있다.

복장의 예와 같이 옷을 사는 개인들 사이에 직접적인 강한 연결이 없는 경우에도 균질 모델을 사용할 수 있다. 이 경우에도 개인들의 취향의 차를 '요동'으로서 받아들인다. 만약 강한 연관성이 있는 집단의 복장 선택 문제를 다루고 싶다면 이처럼 간단히 생각할 수는 없다. 어떤 개성이나 입장의 사람이 어느 정도 있는 것일까. 그 중에서 누가 전체에 영향을 미칠 가능성을 가지고 있는 것일까. 그러한 것도 생각하지 않으면 안 된다. 또 그 영향을 받기 힘든 것은 어떠한 사람들인가 하는 것에도 염두에 두어야 한다. 즉 개인의 성격 차이가 달성한 의의를 생각할 필요가 발생한다. 이것은 불균질한 시스템을 생각하지 않으면 안 된다는 것을 의미하고 있다.

같은 인간들을 대상으로 한다 해도 어떠한 상황에서 생각하는지 또 어떠한 문제를 생각하는지에 따라 다르게 취급하게 된다. 알기 쉬운 친숙한 예를 들어 설명했지만, 이 때문에 인간 집단에 관해 많은 설명을 해야 했다. 그러나 인간 이외의 요소의 경우에도 같은 식으로 이해할 수 있는 현상이 많다.

'요동'이 만드는 질서

질서와 무질서는 두 개의 분리된, 겹치는 곳이 없는 세계로 생각되어 왔다. '질서의 세계'는 정연한 질서가 겹쳐져 만드는 코스모스이고 '무질서의 세계'는 바닥을 알 수 없는 카오스가 소용돌이치는 암흑의 세계로 간주되어 왔다. 그것은 예컨대 대립하는 신의 세계와 악마의 세계로서 묘사되어 왔지만, 과연 그러한 것일까.

종래 자연과학 분야에서도 이러한 이항대립적인 관점을 취해 왔다. 대표적 질서 현상이라 할 수 있는 결정結晶에서는 원자나 분자가 일정 규칙에 따라 배열되어 있는 듯이 보인다. 예컨대 수정에서는 분자가 벌집처럼 격자구조를 만들어 정연하게 배열되어 있다. 이러한 높은 질서의 결정 구조는 그 미시적인 층위에서의 배열에 비밀이 있기 때문에, 곱게 부순 것도 큰 것도 상사相似적인 형태를 하고 있다. 그런데 결정의 온도를 높여 가면 열 에네르기를 흡수해서 이 격자가 활발하게 동요하기 시작하고, 거대 지진 때문에 벽돌로 만들어진 고층 건물이 붕괴해 돌무더기가 되어 부서지는 것처럼 많은 분자로 나눠져 춤추며 뛰쳐나오게 된다. 이것이 결정의 융해이며, 거기에는 '코스모스의 세계'에서 '카오스의 세계'로의 변화가 보인다. 적어도 이러한 현상에서는 코스모스와 카오스란 서로에 대해 서로를 허용하는 것이 불가능한 세계인 것이다.

확실히 코스모스적인 세계의 정연한 조화는 대단하지만, 결정의 구조처럼 조금도 흐트러지지 않은 정연한 질서가 전체를 지배하는 사회는 전체주의 사회 또는 사회적인 의미에서의 계층적 질서가 확립되어 있는 사회가 될 수도 있다. 그러한 견고하게 만들어진 질서 속에 있으면 그 질서에 구속되어 자유로운 행동을 취할 수 없다. 따라서 카오스의 세계에 마음을 빼기

기도 한다. 그렇지만 인간은 완전한 카오스 속에 머무는 것도 불가능하다.

예컨대 세계의 평화는 하나의 질서 있는 상태인데, 만약 현재 세계적인 무질서 상태가 나타날 경우 우리들은 전면적인 핵전쟁의 위협에 노출된다. 전면적 핵전쟁이 일어나면 단지 인류만이 아니라 이 지상의 여러 생명이 말살될 위험이 있다.

우리들 주변의 환경은 살아 있다. 이 살아 있는 환경에는 커다란 생명력이 있고, 그 생명력은 거기서 살고 있는 여러 생물의 생명을 포함하고 있다. 그리고 개개의 생물은 이 거대한 생명력 속에서가 아니면, 그 생명을 유지하는 것이 불가능하다. 만약 인간이 환경을 파괴해서 환경에 완전한 카오스를 일으키면 어떻게 될 것인가.

'질서'라는 개념에 관해서 약간의 설명을 해보자. 우리들은 여러 의미를 가진 단어나 언어를 사용해 일상적인 의사 소통과 사고를 행하고 있다. 이처럼 언어를 사용하는 능력을 가지고 있기에 비로소 인류는 오늘날의 문화를 만들어 왔고 실로 우리들은 그 은혜를 입고 있다. 다른 포유류와 비교해서 그다지 이것이다 할 만한 육체적 장점이 없는 인류가 생물 진화의 역사 속에서 이처럼 살아 있을 수 있는 것도 언어를 사용할 수 있다는 특이한 능력에 의한 바가 클 것이다. 그러나 그 반면 언어는 우리들의 사고에 틀을 맞춰 넣는 소프트웨어로서의 질서이기도 하다.

예컨대 봄이 되어 한창 아름답게 피어서 우리를 유혹하는 꽃나무도 한 그루 한 그루에는 개성이 있어 그것 나름대로 특징이 있지만, '꽃나무'라는 단어에 사로잡히면 이미 한 그루의 꽃나무가 가진 개성을 보려고 하지 않는다. 같은 양상으로 일본인·미국인·이스라엘인 등 하고 말하면, 이미 그것만으로 고정관념을 가진 똑같은 견해를 취해 버리게 되는 것도 언어에 사로잡혀 있기 때문이라고 말할 수 있다.

〈그림 7〉 베나르 셀

육각 패턴을 나타내는 베나르 셀(Bénard Cell) 산일 구조의 예. 용액을 밑에서 가열하면 육각형의 벌집 모양의 패턴이 출현한다. (제공: 도호쿠東北대학 사와다 야스지澤田康次)

1960년대 말부터 70년대 초에 걸쳐 유럽에서는 프리고진이나 하켄 등을 중심으로 한 과학자들이 자기조직 현상의 물리화학 내지 물리학 이론을 발전시켜 세계적으로 커다란 충격을 주었다. 그들이 생각한 질서는 정합성에 의해 형태가 만들어진 산일적인 질서로 결정 같은 미시적 세계에서 구축된 질서와는 다른 것이었다(그림 7).

산일적인 질서란 어떠한 것인가를 조금 더 이해하기 위해 다른 예를 생각해 보자.

지금 이 원고를 쓰고 있는 호텔의 창에서 가을 하늘이 보인다. 하늘 높이 떠 있는 비늘구름[卷積雲]과 참억새의 조화는 가을날의 정서를 돋우는 것이지만, 이 비늘구름의 질서 있는 반복되는 패턴이야말로 산일 구조의 전형적인 예의 하나이다.

그런데 이 비늘구름은 가까이 접근해서 보아도 미시적 결정과 같은 구조를 가지고 있는 것은 아니다. 일종의 대류 현상(그림 8)에 의해 상하로 순환하고 있는 커다란 공기 층이 마치 긴 롤케이크를 옆으로 늘어 놓은 듯이 연결되어 있는 것이다. 즉 비늘구름의 반복된 패턴은 공기 흐름이 만드

〈그림 8〉 대류

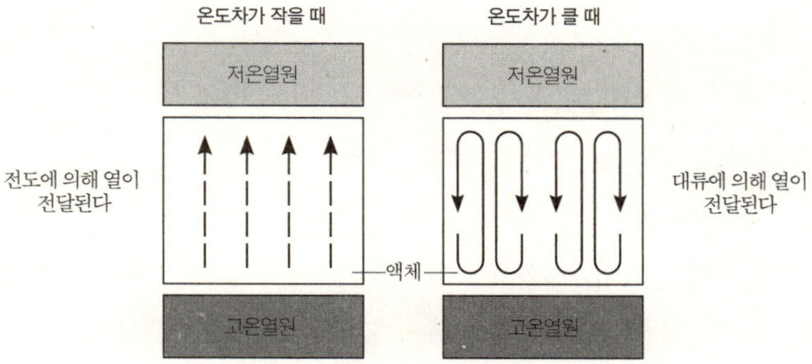

상하의 온도 차가 작을 때(왼쪽)는 열은 전도만으로 전달되어, 액체에 흐름은 일어나지 않는다. 온도차가 크게 되면(오른쪽) 대류가 발생하지만, 이때 액체가 상승하는 곳과 하강하는 곳이 일정 부위에 형성되어 동적인 질서가 발생한다.

는 구조인 것이다. 공기 흐름 속에서 공기 분자는 어떻게 움직이고 있는 것일까? 모든 분자가 일정 방향을 향해 매우 질서 있는 움직임을 하고 있는 것일까?

이것을 이해하기 위해, 예를 들어 풍선 속 가스 성분인 헬륨 원자가 어떻게 움직이고 있는가를 생각해 보면 쉬울 것이다. 한마디로 말하면 풍선 속의 원자는 제멋대로의 속도로 제멋대로의 방향으로 움직이고 있다. 그 때문에 풍선을 긴 끈으로 잡아매어 두어도 바람 같은 경우가 아니라면 한 방향으로 움직이게 되는 일은 없다. 만약 분자가 한 방향으로 모여 있다고 한다면 풍선은 그 방향으로 눌려 버리게 된다. 또, 풍선을 어떤 방향에서 눌러 보아도 속으로부터의 압력을 느끼는 것은 풍선 속의 헬륨 원자가 어떤 방향으로도 움직이고 있다는 증거이다.

풍선 속의 가스 밀도는 가볍기 때문에 실을 끊은 풍선은 상승하려고 한다. 그때 원자의 운동을 통계적으로 보면 그 운동에는 특별한 방향성은 없다. 그러나 풍선을 아래에서 밀어 올리는 공기의 분자 수와 위에서 누르려 하는 공기의 분자 수에 정확히 풍선 상하의 압력 차에 해당하는 만큼의 약간의 차가 있고, 이것에 의한 부력이 인력을 강하게 한다. 풍선이 오그라들어 천천히 떨어져 올 때에는, 이 압력차에 의한 부력보다도 지구가 풍선을 끌어당기는 인력 쪽이 조금 강해지게 된다.

비늘구름의 경우는 오히려 열기구에 가깝다. 그것은 지상으로부터의 열로 따뜻해지고, 상공의 한기로 차가워져 상하 운동을 반복하는 것이다. 중요한 것은 풍선이나 기구처럼 기체 분자의 운동 범위를 단단하게 구속하고 있는 것은 아무것도 없다는 점이다. 결국 개개의 분자는 완전히 자유롭게 운동하고 있기 때문에 분자 운동 층위, 즉 미시적인 층위에서는 질서가 없다. 그 대신 떨어져서 바라보면 거시적 층위에서는 질서가 존재한다.

거시적인 층위에서 질서가 생기기 위해서는 미시적 분자가 자유롭게 행동한다는 것이 필요조건인 것이다. 이 미시적인 분자의 자유로운 운동을 통계적인 관점에서 볼 때, 평균치에서의 '요동'의 원천이라 생각한다. 무엇보다도 이것 이외에도 여러 가지 '요동'이 있기 때문에 나중에 설명할 것이다. 즉, 산일적 질서(산일 구조)가 발생하는 경우 그것을 미시적 층위에서 포착하면 무질서이고 카오스적이지만, 적절한 관측 척도로 바라보면 질서의 존재가 명확하게 확인되는 것이다. 그러면 산일 구조는 어떤 힘에 의해 유지되고 또 어떠한 안정성을 가지고 있는 것일까. 구체적인 예로 자기조직 현상의 특징을 생각해 보자.

단단한 질서와 부드러운 질서

질서와 무질서를 전통적인 코스모스와 카오스와 같이 명확하게 두 개로 분류해서 파악하는 것은 불가능하다. "어제의 적은 오늘의 친구"라는 말도 있지만, 산일 구조에서는 시스템이 놓여 있는 조건이 변하면 오래된 질서는 소멸하고 새로운 질서가 생겨난다. 이 새로운 질서는 그때까지는 질서의 구성 요소는 아니었던 곳에서부터 새로운 조건에 무엇보다도 적합한 것이 성장하게 되는 것이다. 이 적합성은 환경 조건과 에네르기의 산일 상태에 따라 결정된다.

이러한 산일 구조를 깊게 이해하기 위해 여기에서는 다른 예를 들어 보자. 한 조직 내에서 유니폼을 입는 것이 강제되어 있다고 하자. 경찰이나 교통 관련 직장, 백화점의 매장 등에서 일하는 사람들의 경우가 그 예이다. 이와 같은 직업의 사람들은 일반인들 속에서 일하기 때문에 유니폼을 착용할 필요가 있게 된다.

따라서 직장에서 일하는 사람들의 복장에는 고정된 일정한 질서가 있다. 이 질서에 반해서 각자가 자유로운 복장을 하면 직장인과 일반인을 구별하는 것이 불가능하게 되고, 그런 이유에서 문제가 생긴다. 이러한 질서는 강요되고 고정된 규칙에 의한 '경직된 질서' 또는 '강요된 규칙에 의한 질서'이다. 그렇지만 고정화된 질서는 각 사람들의 자유의지에 의해 붕괴하는 것이다.

그러나 사람들의 자유의지에 의한 선택이 오히려 일종의 질서를 만들게 된다. 이런 질서는 동적이고 자기 자신이 환경에 따라 변화해 가는 '부드러운 질서'이다. 사람들이 입는 복장의 스타일에는 유행이 있다. 스커트의 단이 짧아졌다가 길어졌다가 하고, 바지나 넥타이의 폭이 넓어졌다가 좁아졌다가 한다. 내 경우에도 사회인으로 몇 년이나 일하고 있는 사이에 폭넓은 넥타이, 좁은 넥타이 등 여러 가지를 가지게 되었지만, 어떤 넥타이를 매고 출근할지를 강요받는 것도 또 결정하는 규칙이 있는 것도 아니다.

그런데 실제로는 유행하는 스타일에 맞춰 복장을 결정하는 결과가 되어 버리는 경우가 많다. 이것을 거시적인 견해에서 보면 한 시기에는 사람들이 그 시대에 유행하는 스타일을 도입한 '질서 있는 복장'을 입는 것이 된다. 그러나 그 복장이 강요되고 있는 것은 아니기 때문에 스타일은 사람들의 취향에 따라서 변화해 간다. 이것을 '동적이고 부드러운 질서' 또는 '자율적으로 만들어진 부드러운 규칙에 의한 질서'라 한다.

이 부드러움은 사람들이 자유의지에 따라 선택을 하고 있다는 점에서부터 발생한다. 자유의지에 따른 선택이 있는 이상, 사회를 자세히 살펴보면 유행으로 파악되지 않는 복장을 하고 있는 사람들도 있다. 또 한 인간에게 있어서도 그 기분의 변화에 따라서는 도리어 유행에서 벗어난 복장을 해보는 경우도 있다. 이처럼 개인 층위의 자유로운 선택에 의해 유행하는 질서에서 떨어져 있는 것을 '요동'이라 한다.

유행이 일어나는 것은 타인의 복장이 마음에 드는 경우, 그것과 닮은 것을 입으려 하는 경향이 있기 때문이다. 타인과 같은 양상의 선택을 하는 경향을 '협동성'協働性 또는 '전일적인 성질'로 부르고 있다(이 성질은 정합성을 설명할 때 자기촉매성이라 부른 것이다). 복장의 선택을 각 사람들의 자유의사에 따라 행하는 데는 결국 각자가 번 돈을 사용할 필요가 있게 된다.

따라서 동적이고 부드러운 '복장 선택의 질서'는 각자가 자유롭게 사용할 수 있는 자신의 돈이라는 '자유 에너르기'를 소비하는 것으로 지탱되고 있다. 이것을 사회 전체에서 보면 경제적인 산일에 의해 만들어진 질서, 즉 산일 구조가 된다.

이와 같은 산일적 질서를 유지하려고 해서 자율적으로 발생한 부드러운 규칙을 고정하게 되면, 그 질서를 만들고 있는 '요동'이 소멸해서 질서의 부드러운 성질이 소멸해 버린다. 산일적인 질서는 전통적인 코스모스라든가 카오스 같은 개념으로 파악할 수 없는 것이다.

3장_생명관계학의 과제

해석의 다양성을 허용하는 질서를 생각한다

지금까지 생각해 온 것의 응용 문제로서 우리들 주변의 문제를 택해서 생명적인 자기조직 현상이라는 점에서 그 본질을 다시 취해 보자. 우리들 눈에는 일곱 빛깔의 줄무늬로 보이는 무지개도 광학적으로 연구해 보면 색이 연속적으로 변화하고 있어 실은 줄무늬 구조를 가지고 있지 않다는 것을 알 수 있다. 이 줄무늬를 보는 방식은 엄밀하게는 보는 사람이 어떤 풍토나 문화를 가진 나라에서 자랐는가에 따라서 다르다고 한다. 이처럼 동일한 대상을 보아도 다르게 보이는 것은 인간의 인식이 외부에서 오감을 통해 들어온 신호의 의미를 뇌가 해석하고 그것을 의식함으로써 일어나며, 또 뇌의 해석은 문화 속에서 일어나는 체험에 기초하고 있다는 사실에서 유래하고 있다. '절대적으로 올바른 체험'이라는 것이 난센스인 것처럼 '절대적으로 올바른 해석'도 실제로는 있을 수 없다. 중요한 것은 우선 그 사람에게 있어 올바른가(정합적인가) 그렇지 않은가이고, 다음으로 그것을 다른 사람들이 인정할 수 있는가 없는가 하는 것이다. 그러나 혁신적인 인식을 사회가 바로 인정한다고는 할 수 없음은 역사가 보여 주는 대로이다.

일반적으로 한 현상, 한 문장이 있을 때 그 해석이 단지 하나밖에 없다는 것은 극히 이상한 일이다. 사람들의 환경이나 상황, 개성에 따라서 해석이 다른 것이 보통이다. 인식이나 그 정확함을 이끌어 내는 해석은 본질적으로 주관적인 것이다. 그러나 해석이 주관적이기 때문에 아무렇게나 해도 좋다는 것은 아니다. 주관적인 것을 어떻게 받아들이느냐는 인간관에 따라 다른 것이다.

눈을 교육 문제로 돌려서 예를 들어 보자. 교육의 황폐화는 직접적으로는 여러 가지 요인을 생각할 수 있지만, 학생에 대해 획일적인 인간상을 억지로 전가하는 데서 온다는 것이 그 하나임은 부정할 수 없을 것이다. 예를 들어 최근 일본의 교육은 이른바 '객관 테스트'를 남용하고 있다. 학생의 다양한 개성에 따라서 다양한 해답이 있을 수 있는 해석이건만, '객관적으로 옳은' 유일한 해석을 기준으로 해서 옳고 그름의 판단을 내려 평점을 한다. 이러한 객관 테스트를 주로 한 교육이 잘못인데, 그것은 생각하는 것은 본래 다양할 터인 인간에게 하나의 질서를 위에서 강요하기 때문이다.

학생 복장 등의 관리에 있어서도 마찬가지이다. 그렇게 학생을 다루는 방식은 학생에게 올바른 하나의 해석만을 해야 된다는 가치관을 강요한다. 그 결과, 자신이 옳다고 생각하면 다른 것을 부정하기만 하는 인간을 만들어 낸다. 그들도 또 자신이 옳다는 것을 다른 이에게 강요하는 것이다. 그렇게 되면 보다 강한 강요에 의해 질서를 만드는 것과 다름 없다. 이러한 질서를 '강요된 질서'라 부르기로 하자.

그럼 인식이나 해석은 완전히 엉터리여도 좋으냐면 물론 그렇지는 않다. 국제사회의 문제는 일본의 주장이 다른 나라에 의해 이해되지 않으면 어떻게 할 도리가 없다. 즉 무엇이 공정한가 하는 해석은 각 사람, 각 나라의 개성에 따라서 달라도 좋지만, 그것을 서로 이해하고 납득하려 할 때는 서로 공유하는 해석의 연쇄가 하나로 될 필요가 있다.

이처럼 다양한 개성을 가진 존재로부터 자발적으로 생겨나고 또 전체가 공유할 수 있는 질서를 ('강요된 질서'에 대해서) '자기조직된 질서'라고 불러 둔다. 교육을 대하는 나의 주장은 교육이란 질서를 강요하지 않고 학생에게 질서를 자기조직하는 것을 체득시키는 것이라는 점에 있다.

획일적인 질서의 문제점

이러한 질서라는 관점에서 일본 사회를 보면, 정도의 대소는 달라도 획일적인 질서에 대한 반응이 여러 가지 면에서 발견됨을 알 수 있다. 과학이나 기술 분야에서조차 그러하다. 한 시기에는 그 시기의 과학이나 기술에 영향을 주는 주도적인 생각(패러다임)이 지배한다. 그리고 대다수의 과학자나 기술자는 그 주도적인 생각을 심각한 내성적 비판도 없이 받아들여 그것에 따라 과학적 연구나 기술개발을 진행하고 있다. 실로 새로운 미지의 패러다임에 도전하고 있는 과학자나 기술자의 수는 극히 적은 것이다.

기술자라면 누구라도 알고 있는 것을 기본적으로는 같은 방식으로 여기저기서 상품화할 것을 생각하고 있기 때문에, 일본 기업에서 생산되는 제품에는 획일적인 경향이 있다. 진정한 의미에서 독창적이라고 말할 수 있는 것은 극히 적다. 이 발상의 획일성도 하나의 원인이 되어 일본 기술은 각 회사가 도토리 키 재기 식의 생산 경쟁을 낳게 된다. 이것은 생산기술의 향상이나 제품의 향상을 야기하고 그 혜택도 적지 않은 것이지만, 다른 한편으로 독창적인 기술의 싹을 키울 여력을 빼앗아 버린다. 이러한 행동 패턴은 결국 세계 여러 나라들로부터 강한 혐오를 받게 되어 스스로를 쇠퇴로 몰고 갈 우려가 있다.

일본의 생산 기업에서 넓게 보이는 이 획일적인 행동의 최대 원인은 기술자가 그렇게 행동하지 않으면 안 되는 구속조건이 기업의 내외에 있다는 점에 있다. 그러나 결코 그것만이 아니라 기술자 측에도 큰 문제가 있다. 기술자가 설령 새로운 생각을 알 기회가 있어도, 그 생각이 사회에 받아들여지지 않는 동안은 그것을 진정한 의미에서 알려고는 하지 않는 경향이 널리 보인다는 것이다. 새로운 사고 방식이 아직 불완전하다는 점을 들어서 공격하는 경향이 강하다고도 말할 수 있다. 즉, 획일화가 지향되고 다양성이 부정되어 버린다. 기술자가 진정한 의미에서 자립하고 있지 않으므로 다양성이 생기지 않는 것이다.

다른 한편 하나의 사고 방식이 일단 사회적으로 받아들여지게 되면, 그 이외의 세계는 갑자기 보이지 않게 되어 이번에는 본질적인 의미에서 그 기술에 존재하는 불완전한 측면을 인정하는 것조차 곤란하게 된다. 기술의 전문 분야에서조차 논리적이라기보다 획일적인 의미해석 반응만이 보인다. 이러한 행동 패턴이 대세를 점하는 환경 속에서는 새로운 패러다임을 창조하는 활동은 성장하지 않을 것이다.

어떠한 패러다임도 그것이 생겨나는 과정에서는 당연히 불완전한 것이다. 그 불완전성을 공격해도 그다지 창조적인 효과는 나오지 않는다. 그 패러다임이 바로 요람기[搖籃期]에 있기 때문에, 그 본질을 이해하고 그것을 보다 완전한 것으로 이끄는 건설적인 논의가 필요하게 되는 것이다.

이러한 창조를 키우는 건설적 논의가 얼마나 적은가는 어떠한 근거에서 새로운 기술이 일본이라는 기술사회에서 인정되는가를 일견하면 뚜렷해진다. 그 새로운 의미 창출은 전부라고 해도 좋을 정도로 일본 바깥에서부터 유래하고 있다. 기본적인 영향력의 대부분은 미국과 유럽의 기술 동향이고, 일본 사회에서 만들어지는 기술 패러다임은 극히 적다.

주체적이고 창조적인 행동의 결여는 뒤집어 보면 유행을 향한 안이한 추구를 조장한다. 유행하는 기술 동향에는 적지 않게 불확실한 것도 포함되어 있고 그 논리적 기초로 눈을 돌리면 곧 오류를 알 수 있는데도, 이 점이 인식되지 않은 채 사회를 전횡하고 있는 경우가 현실적으로 몇 번이나 일어나고 있다. 즉 기술 논리의 폭이 좁은 것이다. 이러한 일본 기술의 획일적인 존재 방식이 지금까지도 때때로 국제사회에 커다란 문제가 되어, 여러 기술 마찰의 원인 중 하나가 되어 왔다. 장기적인 번영을 위해 요구되고 있는 것은 행정과 기업의 구조적인 변화이지만, 이것에 대한 적절하고 유효한 대책은 아직껏 생각되고 있지 않는 듯하다.

현재 인류는 가치관이나 사물을 보는 관점이 다양화된 시대를 맞이하고 있다. 세계의 복잡성에서 생겨나는 다양성을 분리와 대립의 도식으로 파악하기보다는 그 다양성의 존재를 허용하고 평가하는 새로운 조화로운 사고 방식이 요구되고 있는 것이다. 인류는 이를 위한 새로운 규칙을 아직 잘 알지 못한다. 그렇지만 이후의 국제사회에 있어 일본의 입장을 생각해 보면, 일본인이야말로 국제사회 속에서 '자기조직된 질서'라는 사고를 무엇보다도 필요로 하고 있는 것은 아닌가 하고 생각된다.

경제에 있어 질서의 자기조직

하나 더 가까운 예를 들어 보자. 화폐경제에 있어서의 경제적 질서가 그것이다. 단순화하면 화폐경제는 돈을 버는 것과 사용하는 것에서 성립한다. 돈을 벌기 위해 어떤 의미 있는 생산활동이 발생한다. 물론 벌어들인 돈이 모두 사용된다고는 할 수 없다. 축적되거나 경제활동의 발전을 위해 투자되거나 하기 때문이다. 경제활동은 극히 복잡한 것이어서 여기에서는 가능한 한 단순화해서 생각해 보기로 한다.

화폐경제에서 경제활동이 성립하기 위해서는 우선 통화에 대해 신용이 있을 필요가 있다. 이 신용의 정도는 개인이 결정하는 것이 아니라 사회의 경제적인 관계가 결정한다. 즉 이것은 개인적 층위의 미시적인 현상이 아니라 사람들의 집단인 사회가 결정하는 거시적 현상이다.

경제활동에는 질서 있는 상태와 무질서한 상태가 있다. 무질서 상태란 통화의 신용이 없어져서 통화를 사용하는 경제활동이 불가능한 상황이다. 그 대표적인 예는 1920년대 말에서 30년대 초에 걸쳐 미국에서 발생한 세계적인 경제대공황일 것이다. 통화에 대해 신용이 없어지면 물건과 물건을 직접적으로 교환하는 원시적인 경제 상황만이 성립하게 되고, 화폐에 의지하는 경제활동은 정지해 버린다. 당연히 투자도 없어지므로 경제 발전도 없다.

이것이 화폐경제의 구조가 붕괴된 무질서 상태이다. 즉 거시적 층위의 경제적 질서를 유지하는 데 필요한 여러 활동의 정합성이 붕괴하기 때문에, 통화에 기반해서 성립하고 있던 거시적 경제활동이 미시화했다고 말할 수 있다. 그런데 단지 생산활동을 하고 있는 것만으로는 경제적인 질서를 만들거나 유지하거나 발전시키는 것은 불가능하다. 소비가 없으면 '제품'이 화폐와 교환되지 않고 원시적이고 불안정한 가치 이외의 가치를 지니지 않기 때문이다. 경쟁 속에서 생산활동을 유지하기 위해서는 앞으로 나아갈 필요, 즉 발전할 필요가 있다. 그것을 위해서는 어떤 형태로든 투자가 필요하지만 그 투자의 동기가 되는 것은 이윤에 대한 기대이다. 그러나 기대대로 돈을 벌 수 있을지 없을지는 완전히 예측 불가능하다. '제품'의 실제 가격은 수요와 공급의 관계에 의해 결정되기 때문이다.

그래서 실제 생산은 모두 이 수요-공급 관계에 대해 일정한 기대를 가짐으로써 일어난다. 만약 이 기대가 실제로 성립하면 그 생산활동의 규모를 그에 따라서 확대하거나 축소하기에 이른다. 이러한 확대가 많은 활동에서 필요하게 되면 그에 따라서 통화의 유통이 전체적으로 증대되어, 사람들은 경제적인 활동 정도의 기준인 경기 동향에 관해 강한 기대를 가지게 된다. 그러나 과도한 기대가 위험하다는 것은 말할 것도 없다. 그렇게 진행되면 물가는 점차 상승하고 인플레이션이 되기 쉽다.

반면 기대만큼 수요가 없다면 적어도 그 규모에서의 생산은 지속될 수 없게 된다. 이것이 심해지면 원가 이하로 파는 상황으로 진행될지도 모른다. 기대의 성립에 관한 심리적인 불안이 확대되어 생산활동이 중지되고 경기는 추락한다. 경기 전망에 대해 불안감이 증대하고 점차 경기 회복에 대한 전망이 어둡게 되면, 일정 기대에 따라 투자되어 온 주가에 대한 불안이 강해지고 주가 하락이 시작된다. 이러한 변화가 군집 심리를 동반하면서 연쇄 반응처럼 확대되어 가면 이윽고 경제적 활동을 할 수 없는 무질서 상태에 빠지게 되는 것도 생각할 수 있다. 이것은 시장의 소멸이다.

경제적인 무질서 상태로 떨어지는 것을 막는 방법으로서 계획 경제와 자유 경제의 두 가지 방법이 있다. 대략적으로 말해서, 전자는 일정 질서 상태를 유지하기 위해 수요와 공급의 관계를 재설정하고 질서를 밖에서 강요하는 방법이다. 이 경우 경제는 자율적으로 변화할 수 없게 되며 강요되고 경직된 구조를 가지게 된다. 이에 비해서 후자는 시장의 자율적인 질서 형성 능력에 경제적인 질서의 자체 구조를 가능한 한 맡기는 방법이다.

시장에는 상품과 정보의 유통이 충분히 빠르게 발생하기만 하면 수요에 따라 '제품'의 가치를 적정하게 조절하고 균형을 맞추는 기능이 있다. 이를 기준으로 해서 생산을 조정하면 결국은 구조가 유지되는 것이 자유

주의적 경제의 방법이다. 이 입장에 서면 밖에서부터 시장에 여러 가지 '족쇄'를 채우지 않는 쪽이 좋다고 말할 것이다.

그러나 금융·주식·부동산 등의 시장은 투기적이고 사람들의 기대에 의해 크게 좌우된다. 그 기대가 실태에서 벗어나 있으면 시장은 '카오스'를 생성해 버려 경제적 질서는 혼란스럽게 된다. 그래서 시장이 언제나 경제의 실상을 반영한 올바른 답을 내는 것, 그리고 각 생산 현장이 시장의 변동에 동반되어 재빨리 생산을 조절할 수 있는 것이 시장에 의한 경제적 질서의 자기조직의 전제가 된다. 이 상태를 "생산자가 시장 주도의 질서를 예속화한 상태"(39쪽)라 한다.

경쟁 원리에 기초해서 수요와 공급의 관계가 일의적으로 결정되는 구조가 작용하고 있으면, 시장은 경제 실태를 반영해서 변동하고 있을 터이다. 경쟁이 있다는 것은 그 경쟁에 이긴 자뿐만 아니라 진 자도 있다는 것을 의미한다. 지는 것은 간단한 일이지만 한 번 크게 지면 좀처럼 회복할 수 없다. 패자가 다수가 되면 경제적 질서 그 자체를 유지할 수 없게 되므로, 화폐경제는 기본적으로는 성장해 갈 필요가 있게 된다. 여기에 기대라는 카오스 요인이 들어간다.

시장이 경제 실태를 충분히 반영한 형태로 변동할 수 없게 되면 소비자와 생산자는 시장에 종속되고 있을 수 없게 되고, 각자 마음대로 행동하기 시작해서 시장의 질서가 붕괴된다. 이것이 이른바 '카오스'라 말해지는 시장의 난류적인 상태로, 전술한 경제대공황의 경우 이 상태가 발생한 것이다. 단지 여기서 말하는 '카오스'는 2장에서 말한 코스모스와 대비된 의미에서의 '카오스'와 반드시 일치하는 것은 아니다.

여기에서 주장하고 싶은 것은 시장 주도형의 경제적인 질서는 결국 소비(돈의 산일)에 의해 만들어지는 일종의 산일 구조이고, 이 산일 구조는 사회를 구성하는 사람들이 그 자유의지에 따라 소비를 행함으로써 비로소 안정된다는 것이다. 사람들의 자유의지에 의한 소비활동이 없다면 시장은 사회의 경제적 실태를 반영할 수 없다. 이 점이 강요된 질서를 가진 경제 구조와 다르다. 그러나 사람들의 기대가 너무 앞서 가면 시장의 활동은 카오스화된다. 여기에 시장경제의 문제점이 있다.

중요한 것은 적절한 기대와 자유이다. 경제적 질서란 같은 시장 아래 경쟁 원리를 총괄해 온 통화(가격)를 통해서 각 사람의 소비가 구속되어 있는 것이다. 이 구속까지 부자유로서 제거해 버리면 경제적인 산일 구조는 생기지 않는다. 사람들은 다시 직접적인 물물교환이라는 부자유를 짊어지게 된다.

전일적인 정보와 '장'

시장과 화폐경제의 이야기를 해왔으므로 그것을 조금 더 계속해 보자. '상품'의 물질적 가치와 그 생산을 위해 인간이 쏟아부은 노동력이 이윤을 상승시켜 물가가 결정되는, 이른바 물가 결정에 관한 소박한 상태가 지속되었다. 그러나 최근에는 이것과는 다른 메커니즘에 의해 물가가 결정되는 상태가 도래했다. 상품이 기능 이외의 의미를 가지게 되었기 때문이다.

여기에는 정보(의미)와 정보를 나르는 것(운반자carrier)인 기호[20]를 구

---

20) 기호(symbol). 보거나 만지거나 경험하는 사항이나 물건을 표현하기 위해 대용하는 기호. 문화를 공유하는 사람들 간에서는 의미 전달, 의미 환기를 목적으로 사용된다. 여기서는 대략 이 의미로 사용한다. 더욱이 수학이나 논리학에서는 실체적 내용의 치환을 기호로서 사용, 그 개성적 실체는 묻지 않고, 기호 상호의 관계성에 시점을 옮겨 법칙을 찾는다. 통신에서는 정보의 의미와 그것을 담당하는(코드화하는) 기호은 다르게 취급되고, 섀넌은 후자를 수학적인 통신 이론(1부 각주 24)으로서 정리했다.

별해서 제시하고 싶다. 정보는 본래 의미를 가지고 있다. 의미는 인간·생물 혹은 특정 기능을 가진 시스템 속에만 존재한다. 무엇보다 인공적인 시스템 속에 존재한다고 생각되는 의미는 적어도 지금으로서는 인간이 기능으로써 부여한 의미가 된다.

정보는 어떤 운반자에 의해 전달된다. 인간에게 있어 일반적인 정보의 운반자는 언어이다. 그러나 언어만이 인간들 사이에서 사용되고 있는 정보의 운반자는 아니다. 몸짓이나 표정·냄새 더욱이 몸에 걸치고 있는 복장과 타고 있는 자동차의 스타일까지도 어떤 정보를 전달하는 운반자가 된다.

정보에는 대략적으로 나눠서 두 종류가 있다. 첫번째는 정보의 발생원發生源을 지시할 수 있는 것이다. 두번째는 많은 발생원이 모여서 시스템을 만들고 순환적인 관계에 의해 상호 복잡하게 얽혀 있고, (정보의 발생원을) 인과율적으로 거슬러 올라가 지시할 수 없기 때문에 '장' 속에서 생겼다고밖에 말할 수 없는 정보이다. 이러한 정보를 '장의 정보' 또는 '전일적인 정보'라 부르기로 하자.

관계자(30쪽) 집단인 여러 생명시스템 내에서 활동하고 있는 '장'의 알기 쉬운 예로서 여론이나 분위기를 들 수 있다. 사회나 사람들의 집단인 '장' 속에서 자기조직된 정보가 여론이나 분위기인 것이다. '장'[21]이 있다는 것은 질서 패러다임이 있다는 것이고 그것은 산일적 구조가 발생해 있다는 것이다.

통화는 시장이라는 장 속에서 만들어진 '장의 정보의 운반자'로서의

21) 장 관계자의 관점(내적 관점)에서 본 자기조직 시스템이 '장소'에 해당하고, 거기에 출현하는 질서 패러다임이 '장'에 해당한다.

활동을 하고 있다. 신문·텔레비전·라디오에서 매일 그 움직임이 보고되는 환율 시세나 주식 시세에 관해서도 마찬가지이다. 통화나 주식의 가치가 오르락내리락하는 것은 세계 경제 내에 있어 일본 경제의 실태를 반영하고 있다고 생각되고, 그러한 의미상의 정보를 나르고 있다고 생각하지만 아무래도 그것만이 아닌 것 같다. 나 같은 비전문가에게는 일견 보잘것없다고 생각되는 정보에 대한 사람들의 생각이 시세를 변동시키고 있다. 이렇게 되면 통화나 주식의 가치는 여러 사람들의 기대나 생각도 포함하는 복잡한 정보의 운반자로 되어 있다고 생각된다.

게다가 최근의 물가는 원료와 가공비와 노동력의 총화를 기본으로 해서 결정된다는 식의 단순한 것이 아니게 되었다. 거기에 부가되는 부가가치가 중요한 요인의 하나가 되었다. 게다가 감성에 호소하는 부가가치가 중요하게 되면 통화가 전달하는 정보도 고도로 의미적인 것이 되고, 또 그것만으로는 통화가 보편적이고 절대적인 가치를 가지지 않게 된다. 통화가 복잡한 장의 정보를 움직이는 손이 되고 그 가치가 의미적인 정보에 의해 좌우되는 것은 경제활동의 동역학에 어떠한 영향을 주는 것일까. 이 점은 나중에 생각하기로 하자.

자기조직 이론의 확대를 향한 시도

자기조직 현상이 일어나기 위해서는 요소에 자기촉매성이 없으면 안 된다는 것은 이미 썼다. 요소는 양의 되먹임positive feedback에 의해 묶여 있는 것이다. 이 되먹임의 작용 방법에 의해 자발적으로 서로 협력하는 성질이 나오거나 구조적인 경쟁성이 태어난다고 해도 좋을 것이다. 일반적으로 요소의 성질이 같다면 이 양의 되먹임은 출현하기 쉽다. 즉 균질한 시스템 속에서는 자기조직 현상이 일어나기 쉽고 조직적인 경쟁력이 크게 되기 쉽다. 인간의 경우에도 서로 성격이 비슷하거나 생활환경이 비슷하거나 하면 의견이 맞기 쉽다. 사실 균질한 요소 집단에 다른 분자를 조금 섞으면 질서의 자기형성이 현저하게 방해받는다.

그러나 자기조직하기 쉽다는 것만이 생명시스템에 있어 중요한 것은 아니다. 어떠한 질서(구조·기능·정보 등)를 만들 수 있는가, 만들어진 질서가 어느 정도 안정적인가, 더욱이 그 질서가 발전(전개)해 갈 가능성이 있는가 하는 것도 중요하다. 이것들의 성질이 만들어지는 데는 균질한 시스템보다 잘 만들어진 불균질한 시스템 쪽이 좋은 것이다.

잘 만들어진 불균질한 시스템을 예로 말하자면 성격에 공통점은 있어도 다른 면에서는 어느 정도 다른 인간들을 들 수 있다. 이들의 경우 친구가 되기는 다소 어렵지만 일단 친구 관계를 맺으면 서로의 부족한 점을 상대 속에 인정하며 존경심을 가지고 깊이 사귈 수 있는 것이다. 이러한 친구는 그 우호관계 속에서 서로를 성장시킬 수 있다.

사실 생명시스템에서는 다종다양한 성질을 가진 요소가 모여 있는 것이 시스템에 안정된 질서가 자기조직되게 해주는 조건이 된다. 불균질한 생명시스템은 일반적으로 다종다양한 질서를 만들 수 있고 이것이 생명시스템의 유연성이나 창조성을 낳는 근거가 된다. 따라서 생명시스템이 그 불균질성을 잃는 것은 유연성을 잃는 것이 되고, 생물적인 적응성을 잃는 것도 되는 것이다. 또 다양성이 있는 동종을 낳는 능력을 잃은 세포는 경쟁력만이 강한 암세포로 되어 버린다.

생명시스템 내에서도 단순한 구조를 가진 역학계의 카오스와는 다르지만 복잡하고 불확정한 변화를 보이는 경우가 많다. 나는 이 불확정성은 시스템이 극히 불안정하기 때문이 아니라 시스템이 본질적인 불균질성과 그것에서 유래하는 복잡성을 가지고 있기 때문이라고 생각하고 있다. 의미정보가 출현하는 것은 이 시스템의 불균질한 복잡성과 관계하고 있다.

균질한 요소에 의한 자기조직 현상에서 만들어지는 질서는 하나의 패턴으로 수렴할 뿐 발전하지 않는 경우가 많다. 불균질한 시스템과 같이 질이 다른 것으로 발전해 가지 않는 것이다. 균질한 민족 내에서는 문화는 수렴적으로는 전개되지만(연마되어 완성되어 가지만), 구속조건을 바꾸는 자기부정의 장치가 없기 때문에 질적으로 다른 것으로 전개되기 어려운 경우가 많다. 그래서 질적으로 다른 것으로 전개되기 위해서는 시스템을 열고 이질적 요소를 어딘가에서 도입할 필요가 있다(이 문제를 극복하는 것이 균질적 일본 문화에 있어서 역사적 과제가 된다).

균질한 시스템의 자기조직 이론은 이미 확립되어 있다. 그러나 생명시스템의 본질적인 특징은 요소의 다양성에 있다. 이 다양한 요소에서 성립하는 시스템 이론은 아직까지 확립되어 있지 않은 것이다. 그것은 다양한 불균질성을 가진 시스템에서의 자기조직의 경우는 그 성질이 복잡하고 아직 잘 알려져 있지 않기 때문이다. 당연하지만 균질하고 일의적이며, 그 구속조건이 고정된 시스템에 대한 이론을 사용해서 본질적으로 다양하고 불균질한 구속조건의 시간적 변화가 중요한 문제를 생각하는 것은 불가능하다. 예컨대 뇌 속에서 일어나는 의미적인 정보 처리나 그 법칙을 생각하는 것은 불가능한 것이다.

이것은 뇌에 한정된 문제는 아니다. 구속조건이 생성적으로 변화하는 것이야말로 생명시스템의 본질적인 특징이다. 예를 들어 생물에게는 예측을 넘어 환경변화 속에서 환경의 새로운 상태에 응해서 적절한 대응을 창출해 가는 능력이 많든 적든 갖추어져 있지 않으면 살아남는 것이 불가능하다. 생명시스템에 내재한 구속조건을 모두 고정해 버리면 그 대응 구조는 한 가지 패턴이 되어 환경 변화에 적응할 수 없게 된다.

생명시스템은 다양한 특이성 또는 개성을 나타낼 수 있는 가능한 많은 자기생성 능력을 가진 요소가 모여서 만들어진 본질적인 의미에서의 다양하고 불균질한 시스템이다. 그리고 스스로 생성한 복잡성에 의해 다양한 질서 상태를 선택적으로 형성하는 유연성을 가지고 있다. 게다가 이 다양성은 생성적인 것이지 결코 고정된 것이 아니다. 그것은 스스로의 자발성이나 환경의 상황에 의해 변화할 수 있는 것이다.

시스템의 균질성과 고정된 구속조건이라는 이중의 제약을 제거하고 보다 일반적인 이론을 만들 필요가 있다. 나는 1970년에 규슈九州 대학 이학부에서 생물학과 물리학을 연결할 목적으로 신설된 강좌의 교수가 되어 그 직후 고정된 구속조건을 분리하는 연구를 시작했지만 쉽사리 성공할 수 없었다. 그 뒤 실패와 노력을 계속해서 최근에 겨우 불완전하지만 균질성과 고정된 구속조건이라는 이중의 제약을 분리해서 다루는 데 성공해 이론의 대략적인 형태를 머리에 그릴 수 있게 되었다. 이것이 생명관계학의 한 중요한 대들보가 되었다.

관계론적 자기조직론의 제안

이 지상에는 인간과 그 사회를 둘러싼 여러 생명시스템이 있다. 그러나 이들은 단지 종류가 다른 것만이 아니라 그 스케일의 차원에서도 다른 것이 많다. 중요한 것은 생명의 본질은 한 요소의 성질이 아니라 시스템의 성질이라는 점일 것이다. 생명시스템에는 기본적으로 그 시스템에 특이한 성질과 생명시스템 전반에 공통된 보편적인 성질의 두 가지가 보이고, 이것들이 서로 얽혀 각 생명시스템에 고유한 특징을 출현시키고 있다.

자연과학적인 기반 위에서 개별(요소)과 전체(시스템)의 관계를 취하는 이론으로 두 가지 다른 입장이 있다. 그것이 '실체론적 자기조직론'과 '관계론적 자기조직론'이다. 프리고진이나 하켄 등을 중심으로 연구되어 온 실체론적 자기조직론은 전체론이다. 여기에 비해서 우리들이 지금까지 연구해 온 생명관계학은 관계론relative theory적인 것이다.

전체론에서는 개별(요소)과 전체(시스템)가 분리돼 취급되어 그 위에서 개별과 전체의 동적인 관계가 논해진다. 이러한 방법을 축약적인 방법이라 한다. 그 법칙성은 하켄의 예속화 원리에 의해 요약된다. 즉 개별자가 협력적으로 전체적인 질서를 자기조직하고 질서가 일단 형성되면 개별자의 행위는 스스로 자기조직한 질서에 지배된다.

이미 진술한 것처럼 시스템 속에 질서가 자기조직되기 위해서는 시스템 속에 불안정성이 존재해야 한다. 이 불안정성을 부여하는 것이 과잉 에너르기이다. 과잉 에너르기를 대량으로 받아들이면 받아들일수록 시스템의 불안정성은 커진다. 이 불안정성의 정도를 나타내는 양을 '분기 파라미터'라 부르는 경우가 많다.

이 과잉 에너르기를 이용해서 시스템 내부에 질서가 만들어지게 되지만 그것을 위해서는 이미 진술했듯이 요소에 자기촉매성이 있어야 한다. 자기촉매성이란 이른바 다른 요소가 하고 있는 것을 모방하는 성질이다. 시스템에 불안정성이 있을 때에는 촉매성에 의해 차례차례로 모방의 연쇄반응이 넓어지므로, 그 운동이 강해지면 결국 요소의 행동에 정합성이 생겨나게 된다. 앞에서 진술했듯이 유행하는 옷을 입는 것이나 주식의 패닉적인 매매 등도 일종의 불안정성에 근거한 질서나 카오스의 자기조직 현상이라고 말할 수 있을 것이다.

시스템 내에서 질서가 자기조직되기 위해서는 요소의 자기촉매성, 시스템의 불안정성 이외에도 시스템이 요소의 행동을 어느 정도 구속하는 작용이 있어야 한다. 바꿔 말하면 자기조직된 질서는 요소의 성질과 행동, 분기 파라미터의 크기, 시스템의 구속조건, 이 세 가지 요소에 의해 결정된다. 그러나 이들 조건 전부를 부여해도 만들어지는 질서는 상세하게는 결정되지 않는다. 그것은 많은 경우 어떤 범위 안에서 자유도가 있기 때문이다. 그 자유도는 요소의 행동(요동)의 일종의 대칭성에 기인한다.

외견상으로는 완전히 같은 행사장이 열려 있는, 예컨대 박람회장에서 많은 사람이 모여 있는 특정한 행사장에 돌연 사람들이 흥미를 느끼고 앞을 다투어 안으로 들어가 구경하려고 하는 현상이 일어난다. 이때 행사장 안에 들어가지 않으면 뭐가 있는지 알지 못하게 되어 버린다. 아마도 사람들은 사람이 많이 모여 있는 쪽이 재미있다고 생각해서 다른 사람의 행동에 따라서 많은 사람이 모여 있는 행사장으로 쇄도할 것이다. 두 행사장 중에서 어디로 사람들이 모이는가는 최초에 한쪽의 행사장에 다른 쪽보다 얼마나 많은 사람이 모여 있었는가 하는 우연성에 따르게 된다. 이러한 '우연'이 다른 것보다 빨리 시장 내에서 일어나면 그것이 그 후의 시장을 지배하게 된다.

시스템은 질서가 출현하기 직전에는 불안정하다. 작은 자극에도 이상하게 민감하게 반응한다. 즉 작은 요동을 증폭시키는 감도感度를 가지고 있다. 그 때문에 '요동'이라는 우연성에 의해 대칭적인 가능성 중에서 그 한 가지가 선택되는 것이다. 이것을 "대칭성을 깬다"[22] 라고 한다. 이것이 요소의 행동에서부터 질서를 낳는 원인이 된다. 이렇게 보면 산일적인 질서란 공동共同적인 편향인 것이다.

전체론은 레이저나 화학반응계와 같은 물리적 시스템에 응용할 수 있는 것이 많다. 또 생명시스템에 있어 질서의 형성을 극히 일반적으로 논할 경우에도 어느 정도 사용할 수 있다. 개별과 개별의 관계가 본질적으로 균질하고 더욱이 시스템이 균질하여(시스템이 등질적이고 간단한 내부 구조를 가진 개별자로 구성되어 있어), 불안정성이 그다지 크지 않은 경우에 있어서만 엄밀히 전체론적 시각이 성립한다. 그러나 각 요소의 개별적인 특이성을 둘러싼 논의를 할 경우에는 응용 불가능하다.

이러한 경우에는 관계론적 접근이 필요하다. 예를 들어 인체는 10조 개 이상의 많은 세포로 구성되어 있지만, 이들 세포의 성질은 서로 다르고 그 개별자의 성질이 다양하기 때문에 오히려 시스템 전체에 질서가 성립한다. 개별자의 다양성이 이것을 가능하게 하고 있다. 이 점이 획일적으로 '요동'이 없는 질서하에서 통일된 독재獨裁적 구조와는 다른 것이다. 이 불균질성과 질서가 양립하기 위해서는 여러 조건이 필요하게 되지만 그 하나로서 요소가 장에 따라서 그 성질을 바꿔 갈 수 있을 만큼의 유연성을 가지고 있어야 한다.

바이오 홀로닉스에 대한 비판을 딛고서

내가 생명관계학이라 부르는 새로운 과학은 오랜 기간에 걸친 바이오 홀로닉스의 연구에 기반을 두고 있다. 그것은 생명이라는 복잡하고 창조적인 시스템을 구성하는 요소로서의 바이오 '홀론'holon이란 무엇인가를 연구

---

22) "대칭성을 깨다". 무질서한 운동 때문에 외관상의 특이성이 없는 것을 대칭성이라 한다. 대칭성의 깨어짐이란 특이성이 출현하는 것이고, 여기에는 무질서로부터 질서로의 전이가 동반된다. 산일 구조 연구에서는 평형상태의 근접에 있어 등방향적인 시스템이 비평형상태에 있어 특이한 방향을 가진 공간적 구조(산일 구조)를 생성하는 문제를 다루고 있다. 이때 특이점에서 대칭성의 깨어짐이 일어난다고 한다. 생물은 삶과 죽음을 묶은 선상에서는 삶을 향하는 특이성을 가지고 있다. 그것은 대칭성이 깨어져 생명이 태어났다고도 말할 수 있고, 또 생존을 위한 가치라는 규준이 태어난다고도 말할 수 있다.

하는 것을 기초로 하고 있다. 여기에서는 생명관계학에 의해서 성립한 생명시스템이라는 생각을 바이오 홀로닉스에 집중된 비판에 응답하면서 분명히 해두고 싶다. 바이오 '홀론'은 생명의 본질적인 특징인 자기언급성을 가지고 있고, 그런 의미에서 독립성을 가진 관계적 요소이다.

바이오 홀로닉스라는 착안에 대해서 지금까지 많은 공감과 관심이 있었던 것과 함께 몇몇 비판도 행해졌다. 그 비판에는 귀중한 것도 많이 포함되어 있지만, 복잡성과 자기언급성을 깊이 이해하지 않은 오해에 기초한다고 생각되는 것도 적잖게 있었다. 독자의 혼란을 피하기 위해 여기에서 이러한 오해를 해명하는 노력을 조금 해두고 싶다.

나에게 있어 이해하기 어려운 비판으로서 첫번째로, 바이오 홀로닉스에 있어 정보의 연구나 의미적 정보의 연구가 생명의 이해를 발전시키는 것인가 아니면 오히려 전근대적인 생명 이해로 역행시키고 있는가 하는 것이다. 그들의 비판은 다음의 두 가지로 분류될 것이다.

① **정보를 취급하는 것에 대한 비판** : 지금까지의 물리학에는 존재하지 않았던 정보라는 '애매한 개념'을 버리고 물질에 기반해서 엔트로피와 같은 열역학적인 양을 사용해야 한다는 것이다. 그 비판 속에는 바이오 홀로닉스가 근대 생물학이 분자 층위에서 해명한 성과와 그 연구의 방향성을 버리고 다시 옛날의 생기론生氣論으로 돌아가는 방향으로 역행하고 있는 것은 아닌가 하는 걱정에 전체주의로의 기울어짐을 걱정하는 기분이 겹쳐져서 존재하고 있는 듯이 생각된다.

② **의미적 정보의 연구에 대한 비판** : 분명 같은 배경에서 의미적 정보로 연구를 진행시키는 것에 대해서 비판이 행해지고 있다. 이 비판자의 경우에는 생물학적 정보는 분자생물학[23]에 의해 모두 해명되어 생명공학에 의해 바야흐로 실천의 단계에 들어가고 있는 '포장된 길'이라는 현상 인식이

〈그림 9〉 정보 이론(엔트로피)

볼츠만의 통계역학적 엔트로피

$S = k \log W$ (k=볼츠만 상수, W=미시적 상태의 개수, S는 엔트로피)

하트리의 정보량 정의

$I = N \log Y$ (I는 정보량, 다른 Y종의 메시지를 N개 늘어놓은 통신문의 정보량)

섀넌의 정보 엔트로피(대수다양도對數多樣度)

$H = -\sum_{i=1}^{n} pi \log pi$ (H는 평균 정보량, 생기확률 pi의 메시지 n개의 하나가 가진 평균 정보량)

섀넌의 정보량

$I = \log \frac{1}{p}$ 혹은 $I = -\log p$ (정보량은 생기확률 p가 작으면 커진다)

있다. 생물은 섀넌이 과학적으로 정의한 정보[24]에 의해 기술되어야 하고, 따라서 이제 와서 의미적 정보의 중요성을 강조하는 것은 시대를 역행하는 것이라는 주장이 제기되었다.

이러한 종류의 비판은 바이오 홀로닉스가 실행해 온 것에 대한 기본적인 오해에서 출발하고 있다고 생각된다. 만약 우리들이 근대 생물학의 진보나 성과를 무시하고 생물을 전체적인 관점으로만 취하는 것을 주장하고 있는 것이라면 이러한 비판에는 지당한 이유가 있지만, 그것은 우리들이 지향하던 바가 아니다. 우리들은 근대 생물학의 성과를 버리는 것은 전

---

23) 분자생물학. 생명 현상을 분자 층위에서 기술·해명하는 학문. 예컨대 생물의 유전이라는 현상은 세포에 있는 DNA가 유전정보를 코드화해서 DNA가 그 자체를 복제해 발현하는 과정으로서 분자 층위에서 설명된다. 현재는 세포막을 통해서 분자적인 정보 과정을 해명해 가고 있다.

24) 섀넌 정보. 섀넌(Claude Shannon)과 위버(Warren Weaver)는 『커뮤니케이션의 수리적 이론』(*The Mathmatical theory of communication*)에서 처음으로 정보를 통신기술의 대상으로서 위치 지었다. 이 속에서 정보를 확률적 개념으로서 정의하고 정보량의 비트수로서의 표현, 정보원(情報源)의 정의, 정보원이 발하는 정보량의 계산, 통신로의 모델, 통신로 용량의 정의, 정보의 코드화(2부 그림 2)에 의한 전송을 제시했다. 이 이론에 의해 정보의 양적 표시, 정보원 코드화의 개념과 그 한계, 통신로 코드화의 개념과 그 한계를 명확하게 했다. 섀넌은 기호적 정보(형식적 정보)를 과학적으로 명확하게 다루었지만 의미론적(semantic) 정보에 대해서는 훗날의 과제로 남겨 두었다.

혀 생각하고 있지 않고, 사실 지금까지도 그러한 연구를 진행해 왔다. 우리들이 실행하고 싶은 것은 근대 생물학을 넘어서는 것이다. 그것은 근대 생물학의 성과와 연구의 방향성을 가능한 한 받아들인 형태로, 그것을 발판의 하나로 해서 여러 생명체의 시스템으로서의 성질을 해명하는 것이다.

그 목적을 지향함에 따라, 효과적으로 연구를 진행하기 위해 분석적인 접근에 더해서 새로운 방법을 창조하지 않으면 안 된다. 일찍이 졸저 『생명을 재파악한다: 살아 있는 상태란 무엇인가』生命を捉えなおす：生きている状態とは何か에 소개한 '유동 셀' 실험(1부 그림 2)은 이러한 새로운 방법을 제시하는 의미를 가지고 있다. 그것은 한마디로 말해서 근대 생물학의 성과에 입각해 생명시스템을 구성적인 방법에 의해 이해한다는 것이다.

그런데 왜 근대 생물학의 패러다임 내에서 만족할 수 없는 것인가. 그 이유는 실천적인 가능성이 제한된다는 것이다. 즉 근대 생물학의 특징인 분석적인 접근과 요소환원론적 사고에 의한 것만으로는 본질적인 비선형적 생명시스템의 성질을 완전히 이해하는 것은 불가능하다. 이것은 대뇌의 활동이 그것을 분석해서 얻을 수 있는 분자의 활동이라는 층위에서 어느 정도 이해 가능한가를 생각해 보면 명백할 것이다. 다종다양한 뉴런 사이를 복잡하게 연결하는 신경조직이 만드는, 복잡한 네트워크 내에서 생겨나는 선택적이고 동적인 연결이 뇌의 정보 처리에 본질적인 역할을 하고 있는 것이다.

앞서 말한 비판 ①과 ②에 각자 관련되는 것으로서 생명관계학에 대한 다음의 비판이 있다. 그것은 생명관계학이 "분자나 요소 그리고 분석적인 연구 수단을 부정하고 전체만을 논하고 있다"는 것이다. 또 내가 쓴 글의 일부가 이런 취지 아래 편집이나 삭제를 당해 버리는 일도 있다. 이것은 사실에 반하는 선입견에서 오는 것이다. 생명관계학이 목적으로 하고 있는 것은 요소의 활동과 전체의 활동의 관계를 구성적으로 연구하고, 그 연구의 성질과 법칙성을 엄밀하게 고찰하는 것이다. 따라서 요소에 관한 여러 지식을 가질 것이 전제된다. 또 우리들이 구성적 수단을 취하고 있다고 해서 분석적인 방법의 중요성을 부정하고 있는 것은 아니다. 생명관계학의 주장은 그런 층위의 문제의식에 서 있는 것이 아니다. 우리들은, 이미 이 책에서도 써온 것처럼, '요소를 분석해서 그 성질을 알면 그로부터 전체의 성질을 알 수 있다는 선형적 사고, 즉 요소환원론적 사고만으로는 생명시스템은 이해할 수 없다'는 생각에서 더욱 시선을 넓혀, 생명을 생각할 필요성을 주장하고 선형적인 방법과 다른 방법을 제창하고 또 실천하려고 해온 것이다.

또 "인간이나 생물은 정보를 만드는 것이 불가능하고 단지 유전적으로 주어지거나 학습하거나 하는 것이 가능할 뿐으로 생명시스템은 정보를 만들어 낸다라는 생각은 틀린 것이다"라고 비판하는 사람들도 적지 않다. 이것은 생명과 정보에 대한 취급방식 차이의 문제이다. 내가 말할 수 있는 것은 "생명은 정보를 만들어 낸다"라는 관점을 취함으로써 생명시스템의 자율성이나 창조성에 관하여 비로소 깊이 고찰할 수 있다는 것이다. 따라서 이 관점은 가치가 있다고 생각한다.

정보 개념의 유효성을 재검토한다

요소와 전체를 묶는 전일적 고리라는 정보의 순환적인 흐름에 의한 이해는 요소와 시스템의 성질이 상호 의존적이라는 비선형적 성질의 존재를 전제로 한다. 그것은 분석에 의해 부분적이나마 본질이 손상될 우려가 있는 비선형 시스템을 이해하기 위해 실천적 원리를 제시하는 것이다. 즉 전일적 고리라는 관점에 서서 생명시스템을 해명하는 것은 '보텀 - 업'적인 분석적 접근과 '톱 - 다운'적인 전체적인 접근을 반복하면서 서로의 성과를 융합하며 연구를 진행하는 것을 의미한다. 우리들이 왜 요소의 성질과 시스템 전체의 성질을 떼어 놓지 않는 형태로 연구를 진행하려 하고 있는가 하는 이유도 여기에 있다.

생명시스템에 있어 중요한 전일적 고리와 그 속에서 일어나는 전체에서 요소로 흐르는 전일적 정보, 즉 장의 정보는 전통적인 섀넌 정보(데이터로서의 정보) 이외에도 자기한정정보(전체적인 규칙으로서 정보)가 존재하고 있다는 생각을 받아들이지 않으면 이해할 수 없다. 그리고 '의미'라든가 '기능'도 이 자기한정정보의 활동으로서 이해되는 것이다. 생명관계학의 중요한 점은 이 자기한정정보의 창출과 관계론을 결부시키는 것에 있다.

생명시스템은 목적지향성을 보편적인 성질로서 갖고 있다. 따라서 생명시스템에 있어서는 그 목적에 대해 어떤 의미나 가치를 가진 정보와, 그러한 의미나 가치와는 직접 관계가 없는 열역학적인 엔트로피 또는 노이즈는 본질적으로 다른 양으로서 측정되어야만 한다고 생각한다. 단적으로 말하면, 생명시스템에서의 '의미'나 '기능'에 관계하는 정보는 생명시스템 내에서 창출된 자기한정정보에 의해 제어되고 처리되는 것이다(자기한정정보는 맥락context에 해당한다). 이 '기능'이라는 개념은 기존의 물리량을 사용해서 표현하기 곤란한 개념이다. 그러면 비판가들에 따라 우리들은 생명시스템을 기술함에 있어서 기능이라는 개념을 버려야만 할 것이다. 그러나 그럴 경우 분자의 기능이라는 개념 위에 구축되어 온 근대 생물학을 부정하는 것도 되므로 자기 모순을 초래한다.

우리들이 대상으로 하는 복잡한 시스템은 뒤에 기술하듯이 단순히 통계적인 평균 조작을 사용해서는 해명되지 않는다. 복잡한 시스템에 대해 통계적 평균 조작의 타당성을 전제로 두고 정의된 엔트로피 개념을 처음부터 가지고 들어오는 것으로는 문제를 해결할 수 없다. 더욱이, 예컨대 대뇌 내부에서 일어나는 여러 가지 정보 처리, 발생 과정에서 자기조직된 위치의 정보(한정정보의 일종)에 의한 유전정보의 발현과 형태 변화의 관계, 인간의 언어 활동, '정보화 사회'에 있어서의 여러 현상 등을 기술하는 데는 정보 개념을 사용하지 않음으로써 발생하는 실천상의 단점demerit은 극히 많지만 얻을 수 있는 장점은 도대체 무엇일까.

나는 정보 개념의 도입은 인식상의 필요가 있어서 행해지는 것으로, 많은 사람들에 의해 배양되어 온 인간의 이해라는 견해를 취하고 있다. 중요한 것은 왜 정보 개념을 도입하는 것이 필요한가 하는 것을 생명시스템의 본질적인 특징으로서의 관계에서 해명하는 것이라고 생각한다. 생명시스템에 있어서의 정보는 그 시스템의 목적과 결부된 의미와 가치를 가진 정보인 것이다. 거기에는 명백히 여러 가지 질이 있다. 정보는 본디 에네르기(자유 에네르기)가 그러하듯이 양만이 아닌 질에도 관계하는 변수이다. 현재로서는 정보의 질을 포함시킨 과학적인 정의는 행해지고 있지 않다.

이것이 생명시스템에 있어 정보적인 생성과 변화를 둘러싼 동적 과정이 물리학적 시스템에서 행해져 온 전개 방정식 또는 거기에 유사한 이론 형식의 글로는 표현될 수 없는 큰 이유가 되고 있다. 확실히 분자생물학은 정보의 해명에는 기여했을망정, 정보의 가치나 의미라는 정보의 질과 관계하는 성질을 과학이나 기술에 삽입할 수 있도록 그것들의 성질을 어떻게 정의하면 좋은가 하는 것은 (적어도 지금으로서는) 제시하지 못했다. 또 패러다임을 바꾸지 않은 채 금후 그것을 제시하는 것이 가능하다는 구체적인 전망도 서 있지 않다.

생명관계학 연구의 특징 중 하나는 정보를 보는 시선을 관찰자 측에서 그 대상인 생명시스템 측으로 옮기는 것에 있었다. 이것은 생명시스템의 내측에 그 관점을 두고 생명시스템 측에 서서 보는 것을 의미하고 있다. 여기에 의미적 정보를 채택할 필요성이 있다. 시스템 내에서 자기조직된 의미적인 자기한정 정보인 전일적 정보(장의 정보)를 연구하는 것은 예컨대 생체의 정합적인 자율분산제어나 뇌의 지능적인 활동을 이해하는 측면에서도 극히 중요한 것이다. 또 섀넌 자신도 의미적인 정보의 중요함을 지적하고 있고, 그 연구를 이후의 과제로 제시하고 있다.

구조를 생성적으로 파악한다

지금까지 여러 가지 다른 분야의 사람들과 함께 모여 연구회를 열거나 논의를 한 경험을 통해, 같은 용어에 대해서도 나와 같은 이과계통 사람이 사용해 온 의미나 개념과 문과계통 사람들이 사용하고 있는 것이 다르고 이것이 때로는 큰 오해의 원인이 된다는 것을 깨달았다. 그래서 내가 사용하고 있는 단어의 의미를 설명해 둘 필요가 있다고 생각한다.

우선 '구조'라는 개념은 다양하게 사용되고 있다. 많은 경우 정적인 단단한 구축물처럼 파악된다. 그렇지만 나는 '구조'를 하늘에 흘러가는 구름, 모래 위에 바람이 그려 내는 무늬처럼 기본적으로는 생성과 소멸의 균형에 의해 유지되면서 여러 가지 조건의 변화에 동반해 매 순간 변해 가는 동적인 것으로서 파악하고 있다. 이것들이 눈에 동적인 구조로서 비치는지 아니면 정적인 구조로서 비치는지는 사람들이 관찰하는 시간 스케일에 따라 다르지만, 기본적으로는 동적으로 그러나 독자적 법칙성에 따라 유연하게 변화해 가는 것이라고 생각한다.

개미의 행렬이 만드는 구조, 동식물의 형태, 사회의 경제 구조, 국제적인 냉전 구조 등에도 이 생각을 적용할 수 있다. 그러나 동적인 구조들에는 그 변화가 고형화되거나 내측에 저항이 생겨 적응을 위해 필요한 속도와 비교해서 변화가 꽤 느리게 되거나 하는, 이른바 '고형화'된 부분이 생겨나는 경우가 있다. 문과계의 사람들이 사용하는 구조 개념은 이 고형화한 부분의 구조를 의미하는 경우가 많다.

어떤 구조가 출현하는 것은 그 구조물의 구성 요건 사이에 특별한 관계가 생겨나기 때문이다. 나는 관계는 일반적으로는 동적이고, 시간과 함께 끊임없이 변화하는 것이라고 생각한다. 관계 중에 특별한 것으로서 고형화된 관계가 있다. 또 관계가 끊임없이 변하고 있기 때문에 짧은 시간 동안 관찰하고 있는 것만으로는 관계가 있는지 없는지 알 수 없어도, 긴 시간 동안 관찰하고 있으면 관계의 존재가 점차 명확하게 되는 경우가 있다.

일반적으로 매 순간 변화해 가는 동적인 구조체 속의 요소 간 관계에는 생성과 소멸을 재빨리 반복하는 일견 애매한 관계가 존재하고 있는 경우가 많은 것이다. 이처럼 관계의 형성에는 '정보의 장'이 커다란 역할을 이행하고 있다.

나는 구조와 과정을 별개의 것으로 나눠 버리는 것이 아니라, 그 양자를 동적인 측면에서 즉 나누어지지 않는 것으로서 파악하는 것에 매력을 느끼고 있는 것이다. 내가 마음이 끌리는 것은 관계의 생성과 그 복잡한 변화이다. 관계와 변화의 표현이라는 점에서뿐만이 아니라 관계의 생성을 야기하는 가능성이라는 점에서도, 구조에 숨어 있는 '암재적暗在的인 생성규칙'이라는 것을 해명해 가려고 하는 것이다.

다시 말해, 나는 구조를 생성적으로 파악하고 있는 것이다. 변화의 생성법칙을 구조에 포함시키고 그 구조의 활동에 의해 정보가 처리될 때, 해가 발생되는 것만이 아니라 정보가 발생된다고 생각한다. 특별한 경우로서 새로운 구조가 차례차례 발전적으로 그리고 자기언급적으로 생성해서 대치되는 변이적인 발전을 생각할 수 있다.

'요소'라는 단어에도 약간의 불일치가 보인다. 요소라고 하면 내부 구조를 가지지 않는 '원자atom적 요소'를 생각하거나 컴퓨터 소자素子처럼 예컨대 0, 1이라는 두 개 내지는 복수의 상태를 가진 단순한 요소를 생각하는 경우가 일반적이다. 그 경우 요소 간의 관계성은 그 상태에 의해 변화하는 것이 아니라고 생각하면서 문제를 푸는 경우가 많다. 그렇지만 내가 생각해 온 요소는 복잡하고 자기창출성이 있어 일반적으로 많은 내부 상태를 창출할 가능성을 가지고 있으며, 따라서 어떤 내부 상태를 창출하는가에 따라 취할 수 있는 상태가 다양하게 결정된다. 그리고 중요한 것은 내부 상태가 다르면 요소 간의 관계성도 다르다는 것이다(이것은 요소의 경계가 열려 있다는 것을 의미한다).

어떤 내부 상태에서는 서로 끌어당기고 있는 요소가 다른 내부 상태에서는 서로 반발하는 경우도 생각할 수 있다. 더욱이 요소가 서로 관계를 가질 수 있는 범위가 내부 상태에 의해 다르게 된다. 이처럼 내부 상태에 따라 관계성을 바꾸는 요소를 '관계자'라 명명하고, 이것을 나 나름대로 '홀론'이라고도 불러 왔다(이름에 연연하는 것은 아니지만 이것은 아서 케슬러[25]가 말하는 홀론-전체자全體子와는 다른 것이다).

---

25) 아서 케슬러(Artur Kösztler). 빈 대학에서 물리학을 배운 뒤, 저널리스트로서 활약. 1948년 영국에 귀화. 인간의 본질을 추구하는 사색을 심화시켰다. 위계(hierarchy)를 검토하는 데 기인해서 하위 구성요소에 대해 '전체'의 얼굴을 하고 상위요소에 대해서 예속적인 '부분'의 얼굴을 하는 두 얼굴의 신 야누스의 성질을 가진 '홀론' 개념을 제시, 환원주의와 전일론(holism)의 상극을 극복하려 했다. 이 책에서 말하는 '관계자'(홀론)는 케슬러가 말하는 '홀론'과 전혀 다른 존재적 관계론에 기초를 두고 있다. 그것은 정보적 관점에서 본 생명시스템 연구에서 나오는 작업 가설이고 생명시스템을 구성하고 자기나 개성을 가진, 자율적으로 상호 관계를 만드는 것에 의해 의미나 가치가 있는 통합정보를 자기조직하는 요소로 규정된다.

카오스와 질서

요소로서의 관계자가 명확하게 정의 가능한 것은 비교적 간단한 구조를 가진 시스템에 한정된다. 최근 뇌의 기능적 연구에서는 본래 요소와 요소의 경계가 일의적인 것이 아니라 요소의 성질과 마찬가지로 전체 속에서(전체적인 맥락에 따라서) 동적으로 변화하고 생성한다는 점이 점차 제시되어 왔다. 요소의 경계는 다의적 혹은 개방적인 것이다. 요소나 시스템이라는 개념은 극단적으로 말하면 인간이 의미해석을 위해 만들어 낸 수단이고 항상 명쾌한 것은 아니라고도 말할 수 있다.

마찬가지로 '전체'라는 개념도 항상 명쾌하다고는 말할 수 없다. 일반적으로 말하면 전체의 경계도 요소의 경계나 성질과 마찬가지로 미리 규정 불가능한 경우가 많다. 전체도 요소도 미리 완전히 규정할 수 없다고 하면 수단으로서 무엇이 남아 있는가 하는 점을 파고들어, '장의 생성과 정보의 순환'에 주목하는 것이 나의 연구과제이다.

또 '질서'와 '카오스'를 정적이고 이항대립적으로 파악하는 사고 방식이 일반적이지만, 나는 틀렸다고 생각한다. 실제로 이 두 종류의 상태는 서로 뒤얽혀서 복잡한 구조를 만들고 있는 경우가 많다. 자유도가 높은 뇌와 같은 시스템에서는 '질서에 대해 극히 천천히 접근해 가는 카오스적인 과정'과 '카오스'를 구별하기가 어려운 경우가 많다. 또 질서 상태의 출현이라 해도 정말 짧은 시간밖에 계속되지 않는 경우도 많으므로, 그것을 질서 상태라고 보는가 보지 않는가는 관찰자의 사고 방식이나 해석에 따라 다른 경우도 있다.

'질서'와 '카오스' 양자를 넓은 입장에서 종합적으로 파악하고 싶다는 것이 나의 입장이다. 질서(리듬)와 카오스에 상관없이 나는 정합성의 유무를 중시한다.

다음으로 '계층'이라는 용어는 과학이나 기술의 세계에서는 빈번히 사용되어 왔는데, 이것은 러셀의 논리 계층(논리 유형)에 해당한다. 즉 대상을 기술할 때 사용하는 논리 유형을 나타내고 있다. 알기 쉽게 말해, 예를 들어 '개'라는 기술보다 '포유 동물'이라는 기술 쪽이 상위의 논리 계층이다. 이것을 상위 계층이라고 표현하는 것이다. 나는 계층이라는 단어를 정보 의미의 추상성의 층위라는 생각으로 사용해 왔다. 이것은 사회과학 등에서 사용되어 온 사회적인 신분인 계층과는 본질적으로 다른 것이다.

'논리'란 정보 간 관계의 법칙성이고 문법이나 기호 간의 관계성을 나타내는 법칙이다. 예컨대 어떤 정보가 아기가 우는 방식에 따라 듣는 사람에게 전달된다고 하면, 거기에는 어떤 논리가 있다고 생각된다. "논리 따윈 필요 없어"라는 주장이 있다고 해도, 거기에는 직접적이든 무의식적이든 그것 나름의 논리가 있다. 논리를 버린 민중은 정보로 다루기 쉽다. 이상과 같은 구조와 관계성의 이해에서 출발함으로써 나는 '논리'라는 개념을 (구조를 포함하도록) 메타 층위에 있어 폭넓게 사용하고 있다. 현대는 이항대립이나 인과론에 기초한 단순한 논리에 의해서는 나타낼 수 없게 된 복잡하고 생성적인 사회 상태를 표현할 수 있는 새로운 논리를 모색하고 있는 시대이지, 논리 그 자체가 부정되기 시작하고 있는 것은 아니라는 것이 나의 견해이다. 그 새로운 논리를 생명원리 내에서 발견하려고 하는 것이 나의 연구 목적이다.

전일론holism[26]과 전체주의totalism가 전혀 다른 의미를 가진 단어라는 것은 영영사전을 찾아보면 명확하다. 그렇지만 일본어에서는 전자는 '전체

---

26) holism은 전일론으로 번역했다. — 옮긴이

론', 후자는 '전체주의'라고 해 어느 쪽도 '전체'를 붙여서 번역되어, 믿을 수 없게도 양자가 혼동되어 사용되는 일이 적지 않다. 내가 강한 흥미를 가지고 있는 것은 부분과 전체의 관계이다(전체주의와는 전혀 관계없다). 매순간 변화하고 유연하게 그 모습을 바꾸는 다양한 관계를 어떻게 기술할 수 있는가 하는 것이야말로 내가 가진 관심의 핵심이다.

2부

생명시스템의 복잡성

생명적 공동창조로의 접근

1장_관계자, 복잡한 장소와 장, 정보 창출의 기본 구조

관계자로부터의 출발: 생명관계학의 기본적인 방법

우리들이 살고 있는 지구상에는 여러 종류의, 또 여러 공간적·시간적 폭을 가진 생명시스템이 존재하고 있다. 게다가 그러한 종류나 폭은 결코 고정되어 있지 않다. 그러나 이러한 다양성과 가능성에도 불구하고 이들 시스템에는 '살아 있다'라는 공통의 보편적인 성질이 있다. 생명은 우리들과 가까운 존재이지만, 이 보편적인 성질에 대해서는 그다지 많이 알려져 있지 않다.

생명관계학bioholonics이 지향하는 것은 이 생명의 보편적인 성질이 다양한 형태를 취해서 출현하는 메커니즘을 여러 대상에 관련해 깊고 구체적으로 파고들어 살아 있는 상태에 관한 여러 원리나 법칙성을 해명하는 것, 그리고 그렇게 해서 얻은 지식을 응용해서 인간이 지구와 조화를 이루면서 살아갈 수 있는 새로운 문명의 건설에 기여하는 것에 있다.

우리에게 있어 생명시스템은 아직까지 미지의 '현실'이고, 이 풍부한 현실로부터 배운다는 태도를 견지하고 싶다. 중요한 것은 이 현실이 제시하는 여러 문제의 관찰과 인식이고, 또 그 깊은 층위의 법칙성을 발견키 위해 계속 노력해 가는 것이다. 이 과정에서 우리들은 관측과 논리를 중시하는 태도를 견지하고 싶다. 즉 전제를 명확히 하고 논리적인 치밀함 위에서 이론이 구축되어야 한다.

우리들이 존중하고 싶은 것은 지적 객관성 즉 사고의 논리와 지식의 공유성이고, 우리들의 지식이 공유 가능한 좌표 속에 위치 지어졌으면 한다. 이것은 주체와 객체의 분리가 가능하다고 주장하고 있는 것은 아니다. 우리들의 희망은 공유 가능한 지식을 획득하는 것에 있는 것만이 아니라, 그 지식의 타당성을 현실과의 조합에 의해 확인하는 방법과 논리도 공유할 수 있게 하는 것에 있다. 이렇게 해서 타당성을 확인한 뒤에 지식이나 이론이 비로소 우리 자신들의 것이 된다고 생각한다.

이것은 폭넓은 지식만이 아니라 폭넓은 논리성을 갖는 것이다. 이 중에 특히 논리성을 펼치는 것이야말로 중요하다고 나는 생각한다. 이 점이 이 책의 중요한 목적이기도 하다. 항상 현장에 서서 그 풍부한 현실로부터 배우고 실천을 통해 지식을 현실의 장에서 살림으로써 그 타당성을 확인하는 것이 생명관계학의 기본적인 방법이다. 이하 그 요점을 간단히 소개하고 싶다.

생명시스템에는 여러 가지 양상이 있다. 여러 종류가 존재하는 것뿐만 아니라, 복잡한 상호 작용에 의해 논리적인 계층구조를 형성하고 있다. 전형적인 예로서 세포·조직·기관·개체 그리고 개체를 초월한 여러 생명시스템을 들 수 있다(이 계층구조는 인간의 의미해석의 편의에서 만들어지는 것이지만).

물론 자연에 존재하는 계층구조는 상호 복잡하게 뒤얽혀 있다. 뒤에 설명하듯 이러한 구조적인 계층 이외에도 정보적 또는 기능적인 계층이라고도 말할 수 있는 '유연한 계층'이 넓게 존재한다. 이 계층은 본질적으로는 정보의 의미나 활동에 여러 층위가 있는 점에서 유래하고 있다. 정보는 우리들의 뇌나 신체의 활동을 반영하고 계층화시킨다. 정보의 유연한 계층구조는 하나의 문장이 많은 문장에서 생기고, 또 각 문장이 많은 단어나 접속사로 구성되어 있는 것에 견줄 수 있을 것이다. 각 층위는 상호 의존하고 있고 어떤 것이 어떤 것을 지배하는 것은 아니다.

생명관계학을 특징 짓는 점은 우선 이 유연한 계층은 결코 고정된 것은 아니라는 관점을 취하는 것이다. 두번째로, 각종 동식물이나 인간을 여러 요소들로서 끌어들여 자기조직할 수 있게 함으로써 개체를 훨씬 뛰어넘어 (이 지상에 존재하는) '커다란 생명시스템'의 존재를 생각하고 있다는 점이다. 강조하고 싶은 것은 이 지상의 생명시스템은 각자 서로 유연한 관계를 맺고 '커다란 생명시스템'을 형성해 그 속에서 비로소 상호 생존하고 있다는 사실이다. 인간을 예로 들면 자연환경·사회 그리고 국가 등은 이 커다란 생명시스템으로서, 그 속에서 인간은 살고 있는 것이다. 거기에는 인간 이외의 여러 생물과 생명으로서 서로 관계하고 있는 여러 가지 시스템도 포함되어 있다.

이것은 중요한 문제이다. 이 '생명의 계층'의 전개를 가로·세로축에서의 변화에 비유하면, 인간과 인간사회 내부에서의 여러 사회적 계층은 많은 경우 인간이라는 특수한 생명이 관여하는, 차라리 가로축 위에서의 변화에 비유할 수 있을지도 모른다. '커다란 생명시스템 내에서 삶의 필요조건을 부여받고 있는 여러 생명시스템'이라는 생각, 즉 '생명 계층'이라는 개념에 입각하는 것은, 과거에 종종 그 예를 보았던 것처럼, 과학이나 기술이 다른 존재와의 관련을 잊고 폭주하지 않도록 인간 존립의 근거에 대한 자각을 가지고 연구를 진행하기 위해서도 중요하다.

생명을 유연한 계층적 존재로서 파악할 때의 인식상의 이점은 계층을 구성하는 여러 요소와 그 집단인 시스템의 동적인 관계를 연구하는 관점을 얻을 수 있다는 것이다. 다양한 요소로부터 구성되는 전체가 있고, 그 중에서 개별과 전체가 어떠한 관계를 만드는가에 따라 여러 가지 성질을 가진 시스템이 자기조직된다는 점에 주목하고 싶은 것이다.

우리들은 생명관계학을 '관계와 의미의 과학'으로 위치 짓고 있다. 우리들은 생명시스템의 전체성에만 눈을 돌린 거시적인 기술을 지향하고 있는 것이 아니라, 전체와 그것을 구성하는 여러 요소와의 상호 의존적인 관계를 문제로 하는 것이다. 더욱이 전체와 개별의 관계성 문제는 요소 간의 관계 형성(네트워크 시스템의 형성)의 존재 양태와 불가분하게 연결되어 있다(인간의 사회 제도도 결국 개별자와 개별자, 그리고 개별자와 전체 간의 관계를 규정하는 방법으로 돌아갈 것이다). 우리들은 여러 요소의 성질과 네트워크의 성질에 입각해서 시스템의 성질을 설명하려고 한다. 동시에 시스템의 성질에 입각해서 여러 요소의 성질과 네트워크의 성질이 전체의 영향하에 어떻게 자율적으로 선택되어 가는가를 설명하려고 시도한다.

이 문제는 결국 요소의 성질로 어떠한 것을 가정하는가에 의해 결정된다. 그 중에서 결정적으로 중요한 것은 각 요소가 주체성 또는 자율성을 가지고 있는가 그렇지 않은가이다. 이 경우에는 네트워크 시스템에 특수하고 다양한 중심이 다수 존재하는 것이 되므로, 우리들은 다중심적 네트워크 시스템을 생각하게 된다. 반면에 자주성이 없는 요소를 생각하면, 그 네트워크를 밖에서 작동시키는 하나의 중심을 가정하지 않으면 안 되게 된다. 우리들은 일반적으로 다음과 같은 성질을 생각한다.

요소에는 자주성이 있고, 그 요소에 고유한 형태로 많은 내부 상태(존재상태)를 창출하는 능력이 있다. 그 요소 외관의 성질이나 기능은 어떤 내부 상태를 창출했는가에 의해 결정된다. 이 내부 상태는 인간에게 있어서는 심리상태에 해당한다. 각 요소가 가진 내부 상태의 수는 일반적으로 무한정하고, 창출에 따라 형성되는 현재화顯在化한 상태는 발전적으로 증대한다. 물론 이 내부 상태의 창출은 일정 조건하에서만 발생한다. 일반적으로 말해, 생명시스템의 요소는 여러 존재 상태를 자기창출한다. 그리고 이 자기창출의 자유도가 요소의 내부적 자유에 해당한다.

한 요소가 다른 요소와 관계를 가지는가 가지지 않는가, 관계를 가진다고 하면 어떠한 관계인가는 서로의 요소의 개성과 그들이 어떠한 내부 상태를 창출하는가에 따른다. 중요한 것은 요소 내부 상태의 창출 방침(창출 규칙)이 정해지면 어떠한 요소와 어떠한 관계를 가지는가가 결정될 뿐만이 아니라, 요소 간에 일정의 관계가 주어지면 (역으로 요소의 내부 상태 창출규칙이 정해지도록) 내부 상태의 창출과 관계의 생성이 서로 상호 의존적으로 정해지게 된다는 점이다. 각 요소에는 다양한 내부 상태의 창출능력이 있기 때문에 하나의 요소가 다른 요소와 다중의 관계를 가질 수 있다.

요소의 내부 상태는 여러 가지 원인에 의해 변동하고 창출되고 있다. 이 때문에 요소 간의 관계성도 일반적으로 고정되지는 않는다.

예컨대 이 관계생성의 원리나 법칙성은 무엇인가, 또 어떠한 조건 아래에서 관계의(따라서 내부 상태의) 고형화가 일어나는가 하는 것 등은 생명관계학의 중요한 문제이다. 어쨌든 우리들은 요소의 성질에 하나의 입각점을 가지고 시스템의 성질을 생각하려고 하고 있다. 따라서 우리들의 사고 속에서는 근대 생물학이 명확히 했던 생체를 구성하는 여러 요소에 관한 지식을 늘 새롭게 받아들일 수 있다.

더욱이 요소의 '개성'이나 '의지'를 받아들이기 위해서도 창출성이 있는 요소와 그 관계성에 선 입각점이 필요하다. 우리들은 합성적 또는 구성적인 접근에 의해 개별과 개별 그리고 개별과 전체의 관계성을 이해하는 것을 목적으로 하지만, 이것은 분석적인 접근을 불필요한 것으로서 배제하는 것은 결코 아니다. 그러나 대상인 생명시스템(예컨대 고양이의 뇌)을 분석적으로 분해해서 조사하는 것만으로는 대상의 중요한 성질을 완전히 인식하는 것은 불가능하다는 점을 강조해 두고 싶다.

그 무엇보다도 커다란 이유는 시스템을 분석함으로써 여러 요소 간의 관계성을 잃어버리고 그에 따라 (비선형적 성질을 가지고 있는) 요소의 성질 자체도 본질적으로 변해 버리는 경우가 많기 때문이다. 따라서 생명시스템 연구에서는 어떠한 접근을 하면 대상을 유효하게 인식할 수 있는가 하는 문제가 중요하다. 귀납성과 동시에 연역성을 함께 가지는 방법을 발견할 필요가 있다. 이 점에 관한 철학적인 사고를 무시하고 생명시스템을 깊이 파악하는 것은 불가능하다고 생각한다.

주관적 인식의 객관화

생명시스템의 하나인 '자기'를 이 방침에 따라 연구를 진행하려고 하면 다음과 같은 기묘한 논리적 입장에 서게 된다. 그것은 생명시스템을 알기 위해서는 '자기'라는 생명시스템이 어떤 것인가를 알고 있어야만 한다는 것이다. 쉽게 말하면 복잡한 시스템을 인식하기 위해서는 사전에 복잡한 시스템을 알지 않으면 안 된다는 논리적 순환과 만난다.

이러한 순환은 예부터 '해석학적 순환'이라 불리는 유명한 모순과 관계가 있다. 이 해석학적 순환에서 벗어나기 위해서는 비트겐슈타인[1)]이 주장했듯이, 복잡한 시스템에 관한 '선행적 이해'를 획득하고 그로써 '이해'를 진행시키는 방향성을 파악할 필요가 있다. 우선 우리들에게 필요한 것은 직관에 의한 순환 논리로부터의 비약이다.

어떻게 해서 이러한 직관적 이해를 얻을 수 있는가. 그 비약의 방향을 주는 것은 무엇인가. '생명감각'이라고 부를 수밖에 없는 감각에 의해 생명시스템의 깊은 이해에 달하기 위한 비약을 획득할 수 있다고 가정하는 것 이외에는 방법이 없다고 생각한다. 이것은 나카무라 유지로의 '공통감각'[2]과 통하는 바가 있을지도 모르지만, 내 입장은 생명시스템의 인식 일반으로의 보편화를 지향한 것이다.

복잡한 것을 완전하게 인식하는 일반적이고 객관적인 방법은 없다. 그러나 이 완전성을 일단 포기하면 거기에 '의미에 따른 특징 추출의 방법'이라고도 명명될 수 있는 일종의 존재론적 방법이 있다는 가능성을 깨닫게 된다. 이 존재론적 방법의 알기 쉬운 예는 마이클 폴라니의 '암묵지'[3]일 것이다. 이것은 예컨대 지인의 '안색'으로 그 심리 상태를 적확하게 알 수

---

1) 루트비히 비트겐슈타인(Ludwig Wittgenstein, 1889~1951). 오스트리아 출신의 철학자. 인식을 '자기가 이미 분절화해서 가지고 있는 선행적 이해를 사용해 외래 신호를 해석하는 것'이라 파악했다. 전기의 『논리철학논고』(*Tractatus Logico-Philosophicus*)에서는 언어의 단위로서의 요소 명제가 세계와 일대일로 대응하고 어떤 명제도 요소명제의 조합으로 되어 있다고 했다. 이런 생각에서는 언어는 논리 구조에 대해서 하나만 존재하고 세계에 대한 이해도 유일의 언어를 통해서만 가능하게 된다. 후기의 『철학적 탐구』(*Philosophische Untersuchungen*)에서는 언어는 사용된 사회적 맥락의 속에서 존재할 뿐, 규범적인 유일한 언어는 없다고 했다. 이것은 완결된 언어가 선험적(a priori)으로 존재하는 것이 아니라 세계관이나 사회·문화의 변화에 의해 부단히 만들어진다는 사고 방식을 나타내고 있다.

2) 공통감각. 다른 종류의 감각(예컨대 오감)의 근저에 있어, 그것들을 통합하는 감각능력. 데카르트로 대표되는 분석적 이성과 연역적 방법에 의한 이해에 대한 반성 속에서 토포스(장소), 기억, 수사학(rhetoric), 언어 행위, 생활 세계, 신체성, 공동주관성 등의 상관 개념으로서 일본에서는 나카무라 유지로(中村雄二郎)가 쓴 『공통감각론』(共通感覺論) 등에 의해 재검토되고 있다.

3) 암묵지(tacit knowledge, 暗黙知). 언어에 의한 것 이외의 지식의 존재 양식. 의미나 인간을 다루지 않는 과학에 대해 헝가리의 물리학자 마이클 폴라니(Michael Polanyi)가 제시했다. 폴라니는 암묵지를 '언어나 수식과 그것이 지시하는 현실을 정확히 대응시켜 직접 주어진 단편적인 여러 요소를 의미 있는 전체로 통합하는 지식'이라 했다. 구체적으로는 사람 얼굴의 인지·언어나 도구의 사용·기능의 습득·객관적 실재나 의미의 파악·과학적 발견 등을 들고, 암묵지에 의해 인간과 과학의 중개가 가능하다고 생각했다.

있듯이, 인간에게는 언어에 의해서는 구체적으로 표현할 수 없는 인지능력이 있다는 것을 주장한다. 이런 종류의 인지를 통시적인 정보 표현 수단인 언어로 잘 표현할 수 없는 이유는 무엇일까? 아마도 그것이 의미에 따라 공시적인 병렬 정보 표현에 의해 행해지기에 언어적인 정보로의 등가적인 변환이 불가능하기 때문일 것이다.

우리들은 개犬의 행동으로 그 심리를 파악하거나, 또는 한 세포 속의 여러 기관의 변화에 대해서 그 기능이나 의미를 파악하거나 할 수 있다. 요컨대 공시적인 병렬처리 논리에 서서 의미적 처리를 행하면 복잡한 생명 시스템을 어느 정도 올바르게 인식할 수 있을 가능성이 있다. 이것을 '주관적'으로 말하는 것만으로 끝낼 수는 없다. 오히려 이것은 우리들의 암묵적 전제이고, 이러한 의미적 처리를 실행에 옮기는 '객관적'인 이론적 방법을 제시하는 것이 우리들의 목적이다. 그럼 어떻게 하면 이 목적을 달성할 수 있는가. 내가 생각해 온 방법은 다음과 같다.

우선 공시적인 병렬처리를 의미 차원에서 행하는 인지 모델을 만든다. 이 모델이 일정 범위에서 인간이나 동물의 경우와 본질적으로 같은 자율적인 정보 처리를 하는 것을 확인한 뒤에, 그 인지 모델에 복잡한 시스템을 제시해서 '주관적으로' 그 특징을 인식시킨다. 그 공시적인 정보 처리 과정의 본질essence을 되도록 일반화 가능한 형태로 가려내어 그것을 기초로 해서 복잡한 시스템을 인식하는 새로운 이론을 만들려고 하는 것이다.

말하자면 '주관적 인식의 객관화'이다. 이것을 존재론적 접근이라 부를 수 있을 것이다. 공시적인 병렬처리에 의해 표현된 정보를 통시적 논리에 의해 표현할 수 없는 이유의 하나는 병렬처리 과정에서 일어나는(동조에 의해 형성된 전일적 고리를 동반하는) '정보의 통합적 압축'에 의해 논리적 인과성이 애매하게 되기 때문이다. 따라서 이 통합적 압축이 일어나는 단계까지 거슬러 올라가 거기에서 공시적인 병렬처리 과정의 전모를 파악하고 객관화 가능한 논리를 발견할 필요가 있다.

과학 구조의 융해와 재구축

이 직감을 얻기 위해 나는 동양의 논리, 특히 대승불교의 존재론이 위와 같은 관계적이고 공시적(병렬적)인 병렬처리적 논리를 어떻게 고찰해 왔는가, 그리고 그 속에서 의미(정보의 실체)를 어떻게 취급해 왔는가 하는 것에 주목해 왔다. 단, 그것은 기존의 동양철학이나 신비주의가 받아들여 온 관점과는 전혀 차원을 달리한다.

내가 대승불교를 배우려고 하는 것은 불교가 여러 종류의 생명체의 존재를 전제하고, 그 속에서 자기조직된 관계적 질서(다양한 요소 간에 상호적인 관계를 생성함으로써 자기조직되는 질서)가 다시 한번 개개의 생명체에 영향을 주는(공시적인 관계 형성) 과정의 논리화를 본격적으로 받아들여 왔다고 생각하기 때문이다. 나는 옛 동양으로의 단순한 회귀를 부르짖어 온 것이 아니며, 세속적인 종교로서의 불교적 시스템을 긍정하려고 해온 것도 아니다.

근대 서양은 주로 인과율적(직렬적)이고 또 통시적인 정보 처리에 의해 사물을 파악하는 사고법을 발전시켰다. 이 근대 서양의 사고법은 대상을 한정하고 그 변화의 과정을 단순화할 수 있는 경우에는 극히 큰 힘을 발휘했으나, 대상의 인식에 있어서는 필연적으로 분석적인 방법을 도입해야 했다. 이것에 비해 적어도 동양의 일부에서는 요소의 관계성에 눈을 돌려 정보의 병렬적인 통합처리에 의한 정보조작이 행해져 왔다. 즉 복잡하고 상호 얽혀 분석 곤란한 대상을 그 다종다양한 요소 간의 존재론적 관계성에 주목해 인식해 가는 방법이다.

여기에서 강조해 두고 싶은 것은 이 공시적 관계성은 요소들의 활동으로 정합성이 자기조직됨으로써 발생하는 것이기에, 달리 말해 일정 질서를 향해 정보가 통합됨으로써 발생된다는 점이다. 정보의 이 병렬적 통합에 의해 개개 요소 층위에서 정보의 흐름을 인과율적으로 좇으려 하면 당연히 애매성을 띤 것이 되고, 헤르만 하켄도 지적하고 있듯이 일정 방향으로 화살처럼 흐르는 시간 개념은 유효한 의미를 가지지 못하게 된다. 대승불교의 기본 사유에는 정보의 병렬적 통합까지 요하는 시간을 순간[一瞬]으로 보고 순간순간에 창출이 일어난다고 하는 생각이 강하게 서려 있다.

논리를 과학적으로 진행함에 있어서 정보를 인과율에 따라 통시적으로 처리하는 방법과 공시적인 병렬 정보 처리 중에서 어딘가 한쪽만을 선택할 이유는 없다. 오히려 문제에 따라서 이 두 가지를 적절하게 사용하거나 융합하는 사고법을 생각할 필요가 있다. 그러나 본질적으로 공시적인 병렬 정보 처리에 선 사고법은 지금까지의 수학이나 자연과학의 논리에는 직접적인 형태로 도입되어 있지 않다는 것을 여기에서는 지적해 두고 싶다. 공시적인 정보 처리에 의한 인식법을 추구하고 이를 '주관적인 방법'으로서 과학에 새롭게 도입하려고 하는 것 자체가 우리에게는 커다란 도전인 것이다.

이렇게 우리가 직면하고 있는 것은 생명시스템이라는 복잡한 시스템을 인지하기 위한 유효한 '논리'의 발견과 그것에 의한 과학의 건설이다. 당연히 이것은 재래의 과학을 단순히 연장하는 것만으로는 이룰 수 없다. 이 목적의 달성을 위해서는 학문적인 여러 패러다임이나 집단을 이루면서 복합적으로 형성되어 온 학문적인 '만다라 구조'를 한번 근본에서부터 의심하고, 생명의 이해를 위한 새로운 '만다라'를 구축하는 것이 필요하게 된다.

나는 이것을 '만다라의 융해와 재구축'이라 부르고 싶다. 이 작업을 위해 예컨대 이즈츠 도시히코[4]가 보여 주고 있는 '코스모스와 안티코스모스', 즉 질서와 무질서의 창출에 대한 동양철학적 고찰에서 배우는 바가 적지 않다. 근대 서양의 질서와 무질서란 실재로서의 존재 개념과 결부되어 대립적인 관계를 구성하는 데 비해, 동양의 불교나 노장사상에서는 일종의 안티코스모스인 '공'空 혹은 '무'를 존재공간의 원점에 두기 때문에, 무질서는 질서의 대극이면서 질서생성의 창출점이기도 하다. 이러한 '무의 상태'의 도입은 복잡한 시스템에 있어 관계적 질서의 창출에 커다란 역할을 할 것이다.

'무'는 '없는 것'이 아니라 '장소'가 창출되기 직전에 있는 비한정 상태이고, 창조를 위해 조건으로서 도입된 것이다. 창출에는 비한정성의 도입이 필요하다. 우리들의 연구 과정을 여기에 상세히 소개할 수는 없지만 이 복잡한 시스템으로서의 생명시스템을 이해함에 있어 다음과 같은 접근을 시도해 왔으므로 간략하게 기술해 두고 싶다.

관계자의 집단적 행동

우리들의 새로운 접근에 있어서 첫번째로 중요한 것은 생명시스템을 모델

---

4) 이즈츠 도시히코(井筒俊彦). 언어철학·이슬람철학자. 캐나다 맥길 대학, 이란 왕립철학아카데미 교수 역임. 동양의 전통 사상에 서서 의미를 깊이 연구하여 예컨대 『코스모스와 안티코스모스』(コスモスとアンチコスモス)에서 코스모스와 카오스를 대립적으로 파악하는 발상을 비판, 카오스를 의미적으로 분절하고 질서 세운 세계를 코스모스라 해서 카오스와 코스모스를 연속적으로 파악했다. 이러한 코스모스는 강체[剛体; 외부에서 어떤 힘을 가해도 모양과 부피가 바뀌지 않는 물체] 같은 것이 아니라 한없이 내적인 재편성을 허용하는 역동적인 질서구조이다. 그는 질서구조가 해체되어 새로운 주체성으로서 되살아나는 과정을 고찰해서 '선(禪)의식의 장(field) 구조'를 제창하고 있다.

화하는 것이다. 인식주체인 생명시스템의 인식 과정을 모델화해서 그 법칙성을 끌어내는 것이다. 우리들은 생명시스템 일반의 이해를 위해 기본적으로 중요한 개념은 관계자('홀론')와 전일적 정보, 전일적 고리, 그리고 장소 이렇게 네 가지라고 생각하고 있다.

우리들의 '홀론'은 이하에서 상세하게 설명하겠지만, '생명시스템의 관계적인 기능적 요소'라는 의미로, 특별히 그 명칭에 구애받을 필요는 없다(이것은 아서 케슬러의 '홀론'과 직접적인 관계가 있는 것이 아니므로 '바이오홀론'이라 부르고 있는 경우도 있다). 그러나 '홀론'은 여러 개념과 혼동되기 쉬우므로 최근에는 '관계자' 또는 관계에 의해 그 활동이 변화한다는 의미에서 '배우'actor라고도 불려 왔다. 이하 우리들의 '홀론'을 '관계자'라 칭하고 진행하고 싶다(195~197쪽 참조).

관계자는 생명시스템의 자율적인 기능적 요소이고, 시스템 내부의 여러 개성을 가진 관계자와 자율적으로 여러 가지 관계를 만드는 능력을 가지고 있다. 관계자에는 많은 내부 상태가 존재하고 또 때로는 창출되어 어떤 내부 상태가 선택적으로 여기勵起하거나 창출되는지에 따라 그 기능이 변한다. 일반적으로 관계자는 다양한 상호 관계 속에 놓여 있다. 그리고 관계자 간의 관계의 존재 방식에 의해 그들의 내부에서 특정한 것이 특히 창출되기 쉽게 되고 다른 것의 창출은 억제된다. 또 창출된 내부 상태가 변하면 관계자의 관계성도 그것에 응해서 변한다. 즉 관계자는 상호 의존적인 관계에 놓여져 있다. 이것은 정보 전체에 있어서 관계자의 개별적인 기능이 일관적으로 결정되기 위한 필요조건이기도 하다.

관계자의 개성은 각 내부 상태가 가진 기능과 그 선택의 존재방식, 특히 특정 내부 상태는 취하기 쉽고 또 다른 특정한 것은 취하기 어려운 경향 등에 의해 표현된다. 또 관계자 간의 상호 작용에는 협력성을 가진 것과 반

협력성을 가진 것이 있어, 그것들 중 어느 쪽이 활동하는가는 관계자의 내부 상태와 상호 관계성에 의존해서 변화한다. 관계자의 '의도'는 그 내부 상태 속의 특정 상태를 자율적으로 취하는 경향에 의해 표현된다. 그 의도가 변동해 가는 모양은 내부 상태 창출의 자율적인 '요동'에 의해 표현된다. 이 변화가 유연하게 일어나기 위해서는 창출된 내부 상태를 없애는 메커니즘이 필요하다.

물론 이러한 형태로 사람이나 동물의 의도를 표현하는 것에는 한계가 있고 필요에 따라서 다시 변경하지 않으면 안 될 것이다. 그러나 일반적으로 말해서 상세한 기술을 하면 할수록 그 집단에 대해 이론적으로 다루는 것이 크게 복잡하게 되어 버리는 경향이 있다. 따라서 최소한 필요한 것은 무엇인가 하는 관점에서 이론의 구축을 진행해야 한다.

인간이나 동물과 같이 스스로의 의도로 행동하는 요소도 의식적 또는 무의식적으로 집단적이거나 사회적인 여러 현상을 일으킨다. 설령 인간과 인간 사이의 상호 작용이 약하고 간접적이어도 많은 사람들이 모임으로써 그 시스템 속에 확실한 집단 효과가 나타나는, 이른바 집단적 현상의 특징을 보여 주기 때문이다. 이러한 집단적 현상은 구성원의 개성이나 환경조건에 의해서도 크게 좌우된다. 생명관계학에서는 집단적 현상으로서의 자기조직화 현상에 대한 관계자의 개성이나 우연적인 의도의 영향을 받아들이고 싶다고 생각하고 있다. 그러나 이러한 요소의 주체성을 명시적으로 취급하지 않고 그 집단의 성질을 생각하는 방법에는 한계가 있다. 특히 인간이나 고등동물의 집단을 생각할 때는 여기서 중대한 착오가 발생할 가능성이 있다. 그래서 인간의 논리적 능력의 한계 문제를 우회해서 새로운 이론의 구축을 생각할 필요가 있게 되는 것이다.

'장' 속의 관계자와 전일적 고리

여기에서 하나의 전형적인 인지시스템을 염두에 두고 관계자와 정보의 관계에 대해서 설명해 보자. 인지시스템을 구성하는 관계자가 다양한 각자의 내부 상태를 가지고 있고, 그것들의 내부 상태에는 각자 고유한 의미를 가진 요소적 정보가 코드화되어 있다고 하자. 관계자의 내부 상태가 일정한 한계치 이상으로 강하게 활동하면(창출되면), 그 활동의 정도에 따라서 그 상태에 코드화되어 있는 정보를 어떤 정보의 운반자에 실어 발신한다고 생각된다.

관계자에는 센서가 있고 신호나 정보를 수용하는 능력이 있다. 관계자가 신호를 수용하면 우선 그 내부 상태가 약하게 흥분하지만, 내부 상태를 선택할지 창출할지 일의적으로는 결정할 수 없는 미결정(무능)적인 상태에 놓인다. 이때에도 그 내부 상태에 따른 약한 정보가 발신된다. 이 관계자가 마찬가지의 상태에 있는 관계자와 근접해 있으면, 서로 약한 발신을 행하고 수용하므로 쌍방향적인 관계를 가지게 된다. 만약 서로의 내부 상태 속에 정합성 혹은 관계성이 있는 것이 요동이나 창출 등에 의해 생성되면 그들의 내부 상태가 점차 강하게 흥분하게 된다. 그리고 일정한 의미 또는 기능으로 이어진 관계자 간의 강한 관계가 자기조직된다.

어느 쪽이든 관계자 간에는 의미적으로 정합성이 있는 내부 상태가 생겨나고 그들을 묶는 관계만이 남게 된다. 그것에 동반해서 각 관계자로부터 발신된 정보가 시스템 내부에서 통합되어 전일적 정보를 띠게 된다. 단, 전일적 정보는 관계자로부터 오는 정보를 단순히 더해서 모으는 것이 아니라 상기했듯이 정합적으로 통합한 것이고, 이 전일적 정보가 만들어지는 과정에서(관계자의 내부 상태 간에 관계가 생겨나는 것으로부터) 일반적으로 정보량의 압축이 행해진다.

이렇게 해서 만들어진 전일적 정보가 관계자의 집단이 존재하고 있는 환경(장소)에서 생성하는 정보에 도입되고 '장의 정보'로서 개개의 관계자에 되먹임되어, 그 의미에 정합성 있는 내부 상태를 선택적으로 활성화시켜서 관계자의 활동 간에 새로운 공시적 관계성을 부여한다. 이러한 공시적인 관계성의 출현을 우리들은 '동조'(1부 각주 3)라 부르고 있다. '장의 정보'는 개개 관계자의 자율적인 기능이나 정보의 발현에 일정한 상태의 전체적 정합성(1부 각주 17)을 부여한다.

가까운 예로 회의를 하면서 사람들이 특정한 분위기를 만들어 내고 그 분위기를 장의 정보로서 받아들게 되거니와, 그 속에서 하나의 결론을 낳게 되는 과정에서는 개개의 구성원이 관계자가 된다. 그 구성원이 나타내는 여러 가지 정보가 종합된 것이 전일적 정보가 된다. 전일적 정보를 종합한 분위기에 해당하는 것이 장의 정보이다. 중국이나 일본에서 예부터 '기'氣라 불러온 것은 이러한 장의 정보와 관계가 있는 개념일 것이다.

전일적 정보가 개개의 관계자에 되먹임되고, 또 그 되먹임의 영향을 받은 개개의 관계자의 내부 상태가 변하면 따라서 관계자가 발신하는 정보가 변한다. 그것이 또 전체에 영향을 부여하는 전일적 정보를 생성한다. 엄밀히는 집단적 장의 정보가 생성하는 이러한 정보 순환[5] 고리를 전일적 고리라 부르고 있다. 발생생물학에서 말하고 있는 '위치의 정보'란 전일적 고리에 의해 관계자로서의 개개의 세포에 운반되는 '장의 정보'이다. 일반적으로는 개개의 관계자가 받아들이는 장의 정보는 시스템 내부의 위치와

---

5) 정보 순환. 정보가 발신자로부터 수신자로 일방적으로 흐르는 것만이 아니라, 정보의 수신자로부터 발신자로 가는 정보의 흐름이 만들어져 정보가 순환하는 것. 이 고리 속을 정보가 순환하는 것에 의해 시스템이 자율성을 발휘하는 경우가 있다.

시간에 따라 다르다.

전일적 고리의 중요한 성질로서 지적해 두고 싶은 것은 각 관계자로부터의 요소적인 정보를 종합해서 만들어지는 전일적 정보가 각 관계자에 되먹임되어 '조작정보'를 생성시킨다는 점이다. 그리고 그 조작정보에 의해 다시 한번 각 관계자가 내부 상태를 생성하고 거기에서부터 새로운 정보가 내보내진다는 것이다. 이 반복적인 정보 순환에 동반해서 정보의 종합적인 수렴과 발산 등이 되풀이된다. 후술하고 있듯이 이 반복 과정에서 관계자 간의 여러 가지 관계가 성장하거나 소멸하거나 한다. 이 과정에서 일어나는 정보의 종합 때문에 개별적인 관계자의 인과율적인 기술이 애매하게 되고 관계적인 공시적 기술을 얻을 수 있는 것이다.

자기조직 초기에는 시스템 내부에 여러 전일적 고리가 병렬해서 공존하고 서로 보다 많은 관계자를 끌어들이려고 경합한다. 그리고 최종적으로 승리해서 남은 전일적 고리에 의해 시스템 내부에 자기조직된 질서가 결정된다. 정상적이고 강한 전일적 고리의 형성은 관계자 간에 의미적으로 정합적인 관계성이 생겼다는 표현이고, 그것은 전체적인 의미를 가진 정보의 표현이기도 하다.

요소와 전체를 묶는 전일적 고리에 의한 이해는 요소와 시스템과 장소의 성질이 상호 의존적일 것을 전제로 한다. 그것은 분해할 경우 부분적으로나마 본질이 손상될 우려가 있는 시스템을 이해하기 위한 실천 원리를 나타내는 것이기도 하다. 즉, 전일적 고리에 의해 생명시스템을 해명하는 것은, '보텀-업'적인 분석적 접근과 '톱-다운'적인 전체적인 접근을 반복하면서 서로의 성과를 융합해 연구를 진행하는 것을 의미한다. 우리들이 요소의 성질과 시스템 전체의 성질을 분리하지 않는 형태로 연구를 진행하려 하는 이유도 여기에 있다.

장소에 있어 불량 설정 문제와 구속조건

생명시스템을 '관계자'라는 특수한 성질을 가진 요소로 이루어진 네트워크 시스템으로서 생각한다. 그리고 그 생명시스템 내부에서는 관계자의 창출 활동 간에 정합적인 관계를 성립시키는 작용을 가진 조작정보가 매 순간 자기조직되고 있다고 보고, 이것을 가능케 하는 정보과학적 원리를 생각한다. 나의 출발점은 여기에 있다.

관계자는 존재론적 관계론의 요소이고 그 특징으로서 창출성을 가지고 있다. 이 때문에 극히 풍부한 비한정성을 띠는 내부 상태를 가지고 있으며, 단독의 상태에서는 그 비한정적 내부 상태를 자신만으로 한정해 특정 상태를 선택하거나 창출하지 못한다. 관계자 간에 정합적인 관계가 성립할 때에만 그 관계에 의해 한정되고 일정 성질이 공시적으로 선택 혹은 창출된다.

이렇듯 생명시스템을 구성하는 관계자 간에 정합적인 관계가 자기조직되는 문제를 수학적으로 생각해 보면, 그것은 '불량 설정 문제' 즉 '해를 결정할 수 없는 문제'가 된다. 그 원인은 관계자의 내부 상태가 극히 큰 비한정성을 내포하고 있기 때문에 복잡한 관계자 간에 만들어질 가능성이 있는 정합적인 관계가 무수히 존재하고, 그 중에 무엇을 선택하면 좋은지 결정 불가능하기 때문이다. 이것은 "전체의 의미를 알지 못하면 부분의 의미를 알지 못하고, 또 부분의 의미를 알지 못하면 전체의 의미를 알 수 없다"는 해석학적 순환이라 불리는 원리적 불가지不可知 문제와도 관계가 있다. 이 '불량 설정 문제'를 해를 정할 수 있는 '양良 설정 문제'로 바꾸기 위해서는 시스템의 전체적인 상태를 한정하는 '구속조건'을 관계자 집단에 부여할 필요가 있다. 이것은 해석학적 순환의 문제의 경우 전체에 관한 선행적 이해를 부여할 필요가 있다는 점에 대응하고 있다. 이 구속조건은 비트겐슈타인이 말하는, 기호로 나타내는 것이 불가능한 '의미'에 해당한다는 것, 또 괴델Gödel의 불완전성 정리도 이 '불량 설정 문제'와 관계하고 있다는 것을 지적해 두고 싶다.

지금까지 하켄을 위시해 많은 사람들에 의해 연구되어 온 자기조직 시스템은 고정된 구속조건이 물리적으로 부여될 때 (구체론적 요소로부터 발생한) 시스템 내부에서 일어난 자기조직 현상을 취급하는 것이고, 실질적으로는 한 종류의 질서 상태로밖에 수렴할 수 없다. 그것은 요소의 내부에 있어 창출에 필요한 비한정적 자유도를 가지지 않기 때문이다. 이러한 물리적 자기조직 시스템은 여기에서 생각하고 있는 것과 같은 자율적인 창출시스템과는 다른 것이다.

자율적인 창출시스템이란 시스템이 많은 종류의 그리고 미결정의 수렴 상태를 가지고 있어 그 자체가 내부에서부터 수렴 상태를 결정 또는 창출할 수 있는 것이다. 이러한 시스템은 관계자와 같은, 비한정적인 내부자유도를 가진 요소로 구성되어 있다. 그리고 그대로는 시스템의 상태가 비한정적이라는 점, 즉 '불량 설정 문제'에 부딪친다는 점이 필요조건이 된다. 이것을 나는 '규정 불가능성'이라든가 '불완결성'이라 부르고 있다. 자율적인 창출시스템의 내부에는 이것을 여러 종류의 '양 설정 문제'로 바꾸는 데 필요한 다양한 구속조건을 만들어 내는 운동이 존재하고 있어야만 한다.

어떠한 구속조건이 만들어지는가에 따라 관계자 집단 속에서 자기조직된 질서상태는 변한다. 이러한 시스템이 자신의 구속조건을 스스로 만들어 내는 활동이야말로 생명시스템의 주체성이라고 말할 수 있는 것이다. 또 이 생명시스템의 상태가 비한정적인 상태로부터 출발한다는 의미에서 이것은 카오스 상태를 가진 복잡한 시스템인 것이고, 주체성이 없는 자기조직 시스템이 만드는 '카오스'나 복잡성과는 구별해서 생각해야만 할 것이다. 생명시스템의 본질인 '생물적 자율성'은 '불량 설정 문제'를 '양설정 문제'로 바꾸는 데 필요한 구속조건을 시스템 자신이 자기창출하는 능력으로서 이해할 수 있다. 이처럼 생명의 본질은 질서의 자기조직성에 있는 것만이 아니라, 여러 가지 질서를 만들어 내는 자유와 다의성에 있다. 지금까지의 자기조직 현상 이론의 대상이 되어 온 밖에서부터 구속된 자기조직 시스템은 생명관계학이 생각하고 있는 자기조직 시스템의 특수한 경우로서 후자에 포함된다.

적절한 구속조건이 창출되면 관계자 집단 속의 비한정적인 상태가 그 구속조건에 의해 결정되는 특정한 정합적 상태로 수렴한다. 이것은 역으로 구속조건을 제거할 경우 정합적인 상태가 소멸하고 또다시 비한정적인 상태로 돌아간다는 것을 의미한다. 어느 정도의 비한정적 상태로 돌아가는가는 구속조건을 얼마나 제외시키는가에 따르기도 한다.

시스템의 비한정성 정도는 그 시스템의 유연성의 기준이 된다. 장소 속에 자기조직된 구속조건이 고정되어 버리면, 시스템은 비한정적인 상태로 돌아갈 수 없게 되므로 환경의 무한정한 변화에 적응해서 살아갈 수 없다. 다른 한편 비한정성이 너무 크면 구속조건의 자기창출에 그만큼 긴 시간이 걸리게 되어, 매 순간 복잡하게 변화하는 환경 속에서 살아가기 힘들게 된다. 알기 쉽게 말해 완전하게 노화한 노인도 또 아기나 아이들도 격변하는 사회 속에서 혼자서 살아가는 것은 불가능한 것이다.

따라서 복잡한 환경 속에서 생명시스템이 환경에 적응하면서 발전하기 위해서는 구속조건을 만들어 내는 것과 병행해서 그것을 어떻게 파괴하는가 하는 것이 중요한 문제가 된다. 자기의 안정성을 지키고 자기의 내부에서 과거에 창출한 구속조건의 기억 네트워크를 발전시키면서도 또한 다른 한편으로 자기를 불완결하게 계속 유지하기 위해서는, 결국 자기의 내부 자유도를 크게 만들어 가는 것 이외엔 방법이 없다. 이것은 이질적인 관계를 포함하는 전체적인 '장소'를 향해 자기를 열어 감으로써 가능케 된다.

관계자로 만들어진 시스템의 자기창출성의 정보과학적인 탐구야말로 인간을 포함한 '생명시스템의 논리'를 깊이 있게 찾아낼 수 있을 것이다. 그리고 또 적절한 구속조건을 자기창출하는 것은 생명시스템의 주체적인 활동을 창출하는 것으로, 그 시스템의 '자기'에 해당한다. 또 이것은 니시다 기타로에 의해 '장소'(정확히는 내부 장소라 말할 수 있을 것이다)라 불려 온 것이기도 하다.

'장소의 논리'는 일본인의 창조적인 활동의 근원에 존재하고 일본 문화의 특징을 부여해 온 것으로, 니시다 기타로에 의해 그 논리적인 특징이 연구되어 '술어 논리'[6]로서 제시되고 있다. 아직 해명되어야 할 문제나 의

---

6) 술어 논리(述語論理). 니시다 기타로의 술어 논리는 의식과 자각을 형식논리학상의 판단 형식에 입각해 근거 지어 논리화한 것으로 '장소의 논리'라고도 한다. 그는 의식 작용을 성립시키는 근거이자 대상과 대상의 상호관계 체계를 떠받치고 있는 것, 즉 체계를 그 속에 성립시키고 있는 어떤 것이 있어야 한다고 보고 그것을 장소라고 보았다. 의식과 대상이 관계하기 위해서는 양자를 안에 포함하는 장소가 있어야 한다는 것이다. 이것이 의식야(意識野)—본서에서는 대뇌시각야나 기호야 등의 용어를 시각역, 기호역 등으로 번역하고 있으므로 일관성 있게 논의하려면 의식역이라고 해야 할 것이지만 과학계의 용어와는 달리 니시다 기타로의 전문용어이므로 그대로 의식야로 두었다—인데, 의식야의 장소로서의 성격이 가장 명료하게 나타나는 것은 판단의 논리형식 내에서이다. 판단은 특수(주어)가 일반(술어) 속에 포섭되는 것, 즉 일반이 자기를 특수화하는 것, 일반자의 자기한정이다. 어떤 판단이 현실에서 타당하기 위해서는 그 근저에 구체적 일반자가 있어야만 한다. 이 구체적 일반자가 자기에 있어 자기를 비추는 장소이다. 우리 인간의 지식 체계는 이 구체적 일반자의 무한한 중첩으로 이루어져 있는데 그 한편에 주어적 기체로서의 일반자가, 다른 한편에 초월적 술어로서의 일반자가 있다. 이 두 방향을 극한까지 밀고 나가면 양자는 형식논리의 포섭관계를 벗어나 계사(繫辭)에 의해 결부되지 않게 된다. 이때 양자를 관계 지을 수 있는 것은 구체적 일반자이자 장소의 자기한정뿐이다. 존재한다는 것은 구체적 일반자의 입장에서의 계사이고 계사는 추상적 일반자의 입장에서의 존재이다. 즉 존재란 일반적 계사의 특수한 경우이다. 구체적 일반자에 있어서 온갖 존재가 이것의 자기한정으로서 나타나지만 그 자체는 어떤 것에 의해서도 한정되지 않는다. 그러므로 그것은 어떤 존재[有]도 아니며 니시다에 의해 '무의 장소'라 불리게 되었다. '무의 장소'에도 상대적 무의 장소와 절대적 무의 장소가 있는데 전자는 의식야로 여기서 의식작용이 일어

문점을 남기고 있다. 이 때문에 일본인 자신이 체계적인 논리로서 이것을 파악하고 현재 국제사회에서 넓게 받아들여지는 형태로 발전시켜 발표하는 것이 불가능한 상태에 있다. 그러나 위와 같이 관계자 집단의 자기조직성의 고찰에서부터 출발하면, '장소의 논리'를 '생명시스템의 자율성'과 '생명시스템의 자기창출성'의 문제와 결부시켜 논리적·체계적으로 파악하는 것을 기대할 수 있지 않을까.

장소로서의 시장과 조직

앞에서 유행하는 패션의 예를 들어 자기조직 현상을 잠정적으로 설명해 두었다. 그러나 최근 경제의 움직임은 양적·질적으로 극히 복잡하게 되어 버렸으므로 고전적인 경제학 이론은 물론이고 실체론적인 자기조직 현상 이론으로도 충분히 설명할 수 없는 것은 아닐까. 그 이유는 상호 의존 관계 위에 성립하고 있는 국제사회 속에서 경제도 몰라볼 정도로 국제화했기 때문이다. 따라서 그 변화, 변동의 원인이 극히 다양화하고 또 복잡하게 되

나고 후자는 참된 자유의지가 있다고 한다. 니시다 기타로의 이 술어 논리, 장소의 논리는 주어 중심적(실체적, 개체적) 논리가 아니라 술어중심적인 논리로의 전환으로 실재를 술어적 기체=무로 근거 짓고 무의 장소를 유의 결여가 아니라 적극적으로 유를 낳는 것으로 파악한 것이다. 이 책의 논의에 따라 생각해 보면 이때의 주어와 술어는 현대물리학에서의 입자와 장(場)의 관계와 유비적이라고 볼 수 있다. 즉 장 이론에서 입자는 장이 국소적으로 변화한 것, 말하자면 장의 특이점으로 간주할 수 있다. 이후 장 개념은 비선형 동역학의 연구에 기반해서 사이버네틱스, 자기조직계, 형태형성장(morphogenetic field) 등 균질하고 정적이던 물리학적 장 개념에서 복잡한 정보를 포함하고 의미를 띤 생물학적 장 개념으로 발전해 왔다. 니시다의 '무의 장소'나 '의식야' 등은 이런 의미에서 저자가 연구하고 있는 생명관계학과의 접점을 시사하고 있다. 그러나 니시다는 물리적 힘이 초월적 의식야에서 역학적 힘과 경험 내용이 합치해서 생기는 것이라고 주장하는 등 관념론적 색채가 짙고, 해석의 여지가 많아 이 책의 저자도 인정하고 있듯이 생명과학과 접목시키기 위해서는 보다 상세한 연구가 필요하다. 그의 이론에 대한 평가는 이 책의 보론을 참조하면 된다. —옮긴이

어 버렸다. 더욱이 사람들의 의식 변화가 있다.

그 결과 적어도 일본 사회에서는 다종다양한 제품이 풍부하게 공급되고, 소비자는 질적으로는 비슷하게 뛰어난 제품들 중에서 어떤 원리에 따라 선택하고 있다. 거기에는 어떤 제품을 다른 제품보다 좋다고 하는 절대적인 가치는 이미 존재하지 않는다. 예컨대 일찍이 혼다의 어코드는 미국에서 가장 많이 팔린 차종이었지만 일본 시장에서는 그 정도의 판매액을 보이지 않았다. 이것만 봐도 경제는 고전적인 의미에서의 가치에 의해서만 움직이는 것이 아니라고 생각된다. 나는 결국 경제 환경의 무한정성과 가치관의 이 같은 다양화를 포함하지 않는 경제 이론은 오늘날의 현실을 설명할 수 없는 것은 아닐까 하고 생각한다.

여기서는 생명관계학의 입장에서 경제학의 새로운 이론적 기초를 약간 생각해 보고 싶다. 이미 설명했던 것처럼, 비한정성과 다양성을 동반하는 질서를 생각하는 데는 관계학과 장소라는 개념이 필요하다. 이 문제를 다시 한번 패션의 유행을 예로 생각해 보자. 패션뿐만 아니라 예컨대 자동차에 있어서도 마찬가지의 고찰이 성립한다는 것은 말할 필요도 없다.

이 책에 나오는 시장market이라는 단어는 '상품의 가치를 결정하는 곳'이라는 의미로 사용되고 있다. 따라서 실제 소비 현장이라는 의미에 대해서만이 아니라 생산자와 소비자라는 인간에 대해서도 생각해야만 한다. 그리고 그들 사람들을 통해서 또 사회의 경제·기호·문화·미의식·잠재의식 등도 포함해서, 시장을 추상적인 정보를 부가하는 작용을 가진 자율적인 자기조직 시스템으로서 생각할 수 있다.

이하에서는 시장이 단지 상품의 가격을 결정하는 것만이 아니라 더 나아가서 '상품의 의미를 결정하는 곳'이라는 입장에서 그 체계를 생각해 보자. 그리고 소비자와 생산자는 이 시장의 활동을 알고 소비하든지 생산하든지 하고 있다고 가정해 보자. 이러한 시장 상태는 고전적인 경제학에서 사용되는 단순한 수요-공급 곡선에 의해 표현하는 것은 불가능하다. 시장은 맥락을 창출하는 장소이고 그 속에서 사람들은 정보적인 창출을 동반한 여러 활동과 행동을 행하는 관계자라는 생각이 필요하게 된다. 더욱이 시장 자율성의 본질 해명은 경제학의 중요한 문제이지만, 이것을 생물적 자율성의 관점에서 고찰해 가는 것이 무엇보다도 기대 가능한 접근일 것이다.

사람은 괴인이십면상怪人二十面相[에도가와 란포江戸川乱歩의 탐정소설에 등장하는 도둑. 스스로도 얼굴을 잊어버렸다고 말할 정도로 변장의 천재라고 한다]처럼 여러 옷을 입고 그 옷에 어울리는 행동을 할 수 있다. 이것을 다음과 같이 설명해 보자. 사람을 관계자, 그리고 그 사람이 입는 옷을 관계자의 존재 상태(내부 상태)의 자기표현이라고 생각해 보자. 소비자가 입는 여러 옷을 공급하는 것은 생산자이므로 특별한 사람들을 제외하면 소비자는 생산자가 공급하지 않은 옷을 입을 수는 없다. 즉 소비자라는 관계자의 표현 가능성을 구체적으로 결정하고 있는 것은 생산자가 된다. 그러나 생산자가 만든 옷을 소비자가 전부 입을 수는 없으므로, 생산자는 소비자라는 관계자에게 선택의 폭이 있는 가능성(다의적인 가능성)을 제공하고 소비자는 이 중에서 어떤 것을 자신의 내부 상태와 정합적이라는 이유에 따라 선택한다. 따라서 상품의 구입은 소비자의 자기표현이지만 소비자의 자기표현은 생산자가 부여한 틀 속에서만 일어난다.

다른 한편 생산자를 관계자라 생각하면 생산자가 만드는 상품은 생산자의 자기표현이다. 그러나 생산자가 무엇을 만드는가 하는 것도 생산자만으로는 정해지지 않는다. 다수 소비자의 의견이나 희망만이 아니라 그 속에 잠들어 있는 잠재적인 희망에 따르기도 한다. 따라서 소비자도 생산자도 서로가 함께하지 않고는 비한정한 상태에 있게 되고, 자신들만으로는 자기표현을 하는 것이 불가능하다. 생산과 소비라는 행위로 서로 관계 맺음으로써 자기의 상태를 창출할 수 있는 것이다. 그때 각 소비자는 생산자에 의해 열쇠 구멍을 부여받는 열쇠이고 그 생산자는 많은 소비자에 의해 열쇠를 부여받는 열쇠 구멍이 되어 서로 정합적인 상태를 찾아 나아간다. 나는 이것을 '열쇠 구멍과 열쇠 간의 유도합치'라 부르고 있다.

시장에 여러 가지 옷이 있을 때 관계자로서의 소비자가 그 시장에서 어떠한 자기표현을 하는가는 결국 어떤 옷을 사는가 하는 것이다. 사회 속에는 여러 가지 옷을 입은 사람이 있지만, 혹 사람의 마음을 끄는 패션이 나타나면 다른 사람도 그것에 끌려 같은 패션을 하려고 하므로 유행이 나타난다. 유행하는 옷은 장의 정보를 전하는 것이다. 같은 유행하는 복장을 하고 있는 사람들의 상태는 복장에 관해서는 서로 정합적인 관계에 있다.

이것을 생산자인 기업 측에서 보면, 정합적인 관계를 생성하는 패션을 만들어 내면 수익이 증가하고 혹 새롭게 팔기 시작한 패션이 정합적인 관계를 만들어 내지 않으면 그 역이 된다. 그러나 조금 전에 설명했듯이 경제적인 절대적 가치라는 것은 없으므로 어떤 패션이 유행할지는 팔아 보기 전까지는 비한정 상태이다. 또 소비자의 경우, 어떤 옷을 입고 싶은지는 마음속 갈망이 막연해서 비한정적이다. 따라서 패션을 생산자와 소비자라는 관계자 군만을 통해 논리적으로 정하려고 하면 불량 설정 문제가 되어 아무것도 정할 수 없게 된다. 결국 유행하는 패션은 논리보다는 숨은 감정이나 우연성 등이 지배하는 시장에 의해 결정될 수 있을 뿐이고, 또 실제 그러한 시장에 의해 결정되고 있다. 시장은 이 불량 설정 문제에 적절한 구속조건을 부여하는 '장소'의 역할을 하고 있는 것이다. 시장에서는 지배적인 질서(유행)가 일단 생성되면 얼마 지나지 않아 그 질서에 지배되므로, 생산자는 이 시장의 상태를 자신에게 유리한 것으로 바꾸려고 즉 구속조건을 생성하기 위해 힘껏 노력한다.

시장이 만들어 내는 구속조건이란 대체 무엇인가. 그리고 그 구속조건은 시장 속에서 어떻게 만들어지는 것인가. 더욱이 시장경제의 자율적인 안정성에 있어 시장의 정보 창출 능력은 어떠한 의미를 가지고 있는 것일까. 나는 이것을 생명관계학의 시스템론으로 생각해 보고 싶다.

불량 설정 문제와 이것을 해결하는 구속조건의 관계에 관해서는 이미 해석학을 예로 들어 설명했다. 일반적으로 옛 문헌의 의미해석에서는 텍스트의 의미는 전체의 의미(맥락)에 따라 변하고 그 전체의 의미는 부분의 의미에 의해 결정되기 때문에, 일종의 논리적 순환(해석학적 순환)에 빠져 버려 결국 텍스트의 의미를 알 수 없게 된다. 즉 의미를 한정할 수 없게 되는 것이다. 이것은 텍스트의 해석이 '불량 설정 문제'가 되어 그것만으로는 해(의미)를 구하는 것이 불가능하게 되어 버리는 것을 보여 주고 있다.

그래서 이 해석학적 순환을 피하기 위해서는 문헌 전체에 관한 선행적 이해(텍스트가 쓰인 역사적 배경에서부터 전체의 의미를 미리 한정적으로 상정하는 것)가 필요하다. 이것은 본래 비한정할 터인 기상 상태의 해석을 '맑음'·'흐림'·'비' 등의 개념 같은 선행적 이해(구속조건)를 가지고 들어가 이해하는 것과 일맥상통하는 점이 있다.

여기서 지적해 두고 싶은 것은 소비자가 시장 속에서 하나의 옷을 선택하는 행위는 실용적인 의미에서 복장을 선택한다는 것을 의미하는 것만이 아니라 그 복장에 덧붙이는 정보(의미)를 선택하고 있다는 점이다. 몸에 걸치고 있는 옷은 주위 사람들에게 의미적인 정보를 발신한다. 그 의미를 알기 위해서는 복장에 대한 해석을 필요로 하지만, 복장의 의미는 이 옷을 사는 소비자의 해석만으로는 정해지지 않는다. 정보 수신자 측의 해석이 있어서 결정된다. 즉 유행하는 패션을 생각하기 위해서는 사회 속에서 유사한 스타일의 복장이 한 패션으로서 받아들여져 그것을 사회 불특정 다수의 사람들이 어떻게 해석하는가 하는 것이 중요하다. 즉 사회가 그 패션에 어떠한 의미를 부여하는가, 사회라는 배경 속에서 부여되는 '전체의 의미'가 무엇인가가 중요하게 된다. 이것은 이미 시장 속에서만 결정되는 문제가 아니라 그 밖으로 열린 사회적인 문제인 것이다.

이렇게 되면 옷을 사는 개개의 소비자도 사회의 해석에 맞춘match 해석을 복장에 부여하게 된다. 또 다른 한편 사회 측의 해석이 어떻게 결정되는지를 생각해 보면, 옷을 입는 각각의 사람이 어떤 의미로 그 옷을 입는가에 의존한다는 것은 명백해진다. 이 양자의 해석이 짝이 맞지 않으면 사람들이 특정 복장을 의미로서 선택하는 행위는 없게 될 것이다. 이것은 옷을 사는 소비자는 정보의 발신만이 아니라 수신도 의식하고 있기 때문이다.

이 소통communication으로서의 복장이라는 것이 없게 되면 사람들은 그저 따뜻하기 때문에 혹은 쌀쌀하기 때문에 하는 식으로, 단지 옷으로서의 기능적 측면에서만 선택하게 되어 버린다. 이것은 소비 측에서 보면 부가가치가 낮은 옷을 사는 것이 된다. 이것만으로는 패션은 생겨나지 않는다. 소비자와 사회의 의미해석의 조리가 맞는다는 것은 정보의 발신자와 수신자의 의미해석의 조리가 맞는다는 것이고, 이것이 유행의 중요한 조건이 되는 것이다.

이러한 조건이 형성되기 위해서는 한 패션의 의미에 대한 해석에 대해 사회 속에서 선행적 이해가 존재하고 있든지, 그것을 대신하는 것이 용이하게 형성되든지 할 필요가 있다. 앞의 예로 말하면, 혼다 어코드가 미국 시장에서 인정받고 있는 만큼 일본 시장 내에서 인정받고 있는가 하는 문제는 품질에 있는 것이 아니라 이 사회적인 의미해석과 관계하고 있다고 생각된다. 마찬가지로 일본 시장에서는 베스트셀러 자동차였던 마크Ⅱ가 미국 시장 내에서는 그 같은 성공을 거두지 못했다는 현상에서도 동일한 사회적 의미해석의 차이를 간파할 수 있다. 사회에 있어 선행적 이해가 구속조건이 되어 시장 내에서의 상품의 매상을 결정하고 있다. 그러나 사회가 부여하는 의미해석은 시간과 함께 변화하고 이동해 가는 것이다.

더욱이 수요와 공급은 유행하는 것이 아니다. 수요도 소비자의 심리를 구속하는 중요한 인자이다. 유행하는 상품을 만들기 위해서는 소비자의 구매심리를 높이고 집착을 일으키는 구매가치 설정이 필요할 것이다.

이처럼 시장을 내포한 사회를 장소로서 바라보면, 대강 그 장소 내의 자율적인 안정이라는 것이 열린 시장경제의 가장 중요한 성질이고, 또 이 자율성을 지속시키는 데는 장소가 얼마나 적절한 구속조건을 창출할 수 있는가와 관계하고 있다는 것을 볼 수 있다.

시장은 물가나 주가 등과 같이 직접 경제와 관계되는 정보를 받아들이는 이외에도, 사회의 상태나 문화와 관계하는 여러 가지 정보를 모아 가공하고 그에 무엇인가를 더해 사회에 환원시키면서 앞에서 기술한 구속조건을 만들어 내는 활동을 하고 있다. 그리고 시장은 이 정보들의 생성과 흐름을 통해 사회에서 활동하는 사람들의 마음의 움직임을 끊임없이 반영하면서 매 순간 변화해 가는 것이다. 장소의 운동은 이렇게 복잡하고 한정 불가능한 환경으로부터 여러 정보 채널을 통해 정보를 넓게 받아들이고, 그것을 통합해서 환경의 상태에 어울리는 구속조건(장소의 정보)을 창출하는 것이다.

그 정보 처리의 특징은, 니시다에 의해 '술어 논리'라는 이름으로 지적된 것처럼, 관계자시스템(사회에 있어 사람들의 판단이나 행동)에 한 측면이 아니라 여러 측면에서부터 동시적이고 포섭적으로 영향을 부여하는 점에 있다. 술어 논리란, 주어적 일의성에 의해 논리가 결정되는 것이 아니라, 다양한 복잡성을 가진 여러 환경으로부터 정보를 통합함으로써 구속조건을 생성하고 그것에 한정된 형태로 관계자시스템의 운동을 결정하는 것을 말한다. 만약 시장이 이러한 포섭적인 정보 통합 능력을 잃어버리게 되면, 환경의 상태를 반영한 적절한 구속조건의 창출이 불가능하게 되어 버린다. 소비 사회로서의 경제는 그 결과 불안정하게 되고 무질서해져서 정체한다. 거품 경제의 경우에는 이러한 의미에서 적절한 구속조건이 생성되지 않았던 것이다.

예컨대 시장 내의 의미해석은 정보가 시장 속을 충분히 유통함으로써 비로소 가능케 된다. 이것을 위해서는 일정 시간을 필요로 하기 때문에, 새롭게 자극적인 제품이 정보의 유통 속도를 웃도는 형태로 잇달아 시장에 투입된다면 시장에는 의미에 있어서의 카오스가 생기고 소비자는 시장에서 떠나 버린다. 장소로서의 시장은 전체적인 구속조건을 창출할 수 없게 되고 시장은 세분화된다. 이것이 시장경제가 저조하게 되는 데 큰 요인이 된다.

시장의 창조성, 주체성

그런데 유동적으로 정보를 통합하고 새로운 구속조건하에서 매 순간 새로운 맥락(가치관)을 만들어 가는 시장의 창출적인 운동, 즉 '시장의 창조성'은 시장경제가 비한정적인 환경의 여러 상태에 유연하게 적응하고 성장하기 위한 중요한 성질이다. 또 시장이 이러한 자율성을 가지고 활동하고 있는 것이 '시장의 주체성'이라고도 말할 수 있다. 이 주체성은 시장에 직·간접적으로 참가하고 있는 많은 사람들의 집단적인 의미 또는 무의식에 의해서 야기된다. 시장에 이 주체적인 자율성이 존재하고 비한정적인 상태에 유연하게 적응할 수 있다는 것이 시장경제가 계획경제보다도 뛰어난 점이다.

시장경제의 발전에 있어 중요한 것은 시장의 창조성과 안정성을 어떻게 해서 크게 만들어 가는가 하는 것이다. 이 문제를 생각하기 위해선 우선 '장소'로서의 '시장의 동역학'의 특징을 생각할 필요가 있다. 장소에서는 다른 종류의 정보가 통합되거니와, 이것에는 질이 다른 성질(다양성)을 연결하고 일정한 내부 상태로서 통합하는 작용이 필요하다. 그리고 장소가 이 통합에 해당하는 '장소의 관계자'라는 특별한 관계자 군으로 만들어져 있다고 가정하고 그 성질을 생각하는 것에서 시작하고 싶다(장소의 관계자란 구체적으로는 시장에 직접 큰 영향력을 가진 요소이다. 사회적 의식의 주인으로서의 주민, 생산자나 여러 가지 사회적·행정적 조직 그리고 이들에 큰 영향력을 가진 사람들의 의식활동 등이 관계자로서 열거될 수 있을 것이다). 시장의 창조적인 행동은 그것을 생성하는 시장의 관계자 군의 정보 창출에 의해 일어난다.

이하 장소의 창조적인 운동에 있어 중요한 요인을 간단하게 지적해 두자. 이미 설명했듯이, 시장의 정보는 다양한 정보(선행적 이해나 감정적인 요인을 포함한)를 일정한 의미적 가치 기준에 따라 결부해서 통합함으로써 만들어진다. 따라서 장소에는 다종다양한 정보가 모일 필요가 있다. 그리고 처음에는 여러 가지 기준하에서 그들 다양한 정보의 관계 짓기(통합)가 여기저기서 진행되어, 경쟁 원리에 의해 하나(또는 소수)의 기준이 결정되면 그렇게 정돈된 정보가 장소의 정보(구속정보)로서 창출되기에 이른다.

이 과정에서 일어나는 정보의 창출에서는 시장의 가치 기준에 맞지 않는 '불필요한' 정보가 버려진다. 무엇을 버릴 것인가는 경쟁 원리로 선택하게 된다. 장소의 가치 기준에 맞지 않으면 설령 하드웨어로서 좋은 제품이어도 버려지는 것이다. 이 경쟁 원리가 잘 작동하지 않으면 그만큼 '쓰레기'가 섞이게 되므로 시장에서의 의미적 가치가 높은 정보의 생성은 일어나지 않는다고 상정된다.

장소의 정보를 창출하는 과정에서는 장소의 정보 창출에 필요한 만큼의 일정 시간이 걸린다. 그래서 경쟁 원리에만 의존하면 시장은 충분히 넓은 범위에서 통합이 일어나기 전에 작은 노이즈나 요동에 반응해 버리기에 이른다. 이 경우 부분적인 규칙을 통한 정보가 생성되어 그것이 경쟁에 의해 확대되게 되므로, 시장의 전체적인 정보 통합 능력을 잃어버리고 불안정하게 된다. 이것은 시장 내에 일종의 암세포적인 성장이 일어남을 의미한다(제1차 오일 쇼크 뒤의 사재기와 물가의 급상승, 주가의 심한 시세 변동 등은 이러한 경우라고 말할 수 있을 것이다).

그래서 필요케 되는 것이 시장의 안정성이다. 이른바 고도 정보화 사회에 있어 정보의 유입 속도와 범위의 확대가 여기에서 이중의 작용을 한다. 하나는 유입된 정보의 종류와 양이 증대하기 때문에 '장소의 정보'의 통합적 창출이 끝나지 않는 동안 부분적인 정보에 시장이 과민하게 반응할 위험성이 준다는 점이 있다. 더욱이 정보 처리 속도가 대단히 확대되어 시장의 자율성에 있어 중요한 정보의 생성 속도가 올라간다. '장소의 정보'의 창출에 있어 필요한 것은 '장소의 관계자' 간의 네트워크형 소통이므로, 이 속도가 증대하는 것은 그 근원이 되는 다양한 정보의 증대에 대해 크게 기여한다.

그러나 다른 한편 정도를 넘어선 정보화는 시장의 안정에 있어 부정적인 측면도 야기한다. 시장에 유입된 다양한 정보를 일정 규칙하에서 관계 맺어 통합하고 '장소의 정보'인 구속조건을 창출하지 않으면 안 되지만, 그 때문에 필요한 정보의 관계 맺음에 필요한 시간은 단위 시간 당 정보 유입량이 증가하면 그에 따라서 비선형적으로 증가하게 된다. 정보 유입량은 기계적으로 증대할 수 있다. 그러나 이질적 정보를 서로 관계 맺어 통합하는 과정에는 인간이 관여한다. 즉 정보를 해석하고 판단하는 부분을 기계적으로 증대시키는 것은 불가능하다.

이 판단 과정에 인공지능을 관여시켜도 지금으로서는 비한정된 상태에 의미를 부여하는 활동은 불가능하다. 정보의 유입이 너무 빠르면 결국 국한된 범위의 정보에 의한 단락短絡된 예측적 반응이 시작되어 시장은 시장으로서의 포섭성이 감소해 불안정해진다. 이것이 정도를 넘으면 시장이 환경 변화에 창조적으로 대응할 수 없게 되어 장래에 대한 확실한 투자가 불가능하게 된다.

이것은 일종의 구속조건의 국소화 현상이고, 시장의 환경으로부터의 괴리이다. 다시 말해서 정보의 유입 속도가 시장의 정합적인 정보 처리 속도를 상회함으로써 일어나는 일종의 장소의 카오스화 현상이다. 현재 시장경제시스템에서는 이렇게 정보유입 속도의 증대에 의해서 야기되는 잠재적인 위기가 존재하고 있지만, 이 점에 관한 충분한 예방조치가 취해져 있지 않다. 정보화에 의한 인간과 시스템의 괴리, 이것은 현대 국제사회가 안고 있는 커다란 문제점이다.

시장의 불안정화 경향을 억누르고 있는 것은 결국 그 정보 통합 능력이고, 이것은 시장을 포함하고 있는 인간사회의 생명시스템 계층의 안정성에 힘입고 있다. 그것은 사회 내에서의 인간의 생활로서 생활과 환경의 조화 속에서 비로소 성립하고 있는 것이다. 고도 정보화 사회에 있어서의 시장활동을 안정되게 지키기 위해서는 이 문제가 중요하지만, 현재 자본주의 경제에서는 시장의 세계화를 맞이해 요청되는 보다 넓은 '장소의 논리'가 결여되어 있는 듯이 생각된다. 이 결점을 극복하는 것이 시장의 장기적인 안정을 위해 필요하다. 무엇보다 이것은 일본만의 문제는 아닐 것이다. 생활의 장의 조화를 생각하지 않는 자본주의 경제는 결국 환상에 지나지 않는다.

오늘날의 이른바 '정보화 사회'에 있어서는 섀넌이 말하는 기계적인 정보의 흐름을 증대시키는 것만이 중요시될 뿐, 다양한 정보 흐름들의 결합을 위한 생명적인 조작의 창출이 갖는 중요성에 관해서는 절망적이라고 해도 좋을 정도의 몰이해가 존재한다. 이 때문에 시장이 생명적 관계 시스템에서 실체론적 시스템으로 변하려고 하고 있는 것이다. 생활과 경제의 유리에서 기인하는 이 자본주의 경제의 위기는 이미 시작되었고, 그것은 금후의 시장경제를 아주 크게 바꿀 가능성이 있다.

기업의 공동창조적 경영

여기서 기업의 경영에 관해 조금 생각해 보고 싶다. 나는 안정적인 시장경제를 위해서는(문자 그대로의 의미는 아니지만), 시장의 내포라고도 말할 수 있는 현상을 시장의 구성 요소인 관계자(기업)가 획득할 필요가 있다고 생각하고 있다. 시장 내에서 살아가기 위해서는 그 관계자의 상태가 시장의 상태와 정합적으로 되어야 하기 때문이다. 이것은 문장 내의 단어가 문장 전체의 의미(맥락)와 정합적이어야만 하고 그 개개의 의미에 전체의 의미가 반영되어 있어야만 한다는 것, 즉 전체가 개개에 내포되어 있다는 것에 비유된다. 이런 의미에서 기업 경영자 내부에서는 작은 시장mini market(시장의 이미지)이 존재해야 한다. 따라서 금후 시장의 존재 방식이 생명적 관계시스템으로 크게 변용되지 않으면 안 되는 상황에 있다고 하면, 기업의 경영에도 그것에 상응하는 변화가 요구되는 것은 말할 것도 없다. 이것 없이는 자본주의 경제는 윤리적 입각점을 잃어버린다.

이 '시장의 내포'라는 점에서 기업을 생각하면 시장에 관해 논의해 온 것이 대략적으로는 기업조직에도 적용 가능하게 된다. 즉 기업이 살아남기 위해서는 생명적 관계시스템을 향해 크게 변용하지 않으면 안 된다는 것이다. 현재의 자본주의 경제 위기에서는 기업과 그 구성원이 전체적인 생명적 관계시스템의 요소로서의 관계자로 변용할 수 있는지 없는지를 시험받고 있다고도 할 수 있다.

이렇게 시장과의 정합성을 생각하면 기업의 '공동창조적 경영'은 점점 중요하게 될 것이다. 종래 이 공동창조적 경영은 '전일적 경영'으로서 '실체적 홀론'의 이미지를 기초로 해서 생각되어 온 경향이 있지만, 거기에는 전술한 것과 같은 의미에서 위기를 극복하는 기업으로 변용하는 것은 불가능하다. 우선 필요한 것은 관계자와 장소의 개념을 또 폐쇄된 장과 전체적이고 이질적인 관계를 향해 열린 장소에서 자기조직된 장과의 차를 이해하는 것이고, 그 뒤에 이 전체적인 장소의 조화 창출적인 운동을 기업의 논리 속에 포함시키는 점에 있다고 생각한다.

2장_의미세계의 논리란 무엇인가

'복잡한 시스템'과 '정교한 시스템'

살아 있는 시스템은 복잡하다. 이 '복잡하다'는 것 속에 생명의 본질적이고 불가결한 성질의 하나가 숨어 있다. 생물 진화의 긴 역사는 생물이 이 복잡성과 그 반대 개념이라고도 말할 수 있는 다양성을 획득하는 역사였다.

'복잡성'이야말로 금후의 과학이 본격적으로 대면해야만 하는 문제이다. 지금까지의 과학이 무엇인가 중요한 것을 빠트리고 있어 충분치 않은 듯한 인상을 독자의 지적 감각에 주고 있다고 한다면, 그 이유의 하나는 과학이 지금까지 이 복잡성과 정면으로 대결하는 것을 피해서 지나쳐 왔다는 것에서 유래하고 있다.

생명관계학의 방침은 생명시스템의 '복잡성'을 기초로 해서 그 질서 있는 운동이나 정보 생성적인 자율적 운동을 역동적으로 이해하는 것, 그리고 생명에 있어 복잡성과 다양한 질서 간의 관계를 명확하게 하는 것에 있다.

'복잡성'이란 무엇인가를 이해함에 있어서 '복잡한 시스템'과 '정교한 시스템'과의 차이를 아는 것이 도움이 된다. 일찍이 나는 하켄과 이 양자의 차이에 대해 논의했던 적이 있다. 하켄은 "우주 로켓은 정교한 시스템이지만, 복잡한 시스템은 아니다"고 말했다.

그 이유는 우주 로켓은 분해해서 여러 부분을 추려 낸 후에, 그 부분(요소)들의 작동으로부터 인과율적인 사고에 의해 시스템 전체의 운동을 추측하는 것이 원리적으로 가능하기 때문이다. 여기에 비해서 분해해서 얻은 요소의 성질을 짜 맞춘 것만으로는 본래의 성질을 추측하는 것이 원리적으로 불가능한 것이 복잡한 시스템이다. 복잡성이란 요소의 성질로 환원해서 원인을 생각하는 것, 즉 단순한 인과율적 사고의 적용을 거부하는 것이다.

시스템에 복잡성이 출현하는 것은 그것을 구성하는 다종다양한 기능적 요소(관계자)들이 환경에 따라서 그 성질을 바꾸는 '비선형성'을 가지고 있기 때문이다. 일반적으로는 복잡한 시스템에서 꺼내진[추상된] 요소는 '꺼내져 있는' 상태라는 '환경'에 특유한 성질을 보인다. 따라서 분해된 시스템 내에서 보이는 관계자의 성질만으로부터는 같은 관계자가 특정 시스템 내에 존재하고 있을 때의 성질을 정확하게 예측할 수 없는 경우가 많다.

이것을 예측하기 곤란한 이유는 우선은 관계자가 시스템의 역사적인 상태에 의존해 그 상태를 비연속적으로 변화시키기 때문이지만, 단지 그것만은 아니다. 한 시스템을 구성하는 관계자의 성질에는 여러 가지 이유에서 다양성이 있는 것이 보통이다. 게다가 관계자는 자기창출을 한다. 그리고 그 창출이 시스템의 상태에 의존해서 일어나기에 시스템의 상태가 복잡하고 다양하게 변화하는 것 또한 원인이 되고 있다.

게다가 관계자는 자기창출성에 의해 내부 구조가 시스템 전체의 역사를 반영해서 변화해 가는 경우가 많다. 물리학의 언어로 말하면 관계자는 하나의 자기창출성을 가진 자기조직 시스템이고 일반적으로는 복잡한 내부 구조를 가지고 있다.

또 관계자 간에는 경합競合적 선택에 의해 상호 관계성이 협력적으로 결정되지만, 이 과정에서 각 관계자의 내부 상태의 창출이나 선택도 동시에 일어난다(이것은 관계자의 일종인 인간의 내부 상태—심리상태—를 염두에 두고 생각해 보면 잘 알 수 있다). 우리들은 이렇게 관계자 간에 선택적으로 형성된 관계를 '관계적 질서'라 명명하고 있지만, "관계적 질서의 실체란 무엇인가?" 하고 묻는 것이 생명의 본질적 문제로 발을 내딛는 하나의 중요한 루트라고 확신한다.

여기에서 중요한 것은 경합이 질서를 자율적으로 형성하기 위한 불가결한 요소라는 것이다. 더욱이 복잡한 생명시스템은 균질적인 시스템이 아니라 다양하고 특이한 개성을 가진 관계자로 구성되어 있기 때문에, 인접하는 관계자 간에 생성된 관계도 제각기 개성에 따른 다양성을 가지고 있고 또 항상 협력적인 관계만이 아니라 일종의 모순적 관계frustration도 낳기 쉽다. 그러나 동시에 각 관계자가 내포하는 다양성 때문에 이 모순적인 관계 상태를 뛰어넘어 서로 조화로운 새로운 관계를 자기조직하는 것도 일정 조건하에서 가능케 된다. 이 관계의 성립을 위해서는 시스템 내에 공통의 맥락(규칙rule 생성적 규칙)이 존재할 필요가 있다.

관계자의 내적인 복잡성 또는 내적 창출성에 의존해 시스템에 자기조직된 질서에도 다양한 가능성(다양성)이 있다. 그 다양성은 매 순간 변화하는 환경과 정합적으로 되기 때문에, 시스템은 유연하게 변화할 수 있으며 또 (특히 관계자의 내적 복잡성의 증대에 동반해서) 환경 내에서 진화할 수 있게 된다.

지금까지 내가 '요동'이라 불러온 것은 많은 경우 관계자 간의 다양하고 부분적인 질서관계가 모순적 관계를 동반하면서 생성소멸을 반복하는 상태를 포함하고 있다. 이 '요동'은 당연히 관계자의 내부 상태나 내부 구조의 요동만이 아니라 그 자기창출과 소멸도 동반한다.

생물을 잘게 잘라 분해함으로써 명백하게 되는 정보가 있고 역으로 잃어버리게 되는 정보가 있다. 생명의 해명이 생명과학의 목적이라면, 명백해지는 정보만이 아니라 잃어버리게 되는 정보가 무엇인가도 알아야 한다. 이 간단한 논리를 부정하는 과학자는 없을 것이다. 그러나 그럼에도 불구하고 왜 생명과학 연구에서는 분해적인 접근이나 사고 방식이 여전히 대세를 점하고 있는 것일까.

그 이유는 뭐니 뭐니 해도 분해하는 방법에 의해 얻을 수 있는 정보에 커다란 가치가 있기 때문이다. 의외성이 있어 그것이 없이는 생물을 깊이 이해할 수 없는 정보가 얻어지는 경우가 많다. 또 한 전형적인 예로부터 얻어진 법칙에 보편성이 있는 경우도 많다. 나는 이런 의미에서의 분해적인 접근의 필요성을 강조하면 강조했지 결코 부정하는 것은 아니다.

그러나 이것은 분해에 의해 잃어버리게 되는 정보에 가치가 없다는 것을 의미하는 것은 결코 아니다. 그러한 오해가 생긴다고 하면 그것은 논리에서가 아니라 신념에서 생기는 것이다. 즉 "인간은 분해하는 방식에 의해 얻은 정보를 기반으로 해서 분해에 의해 잃어버린 정보를 모두 유도해 낼 수 있다. 따라서 분해하는 방식에 의해 우선 가능한 만큼의 정보를 획득할 수 있고, 현재 그것 이외의 방법을 행하는 것은 잘못이다"라는 요소환원론적인 신념이다.

이 신념은 "생물적 시스템은 분해하는 방식과 분석적 고찰에 의해 얻어진 부품parts에 의해 구성된 일종의 '정교한 기계'이다"라는 생각, 이른바 생물기계론을 믿는 것과 마찬가지다. 잘못된 것은 이 기계론적인 취급 방식이나 분해적인 수법에 의해 얻어진 정보의 중요성에 관해서가 아니다. 이 점에 관해서는 항상 오해되어 왔다고 특히 강조해 두고 싶다.

생명관계학에서는 생명시스템을 복잡한 자기창출적 시스템이라는 관점에서 받아들여 가능한 한 그 보편적인 법칙성을 중심으로 이해하려고 한다. 이 때문에 분해하는 방식을 수단으로 삼는 연구에 의해 얻어진 정보만이 아니라 거기에서 누락된 정보에 관해서도 고려하고, 그것들이 서로 어떠한 관계에 있는가를 생각할 필요가 있다. 즉 시스템의 각 부분에 있는 미시적인 성질과, 시스템 전체의 총체적인 성질 간의 상호 분리할 수 없는 의존적 관계의 파악을 문제로 하는 것이다.

우리가 생명시스템에 관한 미시적인 성질을 무시하고 전체적인 관점에서만 생명을 파악하려고 해온 것은 아니다. 우리들이 주장하는 것이 고전적인 유기체론은 아니다. 관계자라는 개념에 서서 생명시스템을 이해하려고 하는 것은 미시micro와 거시macro의 상호 의존적인 창출관계를 양자를 아울러, 종합적인 동시에 입체적으로 파악하려 하는 것이다. 그렇게 하지 않으면 생명의 본질적인 성질을 이해할 수 없다고 생각하고 있기 때문이다. 그리고 이 거시는 다양성의 세계를 향해 열린 것이어야 한다.

일반적으로 비선형 시스템의 외부로 꺼내진 상태에 있는 요소의 성질과 시스템 내에서 상호 작용적인interactive 관계를 만들면서 활동하고 있는 요소의 성질은, 그것이 설령 동일한 요소라 해도, 다르다는 것은 이미 지적한 바이다. 이에 덧붙여 다양한 성질을 가지는 요소로 구성된 시스템은 구조적으로도 기능적으로도 복잡하기 때문에, 시스템 내에 있어 개개 요소의 성질을 상세히 조사하는 것은 일반적으로 극히 곤란하다. 이 때문에 이 난점을 뛰어넘는 새로운 취급방식을 가능케 하는 과학적 이론을 새롭게 만들어 낼 것이 요구된다.

우리들이 지금까지의 연구 과정에서 프리고진 학파의 열역학적인 이론이나 르네 톰[7]의 (수학적인 다양체 이론에 의한) 산일 구조나 시스템의 전반적 동역학global dynamics 연구를 사용하지 않은 것은 이들의 이론에는 미시세계와 거시세계 간의 다양한 생성적 관계를 종합적이고 입체적으로 파악하는 방법이 제시되어 있지 않기 때문이다. 이러한 거시적인 관점만으로 행하는 기술은 생명시스템의 특징을 일종의 은유로서 파악할 수 있겠지만, 그 복잡한 다양성에 구체적으로 들어가서 충분히 깊이 있게 파악하는 것은 불가능하다고 생각한다. 생명시스템의 이해에 있어 중요한 것은 자기조직이 아니라 공동창조적인 자기창출인 것이다.

과학적 기술의 문제점

자연과학의 연구 목적은 한편으로는 자연 내에 대상을 분절해 내고 그 관측으로부터 대상에 관한 특징이나 법칙성 등을 기술하는 '인지 질서'를 뽑아내는 것에 있다. 다른 한편으로 밀러[8]에 의하면, 인간의 단기 기억은 하

---

7) 르네 톰(René Thom). 프랑스의 수학자. 1972년에 출판한 『구조 안정성과 형태 발생』(*Stabilité structurelle et morphogenèse*)에서 제시된 '급변론'으로 알려졌다. 이 이론이 다루고 있는 것은 시스템의 상태가 포텐셜로 기술가능한 경우에 한정된다. 여기에 이 이론의 한계가 있지만, 다시 한번 포텐셜이 주어지면 시스템에 발생하는 불연속 변화(카타스트로피)의 유형(type)이 일곱 개의 기본 형태로 귀착한다는 것을 보여 주고 있다. 르네 톰은 일반적인 포텐셜에 의한 기술이 적용 불가능하고 속도론적 혹은 미시적 기술을 이용한 산일 구조론이나 시너제틱스에 비판적이었지만, 지금까지 연속적 현상에만 편의(便宜)를 부여해 온 수학에 불연속 현상을 많이 도입하는 역할을 했다.

8) 조지 밀러(George A. Miller). 프린스턴 대학교수. 1950년대에서 60년대에 걸쳐 인지심리학의 성립에 크게 기여하고 그때까지의 자극-반응 이론과 다른 새로운 패러다임을 심리학으로 가져왔다. 인간은 기억의 한계를 극복하기 위해, 재코드화에 의해 큰 정보단위(청크, chunk)를 형성한다고 했다. 정보 처리장치로서의 인간 뇌의 속성을 ① 주의의 범위(Span), ② 판단의 범위, ③ 자연언어의 자기 삽입의 한계로 분류. ①에 관해서 오류(error) 없이 단시간에 정보 처리 가능한 최대 항수(桁數)는 7~8항으로 그것은 기호가 표현하는 정보량은 아니고, 그 수에 제한된

나하나의 항목에 관하여 일곱 청크 정도의 기술능력밖에 가지고 있지 않은 경우가 많다고 한다. 어떤 대뇌생리학자는 인간 뇌의 순간적인 정보 처리량은 기껏 50비트 정도가 아닌가 하고 내게 말했던 적이 있다. 이 단기 기억의 상한에 해당하는 정보량을 임시로 한계정보량이라 부르기로 하자.

과학의 연구에서는 대상에 관한 어떤 이미지를 머릿속에 만들고 그것을 기초로 많은 사람들이 고찰을 공유하고 그것을 발전시킬 필요가 있다. 그러기 위해서는 이 이미지가 단기 기억의 한계정보량을 넘어서면 곤란하다. 한계정보량 이하의 정보량을 가진 변수, 또는 파라미터에 의해 대상을 기술하지 않으면 이런 의미에서의 과학적 사고의 대상으로는 될 수 없고, 또 사람들이 대상에 관해 공통의 이해와 기술을 가지고 논의하는 일조차 쉽지 않다.

초고속 계산기에 의해 기껏 수백에서 수천 개 정도의 분자로 이루어진 '액체'의 운동방정식을 풀고, 각 분자의 궤도와 속도 등을 시간의 함수로서 표시하는 것은 불가능하지 않다. 그러나 그 계산기의 출력 데이터로부터 직접적으로 '액체'에 관해서 과학적으로 의미 있는 정보를 발견하는 것은 곤란하다. 그 이유는 정보량이 너무 많아서 그 상세한 부분을 기억하고 기술하는 것이 불가능하기 때문이다. 따라서 이러한 대량의 정보량을 줄여서 뇌의 정보처리 능력에 맞춘 기술記述을 만들어 낼 필요가 있게 된다.

이것은 과학에는 이른바 '관측의 문제' 이외에도 '기술의 문제'가 있다는 것을 시사하고 있다. 환언하면 대상의 관측 등에 의해 얻어진 정보를 어

다. ②에 관해 예컨대 여러 가지 리듬을 들려줬을 때, 대략 6~7종으로 분류해서 기억한다. 즉 같은 차원의 다량의 정보는 뇌에 의해 최대 일곱 종 정도로 정보 압축된다. ③에 관해서 아이들의 언어습득 과정을 고찰, 우선 자발적인 리듬이 생겨나고 그것이 어른의 언어 리듬과의 동기(同期)에 의해 자신의 언어가 만들어져 간다는 흥미로운 연구 성과를 달성했다.

떻게 압축해야 대상의 기술에 관한 정보량을 이 한계정보량 이하로 억제해 유효한 '기술 변수'로 만들 수 있는지, 또 그것이라고 알 수 있는지 없는지, 그 대상이 과학적 대상으로서의 필요조건을 만족하는지 않는지를 판정하는 조건이 된다.

그래서 지나치게 많은 정보량을 어떻게 하면 압축할 수 있는가가 문제가 된다. 지금까지 그 방법으로서 통계적인 평균법을 사용해 왔다. 요소에 다양한 개성이 존재하는 것을 예컨대 한 좌표축상의 가우스 분포normal distribution로 표현 가능하다고 가정해 통계적 평균 조작에 의해 요소의 성질을 평균화하고, 그 평균치에 의해 시스템의 집단적 성질을 추려 내려고 해온 것이다.

일반적으로 균질적 다체계多體系에서는 관측치가 많은 정보량을 가지고 있어도, 그것을 동종 변수의 '양量의 분포'로 간주하고 통계적인 평균 조작에 의해 정보 압축[9]을 할 수 있다. 예컨대 앞서 '액체'의 예에서는 이렇게 해서 거시 변수인 열역학 변수를 유도하고 거시적 기술에 서서 과학적인 논의를 할 수 있는 것이다.

그러나 이 단순한 통계적 평균 조작법을 각자 특이한 개성을 가진 많은 요소로 이루어진 시스템에 적용하는 것은 불가능하다. 바꿔 말하면 '질의 다양성'을 통계적 평균 조작에 의해 압축하는 방법으로는 유용한 정보

---

9) 정보 압축. 다량의 정보를 양으로서는 감소시키면서 본질적인 정보를 얻는 것. 여기에는 평균 조작에 의한 정보 압축과 의미적 정보 압축(통합)이 있다. 예컨대 용기 내의 기체에 관해서, 분자 하나하나의 위치와 운동량·운동방정식을 사용해서 기술하는 것이 아니라, 체적·온도 등 소수(少數)의 역학적 파라미터를 사용한다. 이것은 시스템의 기술에 막대한 정보량을 직접 사용하지 않고, 평균 조작에 의해 본질적 정보를 사용하는 정보 압축의 예이다. 이것에 비해서, 생물은 외계의 자극으로부터 필요한 자극을 골라내거나, 변형하거나 해서 그 생물에 있어 의미를 가진 정보를 얻는다. 이것은 생물이 행하는 의미적 정보 압축이라 생각할 수 있다. 이 통합 과정은 의미 창출의 과정이라 간주되고, 금후의 중요한 연구 과제의 하나이다.

를 얻을 수 없다. 예컨대 시장조사 등에서도 실제로는 이러한 문제가 일어나고 있을 것이고, 어딘가에서 질을 양으로 치환하는 사전 처리가 행해지게 된다. 여러 가지 성질을 가진 약 150억 개의 신경세포가 각자 수천에서 수만 개의 특이한 연결로 상호 복잡하게 결합한 네트워크 구조를 만들고 있는 인간의 대뇌 또는 여러 기능이나 형태를 가진 약 60조 개나 되는 세포가 정합적으로 모여 구성하는 인체의 복잡한 구조와 운동을 머리에 그려보라.

이렇게 다종다양한 개성을 가진 요소가 존재하고 게다가 그것들이 특이한 개성과 협력성을 발휘하면서 활동함으로써 생명시스템 내에는 실로 풍부한 자유도(정보)가 생겨난다. 이것은 '평균화 불가능'함에서 나오는 성질인 것이다.

그 자유도의 유래는 복잡한 생명적 요소(관계자)의 자기창출성에 의한다. 요소의 성질은 요소 그것 자체로는 무한정하고 또 요소 간에 무수한 관계를 만들 가능성을 가지고 있기 때문에, 생성된 관계에 의존해서 각 요소의 자기표현이 창출된다. 또 그 생성의 방법도 요소의 개성에 따라 다르게 된다. 더욱이 요소의 자기표현의 창출에 동반해서 시스템 전체의 성질도 새롭게 창출된다. 이것은 복잡성과 다양성을 고려한 생명의 깊은 인식에는 개별과 전체를 분리해서 취급하는 것이 허용되어 있지 않음을 나타내고 있다.

이러한 복잡한 생명시스템의 성질을 알기 위해 요소의 개성이나 다양성의 의의를 무시하고 단순한 통계 평균을 취하는 방법은 타당하지 않다. 한마디로 말해서 대상에 대해 관심을 갖는 방식에 따라 그것에 적합한 특징을 뽑아 내는 특이한 정보 압축이 필요케 된다. 그리고 대상의 복잡성 정도에 따라서 이것을 단계적으로 반복하는 수밖에 없다. 이것이 의미 있는 특징을 압축해서 계층적인 기술의 구조를 만들어 내는 방식이다.

즉, 복잡한 시스템에서는 통계적인 평균 조작처럼 대상에서부터 독립된 보편적·일반적인 정의를 가능케 하는 정보 압축법과 그것에 기반한 '객관적인 기술'은 존재하지 않으며, 어떤 의미에서는 '부분적'이라 할 '주관적'인 정보 압축을 사용해 기술하지 않을 수 없다. 생명시스템과는 다른 소수少數 자유도계의 예이긴 하지만, '역학계의 카오스'의 기술에도 일부 이러한 새로운 기술의 특징이 보인다.

복잡한 시스템을 관측하면 대량의 정보를 얻을 수 있지만, 그 속에서 숨겨진 질서를 뽑아내는 것이 그런 복잡한 시스템을 과학적으로 기술하기 위해 필요케 된다. 그 질서를 뽑아내기 위한 일반적인 원리와 방법은 아직 확립되어 있지 않다. 그러나 이 특이한 정보 압축에는 시스템을 분해하면서 잃어버리는 그것의 거시적인 성질을 활용할 필요가 있다는 것은 확실하다. 이것은 전체를 알 수 없으면 부분의 관계도 알 수 없는 복잡한 시스템의 특징에서도 예상할 수 있는 것이다. 또 상기한 설명에서 알 수 있듯이 과학적인 법칙성의 발견은 대상의 성질만이 아니라 그것을 관찰하고 있는 인간 내부에 있어서의 인지 메커니즘과 관련이 없지 않은 것이다.

앞 장에서 기술했듯이 "생명시스템이라 할지라도 물리적 개념이나 물리량에 의해 기술되어야지 물리적으로 정의되어 있지 않은 정보 개념을 사용해 기술하려고 하는 시도는 근대 생물학의 발전 방향에 반하고 생기론으로 역행하려고 하는 것"이라는 비판이 있다는 것을 나는 잘 알고 있다. 그러나 생명시스템의 '정보적 기술'은 위에서 설명했듯이 거의 무수無數하다고도 말할 수 있는 물리적 변수에 관한 정보를 특이하게 압축해야만 하기 때문에 불가피하다. 이것이 생명시스템은 물리법칙과 상반되는 듯한 법칙에 의해 지배되고 있다고 주장하는 것은 아니다.

오히려 지금까지의 물리적 개념이나 물리량에 따라 생명시스템을 기술하는 것에 구애되면 기술이 한계정보량을 넘어 버리게 된다. 즉 정보라는 개념의 사용을 배제한 기술(예컨대 생명시스템의 에네르기적 기술)은 일반적으로 복잡한 시스템을 과학적으로 기술하는 데는 적합지 않다. 이것은 고전 역학의 문제이기도 한 역학계의 카오스를 기술할 때조차 정보적인 접근을 필요로 한다는 것으로도 이해될 것이다.

더욱이 지금까지의 물리학적 기술과 정보적 기술 간에는 아래에 제시하고 있듯이 본질적인 문제점이 존재하고 있다.

경성 과학으로는 불가능한 의미 기술의 문제

많은 사람들이 우주 저편에 있는 별들에도 여러 가지 물질들이 존재하고 그 성질은 원칙적으로는 지구상의 물질에 관한 물리적인 법칙성들에 의해 설명된다는 것을 믿고 있다. 이것을 부정할 합리적인 이유도 없다. 이런 의미에서 물질에 관한 물리학적 법칙들은 보편적이라고 말할 수 있다. 그러나 이 정도로 보편적이지는 않다고 해도, 지구상의 여러 생명에 관한 법칙을 생각하는 것에는 의미가 있다. 마찬가지로 정보에 관한 보편적인 법칙성을 발견하는 것은 가능하고 또 커다란 의의를 가짐에 틀림없다.

정보에는 송신자와 수신자가 있지만, 적어도 그 수신자로서의 생물(인간을 포함한)이 존재하고 그 정보를 받음으로써 수신자 속에 일어나는 특이한 상태 변화에 의해 정보를 정의할 수 있을지도 모른다. 그러나 문제는 그렇게 단순하지 않다. 왜냐하면 정보는 수신자에게 의미를 전해 주기 때문이다. 예컨대 "쇠귀에 경 읽기"라고 말하듯이, 물리적으로 같은 음이 들리고 있을 때 그것이 소에게 있어서는 정보가 아니더라도 사람에게는 정보인 경우도 있다.

또 우리들이 깊게 잠들어 있을 때에도 뇌 신경세포는 왕성하게 활약하고 있어 이 때문에 꽤 강한 뇌파를 관측할 수 있다. 그것은 정보에 관계하고 있는 것인가 혹은 그렇지 않은 것인가. 이렇게 생각하면 일반적으로 동물에게 일정한 음파를 들려 줄 때에는 뇌의 신경세포 군이 흥분한다는 것과 그 동물이 그 음파로부터 정보로서의 의미를 받아들이고 있다는 것 간에는 적잖은 거리가 존재하고 있음을 알 수 있다.

거기서 부딪치는 문제는 여러 의미를 가진 정보가 예컨대 한 동물의 뇌 내부 신경세포 군의 활동에 의해 '어떻게 표현되는가'라는 것이다. 이것과 관련해서 물리적으로는 같은 신호를 받아도 수신자에 따라 그 의미가 다르기 때문에 "정보의 수신자 측에서는 받아들인 정보의 의미를 '해석한다'는 것과 불가분한 형태로 정보가 표현되어 있다"고 상상할 수 있다.

예컨대 우리들에게 보이는 색이 세계에 '객관적으로' 존재하고 있는 것인가 혹은 우리들 쪽에서 해석이라는 행위를 해서 우리들 측에서 세계에 색을 입혀서 보고 있는 것인가에 관해서 예부터 뉴턴이라든가 괴테의 논쟁이 유명했다. 최근에는 인지심리학이나 뇌생리학 연구로부터 색의 인지에도 해석이 중요한 역할을 이행하고 있다는 것이 알려져 왔다. 친근한 예로, 무지개는 물리적으로는 연속한 색의 스펙트럼일 터인데 실제로 우리들이 보는 무지개는 '일곱 빛깔 무지개'라고 말하듯이 불연속적인 줄무늬 모양을 하고 있다. 흥미로운 것은 이 줄무늬 모양의 형태(예컨대 색 수의 인지)는 보는 사람이 어떤 문화에서 성장했는가에 따라서도 다르다고 말해지고 있다.

뇌의 신경세포 군은 어떻게 해서 이 해석이라는 의미적인 정보과정을 실행하는 것일까. 어떻게 생명이나 뇌에 관한 과학을 사용해서 이 '표현과

〈그림 1〉 경성 과학과 연성 과학

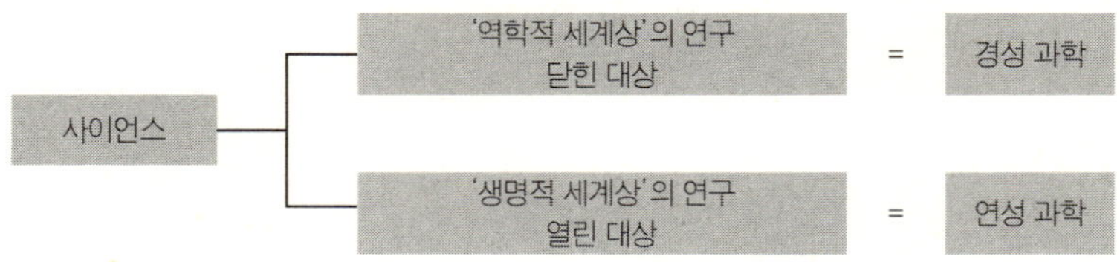

해석'이라는 의미적인 정보의 세계로 발을 내딛을 수 있는 것일까. 이 점을 고찰한 결과 나는 지금까지의 과학은 '경성 과학'hard science이지만 '의미의 세계'를 연구하기 위해서는 '연성 과학'soft science의 건설이 필요하다고 생각하게 되었다.

경성 과학의 한 전형은 고전 역학이다. 예컨대 진공 속의 입자의 운동은 그 입자의 질량과 그것에 움직일 수 있는 힘이 주어지기만 하면 뉴턴 운동방정식에 의해 정확하게 예견된다. 무엇보다도 그러기 위해서는 초기 조건과 경계 조건[10]이 주어져야 한다. 그러나 엄밀한 일반해를 항상 구할 수 있는 것은 이체二體 문제까지이고, 그것 이상의 다체 문제는 현재 컴퓨터 등에 의해 수치적으로 특정해를 구하는 것 이외에는 방법이 없다는 한계가 있다는 것은 잘 알려져 있다.

그렇지만 내가 문제로 삼고 싶은 것은 그러한 정확한 일반해를 구하는 것의 가부可否에 관해서가 아니라 고전 역학의 논리 구조의 문제이다. 고전 역학의 논리 구조에 의하면 초기 조건과 경계 조건에 의해 한정된 대상

10) 초기 조건과 경계 조건. 미분방정식에서 구체적인 해를 얻으려 할 때, 생각하고 있는 영역의 경계에서 해가 만족해야 할 조건을 부여해야 한다. 시간 변수의 경계에 대해서 부여한 조건을 '초기 조건', 공간 변수의 경계에 대해서 부여한 조건을 '경계 조건'이라 한다. 미분방정식의 해는 그 영역에서 일의(一意)적으로 결정된다. 여기에서 '결정론적 자연관'이 생겨났다.

〈그림 2〉 섀넌 정보

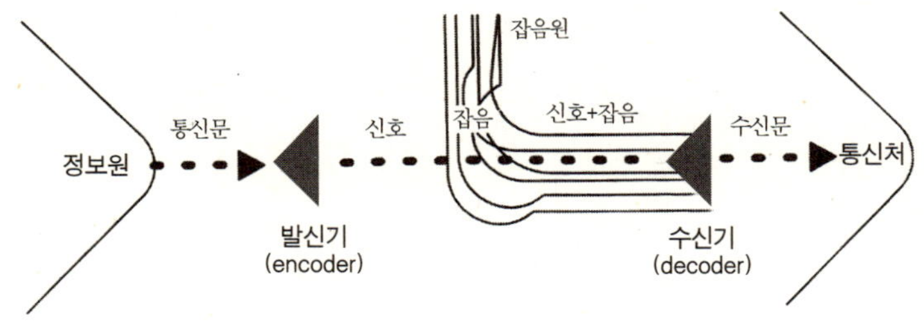

으로부터 그 대상의 운동에 관한 정보가 운동방정식에 의해 모두 주어지게 된다. 단지 대상을 한정하는 방식은 고전 역학의 이론 그 자체에서 나오지 않으므로 인간이 설정해서 식에 부여할 필요가 있다. 이러한 대상을 '닫힌 대상'이라 부르기로 하자.

이렇게 '조건을 부여하는 외측의 세계'와 절연된 '닫힌 세계' 속에 대상을 한정하고 이것을 연구하는 과학을 나는 경성 과학이라 부르고 있다. 단, 여기에서 주의하지 않으면 안 되는 것은 고전 역학이 이러한 논리구조를 가지고 있다고 해서 대상 그 자체가 본래 닫혀 있다는 것을 의미하는 것은 아니라는 점이다.

이는 다음과 같은 것에서도 간단히 알 수 있다. 고전 역학에서는 초기 조건이나 경계 조건은 밖에서 주어지는 것으로 '왜 그것들이 그렇게 주어지게 되었는가'는 의문시되는 문제가 아니다. 이 주어진 조건들은 '세계의 밖'에서 일어나는 일로서 이론에 틀을 설정했기 때문에 고전 역학은 '닫힌 대상'을 논의하는 경성 과학으로 된 것이다. 그리고 고전 역학에서 주어진 물리량은 경성 과학로서의 고전 역학과 정합적으로 되도록 정의되어 있다.

또 경성 과학의 다른 예로서 섀넌의 통신 이론(정보 이론)을 들 수 있다. 섀넌의 이론에서는 정보의 수신자를 틀 밖에 두어, 예컨대 전보를 칠 때에는 어떠한 신호를 사용하면 같은 내용의 메시지를 가장 오류 없는 형태로 통신할 수 있는가 하는 정보의 통신 능력을 문제로 삼는다. 따라서 정보가 만들어진 체계나 정보의 의미나 가치에 관한 수신자 측의 문제는 대상 밖에 놓인다.

생물과 같이 개방적인 데다 불균질하고 복잡한 시스템을 미시적인 분자 층위에서 경성 과학에 의해 본격적으로 취급한다고 생각하면, 거기에 인간이 가지고 들어가지 않으면 안 되는 한정 조건만으로도 막대한 수가 되어 감당하기 힘들게 되어 버린다.

의미의 세계와 기술 조건

일정 프로그램에 의해 정보를 처리하고 있는 컴퓨터를 연구하려고 해보자. 그 컴퓨터 속에서 작용하고 있는 트랜지스터나 다이오드 등의 '하드웨어'[11]를 닫힌 대상으로서 마치 고전 역학의 초기 조건이나 경계 조건과 같이 '주어진 조건'(소프트웨어나 프로그램) 아래에서 작동하는 상태를, 예컨대 물성물리학material science의 법칙에 서서 과학적으로 연구하는 것은 가능하다. 즉 하드의 활동에 관한 지식을 얻을 수 있게 된다.

단, 이 경우 이 컴퓨터의 '소프트'는 이 닫힌 대상에 밖에서부터 주어

11) 하드웨어(Hardware). 기능을 가진 요소를 모아서 전체로서 동작이나 보다 고도의 기능을 발생하는 시스템을 구축할 때, 각 요소를 유기적으로 동작시키기 위한 수순 혹은 방법을 소프트웨어라 한다. 컴퓨터 시스템의 경우는 프로그램을, 사회 시스템의 경우는 법률·규칙·습관·문화 등을 가리킨다. 여기에 비해서 하드웨어는 전술한 바와 같이 시스템의 기능을 표현하기 위해서 필요한 기능 요소로 된 구조를 말한다. 컴퓨터 시스템에서는 메모리·연산회로·디스플레이나 프린터를 가리키고, 사회 시스템에서는 도로나 철도·공공시설 등이 여기에 해당한다. 뇌 연구에 있어서는 소프트웨어는 정보의 의미의 세계를 규정하고 창출하는 뇌의 규칙이고, 하드웨어는 신경회로이다.

지는 한정 조건으로서 그 이상의 것이 추구된 것은 아니다. 경성 과학이 컴퓨터를 이해함에 있어서 필요한 것의 하나라는 것은 누구도 부정할 수 없다. 그러나 역으로 그것만 고집하는 것은 분명히 컴퓨터의 작용을 이해함에 있어서는 불충분하다.

그래서 다음으로는 하드만이 아니라 소프트도 같이 연구 대상에 넣어서 고찰을 할 필요가 생긴다. 이로써 컴퓨터가 정보를 처리하는 도구라는 의미를 가지고 있다는 것이 새롭게 발견되고, 대상인 컴퓨터의 취급 방식이 전혀 다르게 된다. 그러면 하드의 물리적인 변화는 정보의 처리라는 관점에서 새롭게 파악되어, 그 성질이 그 기능을 위한 적합성이라는 관점에서 연구된다. 더욱이 일정한 소프트가 주어질 때 컴퓨터가 어떻게 대응하는가, 또 어떠한 소프트가 그 컴퓨터의 정보 처리 형식에 적절한가가 새롭게 문제가 된다. 이처럼 컴퓨터는 인간이 사용하는 도구라는 견지에서 바라볼 때 무엇보다도 적절하게 이해할 수 있는 것이고, 따라서 컴퓨터를 좁은 의미에서의 물리 법칙에 의해서만 이해하려고 생각하는 사람은 없을 것이다.

그러나 그 반면 이러한 견지에서의 컴퓨터 연구는 소프트의 형태로 주어져 있는 계산 목적 그 자체가 어떠한 원리에 의해 생겨나는가 하는 것까지 거슬러 올라가 질문하지 않는다고 말할 수 있다. 왜 그러한 소프트나 프로그램을 사용해서 정보 처리를 하려고 하는가 하는 사용자 측의 '의미의 세계'는 이 연구의 틀 밖에 놓여 있는 것이다. 여기에 컴퓨터를 소프트적으로 조작해서 만드는 현재의 인공지능이 의미 그 자체를 취급할 수 없는 원인이 있다.

여기에 비해서 동물로부터 취한 한 개의 뇌가 있고 마침 컴퓨터의 활동을 조사하듯이 그 뇌의 활동을 조사한다고 상정해 보자. 거기에서 중요한 것은 어떤 신경세포 군의 활동이 그 동물에게 있어서 어떠한 의미를 가진 정보를 표현하고 있는가 하는 것이다. 이것은, 지금까지의 자연과학과 같이, 관찰자인 인간에게 있어서의 정보를 '닫힌 대상으로서의 뇌'에서 모으면 그만이라는 문제는 아니다. 엄밀히는 그 동물의 의식 측에 서서 바라보지 않으면 알 수 없는 것이다.

경성 과학에 의해 생물을 이해할 수 있다는 사고는 "생물은 정교한 기계이다"라는 신념과 통한다. 생물을 복잡한 시스템으로서 받아들이는 것은 정보의 관점(누구를 위한 정보인가)을 일단 관찰자 측에서 대상 측으로 옮기는 것이다. 여기에서 의미론적인 정보의 연구가 생겨나는 것이다.

그런데 남은 문제는 관찰자인 인간과 그 연구 대상인 생물이라는 두 다른 생명체의 의미세계를 잇기 위해서는 대체 무엇을 하면 좋은가 하는 것인데, 골똘히 생각하면 결국 축적되어 온 인간의 지식체계와 "양자가 함께 살아 있다"는 것으로부터 오는 '암묵지' 즉 '생명감각'밖에 없다는 것이 현재까지 나의 생각이다. 나에게는 과학적인 이론의 기반을 이렇게 확대하는 것이 필요하고 또 흥미로운 것이라고 생각된다(분자생물학에 있어서도 '분자의 기능'이라는 개념이 사용되어 왔지만, 분자가 가진 여러 성질 중에서 무엇이 기능인가를 확인하는 문제에 관해서도 이것은 어느 정도까지 들어맞는다).

생물은 정도의 차야 있지만 유전적으로 주어진 소프트에 얽매이고 속박되어 전부 그 지시대로 행동하고 있는 것은 아니다. 나는 지금 스스로 고찰하면서 이 문장을 쓰고 있지만 이 문장에 의해 자신이 독자에게 전하고 싶은 의미를 표현하려고 하고 있다. 그렇다고 내가 유전적으로 미리 입력되어 있는 정보에 따라 이 작업을 행하고 있을 리는 없다.

따라서 생명체인 나의 뇌 속에서는 신경세포 군이라는 하드의 활동에 의해서 새로운 의미를 가진 정보가 나의 의지에 의해 한정되어 자율적으로 만들어지고 있다고 말해도 지장은 없을 것이다. 즉 생명체의 세계를 생각하려고 하는 한, 하드의 활동과 소프트를 만들어 내는 활동 그 사이에 틀을 설치해서 양자를 일거에 (분리하지 않고) 대상으로 해야 한다. 의미의 세계는 어마어마하게 넓기 때문에 살아 있는 것은 고도로 열린 대상인 것이다.

생물을 기술하는 연성 과학

역학적인 대상의 경우 경성 과학의 입장을 취하는 것이 적절한 것과 마찬가지로 생명의 연구에서는 대상의 틀을 넓혀 '의미의 세계'로까지 열지 않으면 적절하게 기술하는 것은 불가능하다. 이렇게 의미의 세계로까지 열지 않으면 적절한 기술이 불가능한 대상을 '열린 대상'이라 부르고, 열린 대상을 연구하는 과학을 '연성 과학'이라 명명하면 어떨까.

가치·의미·기능 등의 개념들은 대상 시스템에 '목적'이 설정되어 있을 때 비로소 정의할 수 있게 된다. 생물이라는 복잡한 시스템이 정말로 목적을 가지고 있는지 가지고 있지 않은지는 명확하지 않다. 그러나 생명시스템은 예외는 있다고 해야겠지만, 흡사 생존 상태의 지속적 발전이라는 '목적'을 내재시켜 그것에 정합적으로 여러 기능을 발현시키고 있는 듯 보인다.

생물은 여러 변화를 하는 혹독한 외적 환경 속에서 생존에 보다 알맞은 상태를 스스로 만들어 간다. 예컨대 바깥의 적으로부터는 재빨리 도망가는 것이 필요할 것이고, 먹이가 있으면 다른 생물보다도 빨리 그것을 취할 필요가 있는 것이다. '목적성을 내재한 시스템'이기 때문에 생명시스템 내에서 일어나는 정보 처리는 이 '생존 목적'을 실현하도록 행해지는 경우가 많다. 또 이 때문에 필요조건으로서 복잡한 외래 신호를 어떻게든 압축해서 생물이라는 시스템의 자율적인 정보 처리 능력(기술능력)에 맞춘 정보량으로 낮출 것인가 하는 것이 중요하다.

여기에 주관적인(생명시스템에 내재하는 논리 기준에 의한) 정보 압축이 필요케 되는 이유가 있다. 생명시스템에 어떤 목적에 있어 어떤 '가치가 있고' 또 어떤 '의미가 있는' 선택을 시키는 신호나 자극이 그 시스템에 있어서의 (의미적) 정보가 되고, 그것들을 가지지 않은 것은 노이즈가 된다고 일단 생각해 보면 어떨까. 즉 다양한 층위에서 목적을 설정함으로써 외계로부터 입력되는 신호는 이 의미의 유무에 따라 '전경'figure과 '배경'ground으로 분리된다(이 분리는 자기와 비자기[12]의 분리를 야기하는 원인이기도 하다). 우리들은 이 현상을 '의미의 대칭성 붕괴'라 불러왔다.

생명시스템이 목적을 가진 시스템이라는 것은 '생명을 지속시키는 방향으로 의미의 대칭성을 깨트리는 것을 원칙으로 하는 시스템'이라고 바꿔 말할 수 있을 것이다. 또 이러한 대칭성의 붕괴를 생각하더라도 여전히 다의적인 가능성이 남는 경우가 많으므로, 생명시스템의 내부에는 또한 그것을 한정하는 활동이 존재해야만 한다. 생명시스템의 기술에서는 그 시스템에 있어서의 고유한 가치나 의미를 가진 정보를 생각할 필요가 있게 되는 이유가 여기에 있다. 또 이것은 원래 '목적'성을 가지지 않은 물질

---

12) 자기와 비자기. 자기와 비자기의 문제는 면역시스템의 연구와 함께 생리학 층위에서 명확화되어 왔다. 면역이란 예컨대 어떤 세포가 체내에 들어오면 발병하지만, 발병 후에는 두 번 발병하지 않게 되는 현상을 가리킨다. 이 현상의 중요한 점은 생체가 침입한 세포에 대해서 자기와 비자기를 인식하고 항체를 만드는 것이 있다. 예르네(Niels K. Jerne)의 면역네트워크 이론(3부 각주 14) 이전에는 비자기인 항원이 침입해서 비로소 자기인 항체의 활동이 개시된다고 생각되고 있었다. 예르네는 항체는 본래 자기 자신의 구성 요소에 대해 기능하고 있는 것으로서 면역시스템은 각각의 구성 요소를 서로 인식하는 네트워크라는 점에서 새로운 자기와 비자기상을 제창했다.

〈그림 3〉 의미의 대칭성 붕괴

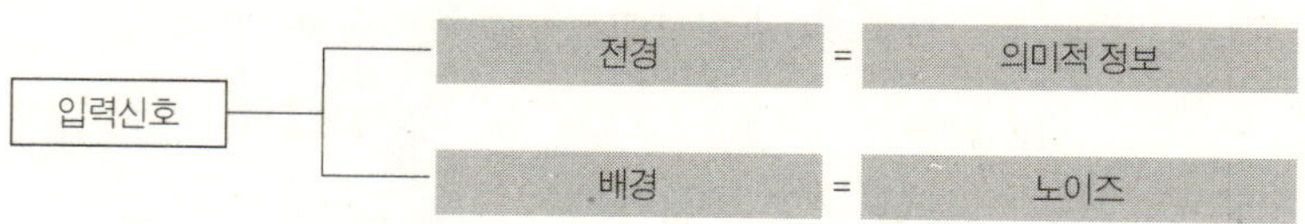

에 관한 물리 법칙만으로 생명시스템을 기술하는 것이 곤란한 이유이기도 하다.

만약 생물이 이 목적성을 향해 통합된 기능이나 의미나 가치의 체계를 가지고 있지 않다면 복잡한 시스템에 고유한 모순관계나 의미의 분열을 억제함으로써 정보적인 질서를 발전적으로 자기조직해 가는 원리를 결여하는 것이 된다. 따라서 시스템이 일단 모순 상태에 빠지면 거기에서 자율적으로 빠져나오는 것은 불가능하다.

이것은 복잡한 시스템의 자율적인 제어 문제를 엄밀하게 추구해 가면 필연적으로 의미론적인 정보의 세계에 부딪친다는 것을 나타내고 있다. 생명시스템의 자율성 연구를 통해서 과학 속에 의미나 가치라는 개념을 가능한 한 객관적인 형태로 들여오는 것이 가능하다고 예상된다. 그렇지만 생물의 주관이나 개성을 어떻게 들여오는가 하는 문제가 되면 막대한 노력을 필요로 할 것이다. 어쨌든 간에 이 방향으로의 노력은 의미나 가치와는 무관계한 곳에서 성립하고 있던 자연과학의 틀에 커다란 변혁을 부여하는 것이 될 것이다.

주목할 만한 것은 살아 있는 상태의 유지라는 목적은 개체 층위에서 보이는 것만이 아니라, 이것과 모순되고 대립되는 것이겠지만, 종 층위에서의 유지가 우선해서 행해진다고 보이는 예도 많다는 것이다. 또 생물에는 여러 공동체·공생 등의 상호 관계를 창출하며 살아가는 것도 많다. 생명시스템의 유지라는 이 커다란 '목적'이 종을 넘어서 추구되고 있는지 있지 않은지는 생명의 본질과 관련해서 극히 흥미로운 문제일 것이다.

어쨌든 생물 진화가 이러한 '열린 대상으로서의 자기'의 생명의 보존 능력을 높이도록 진행해 왔다는 것은 확실할 것이다. 이런 이유에서도 의미의 세계를 탐구하는 연성 과학은 결코 닫힌 것이어서는 안 되는 것이다.

3장_ 생명관계학이 설정하는 문제들

생명관계학은 다양한 이해에 의해 만들어진다

물질인가 정신인가, 빛인가 어둠인가, 자기인가 타자인가, 관찰자인가 대상인가, 개체인가 전체인가, 코스모스(질서)인가 카오스(무질서)인가, 분석인가 종합인가, 노동인가 놀이인가, 적인가 아군인가, 주관인가 객관인가.

이러한 이항대립적 구도에 의해 세계나 우주를 바라보는 취급 방식은 근대적 관점의 특징이다. 이러한 관점이 한편으로는 근대 과학이나 기술 발달을 야기한 것은 확실하고 솔직한 평가에 해당하는 것이다. 그러나 다른 한편으로는 그 이항대립적인 우주나 세계의 구도가 인간과 그 환경에까지 적용된 결과, 인간 자신과 세계가 찢어져 많은 비극이나 생존 조건의 붕괴가 생겨났다. 그럼에도 이 이항대립적인 관점이 여전히 우리들의 생명과 생활을 강하게 규율하고 있는 것이 현실이다.

나는 적어도 생명시스템(인간과 그 사회를 포함한)을 이해하는 데 있어서 이 이항대립적인 취급방식을 취하는 것은 잘못되어 있다고 생각해 왔다. 그 이유는 이러한 취급방식이 생명시스템의 근원적 특징인 복잡성에 대해 눈을 감도록 만들기 때문이다. 나는 생물 진화의 가장 중요한 측면은 이 생명적 복잡성의 진화에 있다고까지 생각하고 있다. 역으로 환경 파괴란 이 복잡성의 파괴이다. 이 복잡성 위에 서서 생명시스템을 바라볼 때 이항대립적인 관점이 얼마나 표층적인 것인가를 이해할 수 있다.

인간은 아직 자기 자신과 그 환경의 복잡성을 충분히 이해하는 방법을 확립하고 있지 않다. 이 방법을 과학적으로 찾아가면, 결국 인간이 근대 과학이나 기술을 발전시킨 과정에서 확립해 온 사고 방식이나 인식의 방법에 한계가 있다는 것을 인정하지 않으면 안 된다. 생명적 복잡성을 사고의 대상으로서 충분히 깊이 파고들어 생각하기 위해서는 근대 과학의 짜임새가 너무 좁다는 현실에 부딪치는 것이다.

내가 지금까지 생명관계학과 관계자라는 개념을 발판으로 해서 생명과학의 연구를 진행해 온 목적은 이항대립적 사고로부터 떨어져서 생명적 복잡성을 이해하기 위한 사고의 기초를 확립하고, 또 그 응용을 탐구하는 것에 있었다. 이 표현은 반드시 정확하지는 않을 것이다.

나는 근대의 전통적인 개념이나 사고법에 얽매이지 않고 현실에 되돌아와서, 그 현실이 제기하고 있는 문제 속에 뛰어들어 나 나름의 것으로 만들고자 한다. 그렇게 함으로써 현실에 적합한 새로운 논리의 구축을 시도하고 있는 것이다. 나는 근대적인 관점이나 고찰법을 뛰어넘고 싶다고 생각하고 있다. 그러나 이것은 되풀이해서 기술해 왔던 것처럼 근대 과학의 성과를 무시하는 것을 의미하는 것은 아니다. 아니, 오히려 그 반대이다. 가능한 한 근대 과학이 달성한 것을 존중해서 고찰을 엄밀하게 진행해야 한다.

그렇게 하면 근대적 고찰에 의해서만은 파악되지 않는 문제에 반드시 부딪친다. 어디서 부딪치는지, 그 본질을 구체적으로 확실히 확인해야 한다고 생각한다. 근대의 한계가 어디에 있는 것인가를 명확하게 함으로써 새로운 방향이 확실하게 될 것이다. 새로운 이론은 부분적으로는 성립하고 있던 오래된 이론을 그것의 특수한 경우로서 포괄하지 않으면 안 된다. 이 신구 양자의 관계를 확실히 제시하지 않은 채로는 진정으로 이항대립적인 사고를 뛰어넘게 되지는 못하는 것이다.

우리들은 생명적 관계를 취급하는 학제적인 영역의 학문을 생명관계학이라 부르고 있지만, 이 생명관계학은 다른 전문적 분야에서 활약하는 사람들이 여러 가지 형태로 서로 협력하면서 만들어 가려는 학문이다. 나는 이것을 건축가 가우디Gaudi의 사그라다 파밀리아Sagrada Familia 교회의 건축이 지금 다시 많은 사람들의 자율적인 협력에 의해 계속되고 있는 것과 비교해서 생각해 볼 수 있다고 생각한다. 200년 후에 완성될지 완성되지 않을지도 알 수 없는 이 건축에 참가하고 있는 사람들은 여러 전문 분야를 가지고 있다. 참가의 동기도 다양할 것이다. 참가하는 것도 자유, 떠나는 것도 자유. 그러한 분위기 속에서 여러 사람들이 참가해서 무언가를 만들어 간다. 그것을 생명적인 공동창조 현상이라 부르고 싶다.

왜 많은 다른 전문 분야나 다른 사고 방식을 갖고 있는 사람들이 참가할 필요가 있는 것일까. 생명관계학은 상이한 관점들을 종합적으로 모아서 그룹웨어적으로 묶음으로써 비로소 완성될 수 있는 복잡하고 속이 깊은 장소성을 가지고 있기 때문이다. 또 어째서 참가도 자유, 떠나는 것도 자유인 것일까. 그것은 어떠한 설계를 할지가 미리 고정되어 있지 않고 일정한 원칙적 규칙(규칙을 생성시키는 규칙)을 지키기만 하면 그 뒤는 참가하는 사람들의 의지로 자유재량이 가능하기 때문이다.

실체론적인 자기조직 시스템에 관한 연구에서는 예컨대 예속화 원리를 생명시스템에 그대로 결부시킬 수 있는 듯이 생각되어 왔지만 실제로 그러할까. "일반적으로는 그대로 결부되지 않는다"는 것이 나의 대답이다. 그 이유를 생각해 보자. 레이저와 동물의 몸이나 그것을 만들고 있는 기관이나 조직 등의 생명시스템을 비교해 보자.

레이저를 구성하고 있는 요소는 '레이저 원자'이다. 그 성질은 레이저 속에서 꺼내도 본질적으로는 변화하지 않는다. 이러한 요소를 실체론적 요소라 부른다.

이것에 반해서 동물의 몸·기관, 그 여러 조직 등을 구성하는 요소는 세포이다. 그러나 이 세포는 단순한 '세포 원자'는 아니다. 요소인 세포 그것 자체도 하나의 복잡한 생명시스템인 것이다. 그러나 단지 자기조직 시스템이라는 것만으로는 아직 불충분하다. 왜냐하면 그것은 유전자라는 규칙 생성적 규칙을 가지고 있기 때문이다. 유전자에는 단백질을 만드는 방법을 코드화한 여러 정보가 여러 조합으로서 존재하고 있다. 그러나 기입되어 있는 모든 단백질을 세포가 만든다고는 한정되지 않는다. 오히려 대부분의 단백질은 거의 만들어지지 않는다.

어떠한 세포로 분화하는가, 어떠한 성질의 세포가 되는가, 이를 위한 규칙은 유전자의 어떤 부분을 어떻게 읽는가에 따른다. 유전자를 읽는 이 방법을 결정하는 것은 직접적으로는 세포질이지만, 그 세포질은 세포의 경계조건에 의해 결정된다. 발생[13)]·분화의 경우 그것은 세포가 어떠한 성질의 세포와 접촉하고 있는가, 전체 속의 어떠한 부분에 속하고 있는가(장소적 위치에 있는가)라는 것이다. 따라서 생명시스템을 만들고 있는 요소

(세포)의 성질은 그 요소가 어떠한 성질의 요소(세포)와 관계를 가지고 있는가, 어떠한 장소적 위치에 있는가에 의해 결정된다.

요소의 성질은 그 관계와 장소적 위치에 따라서 창출된 것이다. 골라낸 한 요소의 성질로 그 요소가 다른 요소와 관계를 가질 때의 성질 전부를 예견할 수는 없다. 이처럼 장소적 위치와 관계에 따라서 적절한 성질이 창출된 요소가 나의 관계론적 요소(관계자)이다. 관계가 없을 때에는 관계론적 요소의 성질은 비한정 또는 무한정이고, 일정한 관계의 존재에 의해 창출되어 정해지게 된다. 이 '적절'이란 무엇인가를 생각하는 것이 연성 과학의 문제이다.

생명시스템의 요소를 왜 원자나 분자로 파악하는 것이 불가능한 것일까? 물론 가설적으로는 가능하다. 세포가 그것 자체로 물질적으로도 에네르기적으로도 열린 시스템이라는 것을 고려한다면, 또 세포의 외측 환경에 존재하고 있는 원자나 분자를 생각하지 않으면, 가능하게 된다. 그러나 다른 한편, 인간의 몸을 구성하고 있는 세포 수가 십수조 개에 달하는 것을 생각하면, 원자나 분자의 성질로 생명시스템의 성질을 설명하는 것은 실제로는 곤란하게 되는 것이 대부분이다(적어도 의미적인 정보 압축이 필요하지만, 그것을 선험적으로 발견할 방법은 없다). 실제로 뇌의 네트워크를 논의할 때 원자나 분자 층위에서 비로소 성공한 사람은 없다. 그러나 이것이 생명시스템이 물리학적인 여러 법칙과 모순된다는 것은 아니다.

---

13) 발생(development, 發生). 생물이 성체를 향해 보다 단순하고 저차원적인 상태에서 변화·발전해 가는 것. 한 개의 수정란에서 출발해서 세포 분열을 반복하면서, 예컨대 인간 등이 된다. 그 형태를 지정하는 정보는 막대하여 도저히 수정란 속의 DNA가 미리 가지고 있는 정보량으로는 다 조달할 수 없다. 그 정보가 어디에 기억되어 있는가를 생각하면 풀리지 않는 수수께끼가 되어 버린다. 그런데 수정란의 정보가 다음의 정보를 만드는 정보가 되고 또 그 정보가 다음의 정보를 만드는 정보가 된다. 이것을 반복해서 성장하면 정보는 점점 늘어간다. 그렇게 생각하면 생명시스템에는 정보를 만들어 가는 능력이 있다는 것이 된다.

그러므로 생명시스템과 레이저의 차이는 관계론적 공동창조 시스템과 실체론적 자기조직 시스템의 차이가 되며, 그 차이는 극히 크다. 더욱이 관계론적 공동창조 서스템의 일반적인 특징으로서 그것이 장소적(의미적) 불량 설정 문제로 된다는 성질이 있다.

이 문제를 알기 쉽게 이해하기 위해 두 관계자가 접촉해 관계를 가지려고 하는 경우를 생각해 보자. 그리고 특별한 경우로서 다시 각 관계자가 a, b, c, d, ……라는 성질을 생성할 수 있다고 하자. 이것들의 상태 내의 어떤 성질을 생성할 수 있는가는 특별한 이유가 없는 한 각 관계자가 개별적으로 정하는 것은 불가능하다. 이것이 비한정 상태이다. 여기에 이해의 편의상 각 관계자에게는 서로 상대와 같은 상태를 취하려고 하는 성질이 갖추어져 있다고 가정해 보자.

그러면 우리들이 예견할 수 있는 것은 두 개의 관계자로 만들어진 관계론적 공동창조 시스템은 a, b, c, d, …… 중의 무엇인가를 생성할 수 있다는 것뿐으로, 결국 이것은 이 두 관계자가 복합해서 하나의 관계자를 만드는 것이 되므로 그 성질은 비한정이 된다는 것을 의미하고 있다. 이렇게 생성이 비한정하게 되는 문제를 '장소적 불량 설정 문제'라 한다. 이것은 공동창조의 내용(맥락)이 결정되어 있지 않음에서 유래하는 비한정성이므로 의미적 불량 설정 문제이다.

만일 생명시스템 속의 세포 군이 장소적 불량 설정 문제 상태로 떨어져 버리면, 그 속의 세포는 성질을 결정할 수 없다. 이것은 생물이 질서 있는 상태를 자기조직할 수 없다는 것을 의미한다. 그러나 생명시스템이 실제 질서를 공동으로 창조하고 있다는 것은 그 시스템 속에 장소적 불량 설정 문제를(창출하려고 하는 성질을 결정할 수 있는) '장소적 양良 설정 문제'로 변화시키는 능력을 내장하고 있다는 것을 의미하고 있다. 그러면 그러기 위해서는 어떻게 하면 좋은 것일까.

앞의 예로 돌아가 생각해 보자. 장소적 불량 설정 문제가 발생하고 있을 때에는 관계가 구체적으로 정해지면 관계자의 상태가 결정되지만, 상태가 구체적으로 결정되지 않으면 그 관계가 결정되지 않는다는 논리적 순환관계가 생겨난다. 그래서 관계자 간의 관계나 상태를 보다 구체적으로 한정하는 조건을 알 경우, 생성하고 싶은 상태가 결정된다. 이 관계를 한정하는 조건을 '장소적 구속조건'이라 부른다.

레이저의 경우는 고정된 두 거울 간의 거리가(밖에서 주어진) 외적 구속조건이 되어 있다. 이 구속조건은 거울 간에 자기조직된 레이저 빛의 파장을 한정한다. 이것은 결국 레이저 원자 간의 관계(를 전달하는 광자의 파장)를 한정한 것이 된다.

이 경우는 고정된 구속조건이 밖에서부터 주어져 그 한정하에서 자기조직 현상이 진행되지만, 생성시스템의 경우는 (그것이 관계자 집단으로 만들어져 있기 때문에) 밖에서부터 주어진 외적 구속조건만으로는 불충분하다. 이 경우 시스템 내부에서 장소적 불량 설정 문제를 장소적 양 설정 문제로 바꾸는 데 족한 만큼의 의미적인 구속조건이 창출되어야만 하게 된다. 관계자 창출의 의미 내용을 정하는 '맥락'이 필요케 되는 것이다.

생명시스템은 장소적 구속조건을 자율적으로 창출하는 존재이다. 바꿔 말하면 생명시스템은 그 질서 상태를 자기창출하는 것만이 아니라, 그 자기창출을 위해 필요한 장소적 구속조건을 다시 자기창출하는 성질이 있다. 그리고 생명시스템은 그것이 내적으로 만족을 얻은 결과로서 공동창조를 통해 자기창출된다. 따라서 실체론적인 자기조직 시스템의 이론을 그대로 생명시스템에 결부시키는 것은 불가능하다.

수정란에서부터 세포가 분화해 동물이나 식물의 형태가 형성되는 과정에서, 수정란에 있는 세포질의 공간 분포 그리고 동물의 몸·기관·조직의 공간적인 경계나 상호 위치 등이 장소적 구속조건이 되어 있다. 후자는 발생 과정에서 분화와 동반해 자기창출되어 간다. 또 이것과 마찬가지의 것이 뇌의 성질·면역시스템·인간이나 동물의 조직이나 사회 등 생명시스템 일반과 넓게 결부된다.

'장'과 '장소'의 정의

나는 생명을 '관계자 집단으로 만들어진 공동창조적 자기조직 시스템' 속에서 일어나는 여러 현상들로 이해하는 학문을 생명관계학이라 불러 왔다. 이 학문의 상세한 소개는 이 책의 범위를 넘는 것이므로 다른 기회에 논하기로 하고 싶다. 그러나 이상의 논의로부터 생명관계학 논의의 커다란 중심이 장소적 구속조건의 자율적인 생성의 문제에 있다는 것은 쉽게 이해할 수 있을 것이다. 생명시스템이 복잡한 환경 속에서 유연하게 생겨날 수 있는 것은 그 내부에 다양한 가능성을 생성하는 능력을 가지고 있기 때문이다.

그러나 그 가능성 중에서 무엇을 선택하는가(생성하는가)는 그대로는 결정되지 않는다. 이것이 비완결성 또는 비한정성으로, 이것이 장소적 불량 설정 문제가 발생하는 원인이다. 유연한 시스템은 필연적으로 불완결하게 되고, 장소적 불량 설정 문제가 발생하는 것이다. 그래서 생명시스템은 많은(무수한) 가능성 중에서 적절한 것 하나를 선택적으로 생성하는 규칙을 자신이 정해야 한다는 과제를 필연적으로 짊어지게 돼 버린다. 이 규칙을 한정적으로 결정하는 작용이 장소적 구속조건이다.

나는 생명시스템 속에서 이 장소적 구속조건을 자율적으로 생성하기 위해서 활동하고 있는 부분을 생명시스템의 '주체적 자기'(주체성)라 불러왔다. 그것은 장소적 구속조건의 자율적인 생성, 즉 정보량이 작은 장소적 구속조건(소수의 자유도)의 생성을 통해서, 많은 관계자로 구성된 생명시스템 상태를 내부로부터 적극적으로 창출하고 제어할 수 있기 때문이다. 즉 '주체적 자기'는 생명시스템의 상태의 창출을 내부로부터 적극적으로 제어하는 창조적 능력을 가지고 있다는 것이 된다. 이런 의미에서 생명시스템 속에 자기창출된 질서는 '자기' 상태의 표현이 되고 있는 것이다.

니시다 기타로는 인간의 주체적인 의식이 발현하는 곳을 '장소'라 불렀다. 우리들이 장소라 생각하고 있는 것은 자기의 의식의 장에 비친 장소인 것이다. 그리고 또 그 장소 속에 존재하고 있는 한 개체로서 자기를 취하고 있다. 자기는 장소에 있어서 자기를 취한다. 이것이 자기의 자각 형태이다. 의미적인 구속조건이 '장소' 속에 생성한다는 것은 결국 자기의 의식 속에 생성한다는 것이다. '장소'는 관계자 집단에도 존재한다. 그것은 서로의 장소가 상호 비춰 자기의 경계를 넘어 서로 이어지기 때문이고, 여기에서 '우리' 의식이 생겨나는 것이다. 생명시스템은 '자기'에 있는 '내부 장소' (내가 '장'이라 부르는 것이다)와 '환경'으로서의 '외부 장소'(내가 '실제 장소'라 부르는 것이다)의 양측과 서로 관계하고 있다. 그리고 이 두 종류의 '장소'의 상태가 정합적이 되도록 내부 장소의 상태를 바꿔 간다. 그리고 그것이 의식의 존재 방식을 변화시키게 되는 것이다. 그 변화에 따라서 장소적 구속조건이 변화해 간다.

생명관계학은 장소의 과학으로서의 측면을 가지고 있다. 장소란 무엇인가, 그리고 그 활동을 생명관계학에서 어떻게 명확하게 하고 있는가에 관해서는 이 책에서는 이것 이상 상세하게는 손댈 수 없다.

그리하여 이렇게 장소의 활동에 의해 적절한 장소적 구속조건이 생성되면, 관계자는 상호 관계를 결정할 수 있고 자기조직이 가능한 상태로 된다. 일단 장소적 구속조건이 만들어져 그 아래에서 질서가 자기조직되면, 그 질서에 관해서 하켄의 예속화 원리가 성립해 질서 파라미터가 만드는 '장'이 생긴다. 거시적인 '장소' 속에 생기는 '장'의 예는 인간 집단 속에 생기는 '장'이라 불리고 있는 것이다. 이렇게 '장소'와 '장'을 구별해서 정의할 수 있는 것도 생명관계학의 성과이다.

다양한 관계자에 의한 자기창출

다른 성질을 가진 여러 관계자 집단으로 구성된 시스템에는 균질 시스템의 경우와 달리 동일 조건 아래에서도 다종다양한 질서가 형성될 가능성이 있다. 복잡하게 변화하는 환경 속에 있는 시스템의 안정성에 있어 이 다양성이 중요한 역할을 한다.

다양한 가능성 중에서 실제 어떠한 질서가 만들어지는가는 여러 관계자 간에 어떠한 관계가 형성되는가에 따른다.

일반적으로 구성 요소의 성질이 너무나도 다르면 그 집단에 전체적인 질서를 만들어 내는 것은 곤란하게 된다. 그러나 구성 요소로서의 관계자의 개성이 다양해도, 각 관계자가 복잡한 내부 구조를 갖고 그 내부 구조(또는 상태)의 변화에 의해 그 성질(표현)이 변하는 경우 즉 각 관계자가 다양한 성질을 창출할 수 있는 경우는 그런 것만은 아니다. 만약 각 관계자가 그 정황에 따라서 적절한 표현을 생성하는 방법이 있다면, 다른 요소의 집단 간에도 정합성을 만들어 낼 수 있게 되는 것이다. 그를 위해서는 각 관계자의 표현이 관계에 의존하고, 그 관계가 적절하다면 정합성을 자율적으로 강하게 또 혹시 부적절하다면 약하게 해야 한다.

한 가지 예로서 개성이 확실한 인간들끼리 사귀는 경우를 상정해 보자. 그들이 관계를 맺으려고 하는 경우에는 서로 상대에게 맞추는 심리 상태(내부 상태, 의존 상태)를 선택하고, 관계를 결렬시키려고 할 때에는 상대와 맞추지 않는 것을 선택함에 비유할 수 있다. 두 사람이 서로 맞춘다는 것은 두 사람이 나름대로 전체를 공유하는 것이다.

또 일시적으로 한 사람의 인간이 하나의 특별한 표현을 선택해서 고정했다고 하면, 그 개인과 정합적인 관계를 가지는 것이 불가능한 상태가 결정된다. 밖에서는 붙임성 있게 잘 웃으며 사람하고 잘 사귀는 사람도 가정 내에서는 무뚝뚝해서 가족 관계가 잘 되지 않는 것이다. 이것은 인간이 취할 수 있는 표현의 폭이 그 인간이 놓인 환경에 따라 다르다는 것을 의미한다. 이 표현의 폭을 너무 좁게 하면 서로 사귀는 것은 불가능하게 된다.

마찬가지로 두 사람의 사고 방식(자기창출 규칙)이 너무 다르면 양자가 노력해도 대화가 통하지 않으므로 질서의 형성이 불가능하다. 이러한 경우에도 양자와 나름대로 관계를 만들 수 있는 제3자가 중개하면 그 매개에 의해 양자가 조화로운 관계를 맺을 수 있는 경우가 많다. 이것은 다양한 개성의 존재가 불균질한 시스템에 있어서의 질서 형성에 있어 중요하다는 것을 나타내고 있다.

이렇게 불균질한 시스템에 있는 자기조직에서는 관계자 자체의 표현력에도 다양성을 필요로 한다. 하나의 요소 자신에게도 다양성이 있는 것이 시스템의 다양성이나 유연성을 낳는 것이다. 이 관계자의 자기표현은 가까운 관계자 간의 관계에 의해 결정되지만, 그 관계에 본디 다양성이 있기 때문에 그것을 한정하는 활동—전체에 생성된 장—에 의해 영향을 받는다. 여기에 복잡한 시스템으로서의 생명시스템에 창출된 질서의 기반이 있다.

생명시스템 내의 질서 형성 법칙에 관한 이론을 구체적으로 만들려고 하면, 다양한 개성(자기창출 규칙)을 가진 여러 가지 관계자, 관계자와 관계자 간의 다양한 관계, 전체 속에 형성된 장과 관계자의 자기창출 규칙의 관계로 눈을 돌려 이것들의 복잡한 상호 관계를 다룰 필요가 있다. 이렇게 다룰 때는 관계자 내부 상태의 자기창출의 동역학을 포함해서 생각할 필요가 있다. 균질적인 시스템의 경우처럼 요소와 전체를 분리시켜 논의하는 것이 불가능하다.

즉 전체(거시 층위)와 개별(미시 층위)을 분리해서 취급하는 것이 불가능하다. 이것이 우리들이 연구해 온 관계론(생명관계학=바이오 홀로닉스)의 입장이다. 즉 관계론의 입장에서 생명시스템은 개별(관계자)과 전체(장소)를 분리할 수 없는 복잡한 관계적 시스템이라고 파악될 수 있는 것이다.

관계자의 다양성에 선 질서 창출의 취급

복잡한 관계적 시스템 내에서 질서가 자기창출되기 위해서는 시스템이 어떤 식으로든 '역문제inverse problem를 풀' 필요가 발생한다. 왜냐하면 관계자가 여러 내부 상태를 생성할 수 있기 때문에 일군의 관계자 간에 만들 수 있는 관계도 무한정하고, 어떤 조건을 결정하지 않으면 하나의 질서를 창출하는 것이 불가능하기 때문이다. 전체가 목적을 달성하도록 개개 층위의 관계를 잘 만드는 것, 시스템으로서의 목적이 달성되도록 관계자가 각자 자기제어하는 것, 이것이 역문제를 푸는 것이다.

구체적인 문제로서, 예측도 할 수 없는 복잡한 환경 변화 속에서 일정 기능을 발현하도록 시스템 속의 관계자가 각자 자기제어하기 위해서는 어떻게 하면 좋은가 하는 문제가 있다. 우리들은 이 때문에 조작정보가 시스템 내부에서 매 순간 스스로 생성되어 가는 현상을 연구 대상으로 삼고 있다. 즉 환경으로부터 오는 신호에 기반해서 관계자 상호의 관계적인 질서(정합적인 관계)가 적절하게 만들어져 각각 새로운 기능을 발현해 가는 문제를 연구하고 있는 것이다.

시스템의 물리적인 조건을 일정하게 정하는 것만으로는 목적으로 하는 질서(방정식의 해에 해당한다)를 자기창출하는 것은 불가능하다. 이것은 관계자 간의 관계를 정하는 연립방정식의 형태가 정해지지 않기 때문이다. 따라서 어떤 구속조건을 도입함으로써 식의 형태를 정할 필요가 있게 된다.

생명시스템 속에 질서의 자기창출이 일어난다는 것은 불확정한 형식을 가진 연립방정식(불량 설정 문제)을 자율적으로 풀기(역문제를 풀기) 위해서 필요한 수순이 그 어떤 원리에 따라 실제로 실행되기 때문일 것이다. 이것은 생명시스템 자체가 적절한 구속조건을 자율적으로 생성하는 방법을 가지고 있다는 것을 의미한다.

그러기 위해서는 필요한 구속조건을 생성하는 구조가 생명시스템 내부에 존재하고 있어야만 한다. 또 생명시스템에는 상황에 따라서 다양한 대응을 하는 유연성이 갖추어져 있다. 즉 장소의 상황에 따라서 적절한 질서가 선택적으로 만들어질 필요가 있다. 생명시스템의 내부에 미리 몇 종류의 구속조건 또는 구속조건을 만드는 규칙 생성적 규칙이 비축되어 있어 시스템의 주체적인 의지나 장소의 상황에 따라서 적절한 구속조건이 선택적으로 창출되는 것으로 추정할 수 있다.

뇌 속에서 이러한 구속조건 생성의 활동을 하는 곳은 해마를 중심으로 하는 대뇌 변연계이다. 또 유전자에는 그 세포의 분화 상태를 정하는 여러 가지 유전적 구속조건이 유전정보로서 비축되어 있다고 생각된다.

이러한 예로부터 알 수 있듯이 다양성이 있는 관계적 자기창출시스템 속에서 생성되는 구속조건은 의미·가치·기능 등 시스템의 비논리적인 성질과 결부되어 있다. 그리고 이것이 생존에 적절한 구속조건을 생성하기 위해 필요하다. 이런 종류의 시스템 내의 자기창출 현상을 채택하려고 하면 자연스러운 형태로 의미적인 정보나 기능 등의 자기창출의 동역학을 취급하는 것이 된다. 생명관계학에서는 실재·관계자·정보소(197쪽)·전일적 고리 등의 개념을 도입해서 이 문제의 일부를 이론적으로 취급, 과학이나 기술에 있어서도 기초가 되는 성과를 거두어왔다.

그러나 이것만으로는 아직 충분치 않다. 실체론적인 자기조직론에서는 시스템에 고정된 구속조건이 존재한다고 생각한다. 그렇지만 생명관계학에서는 개별자에 해당하는 세포나 인간은 그것 자체가 표현을 자율적으로 창출 가능한 시스템이고, 관계자 집단이 여러 영향 아래에서 다양한 상호 관계를 생성해 감으로써 시스템 전체 속에 질서가 자기창출되어 간다고 파악한다. 따라서 새로운 구속조건의 창출은 시스템의 창조적 능력의 발현이고 이것이 생물적 유연성의 근본이다.

관계론에서도 전체를 논하지만 그것은 어디까지나 개별자로서의 관계자의 다양성과 관계되는 개별자의 자기창출성에서 출발하고 있다. 하나의 질서가 위에서부터 주어질 때의 문제가 아니라, 관계자가 관계의 생성 방법에 의해 무한정한 가능성 중에서 전체적인 질서를 창조하는 문제를 생각해야 한다. 현재 우리들의 커다란 목표는 다음 두 가지이다.

① 의미적인 정보의 동역학을 포함한 개별과 전체의 문제

② 변화하는 환경 내에서의 창출적인 자기제어와 발전의 문제

생각을 종래의 과학의 논리 속에만 한정해 버리면 이 두 가지 문제에 접근하는 것은 불가능하다. 이러한 복잡한 창출시스템을 과학적으로 다루는 논리를 발견하면서 연구를 진행하기 위해서는 종래의 논리에 포착되지 않는 새로운 관계론적 논리의 가능성을 모색해 갈 필요가 있다.

복잡한 관계적 시스템에 있는 자기창출은 관계자 집단에 있는 공동창조로서, 고찰을 진행해 가면서 질서의 다양성이나 의미적인 정보의 형성에 관한 미지의 법칙성을 관계자 집단에 의한 공동창조의 법칙성과 관련지어 발견할 수 있을 것이다. 또 이것 이외의 방향에서는 논리를 진전시킬 방법이 없다는 것이 생명관계학의 입장이다.

관계적 질서와 위치의 정보

생물학의 대목표는 생물 진화의 이해일 것이지만, 수정란이나 종자로부터 동물이나 식물의 몸의 형태가 세포의 분화를 동반하면서 자율적으로 형성되는 형태형성 원리의 발견과 뇌의 활동 원리의 발견이 20세기 생물과학의 2대 과제라고 말해져 왔다. 그러나 이것들은 21세기의 과학의 문제로서 20세기로부터 이어질 가능성이 높다.

발생생물학의 중요한 문제는 동식물의 몸의 형태(이것이 세포 집단 전체에 주어진 목적에 해당한다)의 자기창출이 어떻게 해서 일어나는가 하는 것이다. 그 중에서도 왜 하나의 세포(수정란)로부터 출발함에도 불구하고, 세포가 잇달아 분열하고 증가해 감에 따라서 각 세포의 성질이 전체의 목적에 적합하도록 분화하고 몸 전체 속의 각 세포의 위치와 역할에 어울리는 성질과 형태를 갖출 수 있는가 하는 것이 여전히 커다란 수수께끼가 되어 있다. 이것은 '보텀-업'적인 생각만으로는 이해할 수 없다.

예컨대 어떤 종의 동물의 몸을 절단하면 절단면의 세포가 자율적으로 성질을 바꿔서 분열하기 시작, 이윽고 잘라서 얻어진 몸의 형태가 본래와 같이 재생하는 경우가 있다. 몸 측에서 이 문제를 보면 어떤 부분에 어떠한 상처가 주어지는가는 불확정하다. 그것은 너무나도 다양하고 실로 불확정적이라 처음부터 해결책을 준비해 두는 것이 불가능함을 암시한다.

그러나 그렇다면 세포 군은 왜 적절한 재생이 일어나도록 변화해 갈 수 있는 것일까. 거기에는 명확하게 몸속의 위치에 따라서 세포가 자기 자신의 상태를 창출하는 기능이 필요하다. 여기에서도 다양한 관계자를 가진 시스템이 높은 관계적 질서 상태를 생성적으로 창출하는 예가 보인다. 이 문제는 세포의 암화癌化 체계와의 관련에 있어서도 극히 중요하다.

이렇듯 몸을 구성하는 관계자인 각 세포가 그 위치에 따른 기능이나 형태 등의 '개성'을 어떻게 해서 창출 가능한가가 문제이고, 거기에서는 각 세포에 몸 전체의 형태 속에서의 위치를 일러 주는 '위치 정보'(일종의 장의 정보)가 주어질 필요가 있다고 생각되고 있다. 이 위치의 정보라고 불려 온 것은 우리들이 말하는 구속조건이다. 그러나 그 위치의 정보가 세포 집단 속에 어떠한 원리에 의해 만들어지고, 또 어떻게 해서 각 세포에 주어지는가 하는 것은 아직 명확하게 파악되어 있지 않다.

지금까지 튜링이나 프리고진이나 스코페니엘 등에 의해 모르포겐[14)] 이라는 몸속 물질의 분화가 결정되고 더 나아가서는 개체의 형태가 결정

---

14) 모르포겐(Morphogen). 튜링(Alan M. Turing)은 1952년, 형태 형성의 과학적 기초에 관한 논문에서 균일 상태에서 공간 패턴이 발생하는 것에 관해서 이론적으로 다루었다. 세포 중의 이종(二種)의 모르포겐(형태형성인 ── 형원形原)이 자기매개적, 상호매개적으로 반응해 그것이 또 인접한 세포 간에 확산된다고 가정해서, 모르포겐의 공간적 정상분포를 구했다. 튜링의 모델은 1972년 독일의 기러와 마인하르트(A. Geirer, H. Meinhardt)의 히드라 재생시험에 받아들여져 발전했다. 프리고진은 모르포겐에 의한 형태형성을 산일 구조의 예의 하나로 들고 있다.

된다는 설이 나와 있다. 그리고 기러와 마인하르트가 이것을 발전시켜 히드라의 형태형성을 설명하려 했다. 이 이론은 많은 현상을 설명하지만 일본유전학연구소遺伝研의 스기야마 쓰도무[15] 등에 의해 실험적으로는 이 이론과 일치하지 않는 결과도 얻어지고 있어 아직도 불명한 점이 많다.

이들 학설의 근거가 되는 이론에서는 세포의 성질은 본질적으로 같다고 가정되어 몸 전체를 불균질한 자기창출 시스템으로서 다루고 있지 않다. 또 세포에는 자기결정된 다양한 내부 상태도 경계도 없이, 전체를 일종의 비선형 화학반응조(용기槽)로 생각해서 모르포겐의 공간적인 농도 분포가 어떻게 되는가를 반응확산 방정식에 의해 취급하고 있다. 즉 세포의 분화(자기표현)를 구속조건의 창출 및 이 구속조건과의 정합적인 관계 생성으로서 취급하고 있지 않기 때문에 '위치 정보'의 본질이 충분히 생각되고 있지 않는 실정이다.

뇌의 활동에 관해서도 마찬가지로 말할 수 있다. 화소画素나 단어 등의 정보 요소는 그 집단이 어떠한 의미를 가진 전체를 형태 짓는가, 그것이 전체 내에서 어떤 위치에 존재하고 있는가에 의해 다른 의미를 부여받는다. 의미상으로는 부분의 의미에 의존해서 전체의 의미가 결정되는 것만이 아니고, 동시에 전체의 의미와 그 전체 속에서의 형태적인 위치에 의해 부분의 의미가 결정된다. 이 의미적인 과정이 실행되기 위해서는, 뇌 속에서 정보 처리를 행하고 있는 요소적인 모듈[16]의 성질이 복잡한 외계에서 매 순간 입력되어 온 정보에 의해 차이를 부여받는 것만이 아니라, 정보구조 전

---

15) 스기야마 쓰도무(杉山勉). 일본유전학연구소에서 생물의 발생을 유전학적으로 연구. 특히 히드라의 재생실험에 관한 세계적 권위자이다. 돌연변이주(株)를 수립해서 계통보존하고 이것들의 해석을 기초로 여러 위치정보 인자의 존재를 시사하고 있다.

16) 모듈(Module). 기능을 가진 요소를 몇 개인가 모아서 시스템을 구성하는 경우 기능적으로 한데 모인 요소 집단으로 다른 동류의 요소 집단과 교환 가능한 것을 모듈이라 한다.

체 속의 위치에 따라서 그 활동을 생성할 필요가 있다.

그러나 이것이 어떠한 원리에 의해 이루어지고 있는가는 아직 충분히 제시되지 않았다. 이 예들로부터 말할 수 있는 것은 생물학에서 해결되지 않은 문제는 관계적인 질서의 자기창출 원리와 그것에 입각한 표현 및 그것들을 자발적으로 실행해 가는 공동창조의 '이론'이라고, 그 발견의 돌파구가 되는 것이 '위치 정보'의 창출 프로세스의 해명 즉 구속조건('장의 정보') 창출 활동의 해명이라고 말할 수 있다.

예컨대 국제사회 속에서 각국이 어떻게 행동하고 있는가 하는 위치의 정보는 각국의 문화에 개성과 다양성이 있으면 있을수록 중요하게 된다. 이것을 완전히 무시하고 행동하면 국제적인 관계의 네트워크에서 유리되어 고립되어 버릴 위험성이 있는 것이다.

이렇게 생명시스템에서는 관계의 자기표현 내지는 자기창출의 성질(자기창출 규칙)이 전체의 성질(의 주요한 일부)을 결정한다는 측면과 그렇게 해서 결정된 전체의 질서구조에 있어서의 위치가 요소의 성질을 결정한다는 측면이 만나서 양자가 순환적으로 의존하고 있다. 이 다양성을 가진 전체와 요소 간의 복잡한 관계를 해명하지 않으면, 다양한 관계자 집단 속에서 어떻게 관계적인 질서가 창출되어 발전해 가는가를 명료화하는 것은 불가능하다. 또 어떻게 한 관계적 질서가 돌연 새로운 것으로 변화해 가는 것인가도 확실히 이해할 수 없다.

생명관계학이란 이름하에 나와 동료들이 지금까지 생각해 온 것은 문제 소재의 단순한 지적도 현상의 단순한 기술도 아니다. 물론 이것들이 일단 전제되어야 하겠지만, 복잡한 관계적 시스템으로서의 생명시스템 속에 관계적인 질서를 창출하는 구체적인 원리와 논리의 해명이 뒤따라야 할 것이다. 그것이 원리나 논리인 한, 어떻게 적용해서 어떻게 구체적으로 실행해 가는가 그리고 그 한계가 어디에 있는가를 누구나 알 수 있도록 법칙의 형태로 보여 주어야만 한다.

그래서 우선 문제가 되는 것은 사고 방식의 구체적인 이치道筋, 즉 연구자의 이론과 그 유효성의 범위이다. 그 때문에 우리들은 실행을 전제하고 사고와 논리의 엄밀성에 주의를 기울여야 한다. 이 때문에 항상 '하고 싶은 것'과 '할 수 있는 것' 사이에 커다란 간극을 떠안고 나아가는 상태이다.

의미적 정보 종합의 문제 : 기본 문제 1

한마디로 관계적 질서의 창출이라고 해도 시스템의 일원인 관계자가 본질적으로 같은 성질을 가지고 있는지, 즉 약한 개성을 가진 관계자로 만들어진 '균질한 시스템' 속에서 만들어진 질서를 문제로 삼고 있는지 아니면 강한 개성을 가진 관계자 집단인 '불균질한 시스템' 속에 만들어진 질서를 문제로 삼고 있는지에 따라 논리를 정립해 갈 때의 어려움이 현저하게 달라지게 된다.

물론 전자 쪽이 보다 간단하다. 관계자의 성질이 균질하기 때문에 개별자의 자기조직성이 높은 시스템이기 때문이다. 그 대신에 구속조건의 자기창출 능력은 낮게 된다. 이러한 시스템은 자기조직 현상의 통계물리학과 같이 관계자의 활동을 통계적인 방법을 사용해서 단순화해 의논하는 것이 어느 정도 가능하다.

관계자의 개성이 강하게 되어 개개의 개성이 시스템 전체의 성질을 좌우할 가능성이 있는 경우에는 개별자의 주체성이 강한 시스템이 된다. 각자 질서창출 규칙이 다르므로 자기조직성은 낮지만 '구속조건의 자기창출성'(이것이 '주체성'이라는 것이다)이 높으므로 다양한 질서의 자기창출이 일어난다. 이런 종류의 시스템에는 통계적인 방법이 유효하게 사용될 수 없는 경우가 많으므로, 지금까지의 과학에서 사용되어 온 전통적인 방법에 의해 이론을 만드는 것은 불가능하다. 요소 간의 관계를 인과율적으로 추적해서 시스템의 활동을 이해할 수 있는 간단한 경우는 별도로 하고, 이 상당히 복잡한 시스템 속에서 관계적 질서가 자기창출되는 경우에는 복잡한 변화가 상호 의존해서 불균일·비선형으로 나아가기 때문에 인과율적으로 추구할 수 없는 경우가 많다.

통계학의 핵심은 집단의 성질 속에서 어떻게 중요성이 적은 정보를 버리고 중요한 정보를 추려 내는가 하는 점에 있다. 개성이 약한 관계자 집단의 경우에는 통계적인 평균치라든지 분산 등을 사용해서 그 이상의 것을 버리는 등의 '형식적인 정보 압축' 조작에 의해 정보를 대량으로 버릴 수 있다. 그러나 관계자의 개성이 강한 경우에는 이러한 조작을 형식적으로 실행하면 중요한 정보를 버리게 되는 경우가 많으므로, 반드시 개개 관계자의 활동을 중요하게 취급할 것을 강요받는다.

그런데 "쇼토쿠聖德 태자는 일곱 명이 말하는 것을 동시에 이해했다"라고 해서 놀랍듯이, 인간의 지적 인식능력에 관한 심리학적인 실험에서는 대략 일곱 개 이상의 다른 정보를 동시에 기억하는 것은 불가능하다는 결과가 제시되어 있다. 동시에 인식하지 않으면 안 되는 정보량이 너무 많으면 관계적 질서를 만들 수 없고, 인간의 기본적인 인식능력을 혼란시키기 때문이다.

따라서 복잡한 개성을 가진 관계자 집단 속에서 일어나는 일을 논리적으로 이해하려고 하면 직접적인 대상이 되는 정보량이 이 한계 이하로 감소해야만 한다. 그 때문에 통계학에서 지금까지 사용되어 온 형식적인 정보 압축이라는 수법을 사용하는 것은 불가능하다고 한다면, 의미가 적은 정보를 선택적으로 버리고 주요한 의미가 있는 것을 위로 떠오르게 하는 '의미적인 정보 통합에 의한 압축' 방법을 도입해야 한다. 물론 이러한 방법에도 다른 한계는 있다.

이렇게 관계자의 다양성을 고려한 논리를 어떻게 통계학 이론 속에 짜 넣는가는 지금으로서는 거의 전무하다고 해도 좋을 정도로 파악되지 않고 있다(그러나 이것이 가능하지 않으면 '장소의 이론'은 형성불가능하다). 이미 설명했듯이 나는 지금까지의 평균 조작과는 전혀 다른 패턴인식[17)]적인 새로운 정보 통합의 조작을 생각해 왔다. 그것은 스토리에 의해 파악한다는 형태로 된다고 생각한다. 하지만 아직 충분히 만족할 수 있는 단계에 있다고는 할 수 없다.

이것에 관해서는 상세하게 후술하겠지만 이른바 토포스topos적인 입장에서 이론을 만드는 것이 된다. 어느 쪽이든지 이런 종류의 문제에는 의미라든가 가치라든가 하는 객관화하기 힘든 양이 들어오므로 그 논리화는 용이하지 않다.

이것을 임시로 의미적 정보 통합의 문제라 불러 두자. 의미를 받아들이는 것은 생명관계학의 연구에 있어 요구되는 험난한 제1관문이다. 이것은 '생명관계학의 기본 문제'이다.

이 의미적인 정보 통합에 관해서 조금 보충해 둘 필요가 있다. '의미'라 물으면 이미 그것만으로도 거부반응을 나타내는 과학자가 적지 않은 듯하지만, 이 개념이 종래의 과학과 모순되는 것은 결코 아니다. 단지 자연

---

17) 패턴인식. 공학적 입장에서 사용되는 '기계적 패턴인식'은 외부입력의 관찰 수집, 정보의 특징 추출, 그 분류 작성, 그것을 기성 종류로 결부시키는 작업이 된다. 생물의 패턴인식은 단순한 분류가 아닌 외계로부터 오는 정보에 대해 생체 내측에서부터 적극적으로 활동하고 있는 과정이다. 즉 생체 내부에서의 가설 작성, 의미 부여, 내부와 외부의 정보 통합 등의 단계가 중시된다.

과학의 틀을 넓힐 것을 요구하는 것이다. 인식이라는 현실적인 현상이 의미를 취급하는 것을 요구하게 된 것이다. 장소를 열어 가는 것이야말로 중요하다. 오래된 관념 속에 자기를 가두어서는 안 된다.

관계적 질서의 생성을 둘러싼 문제 : 기본 문제 2

문제의 핵심은 두 가지이다. 첫번째는 대상으로 하는 생명시스템이 기본적으로 복잡하고 극히 다양성이 풍부하므로 지금까지 알려져 있는 논리와 방법의 틀 속에서만 시스템의 상태를 이해하려고 하면 적절한 정보 통합을 행하는 것이 불가능하다는 것이다. 따라서 시스템의 법칙성을 충분히 이해하는 것이 불가능하게 된다. 두번째는 생물 자신도 이 복잡성의 문제를 뛰어넘도록 정보 통합을 활용해서 외계를 인식하거나 자기를 의미가 있도록 통제하지 않으면 살아갈 수 없다는 것이다. 이렇게 생명시스템의 연구에는 의미적인 정보 통합이 이중으로 얽혀 있다. 그렇다고 해서 내가 생물 속에 물리학의 원리를 부정하는 듯한 현상이 일어나고 있다는 것을 주장하고 있는 것은 아니다.

강한 개성을 가진 관계자 집단 속에 관계적 질서를 항상 자기창출할 수 있느냐 하면 확실히 그렇지는 않다. 암세포가 다른 세포와 함께 질서를 자기창출하는 것은 불가능하다. 이것은 다른 세포와 안정된 협력적인 관계를 만드는 것이 불가능하기 때문이다. 강한 개성을 가지고 있어도 관계적 질서를 자기창출할 수 있는 관계자에는 어떠한 성질이 필요한가를 보여 주는 일반적인 이론은 아직 없다.

그러나 우리는 이론 틀의 수집이 어느 정도 이루어졌다고 생각하고 있다. 또 강한 개성을 가진 요소가 일정하게 행동할 때 어떠한 질서가 만들어지는가. 이것이야말로 글 첫머리에 썼듯이 현대의 인류와 관계된 핵심적인 문제이기도 하다. 이러한 문제에는 그 안정해安定解도 있다고 생각되지만 지금으로서는 질적인 것을 대략적으로 말하는 것 외에는 할 수 없다.

강한 개성을 가진 관계자 집단 속에 관계적 질서가 자기창출되기 때문에, 생성되어 가는 전체적 질서 구조 속의 어떤 위치에 존재하고 있는가에 따라 적어도 결과적으로는 각 관계자가 개성을 발휘하는 방식이 정해진다. 그래서 이러한 시스템에서는 각 관계자의 행동과 시스템 전체의 행동을 분리해서 다루는 것은 불가능하다. 이미 설명했듯이, 관계적 질서의 창출을 위해서는 전체적 질서 구조 속에 있어서의 요소의 위치를 알리는 위치 정보가 만들어지고 그것이 각 관계자에 주어질 필요가 있게 된다.

다음으로 각 관계자 내부에 적절한 상태가 창출되어 상호 간에 관계가 생성될 필요가 있는데, 위치 정보에 의해 각 관계자의 위치에 알맞은 상태가 창출되는 것이 필요조건이 된다. 이렇게 하면 관계자가 전체의 관계적 질서구조를 일정한 범위로 좁히고, 또 그 전체의 구조가 관계자의 존재양식을 결정하는 관계가 생겨난다. 그리고 이 순환적인 관계가 수렴함으로써 관계적인 질서가 창출된다고 생각된다.

위치 정보의 생성을 포함해 관계자와 전체적인 질서구조 간에 이루어지는 순환적인 상호 의존관계의 이해 및 그 법칙성의 해명이 '생명관계학의 제2의 기본 문제'이다.

이미 설명했듯이, 한마디로 자기창출된 질서라 해도 두 가지가 존재한다. 그 질서가 흡사 결정의 질서처럼 형성되어 버려서 그 이상 변화할 수 없는 상태에 있는 것, 그리고 시스템이 놓여 있는 상황에 따라서 항상 변화 가능한 동적인 상태 내에 있는 것.

예컨대 인간의 조직이나 야생 동물 등은 예로부터 경험한 적 없는 새로운 환경 변화와 마주쳐도 그 속에서 (최상이라고는 말할 수 없어도) 적절한 판단이나 행동을 해서 살아남는 경우가 적지 않다. 추상적인 표현이지만, 이것은 새로운 상태가 의미하는 점을 발견하고 그 의미에 맞는 적절한 행동을 하기 위해 필요한 조작정보를 자기 자신의 손으로 새롭게 자기창출해 가는 능력이 많든 적든 이들 생명시스템에 갖추어져 있기 때문이다.

일반적으로 정보는 일종의 질서로 생각할 수 있으므로, 생물이나 인간의 자기창출 능력은 새로운 의미의 발견이나 그것과 들어맞는 조작정보를 자율적으로 만들어 내는 것에도 사용되고 있다고 기대된다. 발명·발견이나 새로운 것을 생각해 내는 사고도 이 의미의 발견과 조작정보의 자기창출과 깊은 관계가 있음에 틀림없다. "어떻게 하면 생명시스템이 적절한 의미를 발견하고 그것에 기초해서 조작정보를 자기창출해 갈 수 있는가" 하는 문제는 "살아가는 것에 있어서 적절한 의미를 가진 관계적 질서를 어떻게 해서 자기창출할 수 있는가" 하는 문제의 일부가 된다.

한 가지 더, 잊어서는 안 되는 중요한 문제로서 강조해 두고 싶은 것은 생명시스템을 둘러싼 환경의 상태가 '비한정성'·'규정 불가능성' 또는 '예측 불가능성'이라는 성질을 가지고 있다는 것이다.

이들 개념을 이해하기 위해서 기초가 되는 것은 불확정성에 '규정 가능한 불확정성'(한정된 불확정성)과 '규정 불가능한 불확정성'(한정 불가능한 불확정성)이 있다는 사실이다. 예컨대 알파벳 26자를 사용해 문장을 쓸 경우 대문자와 소문자 합계 52자, 이외에도 마침표·쉼표·물음표·느낌표 그리고 단어 간의 공백까지 5자를 첨가해서 전부 57자에 의해 문장을 표현할 수 있다. 이것은 정보의 표현 형식이 미리 규정되어 있다는 것을 의미한다.

따라서 만약 지금부터 100년 후에 우리들의 자손이 이 57자를 사용해

〈그림 4〉 불확정성

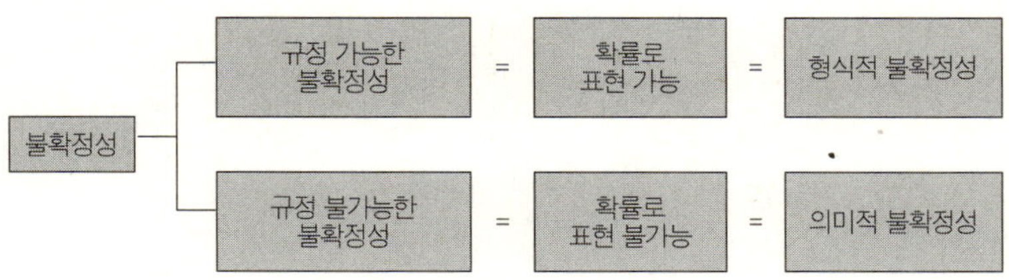

일정 자수字數의 문장을 쓸 의무를 지니고 있어서 그 미지의 문자를 문자 배열부터 다 조사해서 각 문장이 출현할 확률을 각자 예측하는 것은 (엄밀히 말하면 문제는 있지만) 적어도 원리적으로는 가능하다고 말할 수 있다. 이것이 가능하게 되는 것은 결국은 가능성의 범위(사건의 경계)를 미리 규정(한정)하는 것이 가능하기 때문에 다름아니다.

그러나 이것에 반해서 그 문장으로 쓰인 메시지가 어떠한 의미를 가지고 있는가 하는 '의미의 표현'을 미리 규정(한정)하는 것은 원리적으로 불가능하다. 그 이유는 지금까지는 없던 의미가 새롭게 만들어지거나 혹은 의미가 생각해 보지도 않은 방향으로 변화하거나 하기 때문이다. 의미가 만들어지는 과정에서는 문화적·사회적·정치적 요소들이 영향을 미치고 그 외에도 과학이나 기술의 발명·발견도 관계하고 있다. 의미의 경계는 한정되어 있지 않은 것이다.

예컨대 IC라는 문자는 집적회로의 발명이 있어서 비로소 현재처럼 의미를 가질 수 있었던 것이고, 100년 전에는 아마도 무의미한 문자열이었을 것이다. 같은 문자열 중에도 100년간 의미가 변해 버린 것도 많이 있을 것이다. 언어의 의미적 경계는 열려 있다. 정보의 의미를 일정한 틀 속에 규정해 두는 것은 불가능하다.

이 의미의 경계가 한정되어 있지 않음으로써 불확정성은 전자의 문자 배열의 불확정성과 달리(사건이 일어난 범위를 미리 정해 두는 것이 불가능하므로) '확률에 의해서는 표현 불가능한 불확정성'이라고 말할 수 있다. 이러한 불확정성을 나는 '규정 불가능성' 또는 '비한정성'이라 불러왔다. 내가 말하는 복잡한 시스템이란 이 비한정성을 가진 시스템이다.

규정 불가능한 정보를 인식하는 문제 : 기본 문제 3

환경은 사실상 거의 무한하게 복잡하고 동시에 열려 있으므로, 그 정보적인 '경계'를 한정하는 것은 불가능하다. 경계가 확실하지 않다는 것은 정의가 확실하지 않다는 것이다. 이 한정 불가능한 환경의 상태를 규정해서 의미를 부여하거나 정의하거나 하는 것은 이 환경으로부터 신호를 받은 인간이나 생명시스템 측의 활동이다. 그것은 시스템 내부에 자율적으로 의미의 경계(내적 구속조건)를 설정해서 경계가 정해져 있지 않은 것에 의한 불완전한 정보를 내부에서 완결시킨 작용에 의해 발생되고 있다. 이때 환경으로부터의 정보(새넌 정보)에 생명시스템 측에서 의미를 부여한다. 그 의미는 그 시스템이 어떠한 내부 구속조건을 만들었는가에 의존한다.

생명시스템은 환경으로부터 오는 정보를 어떠한 활동에 의해 어떠한 형태로 규정하고 또 환경은 이 규정에 의해 어떻게 이해되는 것인가—이것이 우리들의 중심적 테마의 하나가 된다. 생명시스템이 그 내부에 불완결성(한정 불가능한 다양성)을 가지고 자유롭게 새로운 내적 구속조건을 창출할 수 있는 동안은 환경으로부터 오는 정보 속에서 새로운 의미를 발견할 수 있지만, 이 창출력이 소실돼 구속조건이 고형화해 버리면 시스템이 환경으로부터 끄집어낼 수 있는 의미도 고형화되어 버리게 된다. 그리고 고형화된 구속조건으로는 (적절한 규정을 부여할 수 없는) 환경 상태를 그 내부에 받아들이는 것이 불가능하게 되어 버린다.

이렇게 생명시스템 내부에서도 새로운 내적 구속조건을 창출하기 위해 필요케 되는 '내부에서만 한정 불가능한 상태'가 존재하지 않으면 환경이 나타내는 새로운 의미를 아는 것은 불가능하다. 무한의 복잡성과 개방성을 가진 이 한정 불가능한 상태는 정보 창출의 대지이기도 하다. 이것은 예컨대 대승불교나 선禪에서 말하는 '공'이나 '무'의 상태에 해당한다. 끝없이 환경의 상태를 인식하기 위해서는 인간 측에도 무한히 복잡하고 또 끝없이 열린 한정되지 않은 상태 즉 '공'이나 '무'가 존재하지 않으면 안 된다는 것을 불교의 논리는 주장하고 있다.

그러나 인간은 자신을 둘러싼 환경과 비교하면 아득하게 작은 시스템에 불과하다. 이것을 환경의 '무한성'에 비해서 사람의 '유한성'이라 말해도 좋을 것이다. 이것을 '유한한 크기의 인간이 무한한 크기의 환경을 어디까지 어떻게 인식할 수 있는가' 하는 문제로 놓고 생각해 보아도 논리학적으로도 또 철학이나 종교에 있어서도 극히 중요한 테마이다.

이 점에 관해서 흥미가 생기는 것은 뇌와 신체의 신경 회로망에 출현하는 관계적인 질서상태(동적인 양상)이다. 정적인 상태를 생각하는 모델과는 달리 그 회로가 동적으로 활동하고 있는 상태를 생각하면, 만약 그 회로에 정합적인 상태가 자기조직된다면 신경세포의 여러 활동 층위와 상호 관계성의 차에 의해 극히 많은 패턴의 정합적인 상태를 만들어 낼 수 있다. 또 의식이 일시적으로 뇌와 신체 일부 신경 회로망의 동적인 질서상태라고 해도 그것이 카오스 상태에 있는 외계와 접촉함으로써 다양하게 변화할 수 있다는 것을 지적해 두고 싶다. '살아 있는 장'의 변화 즉 야생 생물이나 인간을 둘러싼 환경 변화는 극히 복잡하고, 그래서 무엇이 일어나는가를 미리 한정하는 것은 불가능하다. 이것은 환경의 상태는 규정 불가능하고 예측 불가능하다는 것을 의미하고 있다.

그래서 환경과의 상호 작용 속에서 생존에 있어서의 의미를 발견하고 그것에 기초해서 자기의 상태를 적절하게 통제해 가는 능력을 지닐 필요가 있게 된다. 실제로 이것이 인간이나 동물이 불확정적인 환경 속에서 계속 살아가기 위해 획득한 무엇보다도 깊은 지혜이다.

이러한 비한정적인 환경의 의미를 인식할 수 있는 유연성이야말로 이들 생명시스템의 커다란 지적 특징이지만, 이것은 시스템 내부에서 일어나는 정보의 의미 부여 프로세스에 절대적인 자유 즉 폭넓은 창조성이 존재하고 있다는 점에서부터 생겨나고 있다.

지금까지의 기계나 인공지능 등은 한정된 정보가 입력된 것을 전제로 해 만들어져 있다. 이 때문에 시스템 내부를 거의 일의적으로 규정해 버리므로 아직 규정되어 있지 않은 신호가 들어올 때는 처리할 수 없다. 또 기계는 아니어도 시스템 내부에서의 정보 처리 방법이 미리 상세히 규정되어 고정화한 규칙이 지배하고 있는 '관료적 조직'에도 이것과 닮은 성질이 출현한다. 이러한 커다란 조직을 움직이려고 하면 세밀한 조작을 세밀하게 규정해야만 한다.

즉 규정 불가능한 정보를 다루는 것이 가능하기 위해서는 시스템 내부의 정보 처리 방법을 모두 규정해 버려서는 안 된다. 예측 불가능한 사태에 적절히 대응하는 것은 결국 규정되어 있지 않은 정보가 시스템에 있어서 가지는 의미를 안다는 것이다. 이것을 가능케 하는 원리는 무엇인가. 시스템의 창출력을 필요케 하는 이 문제는 뇌와 신체 그리고 발생의 연구에도 무엇보다도 중요하고 미해결된 문제의 하나이며, '생명관계학의 제3의 기본 문제'이다. 나는 이것을 '장소의 논리'라는 관점에서 생각하고 있다. 그 이유를 조금 적어 보자.

고전 역학의 운동방정식으로 물체의 운동을 실제로 알기 위해서는 대상의 상태 구속조건(초기 조건이나 경계 조건 등)을 인간이 구해서 구체적으로 부여할 필요가 있다. 그러나 이들 조건이 어떻게 결정되는가를 일러주는 원리는 고전 역학의 이론 속에는 존재하지 않는다.

이것은 도모나가 신이치로[18)]의 『물리학이란 무엇인가』物理学とは何だろうか 내에서도 반복해서 강조되어 있다. 그것은 고전 역학이 적용되는 것이 아니기에, 운동방정식을 실제로 풀기에 앞서서 미리 구해 두어야 한다. 이 구속조건은 미리 문제의 의미를 규정하기 위해 필요하다. 바꿔 말하면 "고전 역학은 문제를 미리 충분히 규정해 두지 않으면 해를 아는 것이 불가능하게" 된다.

이런 의미에서 고전 역학이 그려 온 전통적인 자연상은 구속조건(즉 문제의 경계)이 실질적으로는 수집되어 있다는 것을 전제로 해서 만들어져 있는 것이 된다. 이것은 구속조건을 실질적으로 역규정하고 있는 것에 해당하고, 고전적인 자연상으로 취급되어 온 불확정성은('카오스'와 같은 예외를 별도로 하면) 한정된 경계 범위에서 일어나는 대상의 운동에 관한 정

18) 도모나가 신이치로(朝永振一朗). 라이프치히 대학에서 하이젠베르크(Werner K. Heisenberg)에게 사사받고, 원자핵이론의 연구를 진행했다. 귀국 후 1941년에 장의 양자론의 상대론적 정식화에 착수. 1943년에 초다(超多)시간 이론의 연구 논문을 발표. 전후, 재규격화 이론[renormalization theory. 1947년 도모나가 신이치로와 줄리언 슈윙거가 제창하였다. 양자장 이론이나 통계물리학에서는 종종 자기반복적 구조를 갖는 계를 다루는데 이때 재규격화—renormalization, 되틀맞춤이라고도 한다—는 어떤 물리량이 크기에 따라 변하도록 바꾸어 주는 과정으로, 그 물리량이 무한대의 양자역학적인 보정값을 갖지 않도록 해준다. 재규격화라는 이름은 어떤 크기에서, 물리량의 기준normalization을 다시re- 세워 준다는 뜻이다. 양자 전자역학에서 처음 사용되어 전자의 관측 질량과 전하를 순수 질량, 전하가 아니라 재규격화된 파라미터로 취해 계산값이 무한대로 발산하는 것을 제거했다. 실험적으로 측정한 유한 개의 파라미터를 취해 재규격화를 이용해 유한한 결과가 존재하도록 하는 이론들을 재규격화 가능하다renormalizable고 한다. 양자장론 중 단지 특정한 몇 가지 형태만 재규격화할 수 있고 무한 개의 파라미터가 필요한 이론은 재규격화할 수 없다고 말하며 완전히 논리정연한 물리이론으로 간주하지 않는다]으로 발전시켜, 1965년 노벨 물리학상을 받았다.

보 부족에서부터 오는 이른바 '한정된 불확정성'이라고 말할 수 있다.

그것은 한정된 경계의 범위에서 일어나는 불확정성이므로 통계물리학의 경우처럼 그 불확정성의 정도를 확률을 사용해서 나타낼 수 있다. 이런 종류의 불확정성을 해명하는 데 필요한 정보가 확률적인 불확정성을 확정하기 위해 필요한 섀넌 정보였다. 섀넌 정보는 확률의 역수에 의해 표현할 수 있는 규정 가능한 정보인 것이다.

다른 한편 양자역학에서는 설령 경계 조건이나 초기 조건을 부여해도 고전 역학의 경우처럼 의미에서의 일의적인 해를 구하는 것은 불가능하다. 이것은 관측 대상이 되는 입자의 상태가 인간의 관측에 의해 흐트러져 규정 불가능한 영향을 받기 때문에 물체로부터 입력된 정보를 미리 규정해 두는 것이 불가능하다는 것에서 유래하고 있다. 그러나 양자역학적인 불확정성의 폭은 적기 때문에, 분포함수라는 애매성을 가진 함수를 사용해 관측 결과를 예측적으로 표현할 수 있다. 이것은 관측 수단과 물체의 상호 작용에 일정한 법칙성이 있는 점에서부터 유래한다고 생각된다(양자역학적인 시스템의 관측과 구속조건의 문제는 깊게 생각해 볼 가치가 있는 문제이다).

양자역학적인 불확정성은 이렇게 정보가 규정 불가능하다는 사실에 의해 일어나는 불확정성이고 이것을 섀넌 정보와 직접 결부해 생각하는 종래의 해석은 틀렸다. 일반적으로 규정 불가능한 정보가 출현하는 이유의 하나는 환경의 복잡성에서 기인하지만, 또 환경으로부터 정보를 받는 생명시스템(인간이나 동물 등)의 구조가 환경 구조와 비교할 때 훨씬 단순하다는 것에서도 기인한다. 따라서 생명시스템이 무엇인가에 따라 규정 불가능한 정보의 범위도 달라지는 것이다.

왜 새로운 논리가 필요한 것인가

근대 과학의 논리적 특징은 대상을 관찰자로부터 분리해서(주객 분리해서) 취급하는 것에 있다고 말한다. 이 전제하에서는 관찰자와 대상 양자의 상호 작용에 의해 만들어지는 현상을 관찰자 내부로 개입하는 형태로 받아들이거나 의논하거나 하는 것은 불가능하다. 또 근대 과학과 밀접하게 관계하고 있는 근대 기술의 논리구조를 봐도 이런 종류의 문제를 다룰 준비는 되어 있지 않는 것이다. "새 술은 새 부대에 넣으라"고 하지만 주객 분리 형태에서는 결국 불량 설정 문제가 되어 버리는 '규정 불가능한 문제'를 받아들이는 데는 새로운 논리구조가 필요하다. 내가 생각해 온 것은 그것을 위한 새로운 논리구조를 발견하는 것이다.

앞서 제시한 생명시스템의 세 가지 기본 문제를 과학적으로 해결하는 것에서부터 시작한 것이 내가 취한 방법이었다. 이 문제들은 생명시스템의 '자기'라든가 '주체성'과 분리해서는 논할 수 없는 것이고, 여기에 '장소'의 문제를 통해 동양적 논리가 새로운 관점에서 다시 보이게 되는 것이다.

규정 불가능한 문제를 다루는 논리 구조를 알 수 있다면, 근대 과학과 근대 기술을 그 논리의 특별한 경우로서 포함하고 그것을 뛰어넘을 수 있다는 것은 지금까지의 논의로부터 대충 이해할 수 있으리라고 생각한다.

만약 이러한 새로운 논리에 입각한 기술이 가능하다면 구체적으로 어떠한 이점이 있는 것일까. 예컨대 자동차 운전 중에 갑자기 졸음이 엄습해와서 자 버렸다고 하자. 그대로는 많은 인명을 빼앗을 대형 사고가 되기 십상이다. 그래서 이러한 경우에 인간을 대신해 운전할 수 있는 지능적인 자동운전시스템을 구상한다고 하자.

우선 자동차가 목적지를 향해 달리는 동안에 도로와 그 주위로부터는 여러 가지 정보가 들어온다. 달려 가다 보면 도로의 상황은 매 순간 변하고, 또 날씨가 급변하거나 어떠한 사고가 기다리고 있는지도 모른다. 앞을 달리는 차 이외에도 규칙을 무시해서 갑자기 앞으로 끼어드는 차가 있거나, 사람이나 동물이 돌연 도로를 가로질러 지나갈지도 모른다. 즉 환경으로부터 입력되어 오는 정보를 미리 모두 한정해 두는 것은 불가능하다. 또 입력되어 오는 정보에는 여러 종류의 것이 있지만 그것에 따라서 브레이크나 액셀을 밟는 방식을 판단해야만 한다.

그를 위해서는 자동차 운전에 있어서 중요한 정보만을 채택해서 그 의미에 따라 적절한 판단을 내리면서 운전해야만 한다. 즉 차의 안전한 운전이라는 의미에 따른 정보 통합과 시나리오 창출이 필요케 된다. 이 의미적인 정보 통합도 이미 설명했듯이 근대 과학이나 근대 기술의 논리 틀 내에서 생각하고 있는 것만으로는 처리할 수 없는 문제인 것이다. 무엇에 있어서의 안전인가를 생각할 필요가 있는 곳에 '주체성'의 문제가 얼굴을 내밀어 온다.

이러한 비한정적인 정황 내에서 '자율제어 문제'를 해결하는 것이 생명시스템의 기본 문제를 해결하는 것과도 연결되어 근대 과학이나 근대 기술의 틀을 넘는 것으로도 되는 것이다. 또 이 목표를 향해 이론이 어느 만큼 진행되었는가는 시뮬레이션에 의해 구체적이면서 객관적으로 평가할 수 있다. 그 결과는 누구의 눈에도 명백할 것이다. 그렇게 하면 객관화된 이 원리를 누군가가 다른 문제에 응용하는 것도 가능케 된다. 이러한 과학과 기술에 걸친 관계적 질서를 실천적으로 찾아내기 위한 방법이 우리들이 취하고 있는 방법이다.

3부

생명의 자기창출 과정을 푼다

1장_의미적 자율시스템으로서의 생명

동양적 논리와 서양적 논리 : 그 한계

정보의 세계는 의미와 기능의 세계이다. 그 세계는 한없이 열려 있고 경계는 없다. 그러나 열린 세계를 개방해 놓은 채 파악하는 것은 불가능하다. 그래서 일시적으로 다루는 세계의 범위를 한정할 필요가 있다. 세계 인식의 일반적인 방법을 확실히 확립한 것은 서양 근대이다. 우선 '주체'와 '객체'를 분리하고, 객체의 의미를 외재적으로 대상화함으로써 그 대상을 추구하는 '정보 프로세싱processing'의 논리를 발견한 것이다. 객관적인 리얼리티를 가진 세계가 자기의 외측이고, 자기를 그 세계를 검출한 '장치'로서 위치 지은 것이 된다. 따라서 기계적인 검출의 논리가 세계 인식의 논리로 사용되었던 것이다.

보다 정확하게 말하면 본래 상호 관계하고 있는 의미의 세계를 분절해 복잡한 배경으로부터 잘라 낸 대상을 외재화하고, 그 외재화된 대상을 인과율적 논리성이라는 검출장치의 법칙에 기초해 개념화한 것이다. 이 방법으로 대상과 그 변화의 법칙성을 개념화할 수 있다면 인과론적인 기술에 성공한 것이 된다. 이 방법이 완전히 성공하지 않을 때에는 대상 또는 그 대상을 기술하는 법칙에 불확정성이 생긴다. 양자역학이나 역학계의 카오스에 있어서의 불확정성이 그 예이다. 어느 쪽이든 이들은 비한정적인 정보를 한정할 만큼의 구속조건이 존재하지 않아서 생긴 불확정이었다(이것은 분절화가 불완전하게 끝나는 것을 의미하고 있다).

본디 의미란 복잡한 세계의 상태를 이해하거나 판단하기 위해 도입된 구속조건이다. 단지 인간이나 생물 등과 같은 살아 있는 것에 대한 과학적 이해에 관해서는 그 의식이나 주체성에는 깊이 관여하지 않는 형태로 의미를 외재화해서 채택하고 문제를 객관화하려고 했다. 이것이 정보의 기능적 이해와 결부된다.

이렇게 의미를 대상으로서 외재화함으로써 근대는 생명 이해의 공유화 및 생체의 기능적 구조와 그 변화 작용의 발견, 그 정당성의 검증 원리(설명 가능성, 보다 엄밀히는 예견 가능성)를 수립하는 것에 성공했다. 그리고 정보는 생체나 생명의 '설명 원리'(다케우치 게이竹內啓)가 되었다. 이 성공의 뒤에는 인과율적 논리성에 서서 사물을 보는 관점, 즉 '시간의 논리'가 있었던 것을 간과해서는 안 될 것이다.

그러나 예컨대 대상화한 세계가 변화하고 있으면 인식될 때 대체 어디까지가 순수하게 대상의 변화에 따른 것이고, 어디까지가 의식 측 즉 우리들 내부 세계의 변화에 의한 것인가(이러한 문제 설정의 방법 자체가 엄밀히는 의미가 없을 가능성이 있지만……). 예컨대 생물 진화는 기능의 진화로서 지금까지 설명되어 왔다. 그러나 어디까지 기능의 진화로서 객관화된 것일까. 생물의 진화는 생명 전체 속의 비한정성(암재적인 자유도)의 확대로서('의미창출 세계의 열림'으로서) 파악하지 않으면 안 되는 면이 있는 것은 아닐까.

의미를 외재화하는 정도와 그 방법은 서양과 동양이 달랐다. 한마디로 말하면 동양적 사고에서는 처음부터 자타自他를 나누지 않는 사고 방식이 중심이 되어 있었던 것이다. 특히 불교에서는 자기와 세계를 분리하지 않고 그대로 자기로 하는 초월적 관점에 서는 것이 요청되었다. 그 반면 개별자로서의 관점을 잃어버리게 된다. 이 때문에 의미의 생성론이 나오지 않는다(니시다 철학에서는 개별자의 존재가 중요한 주장이 되고 있지만, 실천론을 말하고 있지 않다).

요약하자면 동양적인 논리만으로는 생명시스템의 설계 원리가 보이지 않는다는 것이다. 그것은 생명시스템의 블랙박스로서 그 시스템의 '조종자driver 자리'에 앉기 위한 논리이다. 생명시스템은 결국 그 조종자의 감촉에 의해서 말할 수밖에 없는 존재인 것일까. 그렇다고 하면 생명관계학이 갈 길은 시스템 그 자체의 논리와 법칙성을 알려고 발버둥 치면서 진실에 가 닿으려고 하는 것이 된다.

동양적 방법은 서양적 방법과는 역의 의미로 한계가 있다. 어느 쪽의 방법으로 해도 의미(정보) 그 자체의 생성을 아는 방법을 포함하고 있지 않다. 조금 비약하면, 패턴을 동적으로 파악하려고 한 경우로서 흥미로운 것은 이슬람 문화이다. 오래된 이슬람 도기에 그려진 디자인은 미묘하게 대칭성을 무너뜨리고 있으며, 배열된 꽃 등의 문양이 동적인 선으로 이어져 끊이지 않는 리듬의 반복을 나타내고 있다. 그 리듬에는 '요동'이 있어 이 반복 속에서 변화해 간다. 또 가우디의 건축에는 흔들리는 리듬의 반복이 대담하게, 그리고 분방하게 도입되어 있어 멈추지 않는 패턴 동역학을 느끼게 한다.

생명관계학은 이 패턴의 동적인 발전 원리를 나타내려고 하는 것이다. 그것은 과학적인 한계 속에 속박되어 있지만 정보 창출을 일종의 하드웨어인 관계자 개념에 서서, 그 집단적인 네트워크 동역학의 법칙성을 추구해 이것을 실행하려고 하는 것이다. 장소의 활동에 대응해서 일어나는 관계자의 복잡화·개성화·관계의 요동·분열·통합과 분절화(동조) 등의 법칙성에 서서 생명시스템에 있어서의 창출을 설명하거나 새로운 사회적 네트워크나 공학 시스템을 설계해서 장소의 논리에 객관성을 부여하려고 하는 것이 우리들의 방침이다.

기계적 결정론에서 생명적 창출론으로

바야흐로 문화는 물질문화에서 생명문화로 그 방향을 전환해 왔다. 과학도 예외는 아니어서 기계적인 결정론에서 생명적인 창출론으로 기본적인 패러다임을 크게 바꾸고 있다. 이 흐름 속에서 정보나 소통에 대한 개념도 계속 변하고 있는 듯이 보인다.

결정론에서 창출론으로의 변화는 '상태를 선택하는 작용'에서부터 '관계를 만드는 작용'으로의 변화라고 해도 좋다. 전자는 시스템을 제어하기 위해 '밖에서부터 주어진 작용'command이고, 후자는 생명시스템이 생존하고 그 '희망'이나 '꿈'을 추구하기 위해 '자율적으로 생성하는 작용'(자율적으로 만드는 규칙으로서 조작정보)이다.

"쇠귀에 경 읽기"라는 속담처럼 일반적으로 음성이라는 물리적인 현상도 정보가 되거나 되지 않거나 한다. 또 정보로서의 의미도 변화한다. 즉 정보는 그것만 가지고 독립시켜 정의할 수 있는 '양'이 아니라 본래는 시스템과 분리해서 생각할 수 없는 작용인 것이다. 이 점에 있어서 자율적으로 만들어진 정보는 시스템에 관계없이 정의할 수 있는 힘·운동량·전하·에네르기 등의 물리량과는 다르다.

즉 생명세계에서는 정보는 본래 시스템의 특성을 띠고 있는 것이다. 이 정보를 흡사 시스템과 관계없이 정의할 수 있도록 형식적으로 취급해 정보량을 계산할 수 있게 되는 경우가 생긴다. 이러한 경우에는 시스템 특성과 거기에 입력된 정보에 관해서 선이해 또는 전제가 존재하고 있는 것이다.

밖에서부터 목적을 부여하지 않으면 기계에는 그것 자체로 기능을 만들어 내거나 정보를 만들어 내는 능력은 없다. 미리 설정된 목적에 응하는 기능을 가질 뿐으로, 이 기능과 결부되는 정보도 미리 상정되어 있다. 그 때문에 기계의 '인식'이란 입력된 정보가 미리 예상되어 있는 것 중에 무엇인가 하는 귀속歸屬의 구분을 하는 것이다. 만약 미리 예상되어 있지 않은 정보가 들어올 때에는 기계는 그것을 '인식'할 수 없다(기계의 경우, 엄밀한 의미에서 정보의 인식은 없다).

생물은 환경 속에서 살고 진화해 왔다. 생물에게 있어 생존하는 것은 '지상 명령'이다. 그것을 위해서는 최소한 '먹이인가 아닌가', '적(해)인가 아닌가' 하는 인식이 필요하고, 그것에 따라 '접근'·'도망' 등의 행동을 취한다. 기계의 경우와 달리 생물이 환경으로부터 들어오는 정보를 미리 모두 상정하는 것은 곤란하다. 만약 미리 상정되어 있지 않다는 이유에서 인식을 정지하면 생물의 생존에 있어서 위험하다. 생물에게 있어 판단정지는 죽음을 의미하기 때문이다.

이러한 고찰에서 알 수 있는 것은 생물 인식의 본질이란 그 정보가 자신에게 있어 무엇을 의미하는가 하는 '의미해석'이다. 이 해석은 그 정보가 생물 자신의 정보계(내부 세계) 속에서 어떤 방법에 의해 '위치'(귀속된 내부 정보와의 관계)를 부여받는가에 따라 달성된다.

즉, 인식의 본질은 자기에게 있어서의 의미해석이고 해석이란 내부

정보계와의 관계를 만들고 입력된 정보를 내부 세계 전체에 있어서 위치 짓는 것이다. 이 내부 세계에 있어서의 관계의 자율적인 생성은 '정보의 종합'이라는 작용을 활용해서 행해진다. 이렇게 생각하지 않으면, 미리 상정되지 않은 정보를 생물이 그 나름대로 인식하고 적절한 행동을 취한다는 메커니즘을 이해하는 것은 불가능하다.

모든 정보는 그것을 수용하는 생물에게 있어 일정한 의미를 가지고 있다. 이 의미가 없으면 설사 관측자에게 있어서 정보일 수는 있어도 그 생물에게 있어서의 정보는 아닌 것이다.

정보 해석의 프로세스

어떤 물리적인 변화가 정보의 운반자carrier로서 정보를 지니고 있는지 그렇지 않은지는 생물이 그 변화를 수용했을 때 의미 부여할 수 있는 관계를 (그 내적 세계 속에) 만들 수 있는지 없는지에 따른다. 이 관계의 형성을 알 수 없는 한, 정보를 논의하는 것은 불가능하다. 중요한 것은 이 관계의 생성 즉 '해석'이다. 여기에 생물정보 연구에 있어 무엇보다도 중요한 문제가 있다.

생물은 정보를 받은 후에 그 해석에 기초해서 행동한다. 이 행동은 해석의 결과로서 출현한다. 그래서 생물은 행동에 의해 그 해석을 확정하거나 자기수정하거나 할 수 있다. 어떤 물리적 변화를 어떤 생물이 어떠한 정보로서 인식하고 있는지를 알기 위해서는 행동을 통해서 그 내부의 해석 과정을 추정해야만 한다.

이 정보 해석의 구체적인 메커니즘을 알기 위해서는 어떠한 물리적 변화를 어떻게 입력하고 어떠한 행동을 측정해야 하는가를 생각해서 실험을 계획해야 한다. 그 실험은 생물에게 있어서 정보가 환경 속에서 모두 미리 상정되어서는 안 된다는 것을 전제로 해야 한다. 이것을 태만히 하면 결국 '반사'를 측정하는 것만이 되어 버린다.

물리적 변화와 생물의 행동 사이를 직선적으로 결부 짓는다면 결국 생물을 하나의 기계로 간주하는 것이 된다. 생물의 해석 과정을 무시한 실험에서 발견되는 정보는 기계적인 결정론에 있어서의 기존 정보 개념을 그대로 답습한 것에 지나지 않는다. 생물의 본질을 간과하고 인간의 해석을 강요하고, 생물을 명령에 따라 움직이는 기계와 같은 것으로서 이해하고 있는 데 지나지 않는다.

정보는 그 운반자에 의해 선택된다. 운반자와 생물의 상호 작용에 관해서는 물리 현상으로서 물리학적 측면에서 이해하는 것도 가능하다. 그러나 일반적으로 운반자가 결정되어 있어도 정보의 의미나 활동이 일의적으로 결정되는 것은 아니다. 따라서 단지 운반자를 관측하는 것만으로는 옮겨지고 있는 정보를 이해할 수 없다. 즉 정보는 생명시스템에 의존해서 결정될 뿐 그것 자체로 독립된 물리 변수는 아니다. 극단적으로 말하면 객관적인 방법으로 실측 가능한 것은 운반자와 그것에 대한 생물의 반응뿐이다. 생명시스템의 성질을 반영한 정보(의미정보) 자체는 직접적으로 측정할 수 없는 일종의 '개념'인 것이다.

생물 속의 정보계는 객관적인 측정에만 관계하는 한 일종의 '암재계'暗在系이다. 그러나 이 의미적인 정보의 실재를 생각하지 않으면 생물에 대한 접근은 실마리를 잃는다. 이것은 생명 그 자체는 직접 측정 불가능하기에 과학적 측정의 대상이 되는 것은 결국 생체라는 생명의 물리적 속성이지만, 그럼에도 생명은 확실히 실재한다고 생각해서 고찰이나 연구를 심화해 가는 것이다. 이 경우 생체의 측정에서 얻을 수 있는 것은 생체에 관한 지식이지 생명 그 자체에 관한 직접적인 지식은 아니다. 그러나 생물학은 일종의 개념인 생명의 해명을 궁극적인 목표로 해서 '생명이란 무엇인가'를 추구한다. 마찬가지로 우리들이 추구하는 것은 직접적으로는 관측할 수 없는 의미적인 정보의 동역학이다.

'정보의 해석'을 알기 위해서는 생물이 새로운 정보를 적극적으로 만들어 내게 하는 실험이 필요하다. 그로써 생물의 정보 통합 능력을 볼 수 있다. 인간의 창조적 발견의 프로세스에서는 우선 논리적으로 모순된 정보가 생성되어 그것이 상위의 정보적 계층으로 통합되고, 내부 세계 전체와의 관계가 만들어져 전체와 개별의 관계가 발견되는 식으로 전개된다. 그러한 시점視點에서 말하면 점균[1)]에 '모순'을 부여해서 그 '해결' 방법을 관측하려고 하는 야노 마사후미矢野雅文의 아이디어는 흥미롭다.

의미적인 자율 시스템

최초에 주어진 조건에 따라 그 장래가 결정되는 시스템을 인과율적 시스템이라 한다. 일찍이 인간의 일생이 인과율에 따르고 있는지 그렇지 않은지 진지하게 논의된 적이 있다. 뉴턴의 고전 역학에서는 물체의 운동은 모두 인과율에 의해 지배된다고 생각되었다. 고전 역학적 세계관이 한 시대를 풍미한 19세기에 인간의 일생에 관하여 이러한 기계론적인 시각이 나타났어도 신기한 일은 아니다. 그러나 20세기 초엽부터 시작된 양자역학의 발견은 원자나 분자와 같은 작은 세계에서는 인과율이 성립하지 않으

1) 점균(粘菌). 점균은 환경조건이 좋을 때에는 단세포 생물로서 자유롭게 활동하지만 먹을 것이 부족하면 다수의 단세포 생물이 집합해서 하나의 개체처럼 된다. 세포는 나름대로 전체 속에서의 역할을 분담해서 이동하고 어떤 장소에 오면 버섯 모양의 소실체(子実体)를 형성해 포자를 만든다. 뿔뿔이 흩어져 활동하고 있는 점균이 한 곳에 집합하는 구조와 소실체가 형성되는 구조는 세포의 자기조직 현상으로서 흥미롭다.

며, 입자 상태에는 불확정성이 따라다닌다는 것을 명확하게 했다. 고전 역학적 세계관이 동요된 이상, 거기에 따라 성립하고 있던 "인간의 일생은 인과율에 따름에 틀림없다"는 사고 방식도 검토의 여지가 있다고 생각하기에 이르렀다. 그러나 우리들이 찾고 있는 것은 생명의 본질에 좀더 깊이 다가선 곳에서 일어나는 불확정성의 이해이다.

여기에 많은 자율적인 요소가 모여 만들어진 시스템이 있다고 하자. 그 시스템이 자율적으로 움직이려고 하면 각 요소가 어떻게 움직이고자 하는지를 직접적이든 혹은 간접적이든 서로 알고 있을 필요가 있다. 이러한 정보를 생명관계학에서는 '조작정보'라 부른다.

인과율적 시스템이란 처음에 조작정보가 주어질 뿐, 그 뒤의 시간적인 변화 과정에서는 새로운 조작정보가 발생되는 일도, 덧붙여지는 일도 없는 시스템이다. 인과율적 시스템이란 시스템에 최초에 주어진 조작정보에 의해 그 뒤의 시간적 변화가 일의적으로 결정되는 시스템이다. 따라서 조작정보를 자율적으로 만들어 내고 그로써 자기의 상태를 변화시켜 갈 수 있는 시스템은 인과율적이라고 말할 수 없다.

로젠[2)] 은 인과율에 따르는 시스템을 단순한 시스템, 따르지 않는 시스템을 복잡한 시스템이라 불렀다. 전술했듯이 하켄(1부 각주 11)과 나도 이것과 유사한 생각에 의해 '정교한 시스템'과 '복잡한 시스템'이라는 개념을 제시하고 있다. 어느 쪽이든 복잡성은 다양한 조작정보를 자율적으로 창출하기 위한 필요조건이고, 끝없이 변화하는 환경 속에서 시스템 자신이 자율적 제어(자기제어)를 행하기 위한 필요조건인 것이다.

---

2) 로버트 로젠(Robert M. Rosen, 1934~98). 생물학의 최적원리 연구의 권위자. 이론생태학 연구와 연성 과학을 제창, 수리생리학 분야에서 많은 업적을 거두었다.

내가 주장하는 복잡성은 이렇게 시스템이 생성하는 상태의 다양성과 결부되어 있다. 초기 조건을 정하면 장래가 일의적으로 결정되는 인과율적 시스템에 비해서, 시스템이 본질적으로 다양한 활동을 창출해 가는 성질을 가지고 있으면 어떠한 것이 될까. 그것은 초기 조건을 정해도 그 뒤에 출현하는 결과에는 일의성이 전혀 없다는 말이다. 좀더 정확하게 말하면 이 다양한 활동이 미리 결정된 것은 아니라는 것이 복잡성의 요점이므로, "결과가 본질적으로 불확정적"이라는 것이다. 이 본질적인 불확정성 때문에 시스템의 미래 상태를 정하기 위해서는 "시스템에 정보를 계속 부여한다"든가 혹은 "시스템 내에서 정보를 계속 생성한다"는 조건이 필요케 된다. 말할 것도 없이 후자가 자율적인 시스템이다.

복잡한 시스템이 아니면 의미의 창출 과정을 자율적으로 실행할 수 없다는 것을 확실히 주장해 두고 싶다. 여기에서 말하는 의미의 창출 과정이란 아직 의미를 갖고 있지 않은 기호를 의미를 가진 정보로 바꾸거나 요소적인 의미를 가진 정보 군을 내부 세계의 전체적 관계 속에 위치 지어서 맥락 속에서 의미를 가진 정보로 바꾸거나 하는 것이다. 즉 요소적인 정보를 적절하게 통합시스템의 내부 세계와 관계 지음으로써 지금까지 존재하지 않았던 새로운 질(의미)을 가진 정보를 만들어 내는 과정을 말한다.

요소적인 정보 군의 통합을 위해서는 우선 그 요소들 간에 정합적인 관계를 부여할 필요가 있다. 이를 위해서는 그 조작에 대응하는 조작정보가 필요케 된다. 이 조작정보를 시스템 내부에서 자율적으로 만들어 낼 수 있는 시스템을 '의미적인 자율 시스템'이라 부르자. 생명시스템은 의미적인 자율 시스템인 것이다.

관계자란 무엇인가

"요소는 전체에 포함되어 있고 요소 속에는 절대로 그 이상의 것이 포함되지 않는다. 따라서 전체를 분해해서 요소로 나누고 또 그 요소를 하나의 부분적 전체(독립체)로 간주해 분해한다. 이러한 분해를 한없이 계속할 수 있다면 순수한 법칙세계에 도달할 수 있다. 거기서부터 출발해서 전체를 이론적으로 구성하면 요소의 성질로부터 전체를 이해할 수 있다"—이것이 원자론이나 요소환원론의 사고 방식이다. 원자론이나 요소환원론적인 사고는 물질적인 세계나 재넌적 정보세계를 생각하는 데는 꽤 유효했다. 무엇보다도 최근에는 이러한 사고 방식을 소립자세계에까지 연장하는 것은 불가능하다고 생각하게 되었으므로, 물질적인 세계에서도 통용될 수 없는 것은 아닌가 하고 생각되기 시작하고 있다. 어쨌든 원자론은 "요소는 단순하다"라는 신념 위에 서 있는 것이다.

이에 비해서 의미세계에서는 요소 속에 전체가 포함된다. 전체를 공유할 수 있도록 각 요소가 변하는 것, 이것이 정보 통합의 본질인 것이다. 그리고 이것이 생명시스템 속에 정합적인 관계를 만들어 낸다. 예컨대 한 문장의 단어의 의미 속에는 맥락이나 문장 전체의 의미가 간접적으로 포함되어 있다. 또 한 인간의 두뇌에는 개인을 넘는 층위의 의미세계가 암재적인 형태로 내재해서 이것이 인간 간에 행해지는 소통의 기초가 되고 있다. 바꿔 말하면 이 '소통 가능성'은 다른 사람들이 정합적인 관계를 만들 가능성이다. 이러한 생각을 진전시키면 '전체의 다양한 창출성을 내포하는 복잡한 생성적 요소'라는 새로운 요소론에 도달하는 것이다.

오해가 없도록 주의하자면, 여기에서는 유일한 '전체'가 아닌 개방적이고 복잡한 존재로서의 '창출적 전체'를 생각하고 있다. 이렇게 의미의 세계에 포섭적 구조가 출현하는 이유는 생명시스템을 구성하는 요소인 '하드의 세계'의 성질을 반영하고 있기 때문이라고 생각할 수 있다. 여기서도 오해를 피하지 않으면 안 되는데, 나는 '하드'와 '소프트'를 안이하게 분리해서 생각할 수 있다고 주장하고 있는 것이 아니다. 생물이라는 하드에 생명적인 성질이라는 소프트를 가지고 활동시키는 복잡한 성질을 가진 '자기창출적 요소'가 우리들이 생각해 온 '관계자'[3]인 것이다.

이상과 같은 설명만으로는 도저히 관계자를 설명했다고는 할 수 없다. 관계자가 무한한 가능성 속에서 어떠한 표현을 창출해 내는가가 시스템 전체의 다양성의 발현과 관계하고 있다. 몇 번이나 언급했지만 생명시스템이나 관계자의 성질은 고정된 것이 아니며, 생명시스템이나 관계자 자체가 스스로 창출하는 것이다. 이것이 생명을 보는 시각에 대한 우리들의 큰 주안점이다. 우리들은 이러한 생명시스템이나 관계자를 생각하고 시스템 전체의 상태와 그 발전 법칙을 끌어내는 여러 인자를 수학적으로 풀려고 하고 있지만, 너무 복잡하기에 우선 이대로 진행하기로 한다.

관계자의 표현을 결정하는 것이 '가까운 관계자 간의 상호 관계'와 '관계자와 장소의 관계'이다. 우리들은 이 표현의 결정을 위해 관계자 간에 교환된 정보를 '상호 관계의 정보'라 부르고, 또 장소의 상태를 전하는 정보를 '장의 정보'라 부르고 싶다. 이들은 지금까지 조작정보라 불러온 것이다.

나는 세포에서부터 동식물·인간·기업·인간사회 등 여러 층위에서 생명을 생각함과 동시에 각 층위에서 관계자를 생각하고 있다. 한 관계자가 어떠한 관계 속에 있는가 하는 것에 관해서 이 책의 구판에서는 '가까운 관

3) 관계자. 이 책에서는 관계자를 정보소(197쪽)를 관계 짓는 병렬처리에 의해 개개의 정보를 처리하는 단위 프로세서로 위치 짓고 '홀론' 컴퓨터의 기초로 두고 있다.

계자 간의 상호 관계'와 '관계자 전체의 관계'의 두 종류가 있다고 생각해서, 전자와 관련해서 교환되는 정보를 '상호 관계의 정보' 그리고 후자와 관련해서 전체로부터 전해지는 정보를 '장의 정보'라 불렀다. 이 신판에서는 '관계자와 전체의 관계'를 '관계자와 시스템 전체의 관계'라는 의미가 아니라 '관계자와 그것이 존재하고 있는 장소의 관계'로 이해할 것을 확실하게 주장한다. 또 '전체로부터 전해지는 정보'라는 개념도 오해되기 쉬워 '장소가 창출하는 정보'라 부르고자 한다.

이렇게 '전체' 대신에 '장소'를 생각한다는 점에서 나의 '관계자'는 케슬러의 '전체자'(홀론)와 명확하게 구분되고 있다. 각 관계자는 각자 장소와 관계를 가지고 그 장소적 관계에 따라서 자율적으로 자신의 상태를 창출하고 있다. 기본적으로는 각 관계자가 각자 자립해서 장소와 관계하는 상황이 우선 존재하고, 다음으로 관계자가 상호 간에 생성하는 관계에 따라 정합적으로(공시적으로) 장소적 창출 활동을 행하는 것이다. 그 결과로서 정합적인 관계를 생성한 일군의 관계자를 '생명시스템'이라 간주할 수 있는 것이다.

이러한 생명시스템은 그 경계가 고정되어 있지 않기 때문에 끊임없이 창출되며, 다른 한편으로 끊임없이 소멸하는 경계를 가진 '자기창출하는 시스템'이다. 텔레비전이나 컴퓨터와 같이 고정된 경계를 가진 생명시스템이 애초부터 존재하고 있어 그 고정된 시스템 전체와 그 요소로서의 관계자가 관계하고 있다고 생각하는 것은 아니다. 이 생각으로는 구속조건(경계)의 자기창출성을 설명하는 것이 불가능하다. 무엇보다도 생명시스템을 구성하는 관계자는 역사를 공유하므로 고정된 경계를 만드는 경향이 있는데, 그것은 생명시스템의 노화를 의미한다. '시스템'이라든가 '요소' 등의 공학적인 개념을 생명에 적용하는 것은 문제가 없다고는 할 수 없다고 나는 생각한다. 그 때문에 경우에 따라서 '생명시스템'이라든가 '생명시스템의 요소'라든가 하는 용어를 버리는 것에도 의의가 있을지도 모른다.

조금 더 구체적인 이미지를 그리기 위해 관계자의 예를 몇 개 정도 들어 두고 싶다. 인간은 복잡한 많은 의미 상태를 생성한다. 그러나 이 생성은 사람과 사람과의 개인적 층위의 관계 및 사람과 그 사람이 놓인 장과의 거시적인 층위의 관계에 의해 좌우된다. 따라서 인간은 관계자로서 이해 가능한 측면을 가지고 있다.

동물의 몸이나 식물을 구성하고 있는 무수한 세포는 각자 분화해서 개성 있는 성질을 나타내고 있지만, 본래는 한 종류의 세포로부터 출발한 것이다. 세포의 분화는 관계자로서의 세포의 자기표현이고 그것은 세포가 잠재적으로 가지고 있는 무수한 가능성의 한 현현顯現이다. 따라서 세포는 적절한 조건하에서는 다른 세포로 변할 가능성을 가지고 있다. 세포의 분화는 가까운 세포끼리의 관계 및 세포가 몸 전체 속에서 놓여 있는 '위치'에 따라 결정된다. 분화의 과정에서는 세포의 비자기화도 일어나 그들이 소멸하기 때문에 몸의 형태는 점점 변화해 간다. 따라서 세포도 작은 관계자라고 생각된다.

대뇌 피질의 정보 처리 단위는 단일 뉴런이 아니라 대략 수만 개 정도의 여러 종류의 뉴런이 모여 구성된 '하이퍼칼럼'[4]이라 불리는 복잡한 구조를 가진 세포 집단이다. 최근의 대뇌 감각역의 생리학이 제시하는 것을

---

4) 하이퍼칼럼(Hyper column). 대뇌생리학자 허블(David H. Hubel)과 비셀(Torsten N. Wiesel)이 제시한 대뇌피질 시각역(域)의 기능적 구조에 관한 개념. 망막에 홈(slit)상의 광자극을 주면, 뇌의 일차 시각역과 시각전역(前域)의 일부에서는 홈이 특정 방향으로 어떤 경우에만 반응하는 신경세포가 있다. 방향특이성은 약 0. 1mm의 범위에서 공통되고 있다. 이 부분을 '칼럼'이라 부른다. 이웃하는 칼럼의 방향특이성은 조금씩 어긋나, 약 1mm 범위에서 180도의 홈 방향을 망라할 수 있다. 이 칼럼의 집합체를 '하이퍼칼럼'이라 한다. 이것은 부분 시야에 들어온 광자극으로부터 윤곽정보를 추출하는 기능단위라 생각된다.

〈그림 1〉 대뇌 피질 시각역의 하이퍼칼럼 구조

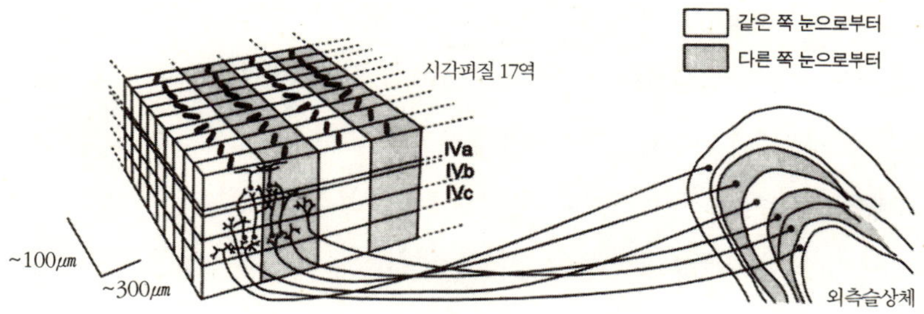

그대로 이해하면 각 하이퍼칼럼은 그 근방의 하이퍼칼럼과의 관계 및 특정 영역 내부에서의 위치적 관계에 따라 그 성질(표현)을 바꾼다. 즉 하이퍼칼럼은 복잡성을 내포하는 관계자로서 활동하고 있다고 생각된다.

의미적인 정보 처리의 해석을 향해

이들 예로부터 알 수 있는 것은 관계자는 미리 가지고 있는 가능한 상태 중에서 하나의 가능한 상태를 선택하는 것만은 아니라는 점이다. 이것은 잠재적인 상태의 현재화顯在化이고, 그러한 것이 있다고 해도 오히려 그것은 특별한 경우이다. 일반적으로는 창출 가능한 무수한 상태 중 적절한 것을 택해 창출한다는 쪽이 보다 정확하다고 생각된다. 무수한 상태를 생성할 수 있는 암재적인 포텐셜로서의 규칙의 활동에 의해 새로운 상태가 자기창출되어 밖으로 표현되는 것이다. 이 자기창출이 일어나기 위해서는 조작정보가 필요하다. 그러나 지장이 없는 한 편의상 이러한 상태의 선택적인 자기창출에 "적절한 표현을 창출한다"라는 표현을 사용하고 싶다. 관계자는 관계 속에서 자기표현을 하는 요소인 것이다. 또 나는 관계자를 '배우'actor라 부를 때도 있다.

무대 위에서 활약하는 배우는 연극 전체의 줄거리 속에서 각자 적절한 연기를 하고 그 배역을 창출적으로 표현해 간다. 배우가 예컨대 '타로'太郎라든가 '하나코'花子라든가 하는 이름으로 등장했다고 하자. 이를 배우가 각자의 이름에 어울리는 연기의 창출을 떠맡고 나온다고 표현해 보자. 각 배우가 떠맡은 이름은 일종의 새넌 정보지만 그것만으로는 그 이름이 어떠한 배역을 표현하고 있는지 명확하지 않다. 배우가 연기를 창출함으로써 비로소 그 이름이 어떠한 배역을 나타내고 있는가가 결정되는 것이다.

배우가 연기를 창출함으로써 그 이름이라는 새넌 정보상의 의미(배역)가 결정된다. 이것이 표현의 창출 또는 선택에 해당한다. 각 배우의 연기 간에 정합적 관계가 없다면 집단 속에서의 배역이 확실히 정해지지 않는다. 바꿔 말하면, 배역이 확실히 표현될 때에는 그 배역은 연극의 줄거리 속에서 정합적인 관계를 부여받는다. 이렇게 배우는 여러 연극 속에서 새넌 정보에 의미표현을 부여하는 관계자이지만, 우리들도 태어날 때 부모로부터 부여받은 이름을 일생 동안 계속 짊어지고 그로써 의미를 표현해 배역을 끝내는 존재이다. 각 배우가 전체 속에서 정합적인 배역을 부여받는다는 의미에서 연극은 완결된 의미의 통합적인 창출 프로세스이다.

결국 극단은 미리 한정되어 있지 않은 무수한 극을 상연할 수 있다는 의미에서 비한정적이다. 이 비한정성은 각 관계자가 행하는 연기(의미의 표현)의 무한정한 창출성으로부터 오고 있으므로 그 표현은 무한정한 것이다. 창출이 비한정적이고 부분적인 법칙으로 한정할 수 없다는 것이 복잡하다는 것이며, 그 선택을 내부적으로 창출한 규칙에 의해 시스템이 자율적으로 결정하는 것이 비인과율성의 원인인 것이다(일본인은 이 복잡성이 야기하는 불확정 상태의 지속에 정신적으로 견디지 못하는 경향이 있다).

이리하여 의미의 통합적인 창출 과정의 특징은 요소적인 정보의 비한정적인 상태(의미가 확정되어 있지 않은 상태)로부터 출발해서 요소적인 정보 간에 상호 관계를 생성하면서 이 비한정성을 감소시켜 간다. 이렇게 의미의 표현 가능한 범위를 수렴적으로 감소시켜 간다. 개별적으로는 의미가 완결되지 않은 요소적인 정보 즉 정보소情報素를 각자의 관계자가 코드화해서, 서로 간의 상호 작용하에서 이 과정을 실행하는 것이 관계자의 자율적인 의미창출 활동이라고 할 수 있을 것이다.

그런데 의미의 세계에서는 "부분 속에 전체가 포함된다"라는 물질적인 관계에서는 보이지 않는 특별한 관계가 있는데, 이것은 관계자가 시스템 전체의 상태를 장의 정보로서 받아들여 그 시스템 전체의 상태와 조리가 맞는 표현을 창출하는 것을 반영한다. 다른 한편 그 시스템 전체의 상태는 관계자가 일정 구속조건(장소적 자기한정 조건)하에서 만드는 것이다.

지금까지 생명관계학에서는 의미적인 정보 처리, 특히 새로운 의미의 창출을 동반하는 정보의 통합 원리를 생각해 왔다. 그 과정에서 '정보소'와 '관계자'라는 개념을 구축하는 것과 함께 그것에 기초해서 다음의 두 가지 발견에 힘써 왔다. ① 의미적인 정보 창출 원리의 발견, ② 환경의 복잡한 변화에 응할 수 있는 유연한 자율제어를 달성하기 위한 구조와 규칙의 발견. 그 연구 과정에 있어서 적용되는 생각을 아래에서 대충 정리해 보자.

생명관계학의 기본적 사고 방식

1) 관계적인 시스템

관계적인 시스템이란 많은 관계생성 요소로 이루어진, 그 활동 간에 역동적인 관계를 자기조직할 수 있는 시스템이다. 예컨대 레이저는 레이저 원자를 일종의 관계생성 요소로 하는 관계적인 시스템이다. 복잡한 관계적 시스템이란 관계적인 시스템의 일종이지만, 동일한 물리적 조건하에서 요소 간에 다양한 관계를 자기조직하는 가능성을 가진 시스템이다.

일반적으로 복잡한 관계적 시스템은 다양한 관계생성 요소와 그 사이에 생성된 다양하고 복잡한 연결로 이루어진다. 이 복잡한 연결의 선택적 생성에 의해 다양한 관계적 질서를 창출할 수 있다. 그를 위해서는 요소 그 자체에 다양한 내부 상태(존재 상태)를 선택적으로 창출할 가능성이 존재하고 있어야 할 필요가 있고, 또 어떤 내부 상태를 선택하는가에 따라 요소 간의 관계성이 변해야 한다.

생명시스템은 일반적으로 복잡한 관계적 시스템이다. 그 복잡성 때문에 시스템 내부에서는 다양한 관계적 질서가 자기조직된다. 이것은 복잡하게 변화하는 환경에 따라서 시스템이 자율적으로 자기제어를 하기 위한 필요조건이기도 하다.

2) 관계생성 요소로서의 관계자를 생각한다

관계생성 요소의 사고로부터 출발해서 복잡한 관계적 시스템의 요소로서 착안된 것이 관계자라는 개념이다. 그리고 관계자를 기초로 두고 생명시스템을 이해하는 것이 생명관계학의 방법이다. 이 생각을 진행시켜서 정보와 관계자 간의 관계를 아래와 같이 생각한다.

3) 의미적인 정보 통합

"생명시스템 속에서 관계자 집합에 의해 자기조직되는 (상호 조리가 맞는) 의미적 표현은 관계자의 활동에 의해 정보소(의미가 확정되지 않은 요소적 기호)를 통합해서 만든 것이다"라고 가정한다.

일정 계층에 착안했을 때, 정보소는 그 층위에서 의미 부여 할 수 있는 최소 단위의 정보(기능의 최소 단위가 되는 정보)가 된다. 즉 신호 단위인 정보소가 의미적인 정보 단위가 되기 위해서는 그것들이 서로 통합되어 시스템의 의미 또는 기능에 결부되는 정보로 화할 필요가 있다. 정보소가 통합되어 의미를 가진 정보가 창출되면, 그 전체적인 정보와 그것을 구성하는 정보소 간에는 의미적인 상호 의존관계(전일적인 관계)가 형성된다. 그리고 일반적으로 정보소 간의 관계 짓는 방식에 의존해서 통합된 정보나 그 단위적인 정보소의 의미가 변화한다(정보소의 의미는 전체적인 정보의 의미 속에서 결정되는 것일 뿐 고정된 것으로 생각해서는 안 된다). 통합된 정보(전경)의 구성 요소가 되지 않는 정보소는 확정적인 의미를 가질 수 없으며 의미적으로 분리되어 '배경'의 정보가 된다.

4) 관계자: 의미적인 정보를 통합하는 소자

관계자는 자율적으로 활동하면서 복잡한 관계적 시스템을 구성하는 단위 프로세서이다. 관계자는 정보소를 코드화해 상호 관계를 생성해서 코드화하고 있는 정보소에 관계를 부여하고 이것을 통합한다. 즉 관계자는 생명체가 의미적인 정보를 낳기 위한 복잡한 내부 구조(다양한 내적 상태)를 가진 단위 소자이다. 사실 이러한 이미지에 입각하면, 환경에서부터 생명시스템에 들어가는 신호는 우선 적당히 변환되어 정보소 군이 되고(정보소의 통합이 꽤 진행되면 이 변환에 통합된 정보로부터 되먹임이 생기는 경우가 있다), 다음으로 그것이 통합되어 전체로서 하나의 의미를 가진 정보로 된다. 그 의미를 가진 정보가 위에 나타내고 있듯이 '톱-다운' 신호로서 되먹임('피드 백') 또는 '피드 포워드'해서 관계자 간에 조리가 맞는 관계를 확정하면, 동시에 전체와 관계자 간에도 조리가 맞는 관계를 생성한다. 이것이 관계적 질서이다.

중요한 것은 관계자가 생명시스템에 존재한다는 것과 정보가 통합적으로 창출할 때 시스템 전체와 그 부분인 관계자의 동역학 간에 지금까지 내가 전일적 고리라 불러온 일종의 되먹임 고리가 형성된다는 것이다. 이 활동에 의해 각 관계자는 전체를 공유하고 각자 전체 상태와 정합적으로 되도록 자기를 창출해 갈 수 있게 된다. 일반적으로 닫힌 고리의 출현은 그 고리에 의해 이어진 관계자 간에 조리가 맞는 정합적인 관계가 만들어지고 있다는 것을 나타내고 있다.

이 되먹임 고리의 활동에 의해 전체적인 정보의 의미가 결정됨과 함께 그 의미와의 관계에 있어 부분을 구성하고 있는 정보소의 요소적인 의미도 결정된다. 또한 종종 중요하게 되는 것은 생명시스템 내부에서 자율적으로 진행되는 정보소의 통합이 입력한 환경 정보와 시스템 전체의 내부 상태 양측에 의존한다는 것이다.

단, 관계자 간의 관계적 질서의 생성은 일반적으로 불량 설정 문제가 되므로 그대로는 진행할 수 없다. 그것이 진행되기 위해서는 시스템 내부에 적절한 구속조건(장소의 정보)이 생성될 필요가 있다. 이 구속조건의 생성은 '자기' 또는 장소(내부 장소)의 자기한정의 형태로 행해지는 것이다.

이대로는 끝내기 어렵다고 생각하므로 조금 설명을 보충해 두자. 우리들 자신을 특별한 관계자로 생각해서 이것을 설명해 보자.

관계적 질서를 어떻게 생성하는가 하는 문제는 예컨대 우리들이 많은 신입 사원들과 함께 같은 직장의 사람들 속에 들어가 그 집단을 같이 움직여 가기 위해 어떤 사람들과 어떤 관계를 만들어 가는가 하는 문제에 해당한다. 지금까지의 상식적인 사고에서는 우선 직장이라는 세계를 확실히 인식하고 그 인식의 결과에 기초해서 가장 좋은 행위를 선택하는 것이 될 것이다.

〈그림 2〉 전일적 고리

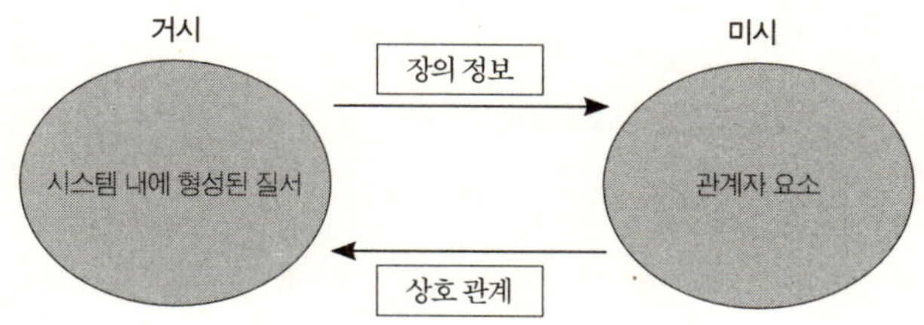

그러나 복잡한 현대 사회 속에서 회사는 예측을 뛰어넘어 매일 변화해 간다. 이 때문에 우선 가장 좋은 것은 무엇인지를 인식해서 거기에 기초해서 관계를 만들어 가는 인과율적 순서에 따라서 행위를 하는 것은 불가능한 경우가 많다. 오히려 우선 알기 위해 즉흥적으로 행위하고 그 결과에 기초해서 인식하는 역 프로세스가 필요케 된다. 이 '행위로부터 인식으로'라는 행동이 요구되는 것이 '생생한 현장'의 특징이다. 그리고 이 행위는 인간 간의 관계생성을 동반하면서 행해지는 것이다.

그러면 어떠한 관계를 만들면 좋은가. 이것은 어떠한 행위를 하면 좋은 것인가를 결정하는 것으로, 처음에는 무한한 가능성이 있다. 처음부터 들판에 길은 없다. 걷는다는 행위에 의해 길이 만들어지고 주위 풍경도 변해 간다. 어떤 방향으로 어떻게 걷는가 하는 것에는 무한의 가능성이 있고 복잡한 미개척지 속에서는 누구도 그 앞을 완전히 알지 못한다. 이 앞을 알 수 없는 불확정성이 이 책에서 종종 나온 비한정성이다. 그리고 비한정적인 세계 속에서 행위함으로써 세계와 교환되고 그 교환을 통해 세계를 인식하는 순서를 밟는 것이다.

이렇게 무한의 가능성을 가진 무한정성/비한정성 속에 놓여 있는 상태가 여기서 말하는 '불량 설정 문제'이다. 비한정적인 채로는 어떻게 행위를 할 것인가가 결정되지 않는다. 그래서 '행위로부터 인식으로'라는 행동에는 행위 전에 직감이 필요케 되는 것이다. 직감적으로 가야 할 방향을 알아차리고 걷는 것이 된다. 예상을 넘는 사건이 끊임없이 일어나는 복잡한 세계 속에서는 세계를 느긋하게 완전히 인식하는 것은 불가능하므로 직감에서 출발하는 것 이외에는 방법이 없는 것이다.

그러면 직감은 무한의 가능성 중에서 하나의 행위를 창출하기 위해 필요한 자기의 '구속조건'을 다음과 같이 생성한다. 직감적인 행위는 우선 장소(세계)를 자기의 신체를 매개로 해서 내부 장소에 투영하는 것에서부터 시작된다. 이렇게 투영한 장소는 물론 장소 그 자체(실제 장소)는 아닐 것이다. 장소 그 자체가 어떠한 것인지는 누구도 알 수 없다. 내부 장소에 투영한 장소, 이것이 즉 '장'이라 생각하자. 여기에서 중요한 것은 이렇게 장소를 투영하는 우리들의 신체는 딱딱한 거울처럼 단지 장소를 비추고 있는 것이 아니라 장소를 투영함으로써 신체 자신도 변화한다는 것이다.

신체는 장소를 투영함으로써 그 장소의 상태에 따라서 변화한다. 그리고 그 변화에 영향을 받아 의식의 상태도 변한다. 즉 의식이 신체에 의해 구속되는 것이다. 이것이 구속조건의 생성이다. 장소가 신체에 투영됨으로써 장의 생성이 신체의 상태를 바꾼다. 이것이 니시다의 '일반자(장소)의 자기한정'에 해당한다고 나는 생각하고 있다. 의식은 태어나서는 곧 소멸해 가는 사이클을 반복하고 있다. 그동안 장도 생성·소멸해 가고 우리들과 장소의 관계를 드라마의 줄거리처럼 구속해 가는 것이다.

5) 조작정보

조작정보는 많은 관계의 가능성 중에서 특정 관계를 선택 또는 창출시키는 정보로서 정의할 수 있다. 논리적인 계층이 다른 두 층위(미시층위와 거시층위)를 생각해 보자. 그때 거시층위에서 자기조직된 질서가 만드는 장의 정보가 미시층위로 '톱-다운' 신호로서 전해져 이것이 미시적인 요소가 자기조직하는 관계를 선택적으로 한정하면 이 신호가 조작정보가 된다.

구체적으로는 (a) 장소(구속조건 = 관계자 군에 활동의 경계를 부여하는 정보)→(b) 관계자 군(질서장 = 장의 정보)→(c) 관계자(관계자 간의 관계의 한정)와 같이 전체에 관한 조작정보가 전달된다. 동시에 이 과정에 역행해서 환경에서부터 오는 신호가 (c)→(b)→(a)로 흐르고 있어, 무한정한 상태에서 출발한 생명시스템은 '톱-다운' 신호와 '보텀-업' 신호가 폐쇄적인 고리를 만들어(완전한 의미에서 정상적이지는 않다고 해도) 정상성을 가지고 순환하는 상태를 향해 수렴해 간다. 그 정상성이 있는 상태가 성립할 때에는 각 층위 내의 요소 또는 요소 군 간에도 닫힌 신호 순환 고리가 만들어져 있다.

이렇게 어떤 요소 또는 요소 군의 활동이 상호 영향을 주고받을 때 그 상호 영향이 정상성을 가지고 순환하는 것, 즉 상호 작용의 '닫힌 고리'가 형성된 것은 서로의 영향의 조리가 맞고 있다는 것을 의미하고 있다. 또 역으로 신호 순환 고리가 열려 있는 경우는 서로의 상태가 조리가 맞고 있지 않다는 것을 의미한다. 이 조리가 맞은 정합적인 상태로 시스템이 수렴해 가기 위해서는 동조 현상을 동반하는 상호 작용이 필요하다.

6) 생명시스템과 관계자

일반적으로 생명시스템은 관계자를 구성 단위로 하는 복잡한 시스템으로서 모델화할 수 있는 것이 많다. 인간이나 세포를 이러한 의미적인 정보를 프로세싱하는 기능 단위인 관계자로 간주하는 것이 가능하지만, 뇌나 그 외의 복잡한 생명시스템 속에서도 관계자로 간주하는 것이 가능한 요소가 존재하는지는 흥미롭고 또한 중요한 문제이다.

관계자의 한 전형적인 형태는 대뇌 신피질에서 일반적으로 보이는 하이퍼칼럼 구조이다. 예컨대 감각 수용역에는 감각적인 정보소가 입력되고 하이퍼칼럼에 의해 통합되어 지각상像을 만들고 있다고 생각된다.

7) 신경컴퓨터와의 관계

이렇게 정보소를 통합하는 관계자는 일반적으로 비선형 비평형 상태[5)]에 있는 아날로그 소자이고, 생명시스템에서의 의미적인 정보 처리 소프트는 이러한 소자의 물리적인 성질을 기반으로 해서 생겨난 것이다. 그런데 신경컴퓨터neurocomputer의 방법을 발전시켰을 때 그러한 정보 처리를 어느 정도 실현할 수 있는지가 흥미로운 문제가 된다. 그것은 관계자라는 생명적 요소를 어디까지 실현할 수 있는지에 달려 있다.

나 자신은 신경컴퓨터 내부에 하이퍼칼럼에 필적하는 소자의 집합으로 만들어진 여러 계층과 또 장소로서의 활동을 하는 부분 그리고 그 다른 계층 간에 적절한 되먹임 체계를 도입하면 상당 부분 가능케 되지 않을까 하고 생각하고 있지만, 생명시스템과 인공물 간에는 확연한 간격이 존재하고 있다고 생각하고 있다.

현재까지 우리들의 연구 포인트는 의미적인 정보의 기초적 연구, 즉 의미에 따른 정보 통합의 메커니즘과 자율적인 요소인 관계자를 기초로 한 자기제어 연구에 있다.

---

5) 비선형 비평형 상태. 시스템에 변화를 일으키는 구동력이 평형을 이루어, 변화가 보이지 않게 된 상태를 평형 상태라 한다. 외부와 상호 작용이 없는 닫힌 시스템에서는 변화는 평형 상태를 향해 일어난다. 예컨대 욕실 목욕물의 온도는 실온에 달하면 열이나 물질의 흐름이 없어진다. 여기에 비해서 외부와 상호 작용이 있는 열린 시스템에서는 평형 상태로 이행하지 않고 끊임없이 변화가 생긴다. 이것을 비평형 상태라 한다. 이러한 시스템에는 두 종류가 있다. 첫번째는 평형 상태의 근방으로, 여기에서는 평형으로 향하는 불가역한 변화가 보인다. 두번째로 평형에서부터 멀리 떨어져 있는 상태로 여기에서 자기조직화가 일어나는 경우가 적지 않다.

2장_의미창출 프로세스를 구성한다

대뇌 연구를 위한 작업 가설

나는 대뇌에 관한 우리들의 모델을 발상의 한 원천으로 삼아 왔다. "나의 머리는 왜 이렇게 활동하는 것일까?" 하는 물음을 계속 질문해 나가서, 그 답을 과학적인 모델에 기초해 '계산 이론'의 형태로 사용하려고 하는 것이 우리들이 취하려는 수순이다.

우선 사고를 진행하는 수단으로서 가설을 세우고 거기서부터 추론해서 일정한 결론을 얻는다. 그리고 그것을 여러 국면과 결부시켜 명확하게 하는 과정을 반복한다. 그 사이에 관찰 대상으로서 이용가능한 것은 가능한 한 많이 이용해 타당한 가설을 세우는 데 실용화한다. 그리고 그 대상은 결론을 확실히 하기 위해서도 사용할 수 있다. 그런 까닭으로 나는 신문을 읽고 있을 때도, 그림을 보고 있을 때도, 자동차를 운전하고 있을 때도, 길을 걷고 있을 때도, 또 꿈을 꾸고 있을 때도, 그 속에서 내 연구의 재료를 찾고 있다.

대뇌는 다수의 또 다종류의 뉴런 집합이다. 그 네트워크 구조는 극히 복잡하고 불균일하며, 일반적으로 대뇌에 있어서 위치가 다르면 다른 정보 처리가 행해지고 있다. 그러나 전체로서 보면 결코 무질서하게 활동하고 있는 것은 아니다. 대뇌는 신체와 마찬가지로 수동적인 도구는 아니다. 그것 자체가 새로운 정보를 만들어 내는 능력을 가지고 있는 능동적인 생명시스템인 것이다. 우리들의 창조적인 활동은 이 자기창출성이 작동함으로써 만들어지는 것이다.

대뇌 활동은 극히 복잡하고 또 다양성이 풍부하다(그림 3). 현재로서는 여러 종류의 지식이 얻어지고 있고 그 어떤 것이든 귀중한 데이터이지만, 아직 단편적으로 이해되고 있는 데 지나지 않는다. 대뇌가 어떠한 원리하에서 어떻게 활동하고 있는가 하는 전체상은 아직 잘 보이고 있지 않은 것이 현실이다. 그러나 얻어진 정보는 아직 부분적으로 불완전함에도 불구하고 극히 복잡하다. 그래서 인간이나 동물 대뇌의 심리적인 과정이나 고찰 과정을 포함한 의식의 고차적 활동을 설명하기 위해 이들 지식의 단편을 어떻게 연결해서 통합해 가는지, 부족한 정보를 어떻게 해서 손에 넣는지가 필요케 된다.

대뇌와 같은 복잡한 시스템을 대상으로 하는 경우에는 어떻게 해서든 적절한 작업 가설을 세울 필요가 있게 된다. 그것이 없으면 어떠한 실험을 계획하고 그 결과를 어떻게 해석할 것인가 하는 방침이 서지 않기 때문이다.

대뇌는 카메라나 테이프 레코더와 같은 단순한 정보의 수용자가 아니다. 그것 자체가 외계로부터 오는 정보에 자율적으로 의미를 부여할 수 있다. 또한 새로운 의미를 가진 정보를 만들어 내거나 발상하거나 하는 것 같이 적극적이고 자율적인 창출성을 가지고 있다. 이 성질에 입각해서 인식이란 무엇인가, 그것은 어떠한 원리에 의해 행해지고 있는가 하는 문제를

〈그림 3〉 뇌의 역할 분담

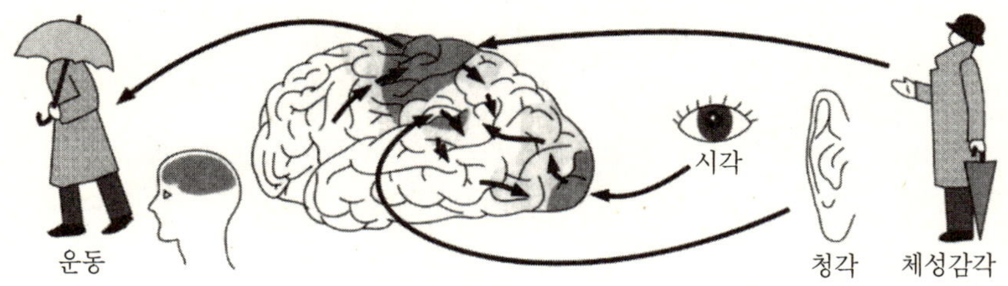

시각 · 청각 등의 감각 정보는 뇌의 다른 부분에서 처리된 뒤에 연합역으로 보내진다.

출처: Brian Kolb & Ian Q. Whishaw, *Fundamentals of Human Neuropsychology*, 3rd Ed., W. H Freeman, New York, 1990.

신경 회로망의 동적인 성질을 기초로 해서 구체적으로 생각해야 한다. 그것이 우리들의 과제이기도 했다.

그래서 우리들은 외계로부터 들어오는 정보를 뇌가 부여하면서 해석하고 있다는 가설을 세우고 대뇌 연구를 시작했다. 예컨대 시끄러운 칵테일 파티에서 노이즈 층위보다 물리적으로는 작은 음성으로 특정 사람과 부자유하지 않게 대화할 수 있는 것은 상대가 하는 말의 의미를 좇아 그 점만을 골라내서 인식하고 있기 때문에 틀림없다. 그리고 다른 음은 정보 처리 과정에서 노이즈로서 분리되는 것이다.

의미에 의한 신호의 이런 분리는 의미 분절화 체계와도 관계하는 대뇌의 중요한 성질의 하나이다. 신호가 의미를 가진 정보가 되기 위해서 필요한 조건은 부분의 의미와 전체의 의미 간에 일정한 정합적인 관계가 있어야 한다는 것인데, 그 정합적인 관계가 대뇌 속에서 어떻게 표현되고 있는지를 구체적으로 파악할 수 있다면 이것이 앞의 칵테일 파티 효과를 설명하는 것이기도 하다. 부분과 전체가 의미적 또는 기능적으로 조리가 맞는 관계를 우리들은 '정합적인 관계' 또는 '전일적인 관계'라 부르고 있다.

대뇌의 기호동역학

고등 동물의 대뇌활동 중에서 무엇보다도 잘 연구되고 있는 것이 시각에 관한 연구이다(그림 4). 생명관계학 연구에 있어서도 지금까지 구체적으로 실행되어 온 것은 '시각에 있어서의 외계 인식이란 무엇인가'라는 문제였다. 우리들은 이것을 "인식이란 외계로부터 오는 신호가 뇌에 의해 해석되는 것이다"라는 입장에서 연구해 왔다.

이것은 이른바 "수용적인 네트워크가 필터로서 작용, 밖에서부터 오는 신호를 몇 가지 이미 알고 있는 카테고리로 분류하는 신경 회로망"과는 원리적으로 다르고, 대뇌 내부에서 적극적으로 활동하는 능동적인 부분(자기 또는 주체적인 부분)의 존재를 가정하는 것이었다. 이 부분에 해당하는 '자기표현성을 가진 동적인 신경 네트워크'를 우리들은 '대뇌 기호역'이라 부르고, 그 활동을 '기호동역학'이라 명명하고 있다. 이 '기호역'은 신피질만으로 구성되어 있는 것은 아니다. 그 일부에는 해마를 중심으로 한 대뇌 변연계와 대뇌 연합역을 합친 것이 포함되어 있다.

대뇌 기호역에서는 의미를 가진 기호 요소의 생성·그들의 통합·기억 등이 행해지고 있다. 기본적인 기호 요소는 아마도 뉴런 다발(뉴런으로부터 생긴 관계자)의 내부 상태에 코드화[6]되어 기억되며, 그러한 관계자를 요소로 하는 네트워크 속에서 자기조직되는 동적인 질서 상태에 동반되어 고차적 의미를 가진 기호가 생성된다. 이러한 기호동역학이 행해지는 공

---

6) 코드화(Encode). 통신공학에서는 통신하는 문장을 일정 규칙에 의해 만들어진 기호(예컨대 모르스 기호)로 변환하는 것. 생리학적인 예를 들면 감각기에 들어오는 정보는 신경 임펄스(impulse)로 변환되고 기호화되어 전달된다. 심리학에서는 감각 정보의 기호화는 이미지 기호·언어적 기호·기호적 기호·운동 기호로 크게 나눈다. 생물의 정보 처리에서는 기호(물리적 실체)와 신호화되어 있는 정보 자체를 구별하는 것이 중요하다.

〈그림 4〉 시각정보의 처리

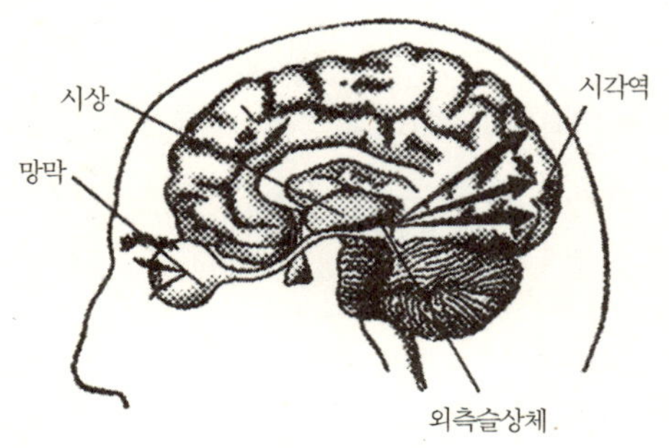

망막에서 받아들인 빛의 신호는 시상(視床)의 일부인 외측슬상체를 경유해서 대뇌 신피질의 시각역으로 보내진다. 시각정보는 신피질의 한층 고차적인 영역이나 해마에도 보내져 '해석'된다

간이 대뇌의 '기호공간'이고 그것은 대뇌 감각역에 있는 외계의 공간성을 반영하는 감각역 공간과는 다른 의미공간이다(기호역은 요소적인 기호를 코드화한 관계자가 배우로서 표현 활동을 하는 극장에 비유할 수 있다).

기호공간 속에서도 일종의 관계자가 있어, 그 집단 간에 생기는 상호관계의 생성과 그것에 동반해 일어나는 관계자의 의미 상태(내부 상태)의 창출에 관한 규칙이 넓은 의미에서의 '문법'에 해당한다. 그 기호동역학은 유전적으로 규정된 뇌의 복잡한 구조를 무대로 외계신호 입력 외에도 과거의 여러 가지 기억이나 정서적인 활동이 영향을 주는 형태로 일어나는 것이다.

외계로부터의 신호는 우선 그것 자체로서는 의미를 가지지 않는 신호요소, 즉 정보소의 집합 형태로 대뇌 감각역, 예컨대 시각역에 보내진다. 거기에서 정보소는 시각역과의 관계자로 코드화된다. 그리고 관계자 네트워크의 자율적인 활동에 의해 관계자 상호 간의 관계가 결정되어 점차 몇 개의 기본적인 통합(우리들이 '요소적인 표현'이라 부르는 특징)을 생성해 간다. 그리고 외계의 특징과 잘 결부될 수 있는 통합에는 요소적인 의미가 부여되고, 동시에 '무대' 위에서 자기조직된 기호동역학에 의해 전체적인 의미가 부여된다. 요소와 전체의 의미가 정합적이 되도록 보다 고차적 의미를 가진 기호가 자기조직되는 것이다. 나는 이러한 입장에서 게슈탈트심리학[7]을 재검토하고, 기호동역학에 연관해서 뇌의 사고 과정을 명확하게 하고 싶다고 생각해 왔다.

과학적인 연구에서는 연구 계획을 이렇게 말하는 것만으로는 해결되지 않는다. 생각했던 대로 실제로 뇌가 움직이고 있는 것을 증명하든지, 혹은 그 착상의 근저에 대뇌 활동을 나타내는 인공 시스템을 설계해서 그것이 기대한 대로 실제 활동하는 것을 적어도 계산에 의해 설명해 보이지 않으면 거의 아무것도 말하지 않은 셈이 된다. 그래서 어떻게 하면 이상의 사고 방식에 서서 과학적인 연구를 구체적으로 진행해 갈 수 있는가가 중요한 문제가 된다.

이론이나 모델이 수학적으로는 완전한 형태를 취하고 있어도 실험과의 대조에 의해 폐기되는 것도 많다. 여기에 특정 기능의 실현을 향해 이론적인 연구를 진행하는 의의가 있다. 나의 관계자 개념은 이러한 실천적인 과정에서 생각되어 제시되고, 확실하게 다듬어져 온 것이다. 이론에서는

---

7) 게슈탈트심리학(Gestalt psychology). 게슈탈트(Gestalt)는 독일어로 '형'(形)·'모양'·'구조'를 나타낸다. 19세기까지의 심리학에서는 지각현상은 요소로 분리되어 그 위에서 요소 간의 연합이 일어난다는 연합학설이 일반적이었다. 19세기 말 에렌펠스(Christian F. von Ehrenfels)가 멜로디 지각이나 도형의 지각은 단순한 부분의 총화 이상의 것으로서 존재하고 요소로 분리되지 않는다고 설명, 이 성질을 게슈탈트 성질이라 불렀다. 이것을 심리학에서 발전시킨 것이 베르트하이머(Max Wertheimer), 쾰러(Wolfgang Köhler), 코프카(Kurt Koffka), 레빈(Kurt Lewin) 등 베를린학파 사람들이다. 그들은 심리학에 머무르지 않고, 예컨대 쾰러는 물리학이나 화학에 있어서도 부분의 총화 이상인 전체, 부분으로 환원되지 않는 전체가 생긴다고 했다. 이것은 심리적 게슈탈트에 대해 물리적 게슈탈트라 불린다. 또한 심리학 현상으로도 확대해서 게슈탈트 이론이라 총칭된다.

어떤 것과 어떤 것의 관계로서 기능을 파악해 그 기능적 관계가 실현되어야만 한다. 복잡한 대뇌 내부에서 일어나는 표현이나 기호동역학은 비선형 진동자[8]의 리듬과 동조의 동역학에 의해 기술 가능하다는 것을 나는 지적해 왔다.

우리들이 지금까지 주장해온 '전일적 고리'·'관계통합 고리'·'동조 순환 고리'라는 개념은 이 표현과 기호 형성 동역학의 도구tool로서 제시된 것이다. 전일적 고리가 닫힌 것으로 조리가 맞는 정합적인 관계를 표현하는 것이었고, 그리고 기호가 놓인 장의 동역학(니시다 기타로의 장소의 논리, 즉 변증법적 일반자의 활동)을 전일적 고리가 닫히기 위해 필요한 구속조건을 창출하는 동역학으로서 위치 지은 것이었다.

의미를 코드화하는 관계자 : 기본 문제 4

대뇌가 어떻게 감각정보에 의미 부여를 하고 있는가를 알기 위해서는, 신경세포 집합으로 만들어진 전일적인 소자(관계자)와 그 집합의 활동에 의해 의미적인 관계가 그 관계자 간에 어떻게 자기조직되는지를 생각해 볼 필요가 있다. 그때 다시 관계자와 그 동역학이란 도대체 어떠한 것인가를 생각할 필요가 있게 되었다. 그렇지만 그것만으로는 아직 불충분하고 다시 관계자와 그 네트워크의 구축성architecture을 생각할 필요가 있다.

다음으로, 중요한 것은 하드웨어로서의 관계자의 활동에 어떻게 의

8) 비선형 진동자. 용수철과 같이 변위(늘어나거나 줄어들거나 하는 거리)에 비례한 선형적 복원력에 의해 운동하는 시스템을 선형 진동자(조화 진동자)라 한다. 이것에 대해 변위에 비례하지 않는 비선형적 복원력에 의해 운동하는 시스템을 비선형 진동자(비조화 진동자)라 한다. 여기서 말하는 비선형 진동자는 그 중 자연발생적 진동자이다.

미가 코드화되고 관계자의 집합이 고차적 의미를 가진 정보를 자율적으로 자기조직한 후에 어떻게 그 의미를 끌어 내는(읽어 내는)가를 발견해야만 한다.

이것은 이른바 소쉬르[9)]가 시니피앙Signifiant과 시니피에Signifié라는 단어로 나타내려 한 언어 구조를 넘어, 나아가 양자가 통합해서 보다 고차적 의미를 가진 기호가 만들어지는 원리와 메커니즘을 파악하는 것, 나아가 그 의미를 파악하는 메커니즘을 관계자 집합의 동역학으로부터 구체적으로 파악해 가는 것에 해당한다.

잊지 말아야 할 것은 관계자 간에 어떠한 관계가 자기조직되는가에 따라 관계자가 지니고 있는 정보소의 의미가 다르게 된다는 것이다. 그 때문에 생각해야 하는 것은 우선 관계자에 어떠한 활동의 성질을 부여하고 관계자 간에 어떠한 네트워크 구조를 생성할 가능성을 부여하는가 하는 것이다. 두번째로는 어떤 원리에 의해 네트워크를 변화시켜야 관계자 집합체에 의미 있는 관계가 자기조직 가능한가 하는 것이다. 세번째로는 그 것에 의해 집합적인 모드(리듬이 동조된 정합적인 상태)가 출현하는 것을 확인, 그 집합적 모드가 지니는 의미가 예컨대 동물이나 인간이 감각 정보를 의미 짓는 것과 본질적으로는 마찬가지로 진행되는 방법을 발견해야만 한다. 이들 여러 문제를 해결하지 않고서는 대뇌 활동을 표현하는 모델은 불가능하다.

---

9) 페르디낭 드 소쉬르(Ferdinand de Saussure). 스위스 언어학자. 구조언어학의 원점을 제시했다. 언어를 모델로 문화 일반의 기호성과 그 물상화(物象化) 현상을 해명하려고 했다. 현실의 여러 언어(les langue), 기호학적 제도(la langue), 보편적 언어능력, 언어 활동(language)으로 차례로 연구했다. 언어 활동을 랑그(langue)와 파롤(parole)로 나눠 구조주의 인류학 등에 큰 영향을 주었다. 만년에 문화 내의 여러 기호를 분류하는 정태적 기호학으로부터 기호발생의 장을 해명하려고 하는 역동적 기호학을 지향해서 애너그램(anagram)의 연구에 도전했지만 완성하지 못했다.

대뇌에 국한되지 않고 일반적으로 생명시스템 속에서는 여러 의미의 생성이나 통합이 일어나지만, "관계자와 그 집합에 의해 만들어지는 어떤 상태에 어떤 의미적 정보가 어떻게 코드화되어 어떻게 읽히게 되는가"를 명확히 해야만 하는 것이다.

이 문제는 생명관계학의 세 가지 문제, 즉 ① 의미적 정보 압축의 문제, ② 개개의 관계자와 그 집합에 출현하는 질서 간에 일어나는 순환적인 상호 의존 관계를 여러 조건하에서 해명하는 문제, ③ 아직 규정되지 않은 (비한정적인) 정보의 시스템에 있어서 의미를 알 수 있는 원리란 무엇인가 하는 문제에 잇따르는 '생명관계학의 네번째 기본 문제'에 해당한다.

이 문제를 풀지 않으면 지금까지와 같은 '물질과학'과 '정보과학'이 언제까지나 나눠진 상태에 머무르게 된다. 이것은 대뇌의 하드웨어와 소프트웨어가 결합되지 않은 상태에 해당한다. 인간과 그 사회의 경우에는 이 문제를 일반화하면 물질과 정신의 관계를 생각하는 것이 될 것이다.

이 문제는 유전자를 생각하기 위해서도 중요하다. 유전자가 생체 속에서 만들어 내는 단백질 구조를 결정하는 정보를 가지고 있다는 것은 증명되었다. 그러나 유전자가 예컨대 인간 몸의 형태나 기질 등과 같은 더욱 고차적 유전형질을 어떻게 코드화하며 그것이 어떻게 파악되는 것인지, 뇌의 활동이 이 유전자의 구조와 어떻게 관계하는지는 전무하다고 해도 좋을 정도로 알려져 있지 않다.

이것을 알지 못하면 생물 진화에 얽힌 여러 수수께끼도 알 수 없다. 생명관계학은 이 양자를 메우기 위해서도 기여할 수 있다. 이 네번째 문제를 생각하는 것은 생명이나 대뇌 활동을 이해함에 있어서 피할 수 없는 프로세스가 될 것이다.

대뇌 동역학의 특징

대뇌 구조는 극히 복잡하고 또 그것을 구성하고 있는 요소들은 자율적인 활동성을 가지고 서로를 복잡하게 통합하고 있다. 많은 경우 하나의 뉴런이 수만 개의 뉴런과 통합되어 있다. 또 몇 가지 종류의 뉴런이 수십에서 수만 개씩 조組를 이뤄 관계자에 해당하는 기능 단위를 구성한다. 또 대뇌 속의 영역이 다르면 관계자의 성질도 또 그 활동도 그것에 따라 달라진다. 즉 다양한 관계자가 복잡하게 서로 관계하는 고도로 불균질한 시스템만이 아니라, 각자 관계자가 개성을 가지고 있는 시스템상像이 떠오르게 된다. 게다가 그 시스템은 여러 가지 정보를 생성하는 다의적인 자기조직성을 가지고 있어서 '자기'의 상태와 외계로부터 오는 정보에 의존해서 시스템 자신을 창출해 갈 수 있다.

이러한 시스템이 나타내는 동역학은 '불균질 다변수 시스템의 복잡한 동역학'이라고도 말할 수 있는 것으로, 과연 정상적인 상태가 있는지 없는지, 또 고정된 '다변수'를 생각할 수 있는지 없는지조차도 명확하지 않다. 대뇌가 외계로부터 오는 정보에 하나의 의미를 부여할 수 있는 상태에서는 대뇌의 여기저기에 있는 리듬이 순간적으로 동조하고, 그리고 곧 재차 복잡한 비동조 상태 속으로 돌아간다. 그것은 마치 그때까지 복잡한 움직임을 보이며 연주하고 있던 거대한 오케스트라가 순간의 합이 맞아 재차 곡을 연주하는 것과 같다.

이 동조한 관계자에 의해 의미(전경)가 표현되고 동조하지 않은 것이 백그라운드(배경)를 이루고 있다는 것이 생명관계학의 연구이고, 이것이 조금씩 실험적으로 증명되어 온 것이다. 또 이것이 칵테일 파티 효과를 설명하는 우리들의 가설이다.

이렇게 관계자 간에 '동조'가 일어난 정합적인 상태에서는 다수 관계자의 동역학(미시적인 변수)이 상호 동조되어, 전체적인 리듬(거시적인 변수)이 자기조직되기 때문에 변수의 수가 실질적으로 감소하게 된다. 그리고 그 후에 리듬이 흐트러지게 된다.

이것을 개괄적으로 정리하면,

① 미시적인 많은 변수가 드러나도록, 그리고 복잡하게 표현하는 흐트러진 비한정적 상태

② 미시적인 다변수가 자기조직적으로 소수少數의 거시적인 변수로 정리되는 카오스적인 상태

③ 또 자기조직화가 진행되어 전체적으로 리듬이 통합되는 동조 상태(정보가 한정된 상태)

④ 동조 상태가 무너져 만들어진 ②와 닮은 소수의 거시변수 상태

⑤ 본질적으로 ①과 닮은 미시적 다변수 상태

라는 변화를 따라가게 된다고 생각하고 있다.

뇌파를 보면 뇌에는 소수의 거시적인 변수가 출현하는 카오스적 상태가 존재하고 있는 경우가 많다는 것을 알 수 있다. 그런 의미에서 뇌의 카오스적 상태는 리듬의 자기조직 현상이 일어나고 있는 중요한 증거가 될 뿐만 아니라, 어떻게 해서 질서상태 ③이 생겨나는가를 인식함에 있어서도 중요한 실마리를 부여해 줄 가능성이 있다. 그래서 ② → ③ → ④라는 변화에 눈을 돌려 보면, 그것은 외관상 간헐적 카오스[10]와 유사하다.

---

10) 간헐적 카오스(intermittent chaos). 간헐적으로 리듬을 출현시키는 '카오스'. 리듬 상태가 일정 기간 계속되면 카오스 상태가 일어나고 또 일정한 리듬 상태가 나타나는 등의 현상이 반복된다. 이 과학적 해석은 명확하게 제시되어 있지만 여기에서는 생명 현상이 카오스로부터 질서로, 또 질서로부터 카오스로 반복되는 것의 비유로서 사용되고 있다.

그러나 대뇌에 있어 중요한 것은 ①이나 ⑤와 같이 정신이 아득해질 정도로 복잡한 다자유도 상태가 존재하고 있다는 것만이 아니라, 그 구조적인 특이성과 복잡성을 제어하기 위한 조작정보의 창출 능력(구속조건의 창출 능력)이 존재하고 있다는 점이다.

나는 이들 복잡한 상태가 '흐트러져 있다'고는 생각하지 않는다. 오히려 그것은 규정할 수 없는 불확정한 상태이고, 그 배후에 숨겨진 질서가 존재하고 있다고 생각하지 않으면 분열증 상태와 정상적 상태를 구별할 수 없는 것이다. 또 인식 과정을 자율적으로 제어하는 문제와 접하지 않으면 뇌의 자율적인 의미 창출성을 논하는 것은 불가능할 것이다.

대단히 간단히 말하면, 이들 과정은 뇌간으로부터 방출되는 카테콜아민catecholamine·세로토닌serotonine·히스타민histamine 등의 신경전달물질[11)]에 의해서도 영향받아 의식 층위나 의식의 존재 양식이 여러 가지로 변화한다고 가정된다. 또 무의식 상태에 해당하는 ①과 ⑤, ②와 ④ 등의 상태에 있을 때 대뇌가 어떻게 활동하고 있는가 하는 것은 극히 흥미로운 문제이다.

이렇게 개성과 특이성을 가진 복잡한 내부 구조와 상호 연관성을 가진 관계자의 복잡한 집합 속에서 창출된 질서는 거의 무한하다고 말해도 좋다. 게다가 그 질서는 깨끗한 리듬이라기보다 이른바 카오스를 섞은 복잡한 리듬으로, 마치 간헐적 카오스처럼 생겨나서는 또 바로 소멸해 간다.

이러한 무한의 가능성에서 어떻게 하나를 선택적으로 생성하고 그것

---

11) 신경전달물질(neurotransmitter). 영국의 생리학자 카츠(B. Katz)는 1950년대에 신경접합부의 신경 말단에 아세틸콜린이 방출되어 그것에 의해 전위가 일어나고 동시에 전위가 어떤 최소치의 배수(倍數)를 나타낸다는 것을 발견했다. 이것이 최초의 신경전달물질이다. 수천 개의 아세틸콜린 분자가 불연속하게 나눠진 소포체(小胞體)로부터 방출되어 임펄스가 신경접합부에 도달할 때 정보가 전달된다고 가설을 세워, 1970년대에 노벨 의학·생리학을 받았다. 이후 뇌 내의 여러 신경전달물질이 발견되었다.

을 정합적인 리듬으로서 잠시 안정화하는가를 생각하면, 극히 복잡한 조작을 필요로 한다는 것을 알 수 있다. 어떤 것이든 이 '무한'의 가능성 중에 하나를 선택하는 것이 외래 정보와 내부 기호역 속에서 생겨난 의미를 담지한 내부 정보이고, 후자가 조작정보로서 전자에 작용하는 곳에서 지각이 성립한다. 그렇지만 그 지각을 조작정보의 창출 메커니즘으로 생각해도 결코 일의적인 것은 아니다. 이러한 대뇌 정보 처리의 문제를 풀고자 할 때 앞서 기술했던 생명관계학의 네 가지 기본 문제가 모두 얽히게 된다.

뇌의 정보생성 프로세스

내가 관계자라는 개념을 사용해 정보의 자기조직을 본격적으로 생각하기 시작한 것은 근육 근마디의 입체구조가 미오신 분자의 운동에 주는 영향에 대한 연구에서부터였다.

극히 대략적으로 말하면, 근육 속에서는 미오신 분자가 액틴 분자와 공간 관계상 다른 장소에 놓여 있지만 그 때문에 오히려 전체로서 근육을 효율적으로 매끄럽게 수축시키고 있다는 것이다. 미오신 분자는 차이를 지니면서 서로 협력해서 전체로서 질서 있는 움직임을 자기조직하고 있다(그림 5,6).

이것은 근마디의 입체구조로서 미오신 분자 집단의 운동을 결정하는 기능적인 분자 활동이 고형화한 형태로 숨겨져 있고, 미오신 분자 집합은 이 고형화한 활동으로부터 조작정보를 생산하면서 매끄러운 운동을 발생시키고 있다는 것을 의미하고 있다.

여기서 관계자는 배우처럼 서로 간에 생성하는 관계에 의존해서 그 활동(자기표현 활동)을 바꾸는 요소라는 것, 그리고 배우가 함께 행하는 연

〈그림 5〉 유동하는 자기조직

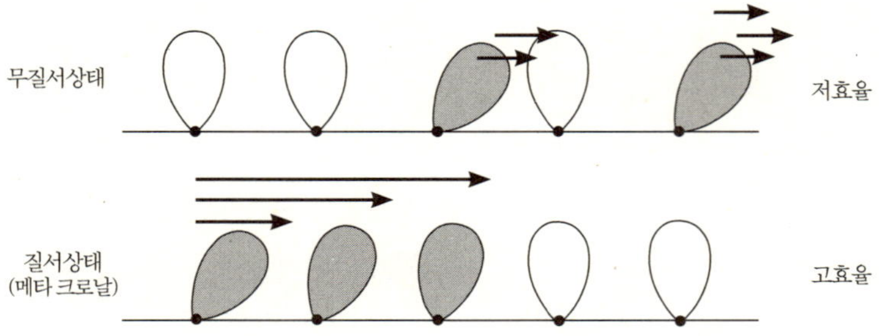

분자의 협력적인 질서 운동이 고효율을 낳는다.

극처럼 각자 관계자의 표현활동에 의해 집단에 출현하는 활동이 그 집단의 기능적인 활동이라는 것을 생각해 보자. 관계자 집단 내부의 관계를 결정하는 것은 그 집단이 창출하는 기능을 결정하는 것이 되므로 조작정보가 생성되는 것, 즉 관계자 간에 어떠한 관계를 만드는가에 관한 정보가 생성되는 것은 결국 관계자 집단에 어떠한 기능적 활동을 창출시키는가를 결정하는 것과 같다. 따라서 환경 상태에 따라 적절한 관계를 생성할 수 있는 관계자 집단은 환경 상태에 따라 적절한 기능을 창출할 수 있는 것이다. 관계자 집단에서는 조작정보의 생성 규칙을 고형화한 형태로 기억해 두는 것은 기능을 발휘하는 방법을 기억해 두는 것과 같다.

여기서 흥미로운 것은 분자 집단의 운동 층위에서 의미를 가진 조작정보를 생성하기 위해서는 미오신 분자들의 운동 간에 동적인 협동성(미오신 분자 간에 정합적인 관계를 만들어 내기 위한 상호 작용)이 필요하다는 점이다. 이 관점에 서서 섬모纖毛·정자의 편모鞭毛·박테리아 편모 등 여러 생체운동계를 살펴보면 각자 목적에 맞는 특유의 입체 구조가 있고 마찬가지의 원리가 성립하고 있음을 알게 된다. 그래서 이러한 의미나 기능에 결

〈그림 6〉 질서를 자기조직하는 요소 = '홀론'

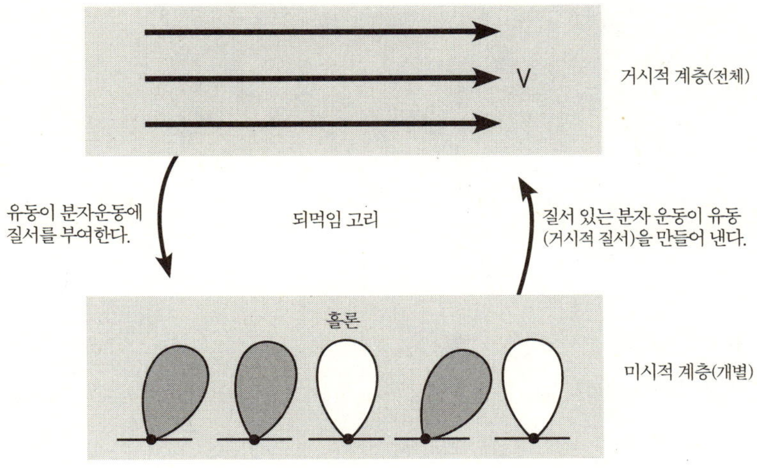

유동 셀의 예에서는 미오신이 '홀론'에, 미오신 분자가 모여 만들어 내는 유동이 거시적 질서에 해당한다.

부된 조작정보가 생명시스템 속에서 어떻게 만들어지고 어떻게 기억되며 또 어떻게 파악되는가 하는 것이 아래와 같이 흥미의 대상이 되어 왔다.

그것은 이른바 정보의 기승전결을 생각해 보는 것과 다름 없다. 뇌 모델에 관해서 말하자면, 상황에 따라서 잇달아 적절한 조작정보를 생성하면서 전술한 ①→②→③→④→⑤→①→…… 과정으로 진행해 간다고 생각된다. 미오신을 관계자로서 그 운동과 관련 지어 생각하면, 관계자 간에 정합적인 관계를 만들어 내는 활동이 조작정보에, 거기에서 출현하는 관계자의 집단적인 활동이 의미나 기능에 해당한다는 것을 알 수 있다. 이렇게 정보의 생성·기억·파악을 생각해 보면, 환경으로부터 들어오는 기호가 일단 뿔뿔이 정보소 군으로 분해되어 관계자로 코드화되고 거기에 상황에 따라 ('전경'과 '배경'을 새롭게 나누는 형태로) 의미정보가 정합적인 관계의 생성을 동반하면서 일종의 산일 구조로서 자기조직된다.

이 때문에 관계자의 표현은 항상 공시적인 창출synchronized emergence(때가 맞은 창출)의 형태를 취하는 것이다.

이 생각은 종래의 "뇌나 생체는 정보의 검지기檢知器다"라는 생각과는 달리, 지각과 결부 지은 의미적인 정보가 생성적으로 만들어진다는 것을 강조한 것이다. 이 메커니즘을 실행하기 위해서는 관계자 간에 통합과 소멸이 용이한 '동적인 결합'을 생각할 필요가 있게 됨은 명백하다. 그러한 동적인 결합으로서 요소가 발생하는 리듬이 '상호 동조'하는 현상을 이전부터 생각하고 있었다. 그래서 비선형(리듬) 진동자를 조화시켜 관계자 모델을 만들고 또 대뇌 피질의 하이퍼칼럼 구조를 참고로 해서 관계자와 그 사이의 네트워크를 생각해서, 실제로 여러 '동조 현상'을 실행시키면서 정보를 생성시켜 본다는 사고실험을 시작했다.

이어서 지금까지의 신경 회로망neural network 이론에서는, 네트워크가 일단 '학습을 한다'면 그 정보가 내부에 고정되어 버리기 때문에 앞서 말한 '탈구축 과정'인 전술한 ③→④→⑤를 넣는 것이 불가능하다. 그 때문에 시스템 내부의 정보 처리 방법이 고정되어 버리므로 외계에 대한 유연성을 잃어버리게 된다. 이러한 정보 처리를 하는 생물이 있다고 한다면, 그것은 미리 규정하는 것이 불가능한(비한정적인) 환경의 복잡한 상황에 응해 살아갈 수 없을 것이다. 이것이 우리들의 출발을 이룬 생각이었다.

나는 이러한 문제를 구체적으로 연구하기 위해서 우선 ①→②→③의 과정, 특히 ③의 상태의 자기조직 메커니즘을 생각하는 것에서부터 시작할 필요가 있다고 생각한다. ③을 문제로 삼지 않으면 생명관계학의 네 번째 기본 문제가 풀리지 않고 문제의 본질에 깊이 체계적으로 들어가는 것은 언제까지나 불가능하다. 만약 이 문제를 해결하지 않은 채로 둔다면,

생명 본질의 해명을 위해 의미 있는 방향으로 연구가 진행되고 있는지 그렇지 않은지 판단이 서지 않기 때문이다.

집단적 의미생성을 언어로부터 생각한다

이제까지의 설명에는 꽤 전문적인 것이 포함되어 있으므로 알기 쉬운 예로서 언어학을 염두에 두고 그것과 비교하면서 설명해 보자.

소쉬르는 그때까지 개별적으로 이해되어 왔던 언어를 보편적인 견지에서 통일적으로 바라보는 새로운 시각을 만든 언어학자로서 알려져 있다. 그는 언어 활동을 랑그와 파롤로 나눌 필요가 있다고 주장했다. 랑그는 사회에 존재하는 질서로서의 언어의 의미표현 체계이고, 사람들이 이것을 공유함으로써 비로소 파롤(구어)에 의한 상호 소통이 가능케 된다고 한다.

랑그와 파롤은 각자 서로에게 의존하면서 변해 간다. 그러나 그 변화의 빠르기는 일반적으로 상당히 달라서, 파롤의 변화(미시 동역학)는 랑그의 변화(거시 동역학)보다 꽤 빠르게 일어난다. 그래서 이 양자를 분리해서, 일정한 랑그가 불변한다고 가정하고 (그것을 전제하는 한에서의) 파롤을 생각하는 공시적인 문제와 랑그의 변화 그 자체를 취급하는 통시적인 문제로 나눌 수 있다고 생각했다.

소쉬르의 모델은 정적이었고, 랑그와 파롤 간의 동적인 관계의 고리는 명확하게 제시되어 있지 않다. 여기에서도 생명관계학의 방법을 적용해서 언어과학을 발전시킬 수 있을지도 모른다.

인간은 자신이 살고 있는 동안에 말하고 있는 언어를 예측하는 것은 불가능하다. 특히 복잡한 사회 속에 살고 있으면 어제까지는 전혀 예상할 수 없었던 상태와 조우해서 내일이 되면 생각해 보지도 않았던 것을 말하게 될 가능성조차 결코 신기하지 않을 것이다. 미리 생각하지 않아도 그때그때 말할 수 있다는 것에서부터 언어 활동은 인간의 자기창출적인 활동에 의해 생겨나는 것이라는 점을 알 수 있다.

간단히 말해서, 언어 활동은 자기 내부에 생성하는 의식(의지를 포함한)을 음성에 의해 표현하는 활동이라고 생각해 보자. 관계자는 그것이 모여 자기창출 시스템을 만들고 그 속에서 정합적인 관계를 생성함으로써 창출적인 활동을 하는 요소라는 점을 생각했으면 한다. 알기 쉽게 말해 "자기창출이 있는 곳에 관계자 집단이 있다". 언어적인 자기창출은 인간 (뇌의) 내부에 존재하고 있는 '언어 관계자'의 창출 활동에 의해 일어난다고 생각된다. 관계자가 창출 활동을 행하기 위해서는 정합적인 상호 관계의 생성이 필요하지만, 그 관계를 만드는 데는 조작정보가 필요하다. 다른 한편 조작정보는 '조작정보 생성 규칙', 즉 '관계 생성 규칙'만 있으면 상황(입력 데이터)과 목적에 따라 자유롭게 만들 수 있다.

이렇게 생각하면 자유롭게 언어를 말한다는 것은 자기창출적으로 언어를 말한다는 것이고, 그를 위해 필요한 것은 인간에게는 언어관계자가 만드는 자기창출 시스템과 그 관계생성 규칙이 존재하고 있다는 것이다. 이것을 소쉬르의 생각과 결부해서 생각하면 랑그는 '관계생성 규칙'에 해당한다고 추정된다. 그것은 기본적으로는 개인이 기억하는 것이지만, 교육이나 대화를 통해 '관계생성 규칙'이 통일되고 집단적으로 공유화되어(어느 정도 고형화되어) 기억된다. '조작정보 생성 규칙' 즉 그 관계생성 규칙에 따라 장의 상황에 맞도록 정합적인 관계가 생성하고, 그 관계에 의존해서 관계자로서의 인간의 의식 상태가 결정된다. 그리고 그 의식 상태를 표현하는 것이 파롤이다. 파롤은 언어 관계자 집단에 의한 즉흥극에 해당한다.

언어관계학의 이 창출 활동(즉흥극)에는 두 종류의 정보가 관여하고 있다. 그 하나는 개개의 관계자에 직접적으로 부여되는 데이터로서의 정보이다. 이 종류의 정보는 섀넌의 통신 이론에서 도입된 통신된 정보(신호)와 본질적으로 같은 것으로 섀넌 정보라 불리고 있다. 이 섀넌 정보는 사물을 구별해서 지시하는 작용을 가지므로 명사가 될 수 있는 정보이다. 또 명사는 주어가 될 수 있는 정보이므로 주어적 정보라 부르는 것으로 하자. 정보소는 주어적 정보의 가장 단순한 형태이다.

두번째는 관계자 간에 특정한 관계를 만들어 내는 활동을 가진 정보로, 이것이 조작정보이다. 관계자 내부에서는 조작정보에 따라 만들어지는 관계에 의존하는 내부 상태가 생성되고, 그리고 그 내부 상태가 표현된다. 이것이 관계자의 자기창출이다. 그리고 관계자 간의 관계가 결정되어 있지 않은 상태 — 어떠한 자기창출이 행해지는가를 결정하는 것이 원리적으로 불가능한 상태 — 를 관계자의 '비한정적 상태'라 정의한다(마찬가지로 관계자 집단의 비한정 상태를 생각하는 것도 가능하다). 개개 관계자 간의 조작정보가 서로 정합적으로 되어 있지 않으면 언어관계자의 지반에 내부모순이 발생하므로, 전체로서 조리가 맞는 관계를 집단 내부에 만들어 내는 것은 불가능하다. 말을 바꾸면 조리가 맞는 언어표현을 창출하는 것이 불가능하다. 따라서 개개 관계자 간의 관계를 결정하는 조작정보에 전체의 활동을 반영할 필요가 있다. 이렇게 조작정보는 명사(주어가 될 수 있는 것)간의 관계가 생성될 때 언어관계자 전체 상황의 영향을 그 관계에 부여하는 작용을 포함해야 한다. 이 조건이 있을 때 비로소 개개 관계자에 입력한 정보소가 관계자 집단 전체 속에 있어서 어떠한 의미(그 주어적 정보의 기능적인 작용)를 가지는가를 조작정보에 의해 결정할 수 있는 것이다. 이 전체성을 내부에 포함한 조작정보는 전체에 있어서의 명사의 활동이나 의미를 만들어 내는 작용을 가지고 있다. 이런 이유에서 그 조작정보를 '술어적 정보'라 부르기로 하자.

알기 쉽게 말하면, 정보소를 받아들인 관계자는 순번을 부여받은 배우에 해당한다. 그러나 즉흥극이므로 자신의 배역(작용)을 자신이 만들어야 한다. 이것이 관계자의 자기창출이다. 구체적으로 어떠한 배역을 하고자 하는가는 두 가지로 결정된다. 하나는 그 즉흥극의 토피카(주제)이다. 이것이 관계자에 전체적인 상황을 부여한다. 두번째는 각자의 배우 즉 각 관계자 간에 생성된 관계이다. 이 두 가지에 의해 각 배우가 각자 즉흥극 전체 속에서 어떠한 배역을 달성할 것인가가 구체적으로 결정되는 것이다. 이렇게 언어관계자의 자기창출 작용을 일종의 즉흥극으로서 생각하면, 즉흥극을 주어적 정보 영역 속의 관계법칙(고정된 문법)만으로 생각하려고 하는 방법은 성공할 수 없다는 것을 알 수 있다. 이 방법으로는 언어의 자기창출성과 전체적 맥락이 들어가지 않는다.

파롤은 즉흥극 연기처럼 끊임없이 창출적으로 변화해 가는 것에 특징이 있다. 끊임없이 변화하는 것은 그 속에 변화하지 않는 관계생성 규칙 즉 랑그가 있으므로 도구로서 쓰일 수 있다. 여기에서 이미 일단 말話이 넓어진다. 사람들이 파롤을 통해 소통을 행함으로써 랑그가 공유화되는 것이다.

각 사람의 대뇌 언어역 속에서는 파롤의 자기창출이라는 '언어관계자의 즉흥극'이 행해진다. 랑그를 공유화하기 위해서는 개인을 하나의 관계자(배우)로 하는 '넓은 무대'에서 일어나는 '즉흥극으로서의 소통'에 파롤이 생성될 필요가 있다. 즉 다른 '언어관계자'를 가진 개개의 사람이 같이 소통이라는 '즉흥극'을 연기할 수 있어야만 한다. 그 때문에 개개의 사람은 '소통의 장'과의 정합성이 취해지도록 그 관계생성 규칙을 조정해서 변경하거나 학습하거나 할 필요가 있게 된다. 그리고 이 관계생성 규칙의 자기변경이 각 사람의 내부에 있어서의 '언어관계자의 즉흥극'의 관계생성 규칙(미시적 랑그)을 공통화하는 작용이 되는 것이다.

실제로 '즉흥극으로서의 소통'을 잘 보면 신체의 리드미컬한 움직임을 동반해서 발화되고 있다. 상대의 신체도 그 리듬에 맞추려는 듯 움직인다. 즉 서로의 신체 활동을 동조할 수 있도록, 소통의 장에 어떤 관계자가 상호 정합적인 관계를 생성할 수 있도록, 무의식 중에 서로 내부의 관계생성 규칙을 공유화하고 있다. 그 결과 일어나고 있는 것은 말하는 이와 듣는 이 간의 신체적 리듬의 상호 동조 현상인 것이다. 이것은 우리들 복장의 유행이 사회적인 소통의 장에서의 '무언의 소통'에 의해 공통화되어 가는 것과 유사해서, 거시적인 층위에서의 자기조직성을 활용하면서 관계생성 규칙(미시적인 랑그)을 상호 조정적으로 변화시켜 가는 활동에 의해 사회적인 층위에서 공통화한 랑그(거시적인 랑그)가 출현하는 것이다.

새로운 유행(사회적 층위에서의 경향)이 잇달아 창출되어 사람들의 복장을 바꿔 가듯이 랑그도 시대의 변화와 함께 점점 변해 간다. 그 결과 예컨대 헤이안시대平安時代의 단어를 들어도 각별한 소양이 없는 현대인은 거의 이해할 수 없는 것은 아닌가 하고 생각된다. 또 에도시대江戸時代의 단어는 물론이고 2차 대전 전의 단어도 그 뉘앙스까지를 포함해 생각한다면 거의 모르게 된 것은 아닐까.

말은 문화를 전하는 것이지만 그러나 동시에 새로운 문화를 만드는 적극적인 창조의 측면을 가지고 있다. 언어가 이런 작용을 가지기 위해서는 랑그 즉 관계생성 규칙이 창조적으로 변해야 한다. 그래서 이 랑그의 창조에 관계해서 관계생성 규칙의 생성 규칙(규칙 생성적 규칙)이 있다고 나는 생각하고 있다. 또 일반화해서 말하면 규칙 생성적 규칙을 가지고 있는 것이 창조적 시스템의 필요조건이라고 생각하고 있다. 이 규칙 생성적 규칙은 본질적으로 술어적인 규칙이라는 것에 주목해야 한다. 게다가 이 규칙 생성적 규칙은 (예상하지 않은 것이 끊임없이 일어나는) 열린 장 속에서 비로소 작용하는 것이다. 이렇게 관계자라는 자기창출적 요소의 작용을 열린 장에 있어서의 관계생성 규칙과 그 규칙을 생성시키는 규칙으로 생각해 가는 것이 생명관계학의 커다란 특징이다.

시스템 층위의 질서에는 동적으로 창출되는 것과 시스템 속에서 고정되어 버린 것이 있다. 이것이 질서의 고형화이고, 언어의 경우에는 언어표현(의미를 동반하는)이 고형화하면 자기표현을 하거나 사물을 생각하거나 하는 것은 일정한 시각이나 취급 방식에 국한되어 버린다. 이것은 그 사람의 사고가 무의식 중에 고형화된 가치관이나 의미 부여 양식에 지배되어 자유롭게 될 수 없는 상태가 됨을 의미한다.

랑그가 이렇게 고정되어 버리면 그 사람은 새로운 변화에 대응할 수 없게 되어 쇠퇴해 가는 수밖에 없다. 사회에 관해서도 마찬가지라고 말할 수 있다. 본래 랑그에는 고형화되어 가는 경향이 있고, 이러한 변화가 진행되는 채로 방치해 두면 그 진행에 동반해서 개인의 창조적 자유도를 잃어버리게 된다. 그것은 진정한 자유로운 파롤의 상실이다. 그래서 필요한 것은 가능한 한 랑그를 고형화시키지 않기 위한 적극적인 시도, 즉 다른 문화적 배경을 가진 사람들과 섞여 랑그를 새롭게 창조해 가는 것이다.

정보의 고형화를 막는 무엇보다도 유효한 방법은 정보공간을 확대해서 거기에 종래 존재하지 않았던 조작정보를 생성하고, 그렇게 함으로써 새로운 의미를 가진 관계자 간의 관계를 만들어 내는 것이다. 이것이 가능하기 위해서는 사회가 열려 있고 그 내부에 규정 불가능성을 허용하는 것이 필요조건이 된다. 이는 관계자의 내부 자유도를 증대시키고 또 이 내부 자유도가 관계자 간의 네트워크를 통해 확장되어, 시스템에 새로운 정보적 차원을 창출하는 식으로 행해진다. 질서를 단지 파괴하는 것만으로는 정보공간은 확대되지 않는다. 사회가 외계의 복잡성으로부터 새로운 정보를 도입해 그것을 포함하는 새로운 질서(랑그)를 만들어 갈 필요, 즉 보다 전체적인 기반에 선 질서 형성을 향한 적극적인 활동을 가지고 있을 필요가 있다.

이를 위한 열쇠를 쥐고 있는 것이 사회에 있어서의 '장소'의 창조적인 활동이다. 그 이유는 랑그의 고형화는 내부적 구속조건의 고형화에 의해 일어나기 때문이다. 폐쇄적인 사회가 무서운 것은 구속조건이 고형화되어 있기 때문에 이런 의미에서의 정보공간의 확대를 진행시키는 요인이 되는 복잡성의 도입이 불가능하고, 그 때문에 랑그의 고형화가 점점 강화된다.

다양성을 가진 신경 회로망

최근 미국의 실버스톤 등에 의해 갑각류나 연체동물 등 무척추동물의 신경 회로망이 연구되면서, 신경세포 네트워크는 다형 회로[12)](그림 7)라는 생각이 제시되었다. 그것은 회로로서의 하드 구조가 변화하지 않아도 회로 전체가 어떠한 상태에 있는가에 따라 각 요소—이 경우에는 뉴런—의 성질이 전혀 다르게 작용한다는 것을 나타내고 있다. 즉 하나의 뉴런은 집합 전체가 어떠한 상태에 있는가에 따라 전혀 다른 기능을 나타내게 된다. 나는 여기에서 '뉴런 집합이 만드는 동적인 양상'이라는 생각이 나온다고 생각한다. 예컨대 어떤 뉴런은 어떤 상相에서는 다른 뉴런과 협조하지만 다

---

12) 다형 회로(polymorphic circuit). 신경세포 간에 고정된 신경회로에서는 한 회로가 하나의 기능을 이행하고 있다고 생각된다. 그런데 그것 이외에 외부상황에 따라서 세포 간의 결합관계가 동적으로 변화해서 상황에 따라 세포 군 네트워크로서 활동하는 다기능적(multifunctional)인 회로가 있다. 이것을 다형 회로라 한다.

〈그림 7〉 다형 회로

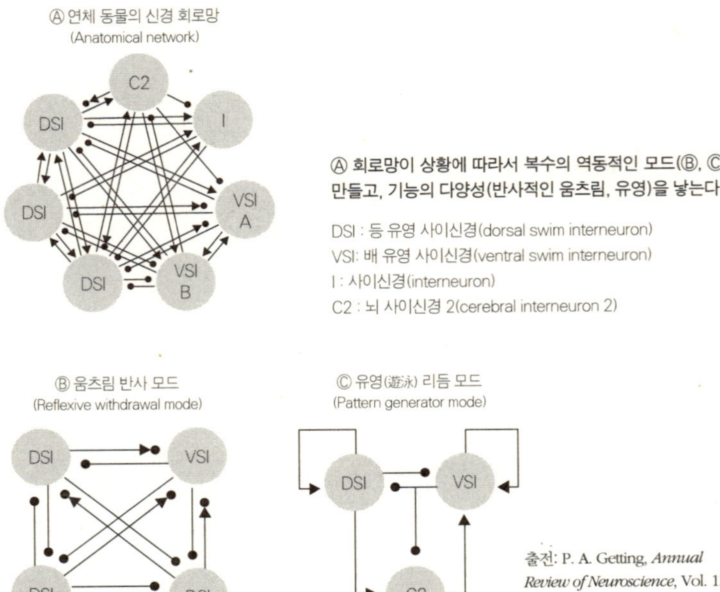

출전: P. A. Getting, *Annual Review of Neuroscience*, Vol. 12, 1989, pp. 185~204.

른 상에서는 그 활동을 부정하는 듯이 역할을 바꾸는 것이다.

척추동물에게도 다형 회로가 있다는 것이 알려지게 되었다. 아사히카와旭川 의대의 모리 시게미森茂美 교수의 실험에 따르면, 연수를 분리하고 소뇌를 도려낸 고양이의 배를 폭이 넓은 천으로 매달아서 쓰러지지 않게 하고 다리를 벨트 위에 놓고 벨트를 움직이면 고양이의 다리는 보행운동을 한다(그림 8). 고양이의 보행운동에는 워크walk·트롯trot·갤럽gallop 등의 네 종류의 패턴이 있어 속도에 따라 자연히 가려 쓰고 있는데 이것은 인간이 무의식 중에 '걷기'와 '달리기'의 두 패턴을 이동 속도에 따라 가려 쓰는 것에 대응한다. 이러한 보행 패턴이 뉴런 집단이 만드는 동적인 양상이고, 그 양상 사이를 속도라는 분기 파라미터의 크기에 따라서 자율적으로 전이轉

〈그림 8〉 고양이의 보행 실험

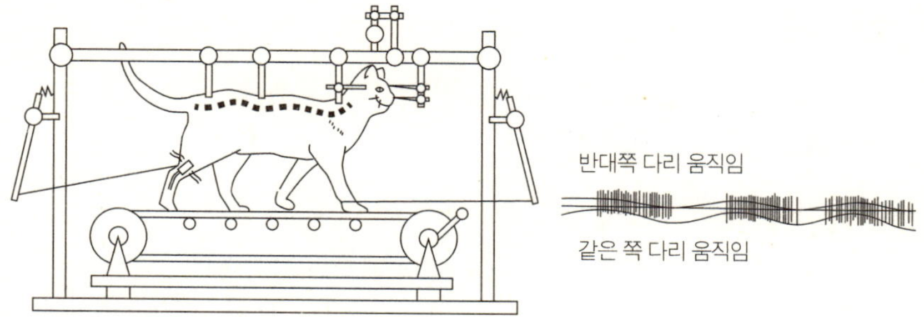

고양이에 의한 사족보행 실험(왼쪽)과 보행 중인 고양이의 복측 척추 소뇌로 기시세포(VSCT)의 활동 및 그것과 같은 쪽, 반대쪽 뒷다리가 휘어진 각도의 기록. 일정 관계를 가진 리듬으로서 신경 흥분이 나타나 있다.

출전: 入來正躬 他編, 『生理学 1』, 文光堂, 1986.

移하는 것이다.

이 전이의 특징은 운동을 지배하고 있는 꽤 많은 수의 신경세포가 집단적으로 모여 개개의 역할을 바꿈으로써 일어난다는 점에 있다. 그때 신경세포 집단 속 한 세포의 활동을 관찰하면, 그 집합 전체가 어떠한 양상에 있는가에 따라 그 성질이 변해 버리는 것을 알 수 있다. 예컨대 어떤 보행 양상에서는 우측 다리의 운동을 통제하도록 한다. 이렇게 동적인 상을 만들기 위해 뉴런 사이를 동적으로 관계 짓는 활동을 하는 것이 뒤에 기술할 '리듬 동조'라는 현상이라고 생각된다.

이렇게 생각하면 대뇌 신경세포망의 집단적인 상태에 따라 인간 의식에도 여러 패턴(동적인 상)이 있고, 그 사이를 고양이의 다형 회로의 경우와 마찬가지의 원리에 의해 전이할 가능성이 높다. 신경 회로망 속의 신경세포는 자기조직된 동적인 네트워크에 의해 전체로서 하나의 집합적인collective 상태, 즉 동적 양상을 만들고 있는 것이다.

의식이 변한다(장이 변한다)는 것은 이 양상이 변하는 것에 해당하고 있다고 생각된다. 그 동적인 양상은 완전히 규칙적인 것이 아니라 의식 깊이의 정도에 따른 카오스적 성격을 포함하고 있다고 예상된다. 그것도 지금까지 생리학에서 말해 온 것보다 훨씬 다차원적이며 불균질한 카오스이고, 그 무한정성의 정도가 의식의 깊이의 정도에 따라 변하고 있는 것은 아닌가 하고 나는 생각하고 있다.

인간의 장기 기억에는 실질 기억과 관념 기억이라는 적어도 두 종류의 기억이 있다. 한 관념은 동적인 하나의 상相을 만드는 구속조건으로서 의식 상태에 짜 넣어져 있는 것이라고 생각된다. 그 관념을 불러내는 감각 정보는 소위 분기 파라미터에 해당한다. 의식이 한 상태로부터 다른 상태로 뛰면, 뉴런의 활동이 변하기 때문에 앞서 말한 원리에 의해 '창출한 정보'가 변해 버린다.

즉 같은 정보를 밖에서부터 받아들여도 그 의미 부여가 변하는 경우가 있어도 괜찮게 된다. 한 의식상相 속에서의 의미 부여 규칙은 다른 양상 속에서의 의미 부여 규칙과 다르다. 그리하면 의식 상태의 존재방식으로 관념이나 논리가 바뀌고 '진리'가 바뀐다는 것도 부정할 수 없게 된다.

홀로비전이라는 발상

의식의 한 상태, 신경 회로망의 한 집합적인 상태는 뇌와 신체의 뉴런이 전체로서 하나의 집단적인 모드 또는 동적인 양상을 가지고 활동하고 있는 상태이다. 이러한 집합적인 모드collective mode가 없으면 의식은 카오스화하거나 분열해 버린다.

그런데 두 가지 문제가 떠오르게 된다. 그러한 집합적인 모드를 실현시키기 위해서는 신경 회로망에 어떠한 메커니즘이 작용하고 있는 것인가 하는 문제와 게슈탈트심리학 등과 관련해서 생각해 온 의미창출을 실현시키는 시스템을 설계하기 위해서는 어떻게 하면 좋은가 하는 문제이다.

이 두 가지 문제를 생각해 보자. 신경세포의 기능적인 단위 집단(예컨대 하이퍼칼럼)이 다양성이 있는 의미 표현을 리듬을 가지고 실행한다. 그리고 이러한 단위 집단 리듬의 상호 동조 상태에 의존해서 뇌가 여러 의미를 가진 집합적인 상태 즉 동적인 양상을 만들고 있다. 내 생각의 기본이 되는 이 구상은 내가 1960년대의 격렬한 대학분쟁이 지나간 뒤, 분쟁의 의미를 반성하면서 과학을 새롭게 사고하려고 하고 있을 때 떠올랐다. 단, 그 '동조 현상'의 이론적인 적용은 대상이 불균일하고 복잡한 비선형 시스템이 되므로 계산이 대단히 성가시다. 겨우 이론적인 기초가 생겨 문제의 본질과 대강의 방법을 겨우 전망할 수 있게 된 것이 1970년대 후반의 일이다.

1980년대 초에 신기술개발사업단에 창조적 과학기술제도가 만들어져 미즈노水野 바이오홀로닉스 프로젝트 내에서 이 구상이 채택되고, 프로젝트 리더인 미즈노 덴이치水野伝一 교수를 중심으로 쓰다 이치로津田一郎, 케르너 등의 새로운 사람들을 포함한 팀이 만들어졌다. 또한 야마구치 요우코山口陽子, 야노 마사후미 등의 여러 사람들을 포함한 우리들 도쿄대 연구실 멤버도 여기 협력해서 리듬이나 카오스를 발생하는 여러 신경 회로망을 생각했다. 그 연구의 한 예가 홀로비전holovision이다.

리듬은 일종의 진동이지만 잘 알려져 있는 '조화 진동'과는 다르다. 보통의 사인sin이라든가 코사인cos과 같은 조화 진동은 대칭적인 파형을 한 진동이지만, 리듬은 어딘가 바다의 파도에서처럼 비대칭적인 곳이 있는 파형의 진동으로서 표현되는 것이다. 이러한 비대칭적인 진동을 '비선형 진동'이라 한다. 이 비선형 진동의 재미있는 점은 다른 진동과 동조하는 진동수(주기)를 자율적으로 바꿔 가는 능력을 가지고 있다는 점이다. 비선형 진동자에는 서로 진동의 속도를 바꾸면서 적당한 곳에서 운동을 상호 일치

〈그림 9〉 대뇌 뉴런 리듬의 동조—고양이의 일차 시각역에서 기록

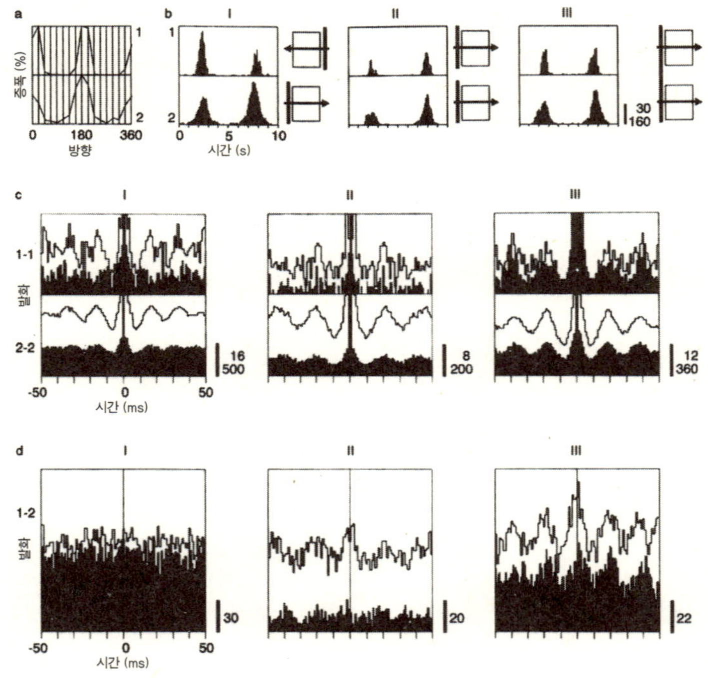

a. 2개의 뉴런 1, 2의 방향선택성.

b. 2개의 뉴런에 I) 2개의 짧은 막대(bar)를 역방향으로 움직였을 때, II) 2개의 짧은 막대를 같은 방향으로 움직였을 때, III) 1개의 긴 막대를 움직였을 때의 발화(發火) 상태.

c. I~III의 각 조건에서의 자기상관 작용(auto correlation).

d. 상호상관 작용(cross correlation), I → III의 순으로 진동하고 있는 2개의 뉴런이 동조하는 정도가 강해짐.

시키는 정합적인 관계를 자기조직적으로 생성하는 성질이 있다. 이 성질에 의해 일어나는 정합적인 상태의 생성을 '동조 현상'이라 한다. 바꿔 말하면 비선형 진동자 집합은 '토포스'를 만들어 내는 성질을 가지고 있는 것이 된다.

대뇌피질 신경 회로망의 기능적인 단위인 하이퍼칼럼(대뇌피질의 관계자)이 비선형 진동자로서의 성질을 가지고 있다는 것, 그 하이퍼칼럼 집

합이 대뇌 감각역을 구성하고 있다는 것이 '감각정보를 생성하는 시스템으로서의 감각역'의 기본적인 구조라고 생각하는 것이다. 하이퍼칼럼은 정확히 말하면 여러 비선형 진동자를 생성하는 요소이지만, 여기서는 편의상 비선형 진동자라고 생각해서 이야기를 진행하는 것으로 하자. 그런데 이렇게 모델화시킨 감각역에 감각정보가 정보소의 공간적인 집합으로서 입력되어 각자 하이퍼칼럼에 코드화된다고 하자. 비선형 진동자 집합에서는 정보소를 받아들인 진동자는 활발히 활동을 시작하므로, 동조 현상에 의해 정보를 토포스적으로 다룰 수 있다.

코드화된 정보소 자체에는 의미가 없다. 따라서 그 집합은 의미적으로 불완결한 것에 불과하다. 그렇지만 동조에 의해 정보소가 통합되면 완결된 의미를 가진 정보가 된다. 이 과정에서 동적인 양상이 생긴다고 생각한다.

그래서 의미가 부여된 곳(전경)의 하이퍼칼럼만이 상호 동조해 리듬을 가질 뿐, 의미를 갖지 않은 즉 전경에 대해 그 배후가 되는 곳(배경)의 하이퍼칼럼 리듬은 상호 동조하지 않게 되어 뿔뿔이 흩어져 약해진다. 이러한 토포스적 정보 처리에 의해 게슈탈트심리학의 원리, 즉 '전경'과 '배경'을 자율적으로 나눠 패턴의 의미를 인식시키는 것이 홀로비전의 기능이다.

게슈탈트 법칙과 동조

우리들은 이러한 게슈탈트심리학의 원리를 동조 현상을 사용해 실행할 수 있다는 것을 처음으로 주장했고, 협력자와 홀로비전으로 그것을 실행해 보려고 했다. 그러나 대부분의 사람들은 대뇌에 리듬이 생성되고 그것이 의미를 통합함에 있어서 중요한 역할을 행한다는 것을 인정하지 않았다.

우리들의 연구는 1985년에 독일 시너제틱스 심포지움에서 발표되었고, 또 같은 해 시너제틱스 논문 시리즈 중에 채택되어 악셀 슈프링거Axel springer사에서 출판되었다. 그 후 1990년에 이르러 우리들이 주장하고 있던 것이 실제로 성립되기에 이른다. 독일의 싱거 등이 고양이를 사용하여 대뇌 시각역에서 실험적으로도 증명된 것이다(그림 9).

그런데 뇌 시각역의 어느 위치에 '전경'이 생기고 또 어디에 '배경'이 생기는가는 처음부터 정해져 있는 것은 아니다. 실제로는 밖에서부터 입력되는 시각정보와 인간의식 상태 이 두 가지 조건으로 결정되는 것이다. 하나의 정보소가 어떠한 뉴런 집합에 참가해서 의미 있는 정보의 일부로서 통합되어 전경으로 되는가 혹은 그 바깥에 놓여 통합되지 않고 배경으로 보내지는가는 그 정보소와 전경의 관계에 따라 결정된다. 하나의 정보소를 코드화하고 있는 한 하이퍼칼럼의 활동 상태를 결정하는 것은 하이퍼칼럼 상호 관계의 존재 방식이다. 그리고 이 관계의 존재 방식은 다양한 가능성을 가지고 전체와의 관계에 의해 결정된다. 이것이 전경과 배경의 분리로 에스허르(에셔Escher)의 그림과 같은 다의성이 생기는 원인이 된다.

이렇게 상호 관계성에 의해 하이퍼칼럼의 비선형 진동자로서의 성질이 변하고 그 전경을 자기조직해 가는 동조의 발생 방식, 즉 관계의 통합 방법도 변한다. 이것을 토포스적인 정보 처리와 결부하면 재미있는 논의가 가능케 된다. 논리가 조금 비약되지만, 예컨대 일본에서 전통적으로 논의되어 온 '장'의 작용을 사람과 사람 간의 신경 회로망 활동의 동조 현상과 비교해서 생각해 보는 것이 그것이다. 아마도 장의 생성은 집단적인 의식과 지능 창출에 관계하고 있는 듯하다.

과학적인 의미에서 그러한 것을 시사하고 있고 참고가 되는 것으로 컨던의 연구[13]가 있다. 컨던은 사람들 간의 대면적 소통에서의 몸짓의 동조 관계를 연구했다. 일본에서는 이 연구를 고바야시 노보루小林登 교수나 이시이 다케모치石井威望 교수 등이 첨단 기술을 구사해 정밀화했고, 또 모자母子(배아를 포함한)의 소통이라는 흥미로운, 아직 충분히 연구되고 있지 않은 문제에 응용하고 있다. 컨던은 소통이 실시되고 있을 때에는 눈, 손가락, 손, 목 등이 무의식 중에 상호 동조하면서 움직인다는 것을 지적하고 이런 동조에 의해 언어 이외에도 중요한 정보가 전달되고 있는 것은 아닌가 하는 것을 연구했다. 이 무의식적 동조는 학교 운동장에서 노는 많은 아이들 간에도 보이는 듯하다.

일상에서 자주 경험하는 예로 예컨대 이야기를 하고 있는 사람들이 서로 수긍하면 이야기를 진행하기 쉽지만, 상대가 수긍하지 않으면 상당히 말하기 힘들다. 그러한 '수긍행위'에는 언어에 의한 감정의 전달을 언어 외 소통인 동조에 의해 보충하는 활동이 있는 것은 아닌가 하고 생각된다. 이를테면 아기가 어머니에게 단어의 의미를 배울 때에도 동조가 개입하고 있는 것은 아닌가 하고 가정해 볼 수 있다. 아기에게는 몸짓의 동조가 있어 비로소 단어가 전달된다는 가설을 두어도 좋은 것이 아닐까 생각한다. 컨던 자신도 필시 그러한 생각을 가지고 있었던 듯, 모자 간 소통과 몸짓의 동조 관계를 연구하고 있다. 자폐증으로 언어를 배우지 못하는 아이에게는 그러한 동조 능력이 없다는 것도 명백하게 했다. 이것은 동조와 의미 전달 간의 중요한 관계를 나타내는 것으로서 주목할 만한 사례일 것이다.

---

13) 윌리엄 컨던(Willian S. Condon)은 두 명 이상의 사람들 간의 신체운동 리듬이 동조하는 프로세스에 '엔트레인먼트'(entrainment, 동조)라는 용어를 붙여 그 연구를 진행했다. 그레고리 베이트슨(4부 각주 3)이 가족이 식사하는 광경을 촬영한 4.5초짜리 필름에서 신체 온갖 부분의 동작과 단어의 음조를 조사해 '자기'가 리드미컬한 프로세스 속에 깊이 짜 넣어져 있다고 가설했다. 또한 이 필름 해석과 뇌의 변화를 조사해 델타파는 발어, 세타파는 단어, 알파파는 짧은 단어와 음, 베타파는 짧은 단어와 결부, 화자 상호 간의 뇌와 리듬 동조을 일으켜, 온몸의 활동도 동조한다는 실험결과를 유도했다.

동조 현상은 요소가 전체적인 질서를 공유할 수 있도록 변해 가는 현상이므로, 그 결과 전체와 그 요소 간에 정합적인 관계가 생겨난다. 나는 그 결과로서 전경과 배경, 자기와 비자기가 분리된다고 생각하고 있다.

또한 폴라니의 '암묵지'(1부 각주 3)를 이러한 무의식적인 신경계 동조라는 관점에서 생각해 보는 것은 흥미로운 일이다. 암묵지란 예컨대 상관의 '안색'처럼 언어적으로는 기술할 수 없지만 직관적으로 그 의미를 알 수 있는 정보로서 정의되어 있다.

시스템 속에 고정된 관계 외에도, 동조 현상과 같이 변화하거나 해소하거나 용이하게 생성하거나 할 수 있는 동적인 관계가 시스템 간의 소통에 있어서 또 시스템의 유연한 환경 대응이나 발전에 있어서도 필요하다고 나는 생각하고 있다.

살아 있는 시스템은 왜 비선형인가

게슈탈트심리학이 주장했듯 살아 있는 시스템에서는 전체는 개별의 단순한 총화가 아니다. 잘게 잘라서 얻은 단편의 상태만으로는 전체를 알 수 없다(반복해서 말하지만 이것은 개체나 부분에 관한 정보가 불필요하다는 것을 의미하고 있는 것은 아니다). 부분의 총화를 얻은 것만으로는 집합 전체의 성질이 되지 않는 것을 '비선형성'이라 한다. 과학의 영역에서 이 비선형성의 연구가 본격적으로 시작된 것은 1970년대가 되어서부터였다. 그때까지는 비선형성을 가진 문제에 부딪치면 "거기까지" 하고 연구를 중단했던 것이 대부분의 과학자의 태도였다. 이것은 비선형성이 들어간 미분방정식을 해석적으로 푸는 방법이 없기 때문이었다. 그러나 고속 전자계산기의 발달에 의해 비선형 미분방정식을 수치적으로 푸는 것이 가능하게 되면서 비선형성을 가진 문제 영역의 성질이 조금씩 명확하게 되어 간 것이다.

이러한 비선형성을 고려하면서 살아 있는 시스템에서의 다양한 개별과 전체의 복잡한 관계성, 그리고 그 관계에 기초해서 자기조직적으로 생성하는 시스템의 활동을 명백하게 하는 것이 생명관계학의 주요 목적이다. 생명적인 질서라든가 조화란 대체 무엇인가? 그것은 어떠한 특징을 가지고, 또 어떠한 조건하에서 어떻게 만들어지는 것일까? 다시 질문하지 않으면 안 되는 문제이다. 그 다의적이고 복잡한 질서를 다양성이 있는 개별자와 그 집합(전체) 간의 관계에 입각해 관계론적인 관점에서 파악하려고 하는 것이 나나 동료들이 추구해 온 것이다.

그러면 생명시스템이 비선형적이라는 것은 왜일까? 그것은 생명시스템의 기본적인 구성단위인 요소(관계자)가 시스템 전체의 상태를 공유할 수 있게 (전체의 상태에 따라서) 그 성질을 바꾸기 때문이다. 그것이 정합성의 형성이다.

알기 쉬운 예를 들면, 아이들이 모여 놀고 있을 때 집합 전체의 상태에 따라 아이들의 말과 행동이 변하는 것이 관찰된다. 이런 현상이 일어나기 위해서는 적어도 세 가지가 필요하다.

첫번째로 집합 전체의 상태라 부를 수 있는 공유 가능한 상태가 자기조직적으로 창출 가능할 것이 전제가 된다. 두번째로 그 전체의 상태를 한 사람 한 사람의 아이들에게 전하는 정보가 생성하는 것이다. 집합 전체를 한 사람 한 사람의 아이들에 대한 환경이라 봤을 때, 그것을 한 사람 한 사람의 아이에 대한 '장소' 그리고 그 장소의 상태(분위기)를 전하는 정보를 '장의 정보'라고 우리들은 부르고 있다. 여기에서 엄밀하게 말하면 장의 정보는 아이들마다 다르다. 세번째로 아이의 '내부 상태'(심리상태)가 '장의 정보'에 따라 변할 필요가 있다. 집합 전체가 하나의 놀이를 하기 위해서

〈그림 10〉 놀이집단의 상태 변화

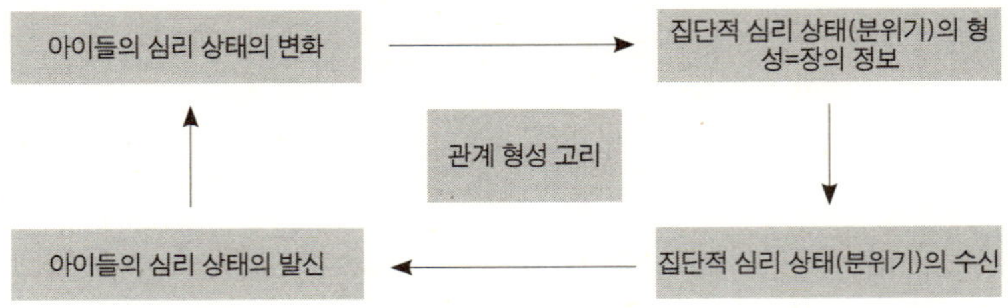

는 아이의 심리 상태가 서로 영향을 주고받아 변하지 않으면 안 되지만, 일반적으로는 아이의 심리 상태가 어떻게 관계하는가에 따라 집합이 나뉘거나, 특정 아이가 따돌림을 받거나, 때로는 아이들 전체가 같이 놀 수 없게 되어 집합이 해산되거나 한다. 또 아이들의 놀이에도 하나의 즉흥적인 스토리의 줄거리(구속조건)가 있다. 그 줄거리를 창출하는 활동을 하는 것, 그것이 장소이다.

이러한 과정을 관찰하고 있으면 아이들의 심리 상태의 변화에 따라 집합 전체 상태가 변화하고, 또 그것을 받아 아이들의 기분도 변해 간다. 이것을 한마디로 하면 위의 그림과 같이 된다(그림 10). 이 아이들의 관계 형성 과정에서는 정보가 한 사람 한 사람의 아이들과 집합 전체 사이를 순환한다. 이 정보 순환 고리를 우리들은 '전일적 고리'라고 불러왔다. 집합 속에 생기는 집단적 심리 상태(분위기)는 아이들이 발신한 정보의 단순한 총화가 아니다. 그것은 의미적인 정보 통합의 결과로 생성하는 것이다.

아이들은 집합 속에서의 역할이나 개성에 의존해 여러 가지 발신을 한다. 완전히 무시되어 버리는 발신도 있고 역으로 중요하다고 간주되거나 재미있다고 받아들여지는 것도 있어, 이 과정에서 집합으로서의 복잡한 판단이 일어난다. 그리고 발신된 여러 정보 중에서 '의의가 있는 것'이 채택되어 정리된다. 이것이 정보의 의미적인 통합이다.

일반적으로는 이 과정에서 극히 복잡한 비선형성이 있는 정보의 자기 조직화가 생긴다. 이 정보의 의미적 통합 과정의 연구는 생명관계학 내에서 가장 중요한 테마의 하나가 된다. 이 과정이 어떻게 진행되는가에 따라 집합의 의견이 하나로 정리되거나, 집합이 두 개로 분리되거나, 혹은 뿔뿔이 흩어지게 되거나 한다.

만약을 위해 보충하자면, 아이들은 놀기 좋아하지만 언제까지나 하나의 놀이를 계속하지는 않는다. 그것은 놀이에 질리기 때문이다. 혹은 돌발적으로 어떤 재미있는 생각이 머리에 떠오르거나 환경조건이 변하거나 해서 다른 놀이로 옮겨 가기도 한다. 일반적으로 생명시스템 속에는 자기조직된 하나의 질서를 불안정화해서 다른 질서를 만드는 구조가 항상 준비되어 있다. 이것이 없으면 끊임없이 변화하는 환경 속에서 계속 살아가는 것은 불가능하다. 이 구조가 녹슬고 활동하기 어렵게 되어 일단 만들어진 질서가 변하기 어렵게 되는 것이 시스템의 노화이다. '장소의 활동'의 활력이 생명력에 해당할 것이다.

이 아이들 집합의 예에서도 보이는 것처럼 생명적인 시스템에서는 일반적으로 요소들이 균질적이지 않다. 여러 가지 개성이 있고 또한 각 요소의 행동에도 다양성이 있다. 그리고 개성과 다양성이 있는 요소의 집합 속에 만들어진 상호 의존적인 관계와 그 변화가 어떠한 원리와 법칙성에 의해 일어나는가가 흥미의 대상이 된다. 생명시스템 속의 요소 간에 형성된 관계에는 다음의 세 가지 특징이 있다.

첫번째 특징은 살아감에 있어서 의의에 결부된 의미적인 (기능적인 것을 포함하는) 것이라는 점이다. 시스템 전체에 걸쳐 요소 간에 '관계적 질서'라고도 말할 수 있는 정합적인 관계가 자기조직적으로 생성한다. 이 관계적 질서란 조금 먼 시각으로 보면 각 요소가 창출하는 기능적(또는 의미적) 작용과 시스템 전체가 창출하는 기능적(의미적) 작용 간에 조리가 맞는다는 것, 따라서 요소 간의 관계가 안정화됨으로써 정합적인 상태가 생성하고 있는 것이 된다. 이것은 요소가 자신의 작용을 자율적으로 만들어 내는 능력을 가지고 있고, 전체의 작용과 정합적으로 되도록 그 작용을 생성하고 의미적·기능적 창출을 하기 때문이다. 이것을 아이들 집합의 예로 말하면, 아이들 전체가 같이 놀 수 있기 위해서는 아이들 한 사람 한 사람이 각자 자신의 놀이를 전체 놀이 속에 위치하도록 만들어 간다는 것에 대응한다. 이 성질이 관계성의 생성이고 이 성질이 없다면 자기조직 현상도 나타나지 않는다.

두번째 특징은 관계적 질서가 가능하기 위한 필요조건이라 할 수 있다. 이는 요소와 전체 속에 각자를 위치 지어 가는 관계생성 과정으로, 그때까지 확정되어 있지 않았던 요소의 작용 방법(내부 상태)이 점차 좁혀져 가고 그에 따라 동시에 그때까지 결정되어 있지 않았던 다른 요소와의 상호관계가 결정되어 간다는 점이다.

세번째 특징은 전체적인 줄거리 전개에는 전체에 있어서의 각 요소의 역할 간에 어떤 차이가 존재할 필요가 있다는 것이다. 이 점은 생명의 본질과 관련해서 극히 중요하다. 생명시스템이 그 내부에 다양한 질서 상태를 유연하게 만드는 능력이 있다는 것을 전제로 하면, 관계적 질서를 자기조직적으로 전개하기 위해서는 관계자 간에 완결화되지 않는 차이가 미리 존재하고 있다는 것이다.

놀이 속에서는 한 아이의 집합이 행할 수 있는 여러 놀이 중에서 하나의 놀이가 창출된다. 아이들 집합 속에 여러 가지 놀이가 보이는 것은 아이의 개성에 차이가 있고 그때그때마다 이 개성의 표출 방식이 변하기 때문이다. 마찬가지로 생명시스템이 여러 질서상태를 자기조직하기 위해서는 집합 속의 요소 간에 특징적인 차이가 존재해 그 차이를 기반으로 해서 창출이 일어날 필요가 있고, 그때 시스템 속에는 다양한 관계를 기초로 한 질서의 형성이 진행되게 된다.

만약 요소 간에 확실한 차이가 없어 어떠한 차이도 강하게 발생하지 않으면 시스템은 일종의 카오스적 상태가 되어 불확정적인 변화를 계속한다. 그 때문에 질서 있는 관계를 스스로 조직할 수 없다. "혼돈의 얼굴에 눈, 코(차이)를 붙이자 3일째 죽어 버렸다"라는 유명한 『장자』 속의 이야기에는 꽤 시사하는 바가 많은 현상이 숨겨져 있다.

3장_해석 과정의 동역학과 의미의 창출

면역시스템과 자기, 비자기

인간을 포함한 생물은 단지 개체로서 살고 있는 것은 아니다. 타자와의 다양한 관계성에 따라서 여러 가지로 생존 방법을 변화시키고 또 관계를 만드는 방법을 공유하기 때문에, 하나의 개체가 그 개체를 초월한 다양한 층위에서의 생존 의식을 내포하고 있다. 여기에 '열린 자기'의 본질이 있다. 이 복잡성을 내포하는 구조가 한 개체의 '생존 목적'에도 다중성을 부여하고 있다. 또 인간에게는 한편으로 '닫힌 자기'로서 자타를 분리한 형태로 존재하면서 자아 의식을 형성하는 자아적 부분과 다른 한편으로 집단(두 개 이상의 개체의 집합)적인 목적성에 결부되어 있어 이것과 대립하고 모순되는 것도 있는 '열린 자기'의 활동을 가진 장소적 부분(무의식의 영역을 포함한)이 있다.

자기의 이 장소적 부분에는 장대한 생물 진화의 역사가 고도로 압축된 암재적인 지식으로서 기억되어, 자아적 부분을 내부로부터 충동하여 불안정화하는 활동을 하고 있는 것으로 생각된다. 일반적으로는 이러한 자기 심층의 전모를 표층 의식에 의해 완전히 파악하는 것은 곤란하다. 그러나 개체가 열린 자기로서의 '장소적 의식'을 가지고 있지 않으면 의미를 깊이 전달하는 참된 소통이 성립할 리도 없다. 소통은 이해를 공유하는 것에 기반을 두고 있기 때문인데, 이것이 없으면 아직 의미 부여가 행해져 있지 않은 세계 속에서 새로운 의미를 발견하는 창조적인 대화도 생겨난다고는 생각할 수 없다. 내가 말하는 '생명감각'은 이 자기의 심층에 뿌리박은 일종의 보편적이고 잠재적인 '암묵지'인 것이다. 생물 진화는 '자기'의 심층에 대체 무엇을 축적해서 현대인에게 전하고 있는 것일까.

자아의식을 과학적으로 파악하기 위해 참고가 되는 하나의 모델로서 면역적인 '자기'와 '비자기'를 과학의 틀 속에 정의하려고 한 예르네의 면역네트워크 이론[14)]이 있다. 예르네에 의하면 면역시스템이란 '자기' 세계의 해석 시스템이다. 이 시스템에 있어서 자기의 창출과정은 시스템이 경험한 것이 아닌 새로운 항원이 (외부세계로부터 신호로서) 들어오면 시스템이 여기励起해서 자율적으로 여러 가지 DNA를 가진 다종류의 B세포(일종의 림프구)를 만들어 낸다. 이것은 복잡성의 창출이다.

나는 이들 구조를 면역시스템에 일어나는 일종의 카오스 상태의 창출로서 파악하고 싶다. 이 상태로부터 조리가 맞는 하나의 상태(정합적인 관계로 묶이는 상태)로 자율적인 수렴의 형태로 해석과정이 진행되어 외래신호(항원)의 일종의 네트워크가 만드는 장소 속에 위치 지어지고 그 내부 이

---

14) 면역네트워크 이론(Immune network system). 1970년대 전반에 덴마크의 예르네가 제창했다. 항체의 본체는 면역 글로불린이라 불리는 Y자형의 단백질로, 그 일부가 항원과 결합한다. 예르네는 이 특수구조가 생체 내에서는 항원이 되고, 그것에 대한 항체가 만들어진다고 생각했다. 이 항체가 가진 항원성을 '이디오타입'(Idiotype)이라 한다. 제1의 이디오타입에 대해 만들어진 항체에도 특유의 제2의 이디오타입이 있고, 이것에 대해 또 항체가 만들어진다. 이렇게 해서 차례차례로 이디오타입에 대한 항체가 만들어지는 것에 의해 면역 글로불린은 서로의 이디오타입을 인식하는 네트워크를 만든다.

미지(지각상)가 자기조직되는 것이다. 즉 각종 B세포는 각자 특이한 구조를 가진 항체 분자를 생산하기 때문에, B세포의 종류에 따라서 여러 가지 항체 분자가 만들어지게 된다. 또 B세포는 각자 다른 특정 종류의 B세포가 생산하는 항체 분자를 어느 정도 특이하게 인식하는 능력을 가지고 있다. 이것은 지금까지 내가 기술해 온 관계의 형성 그 자체인 것이다.

그런데 특정 종류의 B세포가 그 인식의 대상이 되는 특정 표적(항체와 그것을 특이하게 생산하는 B세포)을 발견하면, 인식된 표적은 감소하고 역으로 인식하는 측의 B세포의 수가 증가하는 메커니즘이 발견되고 있다. 이것은 외관상으로는 생태계에 있어서 피포식자와 포식자의 양적 관계와 유사하다. 증가하는 포식자 측의 B세포도 다른 종류의 B세포로부터는 피포식자라 간주되기 때문에 그 증식의 관계는 적당히 억제된다. 이렇게 해서 면역시스템에 의해 만들어지는 여러 종류의 B세포는 생산하는 항체를 매개로 해서 그 사이에 (생태계에 있어서 먹이사슬과도 닮은) 면역네트워크 구조를 형성해서 일정한 정상 상태를 유지한다. 새로운 항원은 B세포를 중심으로 하는 생성과 소멸의 동적인 네트워크에 기억되어 정상적인 '면역적인 자기'의 일부를 구성해 가는 것이다.

최초의 카오스 상태 때 만들어진 여러 B세포 중에 이 네트워크 속에 들어가지 않는 B세포는 소멸해 간다. 이러한 면역적인 자기를 구성하는 각종 B세포는 전형적인 관계자(홀론)이다. 시스템이 과거에 조우한 세계의 정황(항원)은 이 네트워크 속에 각자 특이한 상태를 표현한 관계자로서 위치 지어져 짜 넣어지는 것이다. 그리고 자기가 발전할 때에 그 내부의 복잡성(다양성)이 증대하는 방향을 취한다.

그런데 이미 경험한 적 있는 항원을 받아들이는 경우에는 그 항원과 직접 반응할 수 있는 B세포가 이미 네트워크 내부에 존재하고 있으므로,

시스템은 카오스 상태에 빠지지 않고 직접 그것을 표적으로 하는 세포를 증가시킨다.

면역적인 자기가 항원과 만났을 때 그 네트워크라는 장소에 출현하는 변화는 어떤 것일까? 그것은 곧 그 항원을 일부로 포함한 세계의 '내적 이미지'의 창출이다(이것은 뇌 속에서 자기조직된 외계의 지각 이미지에 해당한다). 이 면역네트워크에 있어서 내적 이미지의 생성과 관계 짓기가 '세계의 인식'이 된다. 여기서부터 면역적인 자기는 니시다 기타로의 표현을 빌린다면 항원이라는 여러 개체가 네트워크를 형성해서 거기에 '있어 있는' 於いてある 장소라는 것을 알 수 있다. 면역네트워크가 존재하는 동물의 몸을 구성하고 있는 여러 가지 단백질 분자도 항원이 될 수 있는 성질을 가지고 있지만, 그것들은 이 네트워크와 항상 접촉하고 있기 때문에 네트워크의 정상적인 상태를 변화시키는 것은 아니므로 '자기'로 간주된다. 이 '자기'의 상태를 동적으로 바라보면 전체를 서로 공유하는 정합적인 관계를 만들고 있다.

지구상의 생명시스템은 일종의 카오스적 상태에 있다. 그 시스템은 마치 면역시스템이 그 카오스 상태 속에서 여러 B세포를 낳듯이 다종다양의 DNA를 가진 생물을 돌연변이 등에 의해 산출하면서, 면역네트워크에 대응하는 생태학적인 네트워크를 발전적으로 형성해 가는 '커다란 자기'로서 파악된다. 그 '커다란 자기'는 그 진화 과정에서 무엇을 내부적 이미지로서 파악해서 무엇으로 이미지를 표현해 온 것일까?

나는 틀림없이 (지구를 포함한) 우주의 발전이 거기에 내부 이미지로서 파악되어 그것을 해석하는 커다란 생명시스템이 만들어져 있는 것은 아닌가 하고 생각하고 있다. 그리고 생물 진화란 우주의 매 순간의 양상(그 속에는 시스템 내부의 생태학적 변화도 포함될 것이지만)을 항상 통합적으로 내부에 거둬들이면서 그 내부에 이미지로서 반영시키면서 커다란 자기가 발전해 가는 과정이 아닐까 하고 생각하고 있다. 그렇다고 한다면 각종 생물 속에서야말로, 이 커다란 생명시스템을 구성해 온 관계자로서의 성질을 파악할 수 있을 터이다. 환경 파괴란 이 커다란 자기의 다양성(복잡성)의 감소에 의한 생명적 역사성의 손상이다.

인간을 포함해 숱한 생명체들은 이 커다란 해석계가 파악해 온 '진실'을 각자의 '심층 의식'에 떠안고 탄생해 온 것이라고 나는 생각하고 싶다. 또 이 커다란 생명을 구성하는 관계자로서 인간을 파악하는 것이 금후 점점 필요케 된다고 생각된다. 나의 생명감각은 이 커다란 생명시스템을 구성하는 관계자로서의 '공통감각'을 향해 열려 간다.

규칙 생성자와 전일적 제어

만약 생물이 (지금까지의 인공지능처럼) 필요한 작업을 예상해서 그 대처 방법을 미리 결정해 두는 제어방식을 엄밀하게 취해 가면, 미지의 새로운 사건에 조우할 때 판단불능 상태에 빠져 버릴 것이다. 이것은 끊임없이 변화하는 환경 속에서 계속 살아가지 않으면 안 되는 생물에게 있어 치명적인 결함이라 말할 수 있다.

물론 생물이라 할지라도 대응 불능 상태에 빠지는 일은 종종 있지만 일반적으로 말해서 생물은 유연성이 있는 폭넓은 대응이 가능하다. 이것은 이미 설명했듯이 시스템 내외의 여러 변화에 따라서 생물 내부에서 새로운 대처 방법을 대강 창출하고, 다음으로 이것을 사용하면서 점차 적절한 것으로 변해 갈 수 있기 때문이다. 창조적인 프로세스에서는 조작정보의 이 단층적인 창출이 필요하다.

조작정보의 자기조직적인 창출의 한 예는 외계로부터 들어오는 여러 신호로부터 외계의 이미지가 점차로 형태 지어져 갈 때에도 보인다. 이것은 동적으로 변화해 가는 신경 회로망이 일시적으로 형성되어 가는 현상이다. 바꿔 말하면 정보의 자기조직 현상이다. 그것은 요소 간에 일어나는 동적인 연결에 의한 정보의 자기조직 현상이다(관계자는 동적 연결의 틀 내에 새로운 규칙에 의한 동적 연결을 만들어 갈 수 있다). 외계의 인지든 그것에 따른 적절한 행동이든, 일정 목적에 따른 정보의 생성이 필요케 된다. 이를 위해서는 생물이라는 시스템 내부에 존재하는 많은 전일적인 '동인'agent인 관계자의 정보생성 활동을 일정한 메커니즘으로 적절하게 방향 지으면서 통제할 필요가 있다. 시스템에 분산되어 존재하고 있는 수많은 관계자가 각자 마음대로 활동하는 것만으로는 시스템 전체의 상태를 복잡한 환경의 상태에 맞춰 정합적으로 만드는 것이 불가능하기 때문이다.

이 정합적인 관계를 만들기 위해서는 반드시 적절한 방향성(목적성)을 부여할 것과 그 방향을 향해 작용하는 '시스템 전체'에 있어서의 각 부분 간의 협조 또는 정합성이 필요케 된다. 관계자들이 서로 스스로 협력적으로 작용하는 성질을 가지고 있다는 것을 활용해서 이 협력성에 의해 생겨나는 조화를 시스템의 '목적'에 들어맞게 잘 진행시켜 갈 필요가 있게 되는 것이다. 이렇게 전체 속에서의 조화적 정합성이 자율적으로 생성되는 제어를 '전일적 제어'라고 우리들은 불러 왔다. 전일적 제어는 (현재 인공지능 원리이기도 한) "중앙에 의해 각 요소의 활동이 집중 관리되어 제어되는" 집중제어 방식의 대극에 해당하는 것이다. 복잡한 환경 속에서 시스템이 잘 작용하는 제어는 전일적 제어 이외에는 없다.

전일적 제어를 생각함에 있어서 하켄(1부 각주 11)이나 르네 톰(2부 각주 7)의 생각이 참고가 된다. 하켄의 자기조직 이론은 자율적인 시스템의 분산제어 이론이라 볼 수도 있다. 그것은 복잡한 내부 구조를 가지지 않는 균질하고 단순한 협동적 소자의 집합으로 만들어진 자기조직 시스템이 그 상태를 질서의 형성을 향해 자율적으로 분산제어해 나갈 때의 이론에 해당한다. 하켄에 의하면 이 자기조직 과정에서 '질서 파라미터'라 칭하는 한 개의 거시적인 변수(질서)가 시스템 내부에서 자기조직적으로 만들어지고, 이것이 역으로 소자의 활동을 지배한다(이것이 여러 번 진술해 온 예속화 원리이다).

질서 파라미터는 소자의 협동적인 활동에 의해 만들어지는 것이지만, 그 구체적인 형태는 시스템 전체의 목적과 그것이 놓여 있는 환경조건에 의해 만들어지는 구속조건에 의해 결정된다. 즉 협동적인 요소(관계자)는 한편으로 상호 협력에 의해 질서를 만들어 내고 다른 한편 역으로 스스로가 만들어 낸 그 질서에 의해 (확률적인) 지배를 받지만, 구속조건은 이 질서의 발생 방식을 한정한다.[15] 그것은 헌법이나 사시社是[회사나 결사의 기본적인 경영 방침이나 주장. 또는 그것을 나타낸 표어]와 같이 요소의 작용에 틀을 맞춰 넣는 것이지만, 이 '틀'이 존재함으로써 요소의 작용에 정합성이 생겨나는 것이다.

이때 일어나는 정보의 순환을 생각해 보자. 그 첫번째는 요소의 협력에 의한 질서 파라미터의 자기조직이고, 두번째는 그 질서 파라미터가 피드 포워드 혹은 되먹임 고리(전일적 고리)를 통해 요소에 순환적으로 압력

15) 질서의 발생 방식의 한정. 어떠한 질서가 구체적으로 만들어지는가를 알 때 시스템의 정상적인 상태 근방에서는 르네 톰의 파국 이론에 있어서의 '포텐셜 장'에 필적하는 것을 생각할 수 있다. 그리고 그 장의 형태와 그 극소점에 의해 정상적으로 출현하는 질서 파라미터와 그 정상치가 결정된다. 이 포텐셜 장 속에서의 질서 파라미터의 변동에 예속해서 각 요소도 변화한다. 그러나 이 장은 상기 구속조건하에서 요소가 스스로 협력해 만들어지는 것이다. 여기에 질서의 자기조직과의 관계에서 전일적인 '장의 정보'를 파악하는 과학적인 기초가 있다.

을 가하는 작용이다. 이 고리 속에서는 요소의 작용이 질서 파라미터의 형성을 향해 통합되어 정합성이 생긴다. 그리고 고리 속에서의 정보 순환과 함께 요소들의 작용에 있어 통합의 생성과 산일이 반복된다.

주목할 만한 것은 전일적 고리는 보통의 되먹임 고리와는 달리 정합적인 상태를 향해 통합을 진행시키는 제어를 동반한다는 점이다. 따라서 이 고리의 회전이 진행하는 데 따라 각 요소의 동역학을 인과적으로 기술하는 조작정보가 통합되어, 점차로 잃어버리게 되는 시스템 상태를 각 요소의 미시적인 역학적 기술에 의해 이해하는 것이 곤란하게 된다. 이 때문에 통합된 정보에 의해 시스템을 기술하는 것이 타당하게 된다.

생명관계학에서 생각해 온 자율적인 시스템이나 전일적 시스템의 자율적인 제어 원리의 연구에는 관계자의 작용에 의해 위와 같이 자율적으로 생성된 전일적인 정보(질서 파라미터로부터 되먹임되어 오는 정보)를 이용하고 있다. 관계자가 각자 개성 있는 활동을 하는 경우에는 하켄의 이론을 넘어 생물의 자율적인 창출성을 생각하기 위한 기초가 마련된다. 시스템 자신에게 그 목적에 따라 적절한 구속조건을 창출하는 능력이 있다면, 그 구속조건하에서 자기조직되는 질서 파라미터에 의해 관계자 집합을 제어하는 것을 생각할 수 있다.

하켄의 이론에서는 구속조건을 밖에서부터 부여하는 것을 전제로 하고 있다. 그리고 질서 파라미터가 만드는 안정된 포텐셜이 존재하고 그 안정성에 의해 시스템의 조화적 안정성이 보증되는 경우를 다루고 있다. 그렇지만 독자의 주의를 환기하고 싶은 것은 하켄의 이론(예속화 원리)을 엄밀히 적용할 수 있는 것은 시스템이 복잡한 내부 조직을 가지고 있지 않는 '균질하고 단순한 홀론'으로부터 성립되는 정상상태뿐으로, 카오스가 출현하는 경우라든가 생명시스템과 같이 시스템의 구조가 복잡하고 관계자가 각자 개성과 내부 복잡성을 가지고 있는 경우에는 질서 파라미터와 포텐셜 장을 사용해 관계자의 활동을 표현하는 것이 불가능하게 된다는 점이다. 따라서 언어의 형성 예에서 설명했듯이 전일적 고리의 형성으로까지 돌아가 적절한 기술법을 발견해야만 하는 것이다.

비꿔 말해 프리고진의 산일 구조(1부 각주 18) 개념이나 하켄의 예속화 원리를 넘는 것에서부터 생물적으로 복잡한 시스템에 있어서의 질서형성 문제가 시작되는 것이다. 전일적 제어란 이런 의미에서 일반적인 전일적 고리를 사용한 제어 방식이라고도 말할 수 있다(또한 구속조건을 자기창출하는 활동을 생각하면, 장소로서의 자기의 활동을 문제로 삼는 것이 된다).

정보 창출의 세 계층 모델

복잡한 환경 속에서 생기는 생명시스템은 복잡한 시스템이어야만 한다. 이 복잡한 시스템을 자율적으로 제어하기 위해서는 환경의 상태에 맞춰서 시스템이 어떻게 행동하는가 하는 기본 방침, 즉 시스템 전체의 활동을 결정하는 구속조건을 창출해야 한다. 여기에 장소로서의 자기의 활동[16)]이 필요케 된다. 그리고 시스템 내부에서는 이 구속조건하에서 관계자 군이 규칙 생성자generator로서 상호 협력해 새로운 규칙을 동적으로 만들어 간다. 새롭게 생성된 규칙은 관계자 군의 작용 방법을 결정하는 규칙이 되는 것이다. 또 이 구속조건은 생명시스템이 환경 속에서 획득한 의미이고 관계자 군의 작용은 그 의미의 표현이 된다. 장소적인 자기는 관계자 집합 속에서 여러 가지 의미표현을 창조할 수 있는 것이다.

이 과정에서 구속조건이나 규칙이 기억되면 시스템의 내부적 복잡성이 증대한다. 그것은 생명시스템에 있어서 의미공간의 확대를 이끌고, 이

욱고 시스템의 의미적인 발전인 창조로 이어져 간다. 이 정보공간의 확대는 일반적으로 '장소'의 창조성의 증대가 커다란 요인이 된다고 생각된다. 이 작용을 간단히 설명해 보자.

생명시스템에 있어서 새로운 의미의 창조는 낡은 의미를 가진 정보구조를 해체하지 않으면 실행할 수 없다는 원리가 작용하고 있다. 나는 과

---

16) 장소·장·자기. 이 책의 범위를 넘는 것이지만 이 책에서는 이후의 논의를 이해하기 위한 방편으로서 여기에서 장소와 장 및 자기에 관한 나의 견해를 간단하게 소개해 둔다. 니시다 기타로는 "[내]가 살아 있는 '곳'이 장소이다"라는 의미를 기술하고 있지만 이 '곳'은 공간적으로 정의된 영역이 아니라 관계적인 영역이라는 점에 주목해야 한다. 즉 장소란 생성과 소멸을 반복하는 다양한 관계가 모여 있는 영역이고, 그 속에 공간과 시간이 생성하는 것이다. 나는 장소란 '내'가 그 신체를 매개로 해서 그 범위와의 관계를 형성하는 영역이라고 생각하고 있다. 나는 아래에 설명하는 '내부 장소'와 구별할 필요가 있을 때에는 이렇게 정의되는 장소를 '외부 장소' 혹은 '실제 장소'라 부르겠다.
니시다 기타로의 위대한 업적의 하나는 '장소는 [나]이다'라는 것을 발견한 것이다. 나는 '나'도 또한 공간적인 존재가 아니라 그 본질은 생성과 소멸을 동적으로 반복하는 역사적이고 특이한 다종다양한 관계의 결합체라고 생각한다. 장소와 '나'는 상호 이어져 장소 즉 자기로서 하나의 전체를 형성하고 있는 것이고, 관계적으로는 이 두 개를 서로 나눠서 구별하는 것은 불가능하다. 이것은 '장소와 나는 본질적으로 자타 비분리(自他非分離)이다'라는 의미이다. 나와 장소를 공간적인 영역으로서 생각하면 양자 간에는 예컨대 신체의 경계와 같은 경계를 상정하는 것이 되므로, '장소는 [나]이다'라는 견해는 불가능하게 되는 것이다.
'장소는 [나]이다'라는 것은 다음과 같이 실감할 수 있다. 우리들은 몸의 내부로부터의 신호에 의해 몸 전체의 특정 자리가 아프다든가 가렵다든가 하고 의식할 수 있다. 또 역으로 몸의 임의의 부분에 주의력을 집중해서 그 부분에 이상이 있는가 없는가를 점검할 수도 있다.
이렇게 내 몸이라는 전체(일종의 장소) 속의 임의의 위치를 특정할 수 있다는 것은 내 몸 전체에 전체적(global) 의식이 머물러 있음과 동시에 각 부분마다 국소적(local) 의식이 존재하고 있기 때문이다. 또한 정확히 말하면 이 두 종류의 의식이 전일적 고리로 이어져 '나의 몸'이라는 통합된 의식을 형성하고 있기 때문이다. '나의 몸'이라는 통합된 의식을 전체적인 의식과 국소적 의식의 두 개로 분해해서 의식하는 것은 불가능하다. 이것은 양자가 전일적 고리로 정보적으로 이어져 있기 때문이다. '나'는 마찬가지로 내가 살아 있는 장소와 그 속의 하나의 부분인 나 사이에 통합된 의식을 가질 수 있다. 그것은 장소의 '여기'에, 내가 '지금' 있다는 의식을 가질 수 있기 때문이다. 장소라는 영역의 특정한 위치에 내가 존재하고 있다는 의식을 가질 수 있는 것은 '나'라는 국소적인 의식 이외에도 장소 전체를 의식할 수 있는 전체적인 의식을 가지고 있기 때문이다.
물론 이 두 종류의 의식은 전일적 고리에 의해 통합된 의식을 형성하고 있으므로 개별적으로 나눠서 의식하는 것은 불가능하다. 진검승부에 있어서 타이밍, 자동차를 운전할 때의 차체 감각, 복잡하게 얽힌 도시의 도로를 걸을 때의 방향 감각 등은 장소와 그 속의 '나'라는 두 종류의 의식의 통합에 의해 가능한 것이고 단순한 자기중심적 의식과는 다르다.

학적인 사고에 의해 여기에서 분해와 해체를 구별하려고 한다. 해체란 구속조건의 소실에 의해 하나의 의미구조가 뿔뿔이 흩어지게 되는 것이고, 이것에 비해 분해란 신호가 많은 요소로 나눠져 요소 간의 관계에 불확정성이 도입되는 경우를 말한다.

전체적인 의미구조가 해체되면 부분적인 정보는 이미 구속조건이 야기하고 있던 낡은 의미에 의해 속박되지 않는다. 그것들은 의미 부여를 가진 기호의 집합들일 뿐으로 거기에는 명확한 의미가 존재할 수 없다. 입력된 신호의 단위 요소를 생명관계학에서는 '정보소'라 명명하고 있다. 예컨대 음성으로 송신되는 정보는 청자에 의해 정보소의 집합으로 일단 분해되고 나서, 청자의 내적 의미체계에 정합하는 정보로 변한다고 생각되는 것이다.

이렇게 '장소가 나이다'라는 전체적인 의식이 존재하는 것은 실제 장소를 나의 내부에 있는 내부 장소(장소적 영역)에 투영할 수 있기 때문이다. 실제 장소를 투영한다는 것은 나의 내부에 실제 장소가 찍힌다는 것만이 아니라, 실제 장소의 활동이 나의 내부 장소로 옮겨진다는 것이다. 그것에 의해 나는 실제 장소의 상태를 직감하고 그 미래를 예감하는 직관을 가질 수 있다. 이것이 나와 장소가 본질적으로 비분리라는 것이다(나는 내부 장소에 비친 실제 장소를 '장'이라 부르고 있다). 또 이렇게 실제 장소의 활동이 나의 내부에 옮겨지는 것에 의해 그 장소적 영역에 생성하는 장소적 의식(전체적 의식)과 나의 자아적 영역에 생성하는 자기중심적 의식(국소적 의식) 간에 전일적 고리를 형성할 수 있는 것이다. 내부 장소로 옮겨진 실제 장소는 나의 자아에 있어 일종의 타자이기 때문에 자기언급으로는 되지 않고, 전일적 고리 속을 정보가 순환하는 것이다. 이 상태를 나는 '장소적 자기언급'이라 부르고 있다.
장소를 생각할 때는 어디까지나 관계로부터 출발하는 것에 철저할 것이 중요하다. 공간이라든가 시간은 장소와 나와의 관계를 취하는 방식에 따라 장소적 의식으로서 생성하는 것이다. 이미 설명했듯이 인간은 신호를 전경과 배경으로 나눠서 인식하고 있다. 이것을 더욱 깊이 들어가 생각해 보면, 우리들의 신체(특히 대뇌)에 존재하는 관계자 군이 이들의 신호를 받아 전경과 배경(정합적인 관계와 비정합적인 관계)으로 나눠져 있다고 생각할 수 있다. 이 전경과 배경으로 나누기 위한 필요조건으로서 보텀-업적인 정보의 흐름과 톱-다운적인 정보의 흐름이 3부의 그림 11이나 4부의 그림 3 및 그림 4와 같은 전일적 고리를 만들어 순환하고 있을 필요가 있다(이 책 도면의 많은 부분은 제본製本 때문에 세로로 된 것을 옆으로 눕혀서 인쇄되어 있어서, 이해하기 어려울지도 모른다). 그리고 장소 속의 개체의 형태를 전경으로서, 나와 그들 개체와의 위치적 관계를 내 신체의 방향과 크기, 그 개체에 도달하기 쉬움 등을 기준으로 하고 전후·좌우·대소·원근 등의 여러 관계에 의해 특징 지어 의식한다. 이들은 개체의 위치에 정합적인 관계들이고 나와 개체 간의 위치적 관계를 표현하는 것이다. 그리고 그들 관계들을

그러면 정보소의 집합이 어떻게 새로운 정보 구조로 새로운 의미를 획득하는 것일까. 나는 이것을 정보 구조와 의미의 자기조직(자기창출) 문제로서 다루고 싶다. 이 본질적인 원리와 그것을 자율적으로 표현하는 구체적인 메커니즘을 과학의 문제로서 명확하게 하는 것이 이 수년간 우리들이 연구해 온 것들 중 하나이다. 우리들은 정보소들을 모아 그것들을 협력적으로 통합해서 의미적 정보를 창출하는 요소적인 동인으로서 관계자(복잡성을 내포하는 '홀론')라는 개념을 생각해 왔다.

극단적으로 단순화해서 생각하면 생명시스템은 "환경으로부터 받아들인 신호로부터 의미를 가진 정보를 창출하고 이것을 자각적으로 의식하는 시스템이다"라고 파악할 수 있다. 이것으로도 시스템이 적어도 세 개의 활동 계층(층위)으로 구성되어 있을 필요가 있다고 결론지을 수 있다. 우리

포섭하는 장소라는 의식으로부터 '공간'이라는 개념이 생겨나는 것이다.
또 공간이라 한정하지 않고 장소적 관계의 변화를 이야기하려고 할 때 그 장소적 의식으로부터 '시간'이라는 개념이 생성된다. 이렇게 생각하면 신체를 기준으로 해서 전경을 인식할 때, 그 전경이 존재하는 장소와 그 변화가 각자 공간과 시간으로서 의식되는 것이고, 그 전경이 생성되기 이전부터 공간과 시간이 존재하고 있는 것은 아니게 된다. 그러나 고전 과학(예컨대 뉴턴 고전 역학)의 특징은 공간을 고정적으로 존재하는 좌표계로서 취급하고 시간을 그 속에서 일어나는 변화를 표현하는 좌표축으로서 취급하는 점에 있다. 즉 공간과 시간은 그 속에 생성하는 관계와는 독립해서 당초부터 존재하고 있다고 가정되어 있고, 그 고정된 공간과 시간 틀 속에 일어나는 정합적인 관계의 변화가 입자의 결정론적인 궤도운동으로서 기술되는 것이다. 여기에서 고전 과학에 특징적인 인과론과 결정론적 사고, 즉 장소적 사고에 결여된 '보텀-업'적인 요소환원론이 생겨난다. 그러나 고전 과학의 이러한 인과론적 사고 방식으로는 양자론적 관측 결과를 설명하는 것은 불가능하다. 양자적 입자의 특징은 명확한 궤도운동이 그려지지 않는다는 점에 있고, 따라서 고정된 공간과 시간이라는 개념 자체의 성립이 의문시되는 것이다. 어포던스[affordance. 무언가를 하려고 할 때의 준비하는 정보 감각. 인지심리학자인 깁슨James S. Gibson의 조어]라는 개념은 장소로부터 허용(afford)되는 것이라는 의미일 것이므로, 본래라면 장소적 관계론으로부터 유도할 수 있어야 한다고 생각된다. 그러나 내가 의문으로 생각하는 것은 이 어포던스라는 개념이 고정된 시간과 공간 위에서 정의되어 있는 듯 생각된다는 점이다. 만약 그렇다면 어포던스는 결과를 인과론적으로 정리하고 설명하기 위해 도입된 개념이고, 장소적 관계 창출의 논의에는 사용할 수 없는 것이 된다. 예컨대 다양성을 포함한 새로운 시장의 장소적 설계론을 어포던스라는 개념을 어떻게 사용해 설계해 가는 것인가가 나에게는 불명확하게 보인다.

〈그림 11〉 지각정보 창출의 3계층 모델

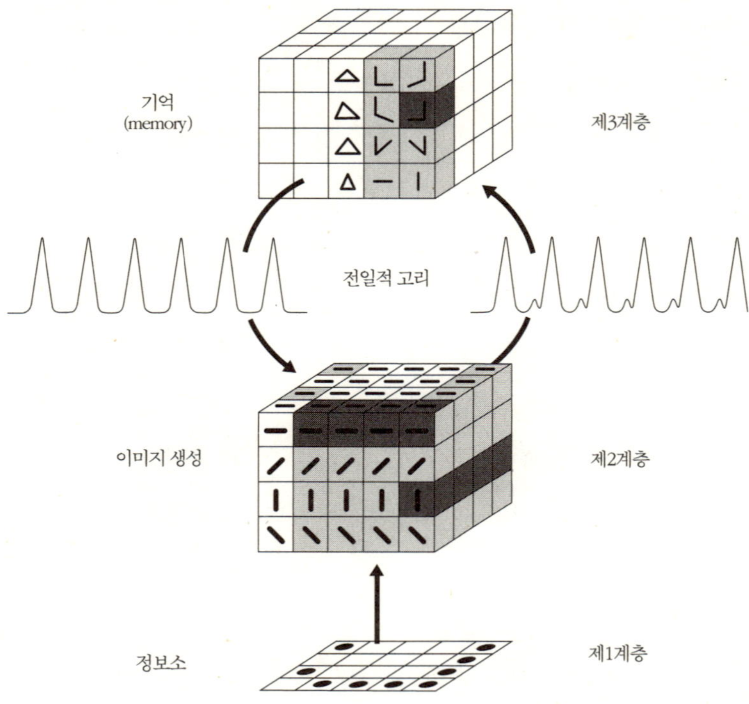

- 제1계층 : 정보소의 배치를 나타내는 형식 공간.
- 제2계층 : '홀론'—세로 방향의 컬럼(column)—의 집합이 만드는 의미-관계 공간. 여기에서 이미지가 자기 조직된다.
- 제3계층 : 의미적인 정보를 저장한 기억 '홀론'으로 구성된 분절화된 공간. 제2계층과의 사이에 있는 화살표는 전일적 고리를 나타낸다.

들은 이 모델을 '지각정보 창출의 3계층 모델'이라 부르고 있다. 이것을 생명관계학의 사고 방식에 따라 포유동물의 외계 인지를 예로 들어 설명해 보자(그림 11).

외계로부터 오는 정보는 우선 동물 감각기 내부의 많은 신호 수용세포에 의해 수용된다. 이것은 신호가 세포를 단위로 하는 정보소로 분해되어 그것을 수용한 이 세포 군의 흥분이 만드는 공간적인 모자이크 패턴으로서 포착된다는 것을 의미하고 있다. 제1계층에는 시스템이 정보소의 형태로 외부로부터 수용한 신호의 형태(공간적인 배열)를 표현하는 '정보소의 배치를 나타내는 형식공간'이 있다. 여기에서는 아직 정보소가 각자의 사이의 관계가 불확정한 신호 요소의 집합으로서 존재하고 있는 데 지나지 않는다. 주목할 만한 점은 외계 신호가 분해됨에 따라 생기는 방대한 정보소를 관계 지을(결부할) 때 극히 다수의 자유도가 생긴다는 것이다.

이것을 "관계적 불확정성을 동반한 정보소군이 생긴다"라고 말할 수도 있다. 정보소 간의 관계가 불확정하기에 신호 해석의 비한정성이 존재하는 것이다. 칸트가 보여 주었듯이 우리들은 대상 그 자체를 인식하는 것은 불가능하다. 동물의 외계 지각에 있어서 중요한 것은 정보소 간에 질서있는 관계를 생성함으로써 외래 신호 속에서부터 의의나 의미를 가진 정보를 꺼내는(창출적으로 발견하는) 것이다. 따라서 이 신호수용의 단계에서는 가능한 한 다량의 정보소(관계적 불확정성)를 거두어들일 필요가 있게 된다.

다음으로, 생명시스템이 외계로부터 오는 신호 중에서 의미를 가진 정보를 꺼내기 위해서는 정보소 간에 정합성 있는 관계적 질서를 부여할 필요가 있다. 창출된 관계적 질서의 대소에 의해 정보소의 집합에서 만들어지는 정보량의 대소가 결정된다. 여기에 주목할 만한 것은 이 관계 형성 단계에서(여기서부터 생각해 갈 작용에 의해) 창출된 정보에 의미가 부여되고, 동시에 그 정보를 구성하는 각 정보소의 (요소적인) 의미도 이 전체적인 의미 속에서 부여되는 것이다. 이리하여 요소적인 의미는 서로 관계를 가짐으로써 하나의 '전경'을 구성하고 '배경'과 분리되는 것이다.

이 의미적 정보의 자기창출을 위해 제2계층이 필요케 된다. 이 계층에서는 정보소 간에 관계를 만들고, 그 관계에 의존해서 각 정보소의 의미가 창출된다. 그래서 관계와 의미가 창출하는 이 프로세스를 표현하기 위해 필요한 '정보공간'(관계 - 의미공간)이 요구된다. 이를 위해 우선 제1계층에서 정보소의 배열을 표시하기 위해 사용된 정보 배열의 형식 공간과 동등한 구조를 가진 공간이 필요케 된다. 이 공간은 정보소 간의 결합적 관계를 나타내기 위한 공간(형식공간)이다. 그리고 그림 11에 나타나듯이, 다시 관계의 창출에 동반해 표출되는 의미의 표현을 위해 새로운 차원의 공간이 적어도 한 차원 더해질 필요가 있게 된다.

이 새로운 차원에 해당하는 공간에 있어 '위치'를 나타내는 것으로서 '의미좌표'를 생각할 수 있다. 형식공간 좌표와 의미공간 좌표는 서로 직교로 주어지고 양자에 의해 둘러싸인 새로운 공간이 생긴다. 이것이 정보소의 결합관계와 의미를 표현하는 '관계-의미공간'이다. '관계-의미공간'은 많은 관계자의 활동에 의해 제1계층에서 생성한 정보소 사이를 적절히 결부하는 프로세스가 의미의 창출을 동반하면서 진행한다.

이 때문에 제2계층의 형식공간에는 다수의 관계자가 배열되어 존재한다. 각 관계자는 각자 제1계층에서부터 정보소를 하나씩 받아들이며, 관계자 상호의 협력과 억제를 동반하는 경합적인 활동으로 받아들인 정보소 상호 간에 적절한 관계 짓기를 한다. 그러한 형식공간 내에서 관계 짓는 방법에 의존해서 정보소 군에서 자기조직적으로 창출된 정보의 의미가 결정된다. 이 정보의 자기조직에 협력해서, 해당하는 관계자에는 많은 내부 상태가 존재하게 된다. 그래서 받아들인 정보소에 여러 가지 요소적인 의미를 창출한다. 이것이 의미좌표상의 위치를 결정하는 것에 해당한다.

중요한 것은 관계자에 의한 정보소의 형식공간에 있어 관계 짓기는 '관계 - 의미공간' 내에서의 의미생성과 동시적으로 일어난다는 것이다. 일군의 정보소가 어떻게 관계 지어지는가는 이들 정보소를 각자 코드화하는 각 관계자가 어떤 내부 상태를 선택해 창출하는가에 의존해서 변한다. 또 역으로, 정보소를 코드화한 관계자 간에 어떤 관계가 성립하는가에 따라 그들 내부 상태의 창출 방법이 변한다. 이로부터 집단으로서의 관계자 군의 위치와 그들의 내부 상태를 표현하는 공간이 '관계-의미공간'에 대응한다는 것을 알 수 있다.

의미로의 변환

시각정보의 경우를 염두에 두고, 어떤 정보 처리가 '전경'과 '배경'을 상호 분리를 가능케 하는지, 그래서 정보소로부터 정보를 자기조직적으로 창출할 수 있게 하는지 생각해 보자. 신문의 사진처럼 한 면에 나열된 정보소의 집단 위에 그려진 복잡한 도형이 있을 때에는 우선 도면의 윤곽선을 발견할 필요가 있다. 예컨대 일정한 방향으로 직선을 만들 때에는 정보소 간에 그 방향의 관계를 강화하고, 다른 방향에서는 정보소가 관계를 만들지 않게 압축 또는 억제할 필요가 있다.

그러나 조금 복잡한 도형이 되면 각 부분에서 정보소들 사이에 성립하는 방향이 하나로 결정되지 않고 다양하게 된다. 미리 어떠한 신호가 주어지는지 알 수 없는 경우나 혹은 에스허르가 그린 다의도형多義圖形(4부 그림 1)처럼 같은 정보소 집합에 대해서도 도형 전체의 맥락에 따라 다른 관계 짓기를 행할 가능성이 존재하는 경우를 생각해 보면, 정보소를 가지고서 상호 관계 짓기의 역할을 수행하는 관계자에게는 미리 다양한 관계 짓는 방식의 가능성(복잡성)이 잠재해 있을 필요가 있다. 또 한 도형의 각 부분에서 관계 짓는 방식이 다를 가능성이 있을 필요도 있다. 따라서 관계자 간에는 어떤 맥락하에서의 관계생성에도 어울릴 수 있을 만큼의 다양한 관계생성 법칙을 부여해 두어야만 한다.

이것을 각 관계자가 "관계생성 법칙상 비한정 상태에 놓여 있다"라고 표현하기로 하자. 이는 일반적으로 정보소 간의 관계생성을 자율적으로 실행하는 법칙군이 있다고 해도, 형식공간 속에서만은 그것을 사용한 정보의 자기조직이 불가능하다는 것(불량 설정 문제에서 기인하는 법칙적 불확정성)을 의미한다.

예컨대 수용한 하나의 점을 주변의 점 중에 어떤 것과 관계 짓는가에 따라 그 점들을 어떤 방향의 선線 요소로 간주해야 좋은가가 비로소 결정된다. 하나의 점이 옆의 점과 관계 지어지면 그것들은 비로소 가로 선의 요소라는 의미를 가진다. 여기에서 중요한 것은 그때까지 단지 의미 없는 기호였던 정보소에 새롭게 의미가 도입된다는 점이다. 예컨대 〈그림 11〉(254쪽)이 개념적으로 보여 주듯이, 의미좌표의 좌표축을 새롭게 설정하고 정보소에 부여하는 각 요소적인 의미(일정한 방향을 가진 선 요소)를 나타내는 것을 생각해 보자. 이 주사위 모양의 정보공간의 의미좌표에 직교하는 평면이 형식공간이고, 가로 방향의 축이 의미축이다. 따라서 가로 방향의 각 칼럼(하이퍼칼럼)이 관계자에 해당하고, 그 관계자에 속한 각자의 단위가 그 내부 상태에 해당한다. 여기에서 알 수 있듯이 관계자의 이런 활동이 정보소에 '특정 방향을 향한 요소적인 선분'이라는 의미를 부여해 그 각자의 방향별로 고유한 관계생성 법칙을 부여하는 것이다.

이 관계생성 법칙은 관계자의 협동적인 활동에 따라 자율적으로 적용되어, 입력된 신호에 따라 새로운 법칙이 만들어진다. 예컨대 두 방향의 선 요소를 동시에 사용해 그 중간 방향의 선을 표현할 수 있으므로, 여기에 보다 임의의 기울기를 가진 직선을 유한 개의 단위를 가진 하이퍼칼럼에 의해 표현할 수 있다. 입력된 신호에 의해 시스템이 따르는 법칙이 변한다는 것은 이때까지의 자기조직 시스템 이론에서는 다루어지지 않았다.

여기에서는 상세히 기술하지 않았지만, 정보소 간의 관계 생성은 관계자의 동역학 간의 동조에 의해 정합성이 있는 상태를 자기조직하는 형태로 표현된다. 그리고 관계자의 내부 상태에 따라 그 동역학도 다르기 때문에 정합적인 상태도 다르게 되는 것이다. 따라서 외래 신호로부터 의미적인 정보(인지 질서)를 자기조직하는 과정은 우선 신호가 정보소로 분해되고, 다음으로 (그 개개의 정보소를 지닌 관계자 군의 내부 상태를 포함한) 정보공간(의미-관계공간) 내에서의 시공간 질서의 자기조직 현상으로서 파악할 수 있다. 단, 여기에서 말하는 질서는 프리고진이나 하켄이 생각한 산일 구조 같은 것과는 달리 단지 형식공간에서 보는 것만으로는 완전히 포착할 수 없는 것이다.

그것은 단일한 질서생성 법칙에 따라 만들어지는 것은 아니다. 일반적으로 말하면 다양한 관계생성 법칙이 각 요소에 적용되어 부분적인 질서구조가 자기조직되고, 또한 그것들이 따로 창출된 구속조건의 활동으로 전체적으로 통합되어 만들어지는 것이다. 이 통합을 위해 작용하는 메커니즘이 다음에 설명할 전일적 고리이다.

정보소 군에서 관계적인 질서를 자기조직하는 것이 불가능할 경우, 외래 신호는 일종의 노이즈나 의미 불명한 신호로서 시스템에 받아들여진다. 즉 그 신호는 의미를 전달하는 정보로서는 시스템에 인지되지 않는다. 인지된 질서가 자기조직되기 위해서는 뒤에서 설명하고 있는 조건이 또한 필요케 될 것이다.

해석학적 순환을 수렴시킨다

정보소 간의 관계 짓는 방식에 다수의 가능성이 있다는 점을 감안할 때, 형식공간에 있어 정보소의 복잡한 패턴에 따라 자기조직된 질서는 일반적으로 많이 있다. 그러나 연역적 추론에 의해 이 중에 무엇을 어떻게 선택해야 하는가를 일의적으로 결정하는 것은 일반적으로 불가능하다.

그 이유는 한편으로는 부분에 있어서 관계 짓기는 정보 전체의 의미가 확정되지 않으면 결정할 수 없고, 다른 한편으로 전체의 의미는 부분적 관계가 결정되지 않으면 결정 불가능해, 결국 결정이 순환해 버리는 관계에 있기 때문이다. 예컨대 연역적인 추론을 사용하는 것만으로는 논리적 순환이 일어나는 것으로 유명한 "크레타인은 거짓말쟁이라고 크레타인이 말했다"는 유명한 자기언급의 역설이나 해석학적 순환에서 벗어나 논리를 수렴시키는 것은 불가능하다. 이 수렴 불가능성은 신호의 형식적인 관계로밖에는 취급할 수 없는 현재의 인공지능의 능력을 크게 제한하는 원인이 되고 있다.

이러한 논리 순환이 일어나는 것은 배후에 불량 설정 문제가 숨어 있기 때문이고, 순환을 수렴시키기 위해서는 관계 생성의 자유도를 가능한 한 압축해 각 부분의 정보소를 통합하기 쉽게 할 필요가 있다고 생각된다. 이를 위해서는 관계자 동역학의 과잉된 자유도를 줄이는 데 적절한 구속조건을 부여할 필요가 있다. 그래서 시스템 내부 정보계가 그런 구속조건을 만들어 낼 수 있다면, 관계자 군에 관계적 질서 패턴의 자기조직이 진행되므로 해석학적 순환은 수렴한다.

이렇게 외래 신호가 인식되기 위해서는 내부 정보계의 관여가 필요하다. 결론을 말하면, 생명시스템의 내부 정보계에 의해 정보소 군이 나타내는 의미를 적절히 해석할 수 있도록 정보소가 관계 지어지면서 결합될 때에만 '의미적 정보의 자기창출'은 가능케 된다.

관계자 집합이 이 과정을 자율적으로 실행할 수 있기 위해서는 내부 정보계가 어떤 활동을 해야 하는 것일까. 이를 생각하기 전에 우선 산일 구조의 자기조직에 관해 생각해 보기로 하자.

이미 기술했듯이 비선형 문제에서 흔히 보이는 현상으로서, 구속조건을 부여하지 않으면 안정된 산일 구조를 자기조직하는 것은 불가능하다. 이것은 많은 가능성 있는 산일 구조 중에서의 자기조직을 구속조건이 구체적으로 선택하기 때문이다. 지금까지 산일 구조의 자기조직 이론은 물리적으로 고정된 형태로 주어진 구속조건이 존재하고 있다는 것을 전제로 해서 만들어져 왔다.

그러나 인식의 문제와 같이 임의의 외래신호가 일단 정보소로 나눠져 관계자로 코드화되고 그 관계자 간의 관계와 의미적 표현이 '관계-의미공간' 내에 일종의 산일 구조로서 자기조직된다고 하면, 장소적 상황에 적합한 구속조건을 창출해서 관계자 군에 부여할 필요가 생긴다. 이 구속조건을 창출하는 것이 내부 정보계이고 3계층 모델에서 제3의 계층이 이것에 해당한다. 구속조건에 적합한 산일 구조(산일적 질서)만이 자기조직된다는 것이 정보소 군이 '전경'에 통합되면서 '배경'으로부터 분리되어 가는 과정(의미적 대칭성의 붕괴)의 기본적인 메커니즘이 되는 것으로 생각된다. 그러므로 구속조건에는 도형 전체의 형태를 결정하는 활동이 있어야 한다.

우리들은 아직 내부 정보계가 어떻게 해서 상황에 가장 적합한 구속조건을 창출하는가의 문제에는 답하고 있지 않다. 이것은 인식이나 자기제어를 포함한 생물적 자율성의 이해에 있어 무엇보다도 중요한 문제이다. 우선 내부 정보계도 또한 일종의 관계자 집합으로 구성되어 있다는 것을 이해해야 한다. 다음으로 제2, 제3의 양 계층을 동적으로 연결하는 역할을 하는 (정보의 결합을 포함한) 일종의 양positive의 되먹임(피드 백—피드 포워드) 고리인 전일적 고리에 의해, 가장 적절한 구속조건을 선택하기 위한 경합적인 과정이 일어날(충분하지는 않다고 해도) 필요가 있다. 이 전일적 고리의 활동에 의해 해석학적 순환을 수렴시킨다.

어느 쪽이든 시스템 내부에서 구속조건을 스스로 창출하는 능력이야말로 기계에는 존재하지 않는 생물적인 자율성, 즉 생명력을 표현하는 능력이다. 그리고 내부 정보계인 제3계층의 활동 그 자체를 명확한 형태로 도입한 점이 연성 과학인 생명관계학의 특징이라고 할 수 있을 것이다. 복잡한 시스템에서의 (정보의) 자기조직에서는 전일적 고리의 형성을 필요로 하므로, 시스템은 그 제3계층에서 창출된 '목적'에 의해 구속되는 형태로밖에는 제어할 수 없게 된다.

이것은 다음의 원리에 기초해 행해진다. 외측에서 들어오는 신호가 각자 정보소로서 관계자로 코드화되고, 다음으로 그 관계자들이 전일적 고리의 활동을 빌려 (생명시스템의 내측에 역사적으로 형성되어 온 기억이나 규칙에 인도되어) 서로 간에 관계를 자기조직한다. 이로써 관계자 간에 질서가 자기창출된다. 관계자와 전일적 고리는 외적인 세계와 내적인 세계를 정합적으로 잇는 작용을 내포한다. 생명시스템은, 관계자와 전일적 고리라는 '갖춤새'를 사용해, 외적인 세계로부터 들어오는 신호 속에서 내측의 역사와 정합적인 질서를 '발견한다'라고 말해도 좋다.

이 관계적 질서는 내부 세계에 창출이 없으면 생기지 않는다. 우리들의 뇌가 단지 정보의 분류기分類器가 아니라 의미적인 정보를 유연하게 자기창출하는 기능을 가지고 있는 것은 그 내부에 형성된 전일적 고리가 정보생성의 장을 유연하게 자기조직하기 때문이다.

비국소장 이론과 관계적 질서

여기에서 우리들이 생각해 온 관계자의 내부적 구조나 협동적인 동역학과 내용적으로 유사성을 가진 개념이 비국소장 이론[17] 으로서, 유카와 히데키에 의해 소립자론 분야에서도 논의되고 있었다는 것을 지적해 두고 싶다.

이백李白의 "천지는 만물의 여관旅館이요, 세월光陰은 백대百代의 과객過客이다"라는 시가 있다. 유카와 히데키는 '비국소장 이론'을 제창해서 소립자론의 통일적인 이해를 시도했는데, 이 시를 인용해서 그 이론을 이하와 같이 설명하고 있다. "나는 공간이라는 것은 물物에 자리를 부여하는 것이라고 최근 생각하게 되었습니다. 여러 자리가 있어서 그 중 어떤 자리를 점하는가에 의해 입자의 특성이 결정됩니다. 입자 자체에 이름이 있고 이것은 이 입자 때문이 아니라 자리를 메우는 방식으로 이름이 결정됩니다. 시간이라는 것은 그 자리를 메우는 방식이 바뀌는 상태라고 생각하는 것입니다. '천지'라는 것은 공간, '만물'이라는 것은 소립자라고 생각하면 됩니다. '여관'은 여인숙宿屋으로, 손님에게는 고유의 이름이 없고 여관의 어떤 방에 들어가는가에 따라 그것이 어떤 입자인지 또 어떤 운동 상태에 있는지가 결정되는 것입니다. '세월'(광음)을 시간과 바꿔 읽으면 '과객'은 즉 이 여관

---

17) 비국소장 이론(非局所場理論, theory of nonlocal fields) : 소련의 M. A. 마르코프(Moiseĭ A. Markov)와 유카와 히데키(湯川秀樹)에 의해 1940년대에 제창되었다. 종래 양자장 이론에서는 장의 양이 공간의 각 점에서 정의되고, 또 한 점의 장이 그 점 밖의 장과 상호작용을 한다는 국소장 이론(local field theory)이 주류였는데, 이 이론은 특정 계산에서 물리량의 계산이 발산(發散)하고, μ-중간자 또는 뮤온(muon)이라고 하는 어떤 입자들의 존재 이유에 대해 설명하지 못한다는 점에서 문제를 갖고 있었다. 유카와는 장이론에서 발생하는 특유한 발산이 그와 같은 국소적인 성질에서 기인한다고 파악하여 비국소적인 상호작용을 도입했는데 이것이 비국소장 이론이다. 그는 종래의 양자장론에서 일어나는 특유한 발산은 장의 양을 점에서 정의하였기 때문이라고 생각하여 장의 양을 점이 아닌 유한한 크기를 갖지만 더 이상 분해될 수 없는 것으로 새롭게 정의했다.—옮긴이

에 나왔다가 들어갔다가 하는 입자를 뜻합니다."

이 유카와의 생각은 지금까지 설명해 온 정보소와 관계자라는 개념이 의미하는 바와 유사하다(내 생각에는 '천지'는 장소이고 '여관'은 손님이 들어감으로써 공간이 생기고, 그 손님이 이동함으로써 시간이 생성하는 것이 아닐까). 각 관계자(여관)에 입력되는 정보소(과객)는 의미를 가지지 않는 일종의 요소적인 신호에 지나지 않는다. 신문의 사진을 확대하면 그것이 망점상에 배열된 여러 크기의 점의 배열이라는 것을 알 수 있다. 본래 이 점들 자체에는 어떠한 의미도 부여되어 있지 않다. 그것이 관계자(하이퍼칼럼)의 어떤 내부 상태를 여기시키는가에 따라, 바꿔 말하면 관계자 내부에서 정보소가 어떤 위치에서 자리를 점하는가에 따라 그 의미가 결정된다. 그리고 그 자리를 결정하는 방법의 변화가 정보의 시간적인 변화를 가져온다. 일반적으로 전일적이고 배열적인 정보 처리를 하고 있는 생물이 느끼는 시간 개념은 그 내부의 관계자 집합이 창출되는 장소의 공시적인 변화와 관계하고 있다고 생각된다.

또 전일적 고리는 복잡한 정보소의 집합에서 인지 대상이 되는 질서를 자동적으로 만든다. 그것은 복잡한 시스템인 뇌의 정보 처리 내에서 중요한 역할을 행하는 것이다. 전일적 고리가 작용해서 뇌를 비롯한 여러 생명시스템 내부에서 일어나는 인과율적 프로세스는 리듬 있는 공시적 프로세스로 변한다. 바꿔 말하면 이 전일적 고리야말로 생물적인 정보의 표현공간과 시간이 결부하는 장으로서의 역할을 이행하고 있다.

인간을 비롯해 생물의 내부 정보계(자기)에는 과거의 경험에서 학습한 여러 의미나 가치를 가진 정보가 형식공간에 속박되지 않은 형태로 기억되어, 네트워크에 의해 관계 지어진 집합체로서 존재하고 있다. 그리고 이 기억들 간의 연결이 상황에 따라 일정 범위에서 변화한다고 생각된다.

즉 기억도 규칙 생성자인 관계자에 의해 가져지도록 되어 있다고 말할 수 있다.

자기조직된 인지적 질서(지각 이미지로서 의미를 가진 패턴)는 배치공간에 주어진 외래 신호 즉 정보소 군(의 적어도 일부)과 형식적으로 일관적이어야 하고, 또한 내부 정보계에 기억되어 있는 개념과도 의미에 있어서 일관적일 필요가 있다. 그러므로 정보공간(관계-의미공간) 속에서의 내부 정보계의 활동은 정보소로부터 지각 이미지를 자기조직하는 관계자 군의 동역학을 특정 의미공간에 구속하는 형태로 행해지고 있다고 상상된다. 이 자기조직 현상은 내부 정보계를 구속조건 창출의 장소로서 진행하는 것이므로, 생겨난 인지적 질서에는 내부 정보계로부터 의미가 주어지게 된다. 해석 과정의 기본이 이러한 메커니즘에 의해 일어난다고 생각할 때 인지적 질서를 매개해 내부 정보계로부터 외래 신호로 일정의 의미가 주어지는 것, 즉 외래 신호의 의미가 주체 측에서부터의 해석의 형태로 인지되는 것을 설명할 수 있다.

이러한 메커니즘의 연구는 생물의 해석 과정을 과학적으로 해명하는 것으로서 생명관계학의 주요한 목표 중 하나가 되어 왔다. 그러나 우리들은 이에 만족하고 있는 것은 아니다. 이 메커니즘은 생물이 복잡한 환경 속에서 상황에 따라 유연한 행동을 하는 것을 어느 정도 설명할 수 있지만 결코 충분한 것은 아니다. 그 이유는 생물다운 유연성의 참된 원리는 그 창조성에 있다고 생각되기 때문이다. 창조적인 행위는 기존의 의미적인 체계를 일부일지라도 부정하고 해체해서 새로운 의미하에서 재통합하는 과정을 포함한다. 이것이야말로 장소적 창출성에 의한 것이다. 장소의 작용하에서야말로 이 자기 부정과 해체가 가능케 되는 것이다.

정보의 자기창출 과정은 복잡하고 비한정적인 상태에서 일어나는 수럼 과정에 해당하고 있지만, 그것만으로는 기존의 체계를 해체하는 활동을 낳을 수 없다. 면역네트워크의 예로 설명했듯이, 창조는 카오스의 발생에 의해 기존의 체계를 혼돈케 해서 그 체계의 틀에 받아들여지지 않는 여러 정보를 적극적으로 만들어 내는 것에서부터 시작된다. 이런 의미에서 생물은 정보적인 안정성과 동시에 불안정성을, 혹은 자기조직 능력과 동시에 카오스 생성능력을 함께 가지는 존재이다.

전일적 고리

이미 설명했듯이, 의식은 의미적으로 분절화된 정보 통합체의 활동이 장소의 활동을 받아들이는 데에서부터 생성된다고 생각된다. 자기는 '자아'(표층 의식)의 부분만으로 닫혀 있는 것은 아니다. 또한 무의식(심층 의식) 영역을 향해 열려 있고, 생물(여기에서는 특히 인간을 염두에 두고 있지만)은 이 심층 의식영역에 자아 중심의 의미 부여만으로는 표현 불가능한 장소적 의미를 가진 정보를 쌓는 것으로 상상된다. 그 정보의 진정한 의미는 이 무의식 영역을 포함한 '커다란 자기'에 의해 비로소 명료하게 되는 것이고, 실질적으로 한없이 열린 의미의 세계와 이어져 있을 수 있을 것이다.

생물이 완전히 새로운 종류의 장소적 정황과 조우하면, 그 장소로부터 받아들인 신호를 기존의 의미 체계(자아에 해당하는 표층 의식)에 의해 해석하는 것이 불가능한 상태가 생긴다. 이 단계에서 의미적인 정보의 자기창출에 해당하는 관계자만이 아니라 장소의 동역학에도 강한 모순이 생긴다. 이것이 심층 의식영역(특히 뇌간 등)에서 표층 의식으로의 작용을 환기하고 기존의 의미체계를 고도로 여기시켜, 일종의 '카오스 상태'를 출현시키는 것으로 상상된다. 이 '카오스 상태'에서는 새로운 여러 구속조건이

〈그림 12〉 의미 체계의 창조

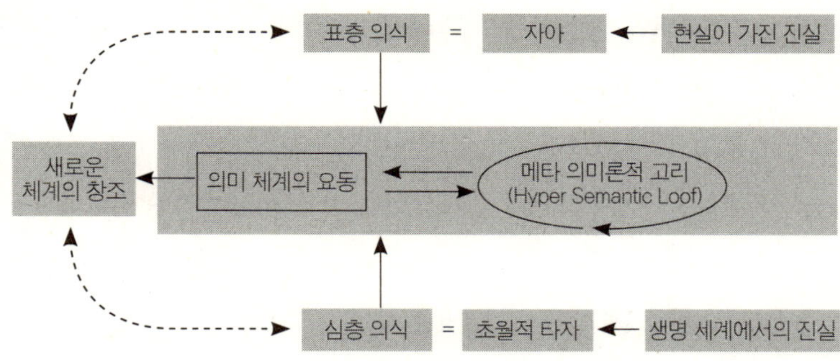

만들어진다. 이 중에서 적절한 것(전일적 고리를 닫게 할 수 있는 것)이 발견되어, 그것을 출발점으로 해서 전일적 고리가 닫히도록 수정해 간다. 전일적 고리가 닫히면 대상에서 오는 신호가 해석된다. 여기에서 출현하는 카오스의 '차원수'(넓이)에 의해 정보가 어느 정도 만들어지는지가 결정될 것이다. 이것이 창조적인 정보 과정의 본질이 아닐까(그림 12).

나는 이 구속조건 창출의 문제를 술어 논리의 발전과 관계 지어 생각하고 있다. 기존의 의미적 체계나 논리적 체계가 카오스의 출현에 의해 한계에 도달하게 되면, 그것을 발전적으로 뛰어넘어 새로운 체계가 편성되는 것이 창조의 본질이다. 인간은 그 논리적인 체계가 가진 불완전함을 심층 의식의 장소적인 활동에 의해 창조적으로 뛰어넘을 수 있기 때문에 복잡한 환경변화 속에서도 계속 살아갈 수 있다. 인간은 심층 의식이라는 장소적 영역 즉 자아에 있어서의 '초월적인 타자'를 내재시키고 있기 때문에, 바로 자기초월적인 활동을 하는 시스템일 수 있는 것이다. 여기에 과학과 종교의 접점이 존재하는 것은 아닐까.

이 점에서 흥미가 있는 것은 표층 의식과 심층 의식 간에 형성된 전일적 고리이다. 이 고리는 예컨대 '장소 개념'을 과학적으로 생각함에 있어서도 하나의 출발점을 부여하는 것이고, 복잡한 시스템에 숨어 있는 새로운 관계성을 골라내는 역할을 하도록 확장할 수 있을 것이다.

기존 의미체계와 환경 사이의 비정합성을 논리적 모순의 형태로 내부에 표현하고 인간이라는 시스템을 안정된 질서 상태로 머물게 하지 않는 이 힘이야말로 생명력이라고 할 수 있을 것이다. 이것은 정보적 체계로서의 자기를 해체하려고 하는 내재적인 힘이고, 생명시스템이 시스템 자신을 불안정한 것으로 만드는 탈구축적인 활동이다. 끊임없이 행동적인 '요동'을 나타내고 유영하는 원생생물, 그 공간 이동 운동에 복잡한 이상frustration이 보이는 아메바나 점균에서조차 그 단순함 때문에 도리어 이 힘이 명료하게 보인다. 의식의 심층에서 끊임없이 계속 타올라서 의식의 표층에서 만들어진 관계적 질서(자아)를 내측에서부터 불안정하게 만드는 힘, 그로써 끊임없이 새로운 질서를 창출해 가는 이 힘은 생명시스템이 자기조직력과 더불어 튜링 계산기와는 본질적으로 다른 능력 즉 참된 의미에서의 '지능'을 가질 수 있게 해주는 원인이기도 하다.

심층 의식이라는 장소적 영역에서는 생물 진화의 장대한 시간 스케일을 통해 창출된 '선물'이 내포되어 있다. 이 선물이 인간의 존재양식을 규정함과 동시에 다른 한편으로 구속을 타파해 새로운 자기를 창출하는 활동을 부여해 준다. 그 때문에 짧은 시간적 스케일로 변화하는 환경 속에서 모순에 조우하면서도 살아갈 수 있는 것이다. 자기의 심층 의식 내부에 존재하는 '생명 세계에서의 진실'이 그 창조에 방향성을 부여한다. 거기에서부터 '길'이 생겨나는 것이다.

내친 김에 이러한 견해에서 일본 사회나 문화를 생각해 보면, 확실히 일본인은 환경 변화에 민첩하게 대응할 수 있는 관계자로서의 능력을 가지고 있다. 또 그것에 필요한 전일적 제어의 노하우를 그 문화 속에서 배양해 왔다. 여기에서부터 생긴 강한 자기조직 능력은 중요한 장점이었던 것이다. 그러나 그 반면 자기 자신이 자기를 부정하고 그 구속조건을 무너뜨려 카오스를 발생시키는 데에는 능숙하지 못하다. 따라서 밖에서부터 새로운 구속조건을 부여받지 않은 상태에서는 이 장점이 결점이 된다. 아니, 이 표현은 올바르지 않을지도 모른다. 정확히는 밖에서부터 적절한 구속조건이 도입되면 일시적으로는 혼란되지만, 일본 사회에서는 그 강한 자기조직성에서부터 창조적인 결과가 창출된다. 그것이 일본 사회의 발전을 지탱해 왔다고 말하는 편이 적절할 것이다. 그러나 안정화를 유지하도록 틀이 맞춰져 있는 사회 속에서는 밖에서부터의 활동에 의해 생긴 카오스의 '차원수'는 낮게 곧 수렴해서 좁게 닫혀 버리는 경향을 가지고 있다.

바야흐로 일본인의 이러한 생활방식은 국제사회 속에서 강한 비판을 받고 있다. 이 비판을 정확히 받아들여 문제를 창조적으로 해결하는 것이 일본인의 긴급한 문제가 될 것이다. 중요한 것은 스스로를 전부 부정하는 것이 아니라, 자기의 안에 있는 이러한 문화성을 받아들인 후에 거기서부터 출발해 어떻게 변혁과 창조를 진행해 가는가이다. 바이오 홀로닉스 프로젝트의 시도는 이런 의미에 있어서 일본인이 자신들의 손으로 새로운 카오스를 만들어 가는 것을 향한 하나의 도전이었고, 또 사회적인 실험의 한 측면을 준비했던 것이다.

4부

장소적 관계의 제창

1장_ 생명관계학의 구축법을 찾아서

동양적 사고를 검토한다

시스템의 복잡성에서 다양성이 생기는 것은 장소적인 자기조직 능력(구속조건을 창출하면서 생물적인 활동을 새롭게 만들어 내는 능력)이 있기 때문이다. 그렇지 않다면 복잡성은 단순한 혼란으로 끝날 것이다. 복잡성에 주목하는 것은 중요하지만 복잡성의 이해가 곧 생명의 이해는 아니다. 근 수년간 일본 사회에서는 질서와 카오스에 관한 안이한 해석이 유행했다. 특히 사회과학과 그것에 관련된 분야에서는 오히려 잘못된 해석이 현재에도 영향을 주고 있는 듯이 보인다. 카오스나 복잡한 시스템(이른바 '복잡계')에 관한 이러한 해석의 유행은 저널리스틱한 현상으로, 새로운 무엇인가가 숙성되기 전에 또 다른 화제 쪽으로 흥미가 옮겨 가 버릴 가능성이 있다.

나는 생명시스템에 있어서 '카오스'는 생명시스템의 본질적인 복잡성에서 유래하고 있다고 생각하고 있다. 이것은 생물의 능동성과 장소적 비한정성의 본질이다. 또한 최근 독일의 파즈만A. Pázman에 의해 관계자의 활동을 동역학으로 표현하는 것이 이루어지고 있고, 그의 연구에서도 카오스는 비한정 상태로서 사용되고 있다.

이러한 많은 오해는 자기조직 시스템의 과학에 규정되어 있는 '질서'와 '카오스'의 개념에 관한 충분한 이해와 고찰이 없이 감성적으로 반응해서 이 개념들을 종래의 양극 대립적인 의미 부여를 통해 양자택일적으로 파악하려고 한 점에 있고, 또 자연의 복잡성을 축약해서 만든 역학계 모델로부터 얻은 결론을 그 논리적인 기초를 충분히 확실히 하지 않은 채 서둘러 이입移入하려고 한 점에 있다고 생각된다. 나로서는 이렇게 양극 대립된 견해로부터 생물적인 시스템의 본질인 구조적 복잡성과 의미적 다양성의 문제를 취급할 수 있는 이론적인 전망을 발견할 수 없다. 일본 사회에서는 왜 이렇게 논리적 근거가 희박한 '이론'이 간단히 받아들여져서 유행하는 것일까. 근대 과학의 논리적 틀 속에서 인간이나 생물을 설명할 수 있다고 생각한다면 그것은 일종의 신앙이다.

오성에 의해 실재의 본질에 도달하는 것은 불가능하지만 실재하고 있는 것의 변화(현상)는 알 수 있다. 이것은 칸트의 『순수이성비판』에 의해 제시되었다. 과학은 인간의 오성에 기초한 인식 활동이지만, 근대와 같이 과학기술이 인간의 의식이나 생명의 본질을 그 대상으로 하기 시작하면 과학기술도 전통적인 틀을 부수고 실재 그 자체를 문제로 삼지 않을 수 없게 된다. 환언하자면 지금까지와 같이 실재하고 있는 '실체'로부터 출발하는 실체론의 세계에 머무는 것이 불가능하게 되어, 그 논리적 기반이 존재론—실재하고 있는 것이 어떻게 생성하는가를 논하는 담론—을 포함시키는 노력이 필요하게 되는 것은 자명한 일이다.

과학자가 "의식이나 생명을 과학적으로 이해하는 것은 불가능하다"는 태도를 일관되게 취하는 것도 하나의 양심적인 선택이라고 나는 생각한다. 그러나 이 책에서 시도해 온 것은 이와는 다른 방향을 향한 노력이다.

그것은 무엇보다도 우선 과학기술 이론 그 자체를 확대하는 노력을 해보는 것이다. 나는 이것에 노력할 만한 가치가 있다고 생각하고 있다. 구체적으로는 종래 과학기술의 실체론적인 논리에 존재론적인 논리를 융합시키면 지금까지의 과학기술의 논리를 포함하면서 또한 실재를 논할 수 있게 그것을 넓힐 수 있다고 생각하고 있다.

그 결과 이미 언급했듯이 결론이라고도 말할 수 있는 기본방침을 얻었다. 그것은 "실체론의 수법으로는 해결할 수 없는 실재의 문제를 장소론(존재론)으로 취급하고, 그 결과를 구속조건으로 삼아 실체론으로 돌아가 오성적으로 논하면 된다"는 것인데, 상세히 생각하면 이 두 종류의 이론은 상호 의존적 관계에 있으므로 "양 논리의 접촉을 논하는 논리 형식이 생명관계학의 이론 또는 이것과 동등한 것이 된다"는 것이다. 이 점을 고려해 보면, 이후의 과학기술은 예술적인 것에 접근하는 형태로 발전해 갈 것이라고 예견된다.

근대 문명의 논리적 한계는 과학기술이 존재론적 접근을 필요로 하는 중요한 문제에 새롭게 부딪쳤다는 사실에서부터 노정한다. 그것은 예컨대 지구적 환경에 있어서 전체적인 조화의 문제, 인간 심신의 건강을 유지하는 문제, 인공지능에 창조적인 창출성을 부여하는 문제 등의 형태로 명확하게 되어 왔다. 이것들을 모아서 '장소와 생명' 및 '신체와 정신'의 문제가 생긴다. 이 문제들은 지금까지 과학이 대상으로 해온 물질적 문제들처럼 자타 분리해서(관찰자와 대상을 나눠서) 취급하는 것이 불가능하다는 것을 확실히 드러낸다. 그것이 선禪이나 도교 등 동양 사상을 참고로 하는 것이 중요하다고 주장되는 근거의 하나가 된다.

여기에서 중요한 것은 근대 문명의 귀착은 "서양인가 아니면 동양인가"라는 양자택일적 선택으로는 해결할 수 없다는 것을 확실히 인식하고 깊이 자각하는 것이다. 구체적으로는 과학기술에 동양 사상을 어떻게 활용하면 좋은가, 이것이 문제이다. 동양 사상의 중심적인 기둥이 관계적 창출의 논리에 있다는 것은 세계적으로도 널리 인정받고 있다. 문제는 어떻게 해서 논리적 구조가 다른 두 개의 이질적 이론, 즉 근대 과학 이론(실체론)과 동양의 논리(관계적 존재론)를 융합할 수 있는가로 좁혀지는 것이다.

조금 더 구체적으로 생각해 보자. 고전 과학(고전 역학과 그 위에 논거를 둔 과학들)에서는 공간과 시간은 고정된 좌표축으로서 미리 주어진다. 그리고 구체적 대상의 변화를 그 좌표축이 뻗어 있는 공간 내에 그려진 '궤도'로서 취급한다. 이 기술記述은 실재의 본질에는 닿아 있지 않은 채 그 변화만을 취급하는 지금까지의 과학기술의 논의에서는 적당한 방법이고, 사실 대상에 대한 이러한 방법에 의한 기술은 물질적 법칙의 해명에 커다란 역할을 해왔다. 그러나 다른 한편으로, 이 공간축과 시간축을 고정하는 기술 방법은 과학적 사고 방식에 제한을 부여한다. 거기서부터 실재를 인과율로 이해하려고 한 경향이 생기고, 또 장소와 생명을 '보텀-업'적으로 이해하려고 하는 요소환원론이 생겨났기 때문이다. 실제 이렇게 고정된 공간축과 시간축으로부터 출발해 '장소와 생명'이나 '신체와 정신'을 설명하는 것, 또 양자론적 관찰(원리적으로 자타를 양분하는 것이 불가능한 계)을 설명하는 것은 아직 이루어져 있지 않다.

이 점에 관해 나는 유카와 히데키의 선구적인 노력과 커다란 구상력을 존경하지만, 그의 '비국소장 이론'에는 장소의 논리(구속조건 창출의 논리)가 전개되고 있지 않다는 인상을 받는다. 이렇게 생각해 보면 니시다 기타로의 혼신의 사색과 그가 남긴 업적이란, 한계가 있기도 하지만, 일본인뿐만 아니라 현대인이 받아들여 이어 갈 귀중한 문화적 유산이라고 생각한다. 그럼에도 이 책은 니시다 철학과는 다른 사색에 의해 실체론과 관계적 존재론을 융합하려고 시도한 것이고, 그 결과 니시다 철학과 문제 영역에서는 겹치면서도 그것과는 다른 논리 형태를 제시하고 있다. 이 책에 제시된 논리 구조가 니시다 철학의 그것과 (니시다의 언표에 의하면 '절대모순적 자기동일적'으로) 상보적인 창출의 논리가 되기를 특히 희망한다.

공간과 시간에서 출발하는 것을 부정했지만, 그러면 우리들은 어디에서부터 출발해야 하는가. "여러 관계가 복잡하게 모여 있는 위상기하학적 topological인 영역, 즉 끊임없이 관계가 생성하고 소멸하고 있는 장소로부터 출발해야 한다"는 것이 나의 의견이다. 장소란 공간 개념이 아니라 여러 가지 관계가 생성·교착·소멸하는 영역이라고 생각해야 한다. 영역으로서의 장소의 상태가 한정될 때 공간이 생성하는 것이다(시간의 생성에 관해서는 기술이 길어지게 되므로 생략한다). 이 영역으로서의 장소와 정보소가 코드화된 관계자 집합 사이에 전일적 고리가 생성된다. 전일적 고리는 비한정적인 장소적 관계가 점차 한정되어 감으로써 수렴적으로 생성해 다시 비한정적인 상태로 발산하는 순환(창출 순환)을 반복한다. 전일적 고리의 수렴에 동반해서 장소로부터는 공간과 시간이 생성하고 관계자 군으로부터는 개체와 정보의 창출이 일어나지만, 이것들이 동시적으로 일어나는 것에 주목해야 한다.

3부에서 논한 3계층 모델(3부 그림 11)에 대응시켜 이것을 생각해 보면 알기 쉬울 것이다. 최상층에 장소가 있고 가장 아래 계층에는 감각기관을 통해 세계로부터 들어온 신호가 위치 지어져 있다. 그리고 중간 계층에 존재하는 관계자 군이 장소의 관계론적 성질과 세계의 실체론적 성질을 교착시켜 (구속조건의 생성을 동반하면서) 개체(혹은 개체적 의미를 가진 정보)를 창출한다. 개체와 정보의 창출과 함께 그 구속조건으로서의 공간과 시간도 생성하게 된다고 생각하는 것이다.

관계자의 활동에 의해 실체가 창출되어 가기 위해서는 관계자 간의 관계가 일정하게 정해져야 한다. 이 창출에 있어서 장소가 활동할 필요가 있지만, 장소는 관계자 간의 관계를 한정하기도 하고 또 역으로 한정하지 않도록 부정적으로 활동하기도 한다. 이 장소의 활동을 실체론적으로는 논할 수 없다. 그 이유는 장소는 다양한 관계가 모여 있는 영역으로 거기에는 실체가 존재하고 있지 않기 때문이고, 또 장소는 실체의 창출에 대해서 부정적으로도 활동하기 때문이다. 실제로 장소의 자기부정성(스스로 비한정적이 되는 성질)은 창조에 있어 극히 중요하다. 또한 공간이라는 실체를 가지지 않는 장소에 그 공간적 차원을 상정하는 것도 불가능하다.

관계자의 활동과 함께 이렇게 장소의 활동을 생각하면, 유카와의 비국소장 이론을 보완할 수 있다는 생각을 더할 수 있을 것이다. 관계자 군에 의한 개체의 창출에 대해서는 그 개체가 존재하는 공간과 시간을 부여하는 활동이 필요케 되는데, 이것이 장소로부터 오는 것이다.

이 공간과 시간은 물리학적인 내용만이 아니라 일상 생활에 있어서 공간이나 시간도 가리키고 있다. 그것은 일반적으로 '장'이라 불리는 것과 그 '장'에 있어서의 역사적 시간이다(물리학에서는 공간·시간·장 등의 개념이 실체론적으로 정의되어 있지만 이 책이나 장소론에서는 관계론적으로 정의되어 있다는 것에 중요한 의미가 있다). 장과 역사적 시간은 함께 생성하는 것이다. 어떠한 장과 역사적 시간 속에 놓이는가에 따라 그 속에 존재하는 개체와 그 상호 관계성은 변화한다. 이 구속조건으로서의 장과 역사적 시간이 개체적 창출에 부여하는 활동으로부터 술어적 논리가 생겨난다. 이 책의 범위에서 이러한 존재론적 장소론을 충분히 논하는 것은 불가능하지만, 다른 기회에 조만간 이를 발표할 예정이다.

최근 구속조건 창출의 원리가 발견되어 그 응용으로서 예컨대 비한정적 조건하에서 활동할 수 있는 로봇의 설계가 가능케 된 듯이 논하는 문장을 접하게 되었다. 그것이 이 책의 내용과도 관계가 있다고 생각되기 때문인지, 나에게도 그 진위를 문의하는 질문이 종종 쇄도하고 있다. 혹시나 그 '원리의 발견'이 정말이라면 명확히 그것은 과학기술사 상의 실로 획기적인 발견이라고 할 수 있을 것이고, 또 그 응용 범위가 극히 넓고 그 영향이 크므로 많은 사람들이 관심을 가지는 것은 당연한 것이다. 그러나 적어도 과학기술의 연구로서 상기 존재론적인 의미에 있어서의 구속조건의 창출이 인공적으로 달성되었다고는 이해하기 힘들다. 만약 현재 과학기술의 논리적 틀 내에서 이것이 달성되었다고 하면, 그것은 칸트의 증명에 반해서 오성에 의해 현재의 본질에 도달할 수 있다는 것을 의미한다. 그렇다고 한다면 이것은 인간이 사용해 온 논리의 어딘가에 미지의 우회로가 존재하고 있다는 것을 의미하므로 철학사를 근본적으로 변경해 버리는 획기적인 사건이 된다. 혹은 이 책이 시도하고 있는 것처럼 과학기술의 논리구조 그 자체를 확대하는 노력이 일어나 과학기술의 틀을 실질적으로 변화시키는 것에 성공해 그 결과 새로운 과학기술적 맥락 속에 세계적 상식을 넘는 발견이 일어날 가능성도 생각된다. 어느 쪽이든 그것은 인간과 그 사회의 장래에 있어 중대한 영향을 부여하는 사건으로, 학문적으로도 본질적 문제가 포함되어 있고 또 사회적 혼란을 피하기 위해서도 그 발견을 가능케 한 논거를 시급히 공개하지 않으면 안 될 성질의 것이다.

그러나 제3의 가능성으로서 문제의 본질은 이러한 것에 있는 것이 아닐 듯하다. 인용된 논문으로부터 추측해 보건대, 어떤 한정된 조건하에 놓인 시스템을 자율적으로 제어하기 위해 환경 조건에 따라 변화하는 실체론적 장(물리학적으로도 정의 가능한 장)을 생성하는 방법을 발견한 것은 아닌가 하고 생각된다. 만일 그렇다고 한다면, 그것의 의의와 흥미의 대소는 별도로 하고 그것은 현재의 과학기술 범위에서 충분히 생각할 수 있는 것이다. 그렇다면 혼란의 원인은 다른 현상을 같은 용어로 부른 '어휘 남용'에 있는 것이 된다.

과학과 기술의 통합

동물 뇌의 과학적인 연구로 직접 관찰할 수 있는 것은 뉴런의 전기적 활동이라든가 축삭 속을 흐르는 임펄스와 같이 정보를 운반하고 있는 운반자 또는 신호이지 의미 그 자체는 아니다. 그러나 동물에게 있어 중요한 것은 이러한 운반자에 의해 생성된 정보의 의미인 것이다. 그래서 과학적 수단에 의해서는 직접 관찰할 수 없는 정보의 의미와 그 시간적 변화를 어디까지 파악할 수 있는가가 문제가 된다.

근대 과학은 의미나 기능 같은 개념들을 극력 배제하려고 해왔기 때문에 이것들을 적절히 다루는 방법을 가지고 있지 않다. 또 뇌의 구조가 극히 복잡하고 창조적이라는 것을 생각하면 근대 과학만으로는 운반자에 코드화되어 있는 의미적인 정보를 해명하는 것은 곤란할 것이다. 기술면 또는 기능면을 중개로 해서, 과학적 측정이 불가능한 의식이나 무의식 등의 영역과 결부하는 것이 유효하고 또 필요케 된다고 생각된다(완전히는 아니라고 해도 가장 필요한 유효성을 가진 첫 단계이다).

종래의 과학적 접근이 대상에서 사람으로 정보를 흘려 보내는 것이라고 한다면, 이 기술적 접근은 역으로 사람에서 대상으로 흐르는 정보 흐름에 대응한다. 그래서 양자가 서로를 상보하도록 순환시키면서 가능한 한 깊숙하게 들어가려는 것이 우리들의 방법이다. 이 방법에 의하면 기술을 과학의 응용 분야로서 위치 짓는 것이 아니라, 양자를 서로 부족한 점을 보충하는 표리 불가결한 관계에 있는 한 쌍으로 고찰하는 것이 된다. 인간의 과학적인 활동을 '의미세계'로 진행시키기 위해서는 이 양자의 병용 없이는 그 고찰의 타당성을 보증하는 것은 불가능하다.

나는 이렇게 과학의 발견적인 성격과 기술의 발명적인 성격을 조화시켜 연구를 진행하고 싶다고 생각해 왔다. 여기서 말하는 기술이란 자기와 세계를 양분하기보다 역으로 양자의 관계를 강화하는 활동을 하는 '자기의 신체'로서의 도구, 더 나아가 장소의 설계나 창작을 포함하고 있다. 자기가 그 세계에 있어서 자기를 시험하는 넓은 의미에서의 자기언급적인 기술이다. 예컨대 창조적 조직론이나 장의 디자인이나 편집 기술 등도 포함된다. 기술화는 자기의 논리의 객관화와 공유화를 위해 필요하지만, 그것 이외에도 의미세계의 하드웨어화라는 중요한 성질을 가지고 있다.

과학의 세계를 기술세계와 짜 맞춤으로써 의미의 세계를 이끌고 있는 소프트웨어적 법칙에 그 프로세서로서의 하드웨어적 법칙성의 측면에서부터 접근해 가는 것을 기대할 수 있는 것이다. 과학과 기술의 양면을 순환시켜 융합적으로 뇌의 성질을 파악하는 이 방법은 확실히 힘들지만, 생명 시스템의 복잡성을 생각할 때 이것 이외의 좋은 방법이 생각나지 않는다.

이 과학과 기술의 융합에 관해서는 다른 측면도 있다. 우리들의 뇌는 유한한 능력밖에 가지고 있지 않다. 예컨대 인간의 대뇌가 순간적으로 취급할 수 있는 정보량은 기껏 50비트나 100비트 정도라고 한다. 이것 이상의 정보량을 한 번에 조작하려고 하면 인간의 뇌는 혼란스럽게 되어 버린다. 따라서 우선순위를 붙여 차례차례로 처리한다든가, 중요한 특징적인 양만을 추려 내어 처리한다든가 하는 것이다.

인간의 대뇌가 극히 뛰어난 것은 필요성이 낮은 정보량을 능숙하게 줄이는 능력을 가지고 있다는 점일 것이다. 실제로 50개에서 100개 정도의 소수의 기체분자 집단의 운동을 컴퓨터에 의해 시뮬레이션하는 것은 쉽고, 각 분자가 시간적으로 어떠한 운동을 하는가를 추적하는 것도 가능하다. 그러나 이러한 집단 전체에 있어서 각 분자의 운동을 한눈에 아는 것은 우리들 뇌의 정보 처리 능력을 넘는다. 이대로는 예컨대 온도를 바꾸거나 분자 간의 상호 작용의 강도를 바꾸거나 했을 때 집단 속에서 무엇이 일어나는가는 잘 알 수 없게 된다. 그래서 개개의 분자에 주목하는 대신 분자에 관한 여러 물리량의 통계적 평균을 취해 논의한다. 그것은 뇌가 처리할 수 없는 다량의 정보를 압축해서 충분히 처리 가능하기까지 정보량을 떨어뜨리는 것이다. 따라서 그 평균량을 비교함으로써 비로소 전체의 상태를 잘 파악할 수 있다.

지금까지의 과학에서는 이러한 이유에서 주로 통계적인 평균량과 그 변화에 관한 법칙성을 추구해 왔다(통계적 평균량을 생각하지 않아도 좋은 경우가 있다고 한다면, 그것은 극히 간단한 대상을 연구하는 경우이다). 그리고 법칙적으로는 초기 조건을 일정하게 부여하면 그 후의 평균적 물리량이 일의적으로 결정된다는 인과율의 성립이 기대되는 것이다(양자역학적 세계와 전술한 '카오스'의 세계에서는 이런 의미에서의 인과율이 성립하지 않는다는 것이 알려져 있다). 그러나 복잡한 시스템인 생명시스템의 연구에서는 종래의 과학에서 사용되어 온 것처럼 통계적인 평균 조작에 의해 시스템에 관한 정보량을 줄이는 것은 불가능하다.

이것이 내가 강조하고 싶은 점이다. 생명시스템을 구성하는 많은 요소들에는 각자 특이한 개성이 있고, 그러한 요소들이 상호 특별한 결합을 이루고 있다. 그리고 그 특이성이나 결합의 몇 가지에는 시스템에 있어서의 본질적인 의의가 있고, 평균 조작에 의해 이것을 압축하는 것은 불가능하다. 내가 말하는 복잡성이란 이렇게 통계적인 평균 조작에서는 잃어버리게 되는 특이한 의의를 가진 관계로부터 구성되고 있는 것이다.

또한 요소의 활동은 그 요소가 시스템 내부에서 자리하는 '위치' 및 시스템 전체의 상태에 의해 변한다. 왜냐하면 요소 그 자체에 복잡한 다양성(일반적으로는 창출성)이 존재하고 있기 때문이다. 이 요소의 성질의 표현을 결정하는 것은 가까운 요소들 사이의 국소적인 관계와 요소와 시스템 간의 종합적인 관계이다.

이렇게 복잡성을 포함한 요소로 구성되어 있는 복잡한 시스템에서 생명시스템의 활동에 다양성이 출현하는 것이다. 이 복잡한 시스템을 기술하기 위해서는 관계를 기술해야만 한다. 내가 이 관계성을 자율적으로 결정하고 또 스스로 자기조직한 관계에 의존해서 그 성질(표현)을 자기창출하는 요소를 '관계자'(홀론)라 명명했다는 것, 그리고 관계자가 자율적으로 정합적인 관계(정합성 있는 관계)를 만드는 것을 '관계적 질서의 자기조직'이라 부르고 있다는 것에 관해서는 재차 기술해 왔다.

인과율적 기술로부터의 전환

원래의 논의로 돌아가자. 인간의 대뇌는 복잡한 시스템이고 그 속에서는 대량의 정보가 생성되고 운반된다. 그러나 다른 한편 의식이 너무 많은 정보량을 동시에 취급할 수는 없으므로, 의식된 정보를 창출하는 과정에서 대상에 관한 정보량을 대폭 감소시키는 활동을 가지고 있다. 이러한 변화가 대뇌 속에서 일어나는 과정을 보다 상세하게 연구하려면 어떻게 하면 좋을까?

일반적으로 복잡한 시스템 연구에서는 지금까지 자연과학에서 사용되어 온 통계적인 평균 조작을 사용하는 것은 불가능하다. 의미 있는 중요한 정보가 소멸되어 버리기 때문이다. 이것은 지금까지의 방법에 구애되는 한 대량의 정보를 그 중요한 특징을 잃지 않으면서 대폭 감소시키는 것은 불가능하다는 것을 의미하고 있다. 이렇게 인간의 의식이 취급할 수 있는 한계 정보량 이상의 정보량을 가지고 그것을 원리적으로 그 한계 이하로 줄이는 것이 불가능한 대상, 이를 '관찰자에 대해 불확정성을 가진 대상'이라고 한다. 이것은 뇌에 한정되지 않고 복잡한 시스템 일반의 인식에 관해서 말할 수 있다.

한계 정보량 이상의 정보량으로 기술되는 시스템에서는 인과율을 발견할 수 없다. 생명시스템이 복잡하다는 것의 의미는 그것이 이 인과율적인 기술을 감당할 수 없다는 의미에서 불확정성이 있다는 것이다. 생명의 자유의지를 물질적 인과율로 해명하는 것은 불가능한 것이다. 그러면 복잡한 생명시스템을 기술하는 것은 본질적으로 불가능한 것일까? 이른바 '인과율적 기술'이라는 것을 포기하면 가능성이 있다고 나는 생각한다.

따라서 인과율적 기술記述 이외의 과학적 기술이 필요하게 된다. 그래서 나는 정보량을 단지 양적으로 감소시키는 것이 아니라 의미적으로 다루어 감소시키는 방법이 필요하다고 생각하고, 근 수년간 이 문제에 몰두해 왔다. 종래의 정보(섀넌 정보)가 통계적인 확률 함수를 사용해 정의되고 있는 것에 비해 의미적인 정보는 '장소적 구속조건의 창출'과 '관계의 생성'에 의해 정의되며, 요소적 관계의 특수성을 의미 있는 기호적 형태로 파악하려는 것이 우리들의 접근이다. 그것은 복잡한 시스템의 기술을 가능케 하기 위해, 통계적 평균 조작에 의한 정보 압축에 대신해서, '전경'과 '배경'의 분리를 동반하는 의미적인 정보 창출에 의해 정보량을 줄이려 하는 것이다. 이는 정보소의 병렬적이고 공시적인 취급을 포함한 비선형적인 방법을 필요로 한다.

일반적으로 개체의 행동에 입각해서 자기조직 현상을 생각하려고 하면, 극히 많은 변수를 처리하지 않으면 안 되어 축약truncation이라 불리는 처리가 이뤄진다. 예컨대 시스템의 상태를 기술하는 거시적인 변수와 개체의 행동을 기술하는 미시적인 변수를 상호 분리하고 이 중 거시적인 변수만으로 그것의 행동을 논하는 방법이 '역학계의 방법'으로서 널리 사용되고 있다. 그러나 나는 이러한 형태로 현상을 파악하고 싶지 않다. 개체들의 다양성과 질서의 창출 사이의 관계에 흥미를 가지고 있기 때문으로, '개별로부터 파악하는 관점'에 중점을 두어 온 것이다.

내가 생각해 온 것은, 지금까지 서구에서 생각되어 온 자기조직론이나 급변론 등과 비교해서, 개체와 그것의 특징을 가능한 한 유지하면서 진행하려고 하는 관계론적 방법이다. 이 개체의 특이성에 주목하는 사고 방식은 생명의 복잡성을 알기 위해서도 필요하지만, 사물을 발명적인 입장에서 구성적으로 생각하기 위해서도 개체의 특이한 다양성을 버리는 것이 불가능하다.

이렇게 개체의 특이한 다양성에 주목해 전체적으로 창출된 질서의 특징을 파악하려고 하는 접근이 지금까지 기술해 온 생명관계학적 접근이다. 결국 우리가 시도하려고 하는 것은 전체론도 요소론도 아니다. 그것은 개체와 전체 간의 분리와 대립의 도식을 넘어선 견해를 파악하는 것이다. 개체의 다양성과 관계해서 전체를 보는 생각을 어디에서부터 얻었는지 묻는다면, 나의 경우는 그것을 불교의 생명관에서 얻었다고 할 수 있다.

실제로 이렇게 개체의 다양성에 입각해 전체적인 질서의 형성을 파악하고자 한다면, 선禪의 기본과 관계가 깊은 '장소'의 실체가 점차 보이게 된다.

정합적인 관계의 창출

그러면 관계의 생성에 의한 의미적 정보의 창출이란 어떠한 것일까. 그것은 지금까지의 정보 이론 내에서 취급할 수 있는 문제일까, 아니면 새로운 정보 처리를 필요로 하는 문제일까. 예로서 점묘화가가 캔버스에 그림을 그리는 모양을 정보의 송신자인 프로그램 제작자가 텔레비전으로 보내는 경우를 생각해 보자.

화가에게 있어 흰 캔버스는 아직 정보가 확정되어 있지 않은 정보공간이고, 거기에 그림 도구를 써서 조금씩 표시하면서 의미적 정보를 창출해 간다. 한편으로 프로그램 제작자 측은 어느 정도 그림이 그려져 있으면 캔버스의 상태 전부를 정보로서 송신해야만 한다. 프로그램 제작자 측에게는 색이 칠해져 있는 것도 아직 칠해져 있지 않은 것도 모두 기호로서 확정된 의미를 가지고 있다. 캔버스의 상태를 확정적으로 전하는 데 걸리는 노력은 그림의 완성도에 그다지 의존하지 않는다는 것이다. '의미의 세계'에 몸을 둔 화가와 '기호의 세계'에 몸을 둔 송신자는 명확하게 정보의 개념이 다르다.

지금까지 과학이나 공학에서 '정보'라 불려 온 것은 텔레비전 측의 정보(기호)에 해당한다. 이른바 '섀넌 정보'이다. 단적으로 표현하면, 종래의 컴퓨터란 섀넌 정보를 대량으로 기억하고 고속으로 처리하는 도구이다. 따라서 컴퓨터에 기초를 둔 정보화 사회는 다량의 비트수로 바꾸어 놓은 기호를 고속으로 옮기는 효율화 사회이기도 하다. 그러나 정보의 운반자인 '기호 유통'의 고속화·자동화만이 정말로 고도의 정보화인 것일까. 생명이나 뇌의 이해에 있어 중요한 것은 화가의 입장에 서서 행하는 정보의 연구, 즉 의미정보를 창출하는 원리와 이를 가능케 하는 체계에 대한 연구이다.

의미정보를 만드는 원리와 그 체계를 연구하기 위해 어떻게 하면 좋은 것일까. 생물을 우리들이 아직 발명하지 않은 생물컴퓨터로 판단해서 그것을 해명해 가는 것도 하나의 사고실험으로서 흥미로운 방법일 것이다. 예컨대 주판이 많은 구슬의 집단이듯이, 컴퓨터도 전자의 힘으로 움직이는 많은 소자들로 이루어져 있다. 주판은 사칙 연산이라는 소프트를 사용해 계산을 하는 데 적합한 구조를 하고 있지만, 컴퓨터 구조는 불 대수Boolean algebra의 연산규칙에 의한 정보 처리에 적합한 구조를 가지고 있다.

신호를 받아서 그것을 도움이 되는 정보로 바꾸는 장치는 모두 일종의 컴퓨터이다. 그러한 의미에서는 인체 조직도 컴퓨터이다. 예컨대 근육은, 가솔린 등의 화학적 에네르기를 열 에네르기로 바꿔 그 힘으로 움직이는 통상의 엔진과 달리, 화학적인 에네르기를 열로 바꾸지 않고 높은 효율의 기계적인 에네르기로 직접적으로 바꿀 수 있는 고성능 엔진이라 말할 수 있다. 어떻게 이러한 활동이 가능할까? 근육은 컴퓨터를 내장한 엔진으로 되어 있기 때문이다. 근육에는 액틴actin과 미오신myosin이라는 단백 분자가 모여 생긴 두 종류의 섬유가 있어, 그 사이에 미끄럼 운동을 발생시켜 수축한다. 미오신 분자가 상호 협력해서 운동을 일으키는 것이 그 높은 효율의 비밀이다. 근육 구조는 내부에 생긴 변동을 받아 분자 운동 간에 협조를 낳는 데 필요한 조작정보를 자율적으로 만들어 내는 특수한 전용 컴퓨터로 이루어진 구조로 되어 있다.

또 뇌는 생물의 범용汎用 컴퓨터이다. 생물이 뇌를 획득한 의의는 크다. 그런데 뇌라는 범용 컴퓨터는 어떤 하드 메커니즘을 구비하고 있는 것일까. 분자생물학의 발전 배경에는 그 구성 분자 층위에서 파악하면 물질에 관한 법칙에 입각해 생물을 '보텀-업'적으로 이해할 수 있다는 강한 기대가 있었다. 그러나 이 기대대로는 되지 않았다. 그것은 전체로부터의

'톱-다운'이 동시에 커다란 활동을 하고 있기 때문이다. 그래서 뇌 연구에서는 지금까지 물리학에서 사용된 적 없는 정보의 장이나 의미와 같은 개념을 가지고 들어갈 필요가 있다. 이 책에서는 관계와 표현의 자기창출을 뇌의 계산 원리로서 생각해 왔다.

뇌를 물질적인 법칙만으로, 즉 '보텀-업'적으로 이해할 수 있는지 없는지를 구체적으로 생각해 보자. 저명한 뇌 이론가인 MIT의 마르[1]는 뇌를 일종의 범용 컴퓨터에 견주어 '신경세포와 뇌의 구축성'(하드웨어), 그 하드를 움직이고 있는 '알고리즘'(소프트웨어), 그 알고리즘이 기초하고 있는 '계산 이론'이라는 세 개의 층위로 해명될 수 있는 문제가 있다고 했다. 그러나 결국 이것들이 상호 의존하고 있기 때문에 가장 층위가 높은 '계산 이론'을 알지 못하면 다른 층위의 문제들도 이해할 수 없다고 주장한다.

예컨대 물리적으로는 무한한 색이 연결되어 있을 터인 무지개를 바라보면 일곱 색깔 정도의 불연속적인 색채의 띠로서 보인다는 것이다. 이것은 인간 의식이 외계를 복사기와 같이 그대로 복사하고 있는 것이 아니라 몇 개의 의미 덩어리(분절)로 나눠서 인식하고 있기 때문이다. 즉 인간 뇌의 '계산 이론'에 관계되는 문제이다. 이는 전체(목적)로부터의 '톱-다운'

1) 데이비드 마르(David Marr). 케임브리지 대학의 분자생물연구소 시절, 소뇌·대뇌·해마의 모델을 내놓고, 특히 소뇌의 퍼셉트론(Perceptron) 모델은 그 타당성이 생리학적으로도 거의 확인되었다. 1973년, MIT로 옮겨 신경회로로부터 뇌의 정보 처리를 생각하는 위험성을 지적하고, 계산 이론적 접근의 중요성을 주장, 세 개의 수준을 설정하였다. 제1수준은 시스템, 서브시스템(모듈) 입출력의 함수관계를 명확히 하고 동시에 계산에 이용된 암묵적 가설(계산의 제약조건)을 추구하는 것, 제2수준은 알고리즘으로 표현, 제3수준은 하드웨어에 의한 실현이었다. 사후 출판된 『비전: 시각의 계산 이론과 뇌 내 표현』(*Vision : A computational investigation into the human representation and processing of visual information*, 1982)에서 시각정보 처리가 해석 과정이라는 입장에서 3단계의 정보처리 과정을 창출하고 있다. 그것은 ① 그레이 베이스의 묘사(농담의 기울기勾配의 정보 검출), ② 표면의 정보에 의한 3차원 물체의 기술(관측자의 기술), ③ 전 단계에서 얻은 불완전한 삼차원 정보와 선행적 이해에 의해 물체가 무언가를 해석한다(물체 중심의 기술)의 세 단계이다.

이 뇌의 이해에 불가결하다는 것을 함축하는 것이다.

일반적으로 메시지의 수신자는 자신 속에 창출된 의미를 종합하면서 밖에서 들어온 메시지의 의미를 해독한다. 각 부분에 처음부터 너무 상세한 의미를 붙이면 "나무를 보고 숲은 보지 못한다"는 말처럼 메시지 전체의 의미를 파악할 수 없게 되어 버린다. 의미 부여를 한 '전경' 부분을 확실히 인식할 수 있기 위해서는 '배경' 부분의 정보가 '생성'되어 배경으로서의 의미를 전경에 주면서도 의식의 표면에는 그것이 떠올라 오지 않을 필요가 있다. 그러나 그것이 습성이 되면 고형화된 '전경'을 전부라고 생각해 버린다. 즉 우리들은 의미 부여된 특정 '전경'만이 전부라고 생각하는 경향이 있지만, 일반적으로는 몇 가지의 '전경'을 만드는 방식이 있다. 무지개띠가 보이는 방식도 어떤 문화 위에서 길러졌는가에 따라 바뀌는 듯하다.

이것은 과학의 경우에도 들어맞는다. 섀넌의 정보 이론은 메시지로서 완성된 '전경'에서부터 그 운반자의 성질만을 비트화함으로써 성립한다. 그것이 과학이나 기술에 큰 도움이 된 것도 사실이다. 그러나 생물의 이해에 있어 중요한 것은 섀넌의 정보 처리에 있어 무시되어 온 '배경' 쪽이다. '배경'은 '전경'의 의미 부여 방식을 한정하는 구속조건이다. 그것 없이는 의미의 표현과 해석의 문제를 생각할 수 없다.

발생생물학자 워딩턴[2]은 발생 과정에서 수정란에서부터 생물의 복잡한 형태가 점차 생겨나는 상황을 "생물 속에 매 순간 정보가 용솟음쳐 그 형태를 조형造形해 가지만 이 정보는 지금까지 기술의 영역에서 사용되어

---

2) 콘래드 워딩턴(Conrad H. Waddington). 영국의 발생생물학자. 생물을 주체도 객체도 아닌 양자가 만나 형성된 후성적(epigenetic) 풍경으로 간주했다. 생물이 수정란에서 발생할 때 미리 전부 결정되어 있는 것이 아니라 예컨대 배(胚)에 어떤 기관으로 유도하는 유도장이 생겨, 유도장이 만드는 유도작용을 환기인자(喚起因子, evocator)가 세포 군으로 되먹임해서 일제히 운하화(canalization)를 일으켜 형태형성으로 향한다고 생각했다.

온 새넌 정보는 아니다"라고 생각했다. 또 정신의학자 베이트슨[3]은 이 경우를 포함해서 "생물학에서 정보라 불러온 것은 생명시스템의 여러 부분의 활동 간에 관계를 부여하는 작용"이라는 주지의 주장을 하고 있다. 즉 생명시스템 각 부분 간의 정합성 있는 관계는 그 속에 '용솟음쳐 오는' 조작정보의 활동에 의해서 야기된다고 말해도 좋을 것이다.

나도 "생명의 본질은 정합적인 관계를 만드는 조작정보를 자기생성하고 그 활동에 의해 부분의 활동을 통합해서 의미를 가진 메시지나 기능을 만들어 가는 능력"이라고 생각해서, 동료들과 함께 그 원리와 법칙성을 과학적으로 연구하는 학문(생명관계학)의 건설을 진행해 지금까지 약간의 성과를 올렸지만 아직 연구의 실마리를 잡았을 뿐이다.

'장' 내에 있어서의 '위치'

근대는 관계의 분리에서 출발했다고 말할 수 있는 것은 아닐까. 전체로부터 분리된 사람이나 사물은 '객관적인 대상'으로서 보이고, 거기서부터 근대 과학이나 기술이 생겼다. 생명 이해는 이 분해에 기초해 분석한 덕택에 비약적으로 깊어졌다. 사실 생물은 특이한 기능을 가진 많은 분자의 집합이고 그 분자들의 성질에서부터 생물의 미지의 성질을 해명할 수 있는 것도 많다.

---

3) 그레고리 베이트슨(Gregory Bateson). 케임브리지 대학에서 생물학을 배운 뒤, 인류학으로 전환했다. 인류학자 마거릿 미드와 결혼. 뉴기니아를 현지조사해서 공저 『네이븐』(*Naven*)에서 분열 생성을 다루었다. 제2차대전 후, 심리학으로 전향해 1950년 분열증을 설명하기 위해 이중구속(double bind) 개념을 제시. 메시지와 메타 메세지의 모순이 인간을 행동 불능에 떨어트린다고 했다. 그것을 넘어선 '학습의 학습' 또한 학습의 학습을 만들어 내는 신적·성자(聖者)적 학습에 관해 시사하고 있다.

그러나 분리된 개개 분자의 성질만 안다면 생명의 전부를 이해할 수 있다는 기대는 틀린 것이다. 생물의 요소에는 적절한 관계 속에서 비로소 본래의 성질을 나타낼 수 있는 경우가 많다. 분해할 경우 요소의 작용 간에 관계를 만드는 조작정보의 창출 능력을 잃어버리게 되는 것이다. 또한 사람에게서 분리된 대상의 연구는 곧 그 생활과 분리된 극한적인 상태를 추구하는 필연성을 가지고 있어, 여기에서도 문제가 생긴다.

기술 분야에서도 인간과의 관계를 잃어버리고 성능만이 추구되면, 획일적이고 차가운 제품이 넘친다. 사람과의 관계를 잊고 표면적인 기능과 디자인으로 달린 근대 건축은 사람들에게 마음의 평온을 부여할 수 없었고, 일찌감치 슬럼화하는 경향조차 보였다. 근대 기술에서 잊혀져 온 것은 분리된 물物과 사람 사이에 있는 생명적인 연결을 만드는 활동의 평가인 것이다. 기술도 정보 개념의 확대를 추구하고 있다.

생명시스템에서는 전체의 성질은 요소의 성질을 더하는 것으로 결정되지 않는다. 요소와 전체 간에 상호 의존적인 관계가 있기 때문이다. 그러나 그것만으로는 아직 불충분하다. 그 이유는 전체의 활동 방식을 결정하기 위해서는 전체의 경계나 맥락에 해당하는 구속조건을 결정할 필요가 있고 이것은 요소의 활동만으로는 결정되지 않기 때문이다.

발생의 초기 과정이 전형적으로 나타내고 있듯이, 전체 상태를 반영한 '장'이 시스템과 그 범위의 장소의 활동에 의해 만들어지고 요소는 그 '장' 속에 놓여 있는 '위치'에 의해 그 성질을 바꾼다. 생명시스템 속에서 활동하는 '장'이란 한마디로 말하면 전체적인 '톱-다운'의 작용이 야기하는 구속의 장이다. 예컨대 상식은 사회적 현장 속에서 우리들의 행동을 구속한다. 서로의 관계에 의해 그 작용이나 성격을 바꾸는 요소를 나는 관계자라 불러왔지만, 장은 관계자에게 조작정보의 생성에 관한 지침을 야기해 다양한 관계자를 전체와 의존하면서 활동하게 하기 위한 '매체'가 된다. 관계자는 장을 느끼고 그것에 맞추도록 변화하는 요소이기도 하다. 관계자는 장의 활동에 의해 '홀론'으로서 행동하는 것이다.

이 장의 활동을 아는 것은 생명시스템 속에서의 조작정보의 활동을 이해하는 데 극히 중요하다. 조작정보의 생성 원리와 그 법칙성을 파악하기 위해서는 장의 생성 원리와 그것이 관계자에게 어떻게 작용하는지를 알 필요가 있다. 이를 위해서는 관계자와 '장'의 관계로 되돌아가 그 의미적인 성질을 조사할 필요가 있다.

이를 다른 예로 설명해 보자. 자기 테이프에 이야기를 녹음하면, 그 테이프의 상태는 메시지의 운반자로서의 음성을 표현하고 있다고는 말할 수 있지만 의미의 표현이 되어 있지는 않다. 녹음된 음은 일정한 음열이 일정한 의미를 표현한다는 한정된 규칙하에서 이해되는 '신호'로 의미 그 자체를 표현하고 있는 것은 아니다. 화가가 그림을 그리고 연주가가 음악을 연주한다. 거기에는 새로운 의미를 표현하려고 하는 노력이 기울어져, 그 의미가 때로는 감상자를 감동시키고 때로는 얼굴을 돌리게 만든다. 예술가는 그림이나 음악을 기호로서 그 표현을 빌려 의미를 전달하려고 하지만, 그 기호가 의미 자체를 직접적으로 표현하고 있는 것은 아니다. 일반적으로 의미는 생명시스템 속에서만 생성되는 것이고 거기에 기호의 의미를 해석하는 활동이 일어나고 있는 것이다.

이런 측면에 중점을 두는 이유는 인간이 메시지를 만들 때에는 의미와 운반자(기호)를 결부하는 표현(표상)이 일군의 신경세포(뉴런) 군의 흥분이라는 형태로 뇌(정확히는 신체) 속에 자기조직된다고 생각하기 때문이다. 신체가 표상을 만들어 내는 과학적인 원리는 아직 완전히 해명되어 있지 않지만, 기억에 맞추어 정보를 분류하는 것만으로는 인간이 여러 가지 표상을 자유롭게 만들어 내는 능력을 설명할 수 없다. 이 문제도 포함해서 생명시스템에 있어서 의미나 기능의 생성과 그 표현을 과학적으로 연구하기 위해 우리들은 관계자 군과 그 관계 생성을 생각해 왔다.

전일적인 표현법을 찾는다

인식이라고 하면 우편번호를 파악해서 엽서를 할당하듯이 밖에서부터 들어온 신호를 분류하는 것이라고 오해하고 있는 사람이 많다. 요즘 유행하는 '신경컴퓨터'도 단지 이 분류 원리를 사용하고 있는 것일 뿐인데 "뇌의 원리로 움직이는 컴퓨터가 만들어졌다"는 등 매스컴을 타고 넓게 보도되고 있는 실정이다. 이렇게 매스컴상으로 '알기 쉬운' 원리에 의해 과학기술이 주도되면 진정 중요한 것을 망쳐 버리는 경우가 적지 않다.

분류는 인식의 본질은 아니다. 밖에서 어떤 신호가 보내졌다고 하자. 이 신호는 정보의 운반자로 의미 그 자체를 직접 표현하고 있는 것은 아니다. 따라서 수신자가 그 신호로부터 의미를 파악하는 것이 불가능하다면 신호를 인식한 것이 아니다. 나는 그 신호를 기초로 해서 수신자의 뇌(정확히는 신체) 속에 의미의 표현을 동반하는 표상이 만들어질 때 수신자가 비로소 그 의미를 이해할 수 있다고 생각한다. 물리적으로는 연속된 색의 분포를 가지고 있을 터인 무지개를 바라볼 때, 눈에 들어오는 빛이 보내져 온 신호이고 인간에게 보이는 '일곱 빛깔의 띠 구조'를 가진 무지개에 대응하는 뇌 내의 표현이 표상이라고도 말할 수 있을 것이다. 불연속적인 띠 구조는 신경세포 군이 뇌의 내부에 분절화된 형태로 기억하고 있는 의미와 시각정보의 운반자를 결부해서 표상을 만드는 것에서 생긴다. 인식의 본질은 분류가 아니라 수신자로서 의미를 동반한 정보를 만들어 내는 것이다.

예컨대 문장도 생명시스템에 있어서의 인식에 기초하고 있다. 문장 전체의 의미는 그것을 구성하는 단어의 의미에 의해 한정되는 형태로 결정된다. 그러나 문장의 의미는 단어의 의미의 단순한.덧셈이 아니다. 덧셈이라면 단어의 의미는 문장의 어떤 위치에 있어서도 변하지 않을 것이고 또 단어의 위치를 이동시켜도 문장의 의미는 변화하지 않을 터이다. 그러나 문장 속에서 단어의 위치관계를 바꾸면 단어의 의미도 문장도 문장 전체의 의미(맥락)도 변한다. 사실 "나는 그녀가 좋습니다라고 말했다"와 "그녀가 나는 좋습니다라고 말했다"에서는 문장 전체의 의미가 완전히 달라져 버리고, '나는'의 의미 변화가 보여 주듯이 요소의 의미도 변해 버린다.

이렇게 전체와 요소의 상태가 상호 의존관계에 있는 상태가 '전일적인 상태'이다. 전체(맥락)는 요소의 의미로부터 완전히 이끌어져 나오지 않으며 또 그 역도 그렇다. 전체의 의미와 요소의 의미가 우선 있고 그것이 상호 의존적으로 결부되어 서로 조정하는 것이다.

뇌 정보 처리의 커다란 특징은 신호를 일단 분해한 후 그것을 통합한다는 점에 있다. 왜 굳이 분해하는 것일까? 그 이유는 분해된 정보(정보소)를 만들어 여러 가지 정보소 간에 적절한 관계를 주어 통합하는 단계로, 전체와 결부된 전일적인 정보를 만드는 것이 가능하기 때문일 것이다. 정보소 간의 관계 짓기에는 많은 가능성이 있지만 그 중에 무엇을 남기고 무엇을 지우는가는 전체에 의해 결정된다. 전체가 정보소를 관계 짓는 조작정보를 한정하는 것이다. 뇌의 이러한 정보 처리 덕분에 우리들은 시끄러운 칵테일 파티 석상에서도 대화를 즐길 수 있는 것이다.

대뇌생리학에서는 사람의 얼굴이나 삼각형 등의 형태를 원숭이에게 보였을 때 그 측두엽에 각 도형에 특이하게 흥분하는 '도형 검출세포'를 발견했다. 그래서 이 종류의 '검출세포'가 흥분하는 것이 도형의 인식이라는

'분류설'이 단락적으로 태어나거나 한다. 그러나 시각정보 인식의 본질은 '만드는 것'이지 '나누는 것'이 아니다. 예컨대 신경세포 군의 흥분에 의해 도형을 나타내는 신호와 그 의미가 결합한 패턴(표상)이 뇌 내부에 만들어지는 것이다.

신경세포 군의 흥분에 의해 표상이 만들어질 때에는 그 흥분이 전체로서 '전일적인 표현' 혹은 정합적인 표현을 형성하고 있다는 것이 우리들이 생각해 온 뇌의 '계산 이론'의 기본 원리이다. 여러 가지 의미를 표현하고 있는 요소가 모여 표상을 만들고 있을 때, 각 요소가 전체 속에서 어떤 '위치'를 점하고 있는가에 의해 그 위치에 가장 어울리는 표현을 선택하는 것이 의미의 전일적 표현이다. 이 표현에서는 요소와 전체가 상호 의존해서 전일적인 상태를 만들고 있다. 전일적인 표현이란 부분과 부분, 그리고 부분과 전체의 의미나 기능이 정합적인 관계로 결합되어 온 조화로운 표현이다.

개체를 구성하는 여러 세포의 기능은 몸속에서 그것이 놓여 있는 위치에 의해 결정되고 또 그로써 몸 전체의 기능도 결정된다. 표상만이 아니라 생체의 기능도 일종의 전일적인 표현이라고 말할 수 있다. 전일적인 표현은 생물의 특징이다. 단, 전체와 요소는 상호 의존적이지만 전체는 요소만으로는 결정되지 않는다. 그 전체가 존재하는 장소의 활동이 있고 비로소 전체의 상태가 결정되는 것이다. 요소에 의해 그 성질이 결정되어 버리는 전체에는 창조성이 없는 것이다.

관계자의 개방성과 다양성

생명적 요소가 살아 있다는 것은 그 생존을 위해 스스로 자신의 생명활동을 제어하는 자유(절대 자유)를 가지고 있다는 것이다. 그 요소를 죽인다면 몰라도 이 기본적인 절대 자유를 빼앗을 수 없다. 생명적 요소가 비한정적인 환경 속에서 살아가기 위해서는 그 생존에 필요한 조건을 새롭게 만들어 갈 필요가 있다. 이것은 비한정적인 조건하에서는 이 절대적 자유의 폭이 증가하지 않으면 안 된다는 것을 의미하고 있다. 생명적 요소가 이 절대 자유의 표현으로서 자기 자신을 새롭게 자기창출하는 것을 자기표현이라 부르기로 하자. 생명적 요소의 주체성이란 누구에게도 침해받지 않고 자기표현을 하는 활동이다.

여러 생명적 요소들이 서로 관계를 가지게 되면 그 방식에 따라서는 절대 자유를 서로 침범할 가능성이 생긴다. 동일한 자기표현(이하에서는 간단히 표현이라 한다)의 창출을 같은 장소 속에서 지향하게 되면, 그 자유를 서로 침해하는 배제의 원리(동일성 배제의 원리)가 작용하기 때문이다. 그래서 서로의 자기창출성의 자유를 다른 영역에서 활용하고 서로 다른 표현의 창출로 향하면, 서로의 절대 자유를 침범하는 것은 피할 수 있다. 이것은 생명적 요소가 서로 분극分極하고 서로 한정된 공간에서 나누어 자유롭게 살아간다는 것이다. 그렇지만 혹독한 환경 상황에서 살아가기 위해서는 생명적 요소가 서로 도우면서 함께 살아가는 것도 필요케 된다. 그를 위해 상호 분극하면서 협력적으로 살아갈 필요가 있게 되고, 여기에서 생기는 것이 서로 보충하면서 협력적으로 살아가는 상보성이다.

상보적인 상태에 있는 생명적 요소에는 두 가지 조건이 요구된다. 첫번째로 전체 상태와 조화적일 것, 그리고 두번째로 상호 상보적으로 그 전체를 만들고 있을 것이다. 여기서 전체란 결국 요소의 집합과 장소와의 관계에 의해 결정된다. 이 결정 방법에 적어도 두 가지 전형적인 경우가 있다는 것을 지금부터 설명해 보자.

상보성이 생기기 위해서는 두 종류의 정보가 필요하다. 하나는 집단 전체의 상태를 각 요소로 전달하는 세로 방향의 정보 흐름(장의 정보)이고, 두번째는 각 요소의 표현을 서로 전달하는 가로 방향의 정보 교환이다. 후자의 정보는 상보적으로 분극화한 표현 즉 서로 간에 차이를 만들어 내기 위한 것이기 때문에, 부분적이기는 해도 보다 상세한 정보가 필요케 된다. 복장의 사회적 유행을 민감하게 느끼고 유행하는 스타일을 받아들이면서도 다른 사람과는 다른 옷을 입고 싶다고 할 때의 심적 활동을 참고하면 된다. 중요한 것은 각 사람의 복장이 유행하는 복장의 유형 내에 포함되어 있다는 것이고, 이것은 전체적인 상태 속에서 각 요소가 분극된 상태가 위치지어져 있다는 것이다.

이 두 종류의 정보는 독립적으로 활동하는 것이 아니다. 전체라는 맥락 속의 요소적 표현이라는 형태가 되는 것이다. 이것은 전체성이라는 표현 창출의 기준(전체적인 표현)을 자신들이 만들면서 그 전체적인 기준에 적합한 표현을 개별적으로 만들어 내 간다는 것이다. 따라서 전체적인 표현을 어떻게 만드는가가 각 요소의 활동에 있어 중요한 문제가 된다.

이렇게 다양한 생명적 요소가 서로 관계하고 상보적인 표현을 창출해 하나의 생명시스템을 만들면, 이미 설명했듯이 생명시스템 속에서는 장소와 시스템의 경계, 시스템 전체, 각 요소의 층위에서 표현이 창출되어(그 정보가 흐름이 되어) 시스템의 내부를 환류還流한다. 그리고 요소의 표현에 관한 정보가 시스템에 흐르는 정보의 '보텀-업'의 흐름(국소에 관한 정보의 흐름)과 시스템 전체의 표현에 관한 정보가 각 요소로 흐르는 '톱-다운'의 흐름(전체에 관한 정보의 흐름)이 생긴다. 이 두 종류의 흐름이 전일적 고리를 만들어 순환할 때 요소는 전체 속의 개체 즉 '홀론'으로서의 성질을 가진다. 또한 요소 표현의 상보적 분극이 일어나기 위해서는 정보의 수평적 교환—요소들끼리의 일상 회화—에 해당하는 것이 필요하다.

여기에서 반드시 엄밀하게 생각해 두지 않으면 안 되는 중요한 것이 있다. 그것은 "톱-다운의 흐름은 어디에서부터 시작하는가"라는 문제이다. 바꿔 말하면 '전체'란 대체 무엇인가가 문제이다. 구체적으로는 생명시스템인가, 혹은 생명시스템이 살아 있는 장소인 것인가 하는 문제이다. 그것은 조직인가, 사회인가. 국가인가, 국제사회인가. 기업인가, 지구환경인가 하는 문제로서, 우리들 가까이 있는 문제이기도 하다. 또한 이것을 그 특수한 경우로서, 자기 자신인가 혹은 자신이 살고 있는 사회인가 하고 물으면 그것은 윤리의 문제가 된다.

하켄의 시너제틱스(1부 각주 15)에서는 다수의 요소가 시스템의 질서 상태를 '보텀-업'적으로 자기조직하고, 역으로 그 질서에 의해 '톱-다운'적인 영향을 받는다. 이것이 질서에 대한 예속화이다. '보텀-업'과 '톱-다운'의 활동이 순환적으로 진행함으로써 요소들의 활동 간에 정합성이 생겨 질서가 안정화된다. 그리고 시스템에 어떠한 질서 상태가 출현하는가는 첫째로는 요소의 활동 방식에 따르지만, 두번째로는 그 질서 상태를 한정하는 구속조건(레이저로 말하면 양단의 두 장의 거울 간의 거리가 레이저광의 파장을 한정하는 구속조건이 되고 있다)에 의해 결정된다.

일반적으로 시스템과 장소의 경계가 구속조건을 구체적으로 부여한다. 그리고 그 구속조건이 시스템의 질서 상태를 결정하고, 요소는 그 질서 상태를 향한 예속화를 통해 즉 시스템이라는 전체를 통해 간접적으로 장소와의 관계를 가지게 된다. 이것은 기업의 내부 질서에 따라 일하고 있는 기업인은 간접적인 의미에서만 사회라는 장소와 접촉하고 있다는 것에 해당한다. 요소가 환경과 직접적으로 접촉하고 있지 않다는 의미에서 이러한 예속화형 요소는 "장소에 대해 폐색되어 있다"고 말한다. 시스템을 '전체'라 생각하는 한 이러한 예속화 원리가 항상 기능하는 경우를 상정하는 것이 되므로, 요소는 시스템에 예속하는 '홀론'이 된다. 여기에 계층구조적인 시스템이 생긴다. 그리고 그 생각을 일반화하려고 하면 차례차례 이어지는 계층구조가 생긴다.

아서 케슬러(1부 각주 25)의 생명시스템과 '홀론'도 기본적으로는 이것과 마찬가지의 계층구조적 성질을 가지고 있다. 폐색적인 관료조직이나 일본적인 기업 조직론도 이 생각에 서 있다. 이런 종류의 조직은 장소의 비한정성이 적고 미래의 상태를 예측할 수 있는 상황에 있다면 일찍이 일본형 조직 경영이 그런 것처럼 유효하게 기능한다. 그러나 장소의 비한정성이 커지게 되면 이런 종류의 시스템에서는 중요한 문제점이 명백하게 된다. 요소의 시스템에 대한 예속성(요소의 주체성의 상실)과 폐색성(장소에 대한 폐색성)이 그것이다. 이것들이 시스템의 창조적인 유연성—큰 비한정성에 대한 대응 능력—을 빼앗기 때문이다.

그러면 시스템을 대신해서 장소를 '전체'라 생각하면 어떻게 될 것인가. 이것은 시스템의 경계가 장소를 향해 열려 있다는 것을 의미하고 있다. 따라서 시스템을 구성하는 생명적 요소가 각자 직접적으로 장소와 접촉한다. 즉 장소를 향해 열린 요소가 된다. 그리고 각자의 생명적 요소는 각자 직접적으로 장소와 관계를 가지므로, 장소와의 사이에서 각자의 상황에 어울리는 구속조건을 만들어 살아갈 필요가 있게 된다. 말을 바꾸면 각 요소는 그 생존 문제로서(요소 각자의 절대 자유의 문제로서) 장소 간의 관계, 즉 장소적 구속조건을 결정해야만 한다. 각자의 요소가 구속조건으로서 파악한 장소적 경험이 차례차례 역사적으로 내부에 축적되어 그 자기창출 규칙이 되어 간다. 이것이 요소의 절대 다양성의 기초를 부여한다.

이렇게 장소를 향해 열린 요소는 각자 장소와의 사이에서 주체적으로 구속조건을 만들어 낸다. 각 요소는 기본적으로 독립해서 각자 독자적으로 결정한 장소와의 관계에 기반해 살고 있다. 요소의 다양성은 각자가 각자의 규칙에 기반해 주체적으로 자유를 행사하는 점에 있다. 그 결과로서 '톱-다운'의 흐름은 장소로부터 시작된다. 그것은 결코 시스템을 원천으로 해서 흐르기 시작하는 것은 아니다.

그러면 이러한 다양한 요소가 모여 만드는 시스템이란 어떠한 것일까? 그것은 예를 들어 말하자면 여러 나라들이 모여 만든 국제연합과 같은 것에 필적한다. 거기에는 다양한 요소가 모여 상호 관계하면서 하나의 관계적 시스템을 구성한다. 그리고 시스템으로서 정리된 활동을 가지기 위해서는 요소들의 표현 간에 정합적인 관계성이 생겨야만 한다. 그리고 시스템 내부에서 요소들의 활동이 서로 충돌하거나 독립성을 침해하거나 하지 않기 위해서, 상호 자기의 활동을 바꿔(어떻게 바꾸는가는 각자의 요소에 맡겨진다) 서로의 표현 간에 차이를 만들 필요가 있다. 이 표현의 차이는 각 요소의 장소적 구속조건의 차이에 반영되어 정착한다. 그 역도 마찬가지이다. 그리고 경계가 고정되어 있지 않은 하나의 관계적 시스템이 자기조직되게 된다.

이렇게 여러 요소가 모여 관계적 시스템을 만들어 내는 활동은 함께 시스템을 만듦으로써 예컨대 시장과 같은 공유성共有性(공공성公共性)을 가진 영역을 형성할 수 있기 때문에 가능하다. 이러한 관계적 시스템의 특징은 요소가 각자의 주체성을 유지하고 있다는 것과 각자의 요소가 장소에 대해 개방성을 가진다는 것이다. 또 각 요소는 가로와 세로 두 종류의 정보 흐름 속에 놓여진 것이 된다. 세로의 정보란 장소에 관한 장의 정보이고, 가로의 정보란 시스템 내 다른 요소의 표현에 관한 정보이다. 이 가로·세로 두 종류의 정보 흐름 속에 놓여 있으면서 전자에 관해서는 정합적인, 후자에 관해서는 상보적인 표현을 만들 것이 각 요소에 요구된다.

이러한 시스템은 계층적이지 않고 관계적이다. 따라서 지금까지 설명해 온 3계층 모델은 정확히는 '장소적 창출 모델' 또는 '관계자의 세 상태 모델'이라 명명할 수 있을 것이다.

이러한 관계적 시스템의 활동과 그 속에서의 종횡의 정보 흐름은 몇 사람의 배우가 모여 즉흥극을 행하는 상태를 상정하면 잘 이해할 수 있다. 각 배우 즉 관계자가 각자 연기가 행해지고 있는 장소의 상태를 파악하고, 동시에 배우 상호의 관계에 마음을 쓰면서 함께 극을 창출해 간다. 배우는 각자 자신의 다음 순간의 시나리오를 스스로 생각해야 한다. 이 경우 각 배우는 두 종류의 정보의 흐름 속에 놓여 있다. 이 두 종류의 정보를 통합하면서 그것들과 정합적으로 되도록 자기를 창출해 가는 것, 이것이 배우의 절대 자유의 표현이다. 배우로서의 이 관계자의 활동에 의해 즉흥극이 생기는 것이다.

관계적 시스템이란 경계가 고정되어 있지 않은 동적인 것이고, 그 활동과 안정성은 요소의 창출적 활동에 의해 야기되는 것이다. 관계적 사회의 활력은 그 자기창출성에 의해 야기되고 그 창출 활동이 방해받으면 시스템은 분해되는 것이다.

'장의 정보'와 관계자

생명시스템에서는 개별과 개별, 개별과 전체 간을 조작정보가 순환하고, 전체의 상태에 대해 개별자가 서로 정합성을 유지하면서 (내적·외적인 상황에 따라) 그 활동을 자율적으로 바꿔 간다. 개별자에 여러 활동의 표현이 있고 전체적인 활동이 어떻게 표현되는가에 따라, 조작정보로서의 '장의 정보'가 생겨나 각자의 표현의 창출을 관계 짓는 것이다. 이렇게 관계적인 전일적 상태를 낳는 개별자(기능 요소)가 관계자이다.

'관계자'라는 이름은 전체 속에서의 상호 관계에 따라 자기표현을 자율적으로 바꾸는 데에서 유래한다. 앞에서도 기술했듯이 나는 관계자를 배우라 부르기도 한다. 장소 속에서 배우가 전체로서의 줄거리(시나리오)를 만들면서 그 절에 어울리는 활동을 개개의 배우가 창출하기 때문이다. 이것은 즉흥극을 창출하는 배우이다.

전체는 각자 자체로서도 창출적인 작용을 가지고 있으며, 단순한 개별 작용들의 집합은 아니다. 한 사람이 그 거주지의 여러 조직의 구성원이 될 수 있듯이, 하나의 개별자가 다른 전체에 속하는 경우도 있다. 개성이 풍부한 관계자가 많이 모이면 전체로서도 복잡한 활동을 표현하는 것이 가능케 되지만, 그만큼 개별과 전체의 관계에 유연성이 필요케 된다. 전일적인 상태는 조작정보의 순환을 통해 만들어지고 있다. 그렇지만 배우 전체와 개개의 배우 사이의 순환 외에, 배우와 장소 간의 순환이 일어나 세 상태 모델의 관계성이 실현될 필요가 있다. 전체의 구조가 고형화하면 이 순환이 멈춰 개별자의 자기표현상의 유연한 관계성이 빼앗긴다. 새로운 장소와의 상호 작용을 통해 구조적인 불확정성을 도입하면서 높은 층위에서의 자기표현으로 향하는 것, 이것이 개별자를 낡은 구조의 구속으로부터 해방시켜 그 기능적인 다양성을 확대시킨다. 거기에 생물 진화의 방향성이 있다.

수정란에서부터 발생하여 동물의 몸의 형태가 점차 완성되어 가는 시기에 몸의 여기저기에 있는 세포의 위치를 교환하면, 세포의 성질이 변해서 이윽고 그 새로운 위치에 어울리는 세포로 변모한다는 것이 알려져 있다. 세포에 그 적합성을 알려 주는 '위치의 정보'란 대체 어떠한 것일까? 그것은 어떻게 해서 '용솟음쳐' 나오며, 또 어떠한 운반자에 의해 전달되는 것일까? 그것은 세포라는 배우 간에 생성된 가로 방향의 장의 정보 흐름이다. 일반적으로 장의 정보와 창출에 관계되는 문제야말로 생물학에 남겨진 가장 중요한 과제인 것이다.

생명관계학에서는 관계자 간의 '위치적 관계'가 관계자의 기능표현을 통합하기 위해 필요한 조작 장보를 만들어 내는 데 중요한 역할을 맡고 있다. 즉 '위치적 관계'에 일관적으로 되도록 자기표현이 창출되어 전일적 상태가 만들어지는 것이다. 그리고 시스템 속에 생기는 여러 위치적 관계에 관한 조작정보를 (통합한 형태로) 각 관계자에 전달하는 것이 '정보의 장'의 본질인 것이다.

생명체에서는 전체로서 일정 기능을 발현하도록 여러 관계자가 각자의 상태를 자율적으로 제어하고 있다. 예컨대 고양이가 걸을 때는 굉장히 많은 근육이 일정한 정합성을 가지고 수축하고 이완해야 한다. 이 근육들은 예컨대 고양이가 요철이 심한 땅을 걸어도 또 혹시 한쪽 다리에 상처를 입을 때에도 전체로서 잘 걸을 수 있도록 서로 상보적으로 기능해 전일적 상태를 만들고 있다.

정보를 만드는 정보를 생각한다

양복을 많이 가지고 있어도 전부를 동시에 입을 수는 없다. 이와 마찬가지로 지식을 많이 가지고 있어도 그 전부를 동시에 사용할 수는 없다. 이것은 뇌가 조작할 수 있는 정보에 일정 한계가 있기 때문이다. 사실 이 조작 한계 이상의 정보가 들어오면 뇌의 정보 처리 기능이 혼란되어 버려 확실한 의식을 생성할 수 없게 되는 경우도 많다. 예컨대 큰 기업의 근로자 한 사람 한 사람의 급여가 쓰여 있는 데이터를 보는 것만으로는 그 기업의 경영 상태를 잘 알 수 없지만, 급여의 연령별 분포를 파악하거나 수년간의 비교를 하거나 할 때 비로소 대충 상태를 파악할 수 있다. 통계 조작으로 복잡한 정보를 정리해서 인간 뇌의 한계에 맞출 때 확실한 인식이 가능한 것이다.

그런데 중요한 것은 정보 전체를 손상시키지 않고 정보의 복잡성을 줄이는 것이다. 복잡한 대상을 인식하는 경우 단순한 통계적인 조작에 의해서는 유효하게 정보량을 줄일 수 없는 경우가 많지만, 정보를 의미나 특징에 따라 통합함으로써 비로소 정보량을 줄일 수 있다. 인간에게는 복잡한 대상에서 그 핵심 부분이나 법칙성을 적확하게 파악하는 능력 또는 아름다움을 발견하거나 하는 능력이 있지만, 이것은 정보의 통합 능력이 갖추어져 있기 때문이다. 정보의 통합 원리를 발견할 수 있다면 정보기술에 새로운 분야가 열린다.

정보 통합 능력에 기본을 두면 대량의 정보를 전부 기억해 둘 필요도 없게 된다. 나는 예부터 기억력이 약해 고민했다. 하지만 언젠가 이것은 내 장점이기도 하다는 사실을 깨닫고부터는 수업에 나와서도 그다지 노트에 기록하지 않게 되었다. 단지 강의에서 가르치는 여러 사실의 근저에 존재한다고 생각되는 법칙성을 발견하려고 노력하고, 또 유념해서 그림을 보고 음악을 들었다. 시바 료타로司馬遼太郎의 소설 『고갯마루』峠의 주인공 가와이 쓰구노스케河井告継之助도 기억력이 약했던 듯, 그 사실에 괴로워하는 청년 시절을 보냈다고 한다. 독창적인 경영 이념으로 혼다기술연구소의 오늘날의 기초를 놓은 후지사와 다케오藤沢武도 그 짧은 군대 경험에서 기억력이 약한 탓에 낙오자 간부 후보생이었던 것을 알고 '과연' 하고 생각했다.

기억력이 약하면 원점으로 되돌아가 법칙에서부터 파악해 가는 방법 이외에는 없다. 자연히 자신의 인생도 마찬가지로 파악하려고 하므로 철학적인 낭만주의자가 되기도 한다. 또 최근의 '낭보'에서는 데카르트도 기억력이 약해서 굉장히 고민했던 듯하다. 그의 대단한 점은 여러 사실의 근저에 법칙성이 있는 것을 깨닫고, 그 법칙을 조직적으로 파악하는 방법을 생각한 점에 있다. 그러나 이러한 유형의 인간은 현재의 지식 편중형의 통일 테스트에는 결코 합격할 수 없을 것이다. 인공지능의 결점은 데이터나 미리 결정된 조작정보를 기억할 수 있을 뿐, 자기 자신이 새로운 규칙의 생성이나 발견을 이룩하는 것이 불가능하고 새로운 상황에 대응하는 유연성을 결여하고 있다는 것이다.

생명의 특징은 조작정보를 창출하는 조작정보를 가지고 있는 점에 있다. 하켄에 의하면 수정란의 유전자가 가지고 있는 정보량과 그 수정란으로부터 성장한 동물 전체가 가지고 있는 정보량의 차는 한 권의 책 속의 정보량과 그 책을 장서의 한 권으로서 가지고 있는 대도서관의 장서 전체의 정보량과의 차이에 필적한다. 그러나 그 동물의 몸의 정보가 유전자의 정보로 규정되어 있다는 것을 생각하면, 유전자는 정보를 만드는 정보를 가지고 있다는 것이 된다. 여기서 말하는 정보란 조작정보이다.

뇌의 활동에 관해서도 마찬가지로 말할 수 있다. 짧은 일생 동안에 몇백 곡이나 되는 아름다운 곡을 남긴 모차르트는 실로 짧은 순간에 교향곡을 곡상曲想할 수 있었다고 한다. 그 두뇌가 일종의 장소로서 기능해 빠른 시간에 만들어 낸 관계의 집합을 직관한 것으로 생각된다. 그리고 그 장소적인 집합으로부터 시간과 함께 곡이 생성하는 것이다. 과학자가 새로운 이론을 착상할 때도 마찬가지로 장소적인 직관이 필요하다. 데카르트는 정보를 만드는 정보를 찾아서 여행을 떠나 여러 가지 사물의 배경에 있는 법칙을 탐구했다.

철저히 가르쳐진 조작정보밖에 사용할 수 없는 것은 인공지능의 특징이다. 만약 인간의 지능이 조작정보를 만드는 정보를 가지고 있지 않은 인공지능과 같은 것이라면 인생도 필시 갑갑하고 재미없는 것일 것이다. 최근의 교육에서는 마치 컴퓨터에 정보를 입력하듯이 인간에게 정보를 지식으로서 철저히 가르치려고 한다. 중요한 것은 정보를 만드는 창조성을 기르는 것이다.

상보적인 자기창출성

과학자는 확실한 논리 위에 서서 사고를 전개하고 있다고 생각되고 있지만, 실은 대상인 자연과 그것을 인식하는 측인 인간에 관해서 일관된 논리를 가지고 있는 사람은 적다. 많은 가설 위에 서서 부분적인 논리를 전개하고 있는 경우가 많다. 과학자가 의식하든 하지 않든 상관없이 그것은 하나의 철학을 선택한 것이 된다.

과학 이론은 극단적으로 말해 모두 모델 즉 일종의 가설 위에서 만들어져 있다. 이론의 창시자는 보통 자기 이론의 한계를 심득心得하고 있지만, 그 이론이 널리 사용되는 동안 어느샌가 그 한계가 망각되어 버린다. 그리고 모델이 자연의 일부 그 자체인 듯이 착각한다. 예컨대 물질과 정신 간의 관계에 관해서 과학자는 너무나도 소박하다. 이것은 과학 영역에서의 논리의 고형화 현상이다. 이와 마찬가지의 경우가 기술 분야에서도 들어맞는다. 일반적으로 고형화된 논리 그 자체의 타당성에 관해서는 논리적인 설득을 받아들이지 않는 일종의 신념이 되어 버리는 예가 많다.

그런데 사고의 논리가 어느 정도 넓은 기반에 서 있는가에 따라 '논리의 깊이'를 재어 볼 수 있다. 일본 사회가 아직 서구 사회에 미치지 못하는 것은 이 과학적인 '논리의 깊이'이다. 여기에 현대 일본이 해결해야 할 과제가 있다. 지금까지도 과학기술의 커다란 성과를 모두 깊이 있는 논리를 개발한 점에 있다. 사회가 깊이 있는 논리를 가지는 것이야말로 창조적인 과학기술을 낳기 위한 필요조건이다.

일본의 과학기술에는 창조적인 활력이 있고 그것이 세계 최고 수준의 경제적 지위를 야기하고 있다고 생각하고 있는 사람이 많다. 확실히 일본의 기술자는 그 기본적인 논리와 유용성이 명확하고, 또한 그 기술적인 실현 방법이 어느 정도 드러나 있는 문제라면 다퉈서 멋진 기술로 만들어 낸다. 즉 보다 좋은 '방법'how to를 구하는 능력에 관해서는 아마도 세계에서 최고의 위치에 있고, 그것이 현재 일본의 뛰어난 생산기술을 가져오고 있다. 물론 이것은 멋진 일이지만 다른 한편으로는 유형화된 기술밖에 낳지 못하는 것이 결점이다.

창조란 앞이 보이지 않는 지적 모험 행위이고, 많은 실패의 반복 속에서 진리로 이어지는 하나의 가설을 발견하는 것이다. 성공하는 것은 처음부터 보증되어 있지 않고, 또 설사 성공했다고 해도 그 시점에서 타인이 잘 이해해 준다고도 할 수 없다. 창조란 '왜?' 하고 자기 자신에게 끝없이 물어서 스스로 그것에 답해 가는 고독한 행위인 것이다. 그것은 새로운 질문을 발견하는 것이고 그 질문에 자신이 답하는 활동이기도 하다. 자신만이 다른 사람에게서 떨어져 진정으로 혼자가 되어 버리는 것은 누구에게나 불안한 것이고, 불안은 망설임을 낳기 쉽다. 이 불안이나 망설임을 극복할 수 있게 해주는 것이 사명감이다. 그것은 미래인들의 기쁜 얼굴이다.

현재 국제사회 속에서 일본만큼 적극적인 자기표현이 요구되고 있는 나라는 없다. 정치가만이 아니라 기술자의 경우에도 깊은 논리성과 새로운 원리에 대한 탐구의 용기가 결여되면, 그 기술은 결국 방법 층위의 활동으로 끝나고 그 기대에 답할 수 없다. 이것은 다른 분야에서도 그렇다.

일반적으로 생명적 요소가 비한정적인 환경 속에서 살아가기 위해서는 그 생존에 필요한 조건을 환경의 상태에 맞춰 새롭게 만들어 갈 필요가 있다. 환경의 상태가 비한정적일수록 생명적 요소가 창조해야만 하는 표현의 폭이 넓어져야 한다. 이미 설명했듯이 복수의 생명적 요소가 서로 관계를 가지면 서로 절대 자유를 침해할 위험성이 생긴다. 예컨대 복수의 요소가 장소 속에서 동일한 자기표현을 서로 지향하게 되면, 그 자유를 침해하는 배제의 리理(동일성 배제의 원리)가 작용해서 경쟁이 생긴다. 이 경쟁의 앞에는 독점과 지배가 있다.

그런데 서로 다른 표현공간에서 각자의 자유를 행사해 자기표현의 창출을 행하면, 서로의 주체성을 침해하는 것은 피할 수 있을 것이라는 생각이 생긴다. 여기서부터 생명적 요소가 상호 분극해서 서로 다른 표현공간에서 서로 간섭하는 일 없이 살아가는 것이 가능하다는 '서식지 분할론'[4]의 전략이 나온다. 그렇지만 인간사회에 이것을 적용해 보면 이는 고고孤高한 생활의 이론으로, 이런 고고함 속에서 살 수 있는 사람은 희귀하다.

인간은 사회성을 가진 생물이지만 서식지 분할론은 사회적 문제를 생각한 것은 아니다. 역으로 자연계에서는 혹독한 환경에서 살아가기 위해 생명적 요소가 서로 도우면서 함께 사는 현상이 널리 확인된다. 그런데 인간이 그 주체적인 절대 자유를 서로 소중하게 여기고 존중하면서 또한 협력적으로 살기 위해서는, 단지 분극해서 사는 것만이 아니라 부족한 점을 서로 보충하면서 살아가는 생활방식, 즉 상보적인 자기창출이 중요한 전략이 된다.

이 상보성이 출현하기 위해서는 전체에 있어서의 창출과 개별의 창출

---

4) 서식지 분할론(棲み分け論, habitat fragmentation theory) 생물 이론의 하나로 비슷한 두 개의 생물종이 같은 영역에 존재하지 않고, 서로 다른 영역에 분포하여 생존한다는 이론. ―옮긴이

을 동시에 파악하면서 자기창출하는 것, 즉 거시적인 전체적 관점에서부터 보는 의식과 미시적인 개체적 관점에서부터 보는 의식을 동시에 가지면서 양자를 통합해서 자기창출하는 것이 필요하다. 즉 의식의 이중성에 기초한 자기창출성이 요구된다. 이것은 지적으로 고도의 활동이고, 인간을 포함한 고등한 포유류의 지능에 의해 비로소 사용 가능한 활동이다.

이 상보적 자기창출 활동은 특히 인간 지성의 층위에 가장 적합한 지적 활동으로, 사실 인간사회의 발전을 역사적으로 회고하면 이 상보적 창출성의 발전에 의해 일어난 것이라 간주할 수 있다. 그러나 다른 한편 이 상보적 창출성은 인간 지성에 있어서도 극히 중대한 과업이다. 비한정적인 환경하에서 지속적으로 존재 가능한 상보적인 자기창출 시스템을 만드는 원리는 철학적으로도 종교적으로도 과학기술에 있어서도 해결되지 않은 과제이고, 또 정치적·문화적 생활에 있어서도 이상적으로는 실현되어 있지 않다. 하나의 시도로부터 또 다른 여러 문제가 파생되고 해결과는 조금 먼 것이 역사적 사실이다. 이런 의미에서 인간의 지성과 그 표현의 창출은 복잡한 시스템을 형성하고 있는 것이다(예컨대 현재의 인공지능이나 뇌과학 연구는 이 지적 이중성을 생각하는 것이 원리적으로도 논리적으로도 곤란한 즉물적 철학—단순한 인과율—에 의해 속박되어 있다).

그러나 이 지성의 이중성으로 인간과 그 사회, 인간과 그 과학기술 그리고 인간과 그 환경을 생각해 가는 것이야말로 현재 활발히 논의되고 있다. 문명의 전환기라는 어려운 시대를 사는 사람들의 미래 설계를 위한 중요한 열쇠가 여기에 있다. '관계자'와 '장소'라는 두 개념이야말로 이 이중 의식에 설 것을 필요로 하는 인간의 지적 세계를 구축하는 데 중요한 두 개의 기둥이다.

2장_대뇌, 그 홀로닉 컴퓨터로서의 활동

어떻게 '배경'과 '전경'을 알 수 있는가

대뇌는 다수의 뉴런으로 이루어진 복잡한 네트워크 시스템이다. 이 대뇌의 기능은 세 가지의 다른 층위로부터 종합적으로 연구하지 않으면 해명할 수 없다는 것이 이토 마사오[5] 교수와 더불어 소뇌 연구로 저명한 데이비드 마르의 견해이다.

세 가지 층위의 첫번째는 물物로서의 뇌, 즉 뇌의 구조나 뉴런 간 전달물질transmitter 같은 하드웨어적인 장치이다. 두번째는 알고리즘의 문제이다.

---

5) 이토 마사오(伊藤正男). 1928년 출생. 소뇌 연구의 권위자. 오스트레일리아 국립 대학의 에클스(John C. Eccles) 교수(3부 각주 12) 아래에서 유학, 도쿄대학교 이학부 교수를 거쳐 현재 이화학연구소(理化學硏究所) 국제 프론티어 프로젝트를 총괄하고 있다. 1969년 에클스, 센타고타이(János Szentágothai)와 함께 『신경 기계로서의 소뇌』(*The Cerebellum as a Neuronal Machine*)를 출판. 뇌의 신경 회로를 응용수학자나 생물공학자에게 공개해 횡단적인 신경 회로망 연구를 진행했다. 이것에 대해 1970년 전후 알버스(James S. Albus), 마르(4부 각주 1)가 소뇌의 퍼셉트론 모델을 제시했고, 그는 그 생리학적 검증에 도전, 그 가설을 지지할 수 있는 생리학적 실험 결과를 끌어냈다. 퍼셉트론이란 1962년에 로젠블라트(Frank Rosenblatt)가 망막의 3층 모델에서 힌트를 얻어 만든 학습 능력이 있는 뉴런적 소자이다. 그것은 수용기 세포층·연합 세포층·효과기 세포층의 3층으로 되어 있다.

뉴런의 네트워크 속에서 신호가 어떠한 논리에 따라 어떠한 경로를 지나 차례로 다른 뉴런으로 옮겨져서 흥분이나 억제를 일으키면서 변화해 가는가 하는 것이다. 이른바 뇌에 있어 정보처리의 생리적인 층위에서의 논리에 대한 연구라고도 말할 수 있을 것이다. 세번째는 '계산 이론', 즉 의식 등의 마음의 영역과 엄밀히 결부된 것으로서의 뇌의 작용이라 말해도 좋을지도 모른다. 그것은 대뇌가 어떠한 이론에 입각해 정보를 처리하고 있는가라는 뇌의 소프트웨어적 원리를 묻는 질문이다. 이른바 정신 영역의 여러 문제는 여기에 관계한다.

지금까지는 첫번째의 물로서의 층위로부터 두번째, 세번째의 순서로 연구를 쌓아 올려 가면서 대뇌의 해명이 '보텀-업'적으로 진행될 것이라 기대되어 왔지만 정말로 맞는 것일까. 뇌를 관찰하면 거기에서는 많은 뉴런의 흥분이 있다는 것을 알 수 있지만, 거기에서 어떠한 정보가 어떻게 처리되고 있는가를 직접 살펴서 아는 것은 불가능하다. 이것은 어떤 계산을 실행 중인 대형 계산기를 분해해서 그 속의 트랜지스터의 움직임을 바라보는 것만으로 거기서 실행되고 있는 프로그램 언어와 그 과업을 부여하고 있는 계산 이론까지 알 수 있을까라는 이른바 '해석학적 순환 문제'와 유사하다고 말할 수 있다.

마르에 의하면 앞서 말한 세 층위의 연구 중에 가장 중요한 것은 '계산 이론'의 발견으로, 이것을 알고 나서야 비로소 사용되고 있는 알고리즘의 의미를 알 수 있고 또한 그것을 실행하기 위한 뇌의 물질적인 작용을 이해할 수 있다. 이러한 보이지 않는 것에 대한 해석을 포함한 문제에 대해서는 '미시'로부터 '거시'라는 '보텀-업' 방향의 사고 이외에도 '거시'로부터 '미시'로라는 '톱-다운' 방향의 연구가 동시에 행해지는, 이른바 순환적인 사고 방법이 필요할 것이다. 그런데 우리들이 여기서 받아들이고 싶은 것은

〈그림 1〉 에스허르의 다의도형

네덜란드의 판화가 모리츠 코르넬리스 에스허르(Maurits Cornelis Escher)가 그린 「원의 극한IV」. 에스허르는 공간의 인지를 회화 표현으로 파악하려 했다고도 말할 수 있다. 그것을 네 무리로 분류하여, 평면의 정측 분할, 실제 공간의 뒤틀림, 실제 공간으로부터 유사 공간으로의 이동, 유사 공간으로 하고 어느 것이든 공간의 인지가 일의적으로 결정되어 있는 것이 아니라 다양한 의미를 만들어 내게 하는 결과가 일어난다는 것을 시사해서 흥미롭다.

시각 인식에 관한 뇌의 '계산 이론' 연구이다(말할 것도 없이, 생명관계학에서 말하는 '톱'이라든가 '보텀'이라는 개념은 가치론적인 상위, 하위를 나타내는 것은 아니다).

야생의 고등동물은 혹독한 환경에 적응해서 살아가야만 한다. 이 때문에 예컨대 처음 보는 것이라도 자신의 생존에 있어서의 의미를 재빨리 파악하는 고도의 인식능력을 가지고 있다. 즉 그것이 먹이인가 적인가 혹은 전혀 관계없는 것인가를 판단하는 인식이다. 본래 고등 동물의 인식은 "외래 신호 속에 숨겨져 있는, 자신에게 있어서의 의미를 발견한다"는 원리에 의해 행해지고 있다고 상정할 수 있다.

이것은 에스허르의 다의도형에서 확인해 볼 수 있다. 위의 그림을 보고 그 흰 부분에 주목하면 많은 천사가 하늘 가득히 날고 있는 모습이 떠오르지만, 곧 다른 한쪽의 검은 부분으로 의식이 옮겨지면 이번에는 다수의 악마의 모습이 천체를 지배하는 전혀 다른 세계가 떠오르게 된다. 이렇게 우리들이 '보고 있는' 것과 '보이는' 것은 반드시 동일하지 않다는 것을 알 수 있다.

외래 시각 신호 속에서 어떤 것을 보기 위해서는 무엇보다도 우선 '전경'과 '배경'을 나눌 필요가 있다. '전경'이란 우리들이 그 의미를 인식하는 대상이 되는 것으로 이 경우에는 천사 또는 악마이다. '배경'은 '전경'의 배후가 되고 '전경'에 의미를 부여하는 데 중요한 역할을 한다. 즉 '배경'은 '전경'이 존재하고 있는 장소이지만 인식의 대상은 아니다. 우리들이 천사를 보고 있을 때에는 악마 부분은 그 배후인 '배경'이 된다. 이렇게 일정한 의미를 가진 정보인 '전경'을 만들기 위해 본래 존재하는 정보가 '배경' 속에 숨겨져 배후적인 의미를 부여하는 것을 나는 '정보의 암재화'라 부르고 있다. 동물의 이러한 인식능력은 그 뇌에 있어서 '계산 이론'과 밀접히 관계하고 있다.

지금까지는 인식의 메커니즘을 단일 뉴런을 기초로 해서 생각하는 연구들이 활발했다. 스텐트[6]에 의하면 이 경향은 바로가 망막 신경세포막의 수용역 연구에 입각해 망막의 신경세포막이 "시야 속에서 추출된 의미가 있는 특징을 코드화해서 기호로 바꾼다"라는 생각을 제안한 것에서 시작된다.

이 생각은 또한 단일 뉴런이 입력된 시각정보에 존재하는 패턴을 검출하는 특징 추출·조작 능력을 가진다는 생각으로 발전했다. 그리고 이 신념은 허블과 비셀에 의한 대뇌 시각역에 있어서 단순세포 등의 '특징 인지 세포'의 발견으로 점점 강하게 되었다. 이 생각에 입각하면, 단일 뉴런에는

6) 군터 스텐트 (Gunther S. Stent). 캘리포니아 공과대학 교수. 델브뤼크[Max Delbruck, 독일 태생의 미국 생화학자. 생물의 유전과 증식 체계를 연구, 1969년 노벨 의학·생리상 수상]가 이끄는 파지(Phage) 그룹에 속한 분자 생물학자. 철학에도 식견이 깊다. 일상의 실감에 의한 세계와 과학의 위화감은 주관은 주관, 객관은 객관으로서 주관과 객관의 조화가 전혀 없이 진행해 온 결과라는 서구적 이원론을 비판, 이원론에 빠지는 것을 논리적으로 피한 중국철학이나 불교의 방법을 검토해야 한다고 주장했다.

정보의 일부를 잘라 버리고 그 특징을 추출하는 능력이 있다는 이야기가 된다. 따라서 많은 뉴런으로 이루어진 다층 정보 처리 시스템을 생각하면, 그 속에서 정보가 차례로 버려져서 곧 시각 영상으로부터 의미를 추출할 수 있다는 생각이 된다. 이 생각을 극단으로 밀고 나간 것이 '조모祖母 인지 세포'이고, '할머니'에 대해 특별히 반응하는 세포가 흥분하는지 하지 않는지에 따라 그것이 할머니인지 아닌지가 결정된다는 생각에 다다른다.

그러나 이런 생각에서는 처음 조우하는 것이어도 그 속에 숨겨져 있는 의미를 느끼고 그것이 먹이인지 적인지를 재빨리 분별하는 고등 동물의 인식 능력, 또는 에스허르의 그림 속에서 천사만을 보거나 그 역으로 악마만을 보거나 하는 능력을 어떻게 설명하는가는 완전히 불명확하게 남게 되어 버린다.

부분과 전체의 해석학적 순환과 그 수렴

마르에 의하면 지금까지의 이론은 그 엄밀성에 있어서 완전히 불충분한 것으로, 새로운 시점에서 납득할 수 있는 '계산 이론'을 생각할 필요가 있다. 시각은 우선 외계가 망막에 투영되어 여러 강도를 가진 엄청난 수의 점 신호 모자이크의 집합으로서 뇌에 입력되는 상像에서 시작된다. 마르는 시각의 본질적인 과정은 뇌가 이 상 속에 숨겨져 있는 의미를 명확하게 하는 '해석학적 과정'이라고 생각했다. 스텐트는 이 접근의 필연성을 다음과 같이 설명한다.

해석학이란 본래 성서 해석에서 출발한 학문이지만 근래에는 문헌 해석 일반에 대해 사용되기에 이르렀다. 이 학문의 대상이 되는 문헌의 어떤 부분이든 그 숨겨진 의미를 명확하게 하기 위해서는 문헌 전체가 의미하

〈그림 2〉 대뇌 시각역에 있어서의 단순세포의 발화

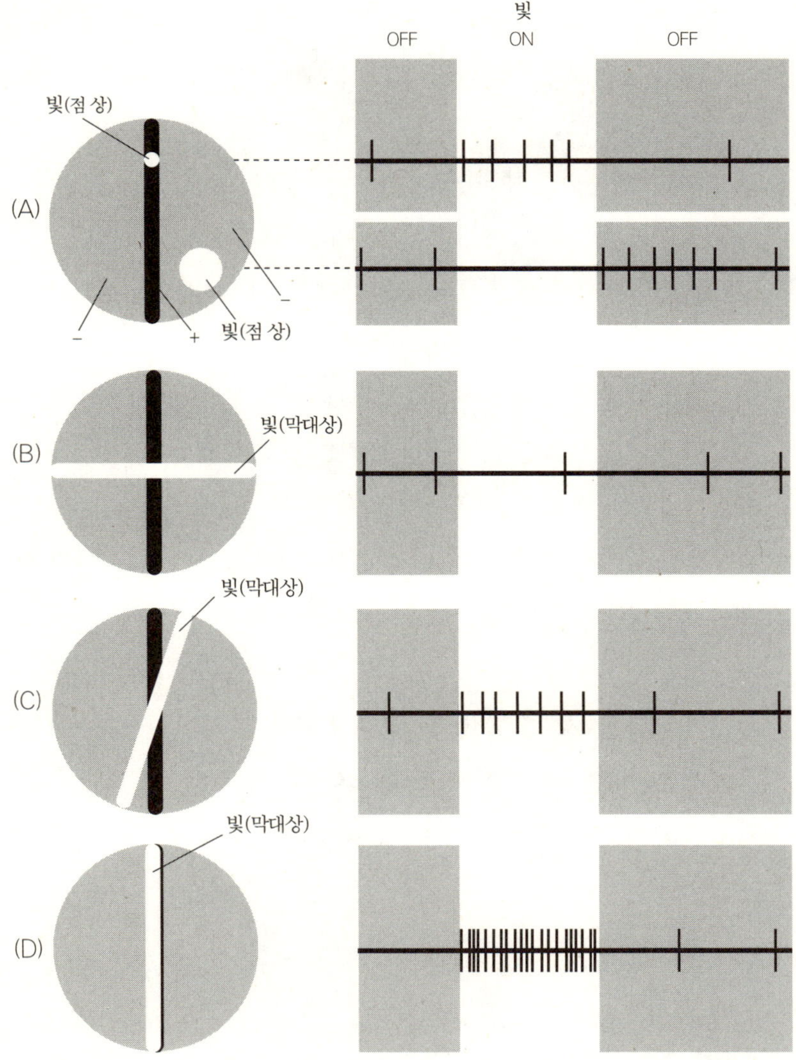

허블과 비셀의 대뇌 시각역에 있어서 단순세포의 발화. 광선의 자극이 수용역의 + 영역에 놓일 때 잘 발화한다(A). 막대가 + 영역으로부터 떨어져 있거나(B), 막대의 경사가 수용역이 선호하는 경사와 다르거나 하면(C) 세포는 거의 발화하지 않는다.

출처: D. H. Hubel, *Eye, Brain avd Vision*, Scientific American Library, 1988.

고 있는 것을 알아야만 한다. 여기에서 우리들은 논리적 딜레마와 직면하고 곤란한 '해석학적 순환'에 빠진 듯 생각된다. 즉 한편으로는, 문헌의 의미를 전체로서 파악할 수 없는 한 문헌을 구성하는 단어와 문장은 의미를 띠지 않는다. 그럼에도 불구하고 다른 한편으로는, 문헌 전체의 의미는 그것을 구성하는 각 부분의 이해를 통해 점차 파악할 수 있다. 그것은 흡사 닭과 달걀 중 어느 쪽이 먼저인가라는 성가신 악순환과 같다.

이것을 타파하기 위해 해석학은 '선행적 이해'라는 방법을 고안해 냈다. 즉 문헌의 전체로서의 이해를 그 부분을 해석할 때의 작업으로 가지고 들어갈 필요가 있다는 것이 인정된 것이다(미지의 법칙성의 발견을 지향하는 과학 연구에서는 최초로 작업 가설이 세워져 그 기초로 '인식 작업'이 진행되고 있는데, 이 작업 가설이 선행적 이해에 해당한다).

시각 현상은 해석학적 기능이라 간주할 수 있다. 보는 사람은 시각영상 속에 숨어 있는 의미를 자신이 해석하고 있다. 또한 60년 이상이나 전부터 인정되어 온 것이지만 시각영상의 어떤 부분을 해석하는 데도 시각영상 전체에 관한 일정한 선행적 해석을 필요로 한다. 이것은 게슈탈트심리학자, 예컨대 막스 베르트하이머,[7] 쿠르트 코프카[8] 등에 의해 지적된 통찰이었다. 또한 비트겐슈타인도 인식의 본질은 외래 신호에 숨겨진 의미를

---

7) 막스 베르트하이머(Max Wertheimer). 게슈탈트심리학(2장 각주 7)의 창시자. 지각은 다수의 개별적 자극에 대응하는 다수의 개별적인 지각 내용이 아니라 서로 관련하면서 서로 분응(分凝, segregation)하는 '통합'이라고 하고, 자발적 조직화(organization)의 결과로 보았다. 그 규정 요인을 다섯 개의 '게슈탈트 요인'으로 정리했다. 그것은 근접성(proximity)의 요인 = 다른 조건이 일정하다면 근거리의 것이 통합된다, 유사성(similarity)의 요인 = 다른 조건이 일정하다면 동류가 통합된다, 폐합(閉合, closure)의 요인 = 서로 닫힌 것은 닫히지 않은 것보다 모이기 쉽다, 양곡선(良曲線, good continuity)의 요인 = 매끄러운 곡선처럼 보이기 쉽다, 공동 운명(common fate)의 요인 = 함께 변화하고 움직이는 것은 모이는 경향이 있다, 의 다섯 가지 규정 요인이다.

8) 쿠르트 코프카(Kurt Koffka). 형태의 지각에 관해 많은 실험을 행하고 게슈탈트심리학의 기초를 깊이 있게 놓았다. 그 성과는 레빈의 '장의 이론'으로 발전했다.

선행적 이해에 의해 해석하는 것이라고 생각했다.

유감이지만 마르의 장대한 의도는 그의 불행한 죽음으로 비교적 초기에 중단되어 버렸다. 우리들이 여기에서 제창하는 이론은 결과적으로는 이 해석학적인 입장에서 뇌의 '계산 이론'을 추구하는 것으로, 마르가 생각해 온 방법과 근본적인 철학에 있어서 공통된 점이 있다. 이와 같은 마르의 연구에 전혀 무지했던 우리들이 홀로비전의 근본이 되는 생각을 비로소 구체적으로 제창한 것은 1980년의 일로, 이것이 테마의 하나가 되어 바이오 홀로닉스 프로젝트가 발족했다.

이 가운데 우리들은 해석학적 순환의 원인이라 말해 온, 부분과 전체 간의 정보적 순환에 의해 부분이 전체 속에 위치 지어져 있는 것이야말로 대뇌 정보 창출의 가장 기본적인 성질이라는 생각에 서 있다. 즉 "대뇌는 외계로부터 오는 신호의 의미를 해석하고 있다. 그리고 이것을 실행하기 위해 선행적 이해에 기초하여 그 신호 속에서 질서를 발견하는 것이 인식의 '계산 이론'의 본질이다"라는 생각을 받아들이는 것이 우리들의 출발점이다.

이 '계산 이론'을 구체적으로 실행하기 위해 우리들은 그림 3에서 도식적으로 나타냈듯이, 선행적 이해의 영향하에서 부분과 전체 간을 순환하면서 정보를 자기조직하는 '양의 되먹임 고리'라는 개념을 제창해 왔다. 외계로부터 들어온 시각적인 신호가 우선 무수한 요소(정보소)로 분해되어 선행적 이해와 결부된다. 그 선행적 이해에 의해 부여된 규칙에 따라 정보소로부터 대략적인 전체가 만들어지고, 다시 양의 되먹임 고리에 의해 정보소가 그 전체와 불가결한 정합적 관계를 끊임없이 유지하면서 통합되어 자율적으로 '전경'을 형성해 가는 것이다. 이 정보 순환에 의해 '전경'의 각 부분이 전체와 일체화할 뿐만 아니라, 또 전체 속에서 위치 지어져서 서

〈그림 3〉 뇌의 시각정보와 홀로비전의 개념도

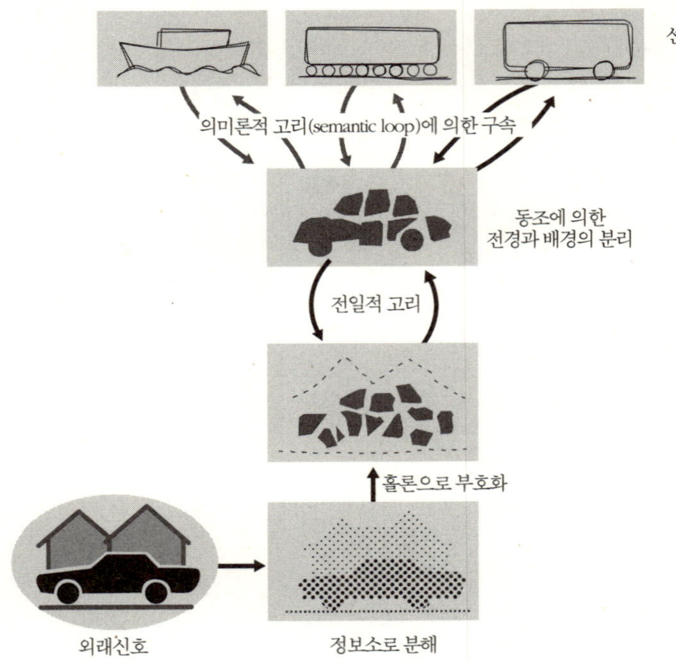

입력되는 시각신호는 일단 요소로 분해된 후부터 자유도를 얻어, '홀론'으로 코드화된 뒤 선행적 이해의 영향을 받으면서 되먹임 고리 속에서 이미지로 자기조직된다.

로 적절히 이어질 수 있다. 즉 전체가 부분 속에 편재화偏在化하는 것이다.

이렇게 요소적인 정보를 코드화해서 (상호 작용하에서) 이 되먹임 고리를 형성함으로써 전체적인 정보를 통합할(창출할) 수 있는 요소적 프로세서를 관계자('홀론')라 명명했다. 또 그 후 전술한 고리를 알기 쉽게 전일적 고리라 가칭했다.

'전경' 속에서는 전체와 부분이 전일적 고리에 의해 관계 지어져 있다. 동시에 관계 지어지고 있지 않는 부분(배경)에서부터 '전경'이 분리된다. '전경'을 구성하는 관계자는 전일적 고리의 작용으로 서로 정합적으로

운동한다. 다른 한편 '배경' 부분의 관계자는 전체를 가지고 있지 않으므로 각자 독립적으로 운동하기 때문에, 정합적으로는 되지 않는다. 정합성이 있는가 없는가에 따라 '전경'과 '배경'을 분리할 수 있는 것이다.

선행적 이해의 작용

나는 선행적 이해는 전일적 고리의 형성 규칙 즉 전체와 그 속에 있는 각 요소의 행동 방식을 결정하는 장소적 규칙이라고 생각하고 있거니와, 이 기반이 되는 착상을 '근육 수축의 분자적 메커니즘' 연구의 과정에서 획득했다. 근육에 수축성을 야기하는 운동성 단백 분자인 미오신은 관계자이다. 그리고 그 집합체인 근육의 입체 구조 속에 선행적 이해가 고형화해 존재하며, 그 영향에 의해 미오신의 집단적 운동에 높은 질서가 생겨난다. 이 질서가 근육에 높은 효율의 에네르기 변환을 야기하는 것이다.

〈그림 3〉에 나타냈듯이 우선 외래 시각신호는 많은 '부분'에 관한 요소적인 기호(정보소)로 분해된다. 그리고 이 정보소 각각이 뇌 속에서 관계자로서 자기창출성과 자기조직성의 작용을 가진 정보의 프로세서로 코드화된 후, 그 관계자 집합의 자율적인 작용에 의해 코드화한 정보소를 통합해 전체에 해당하는 정보인 지각상(표상)을 자기조직한다는 생각이다. 그리고 그 지각상이야말로 우리들이 외계로부터 들어온 신호(입력정보) 속에서 '전경'으로 보는 것이라고 생각하는 것이다.

주목해야 할 것은 정보소의 일정 집합이 주어질 때 거기에 일어나는 정보 통합에는 일반적으로 몇 가지의 가능성, 즉 다양성이 있다는 것이다. 즉 일정 정보소를 가진 관계자 무리가 정보를 통합하는 방식은 일의적으로는 결정되지 않고 많은 가능성을 가지는 것이 보통으로, 그 선택은 이미 기억 속에 존재하고 있는 선행적 이해와 결부됨으로써 결정된다. 즉 선행적 이해에 따라 그것과 조리가 맞도록 나타나게 된 통합된 이미지 부분이 '전경'이 되고, 이 통합 과정에서 남겨진 부분이 '배경'이 된다. 이것은 '배경'이 없다면 '전경'이 보이지 않는다는 사실을 설명한다(뇌에는 선행적 이해에 해당하는 '구속조건'을 창출하는 능력도 있고, 이 경우에는 '선행적인 선행 이해'라고도 말할 수 있는 '원형'의 작용을 활용해서 선행적 이해가 창출된다. '원형'이란 뇌의 작용 방식의 패턴, 그 규칙 생성적 규칙이다).

그러면 어떤 과정으로 선행적 이해가 만들어지고 그것이 어떻게 정보 통합을 통제하는 것일까. 이 문제를 구체적으로 진행시켜 우리들은 3계층 모델을 제시했고, 후술하고 있듯이 정보의 해석학적 동역학을 인공적으로 만드는 것에 성공했다(3부 그림 11). 이 생각의 출발은 허블과 비셀이 발견한 "'선線을 검출하는 단일 세포'는 선을 검출하는 검출 소자가 아니라, 선이라는 의미를 가진 정보를 만들어 내는 생성 소자로서 보아야 한다"는 생각이다. 즉 세포 위에 투사된 시각 신호는 요소적 기호인 정보소의 모자이크적인 집합이고, 거기에 선이라는 정보는 처음에는 존재하지 않는다. 뇌는 이 모자이크상의 정보소의 집합 속에서 여러 방향의 선을 자율적으로 발견하는 것이다.

이것을 확인하기 위해 다음과 같은 것을 생각해 보자. 대단히 넓은 융단 위에 서 있다고 하자. 이 융단에는 작은 화병이 평면 격자를 만들어 짜여져 있고, 〈그림 4〉에 도식적으로 나타나 있듯이 각각의 꽃은 격자점에 위치해 있다고 하자. 이러한 격자점의 집합을 바라보면, 거기에는 실제 존재하지 않는 갖가지 가상적인 도형이 보인다. 예컨대 격자점을 가로로 묶는 선이 그것이다. 이 선을 일단 발견하면 같은 방향으로 차례로 마찬가지의 선을 발견한다. 잠시 있으면 뇌의 작용이 전환되어 이번에는 그것과는 다른

〈그림 4〉 평면 격자 모양 위에 있어서 가상적인 이미지의 형성

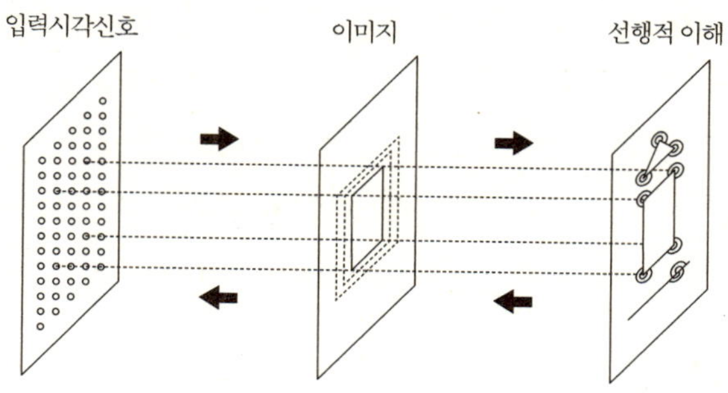

정보소의 집합, 이미지, 선행적 이해의 세 계층 간에 이중의 고리 회전이 생긴다. 이미지는 객관적인 세계와 주관적인 세계를 매개한다.

방향, 예컨대 세로 방향 혹은 경사 방향으로 차례로 마찬가지의 선을 발견한다. 우리들이 가로 방향의 선을 보고 있을 때에는 세로나 사면 방향의 선은 보이지 않는다. 또 사면의 선을 보고 있을 때에는 세로나 가로 방향의 선을 볼 수 없다.

즉, 우리들에게 여러 가지 지각상을 보여 주는 융단의 평면 격자 모양은 일종의 다의도형이다. 따라서 각 방향으로 선의 존재를 지각하게 해주는 일종의 선행적 이해는 예컨대 에스허르의 그림 속의 천사와 악마에 대한 선행적 이해와 마찬가지의 의미 부여를 가능케 해서, 그것에 따라 정보소의 결합과 의미 부여를 진행하는 작용을 한다.

여기에서 흥미로운 것은 예컨대 사각형이 보이는 경우이다. 가로선을 보고 있는 도중에 문득 세로선의 존재를 눈치채면 우리들은 거기에서 각을 의식한다. 그리고 그 각을 끼고 구부러진 선을 지각하면 그 지각이 사각형이라는 개념(선행적 이해)을 머리 속에 떠오르게 만들어 그 개념에 따라 일종의 정보소인 격자점 간의 관계 짓기를 속행해서 사각형의 이미지를

완성시킨다. 이렇게 선행적 이해에 따라 실제로는 선이 없는 곳에서 여러 가지 선을 보는 것은 전통적인 '선 검출세포'의 개념 틀만으로는 설명할 수 없다. 선의 생성이 가능하기 위해서는 각 격자점의 기호를 담당하고 있는 관계자 간에 그 선의 방향에 따라 상호 작용이 필요하다. 그리고 한 방향의 상호 작용이 강하게 되면 그 이외 방향의 상호 작용이 억제되어야 한다.

이미지를 자기조직한다

이상의 과정을 일반화하면 다음과 같이 될 것이다. 뇌 속에서 정보소의 집합 내에서부터 우선 부분적인 지각상, 즉 몇 개의 국소적인 지각상이 형성된다. 다음에 이 국소적인 지각상 집합이 지각에 관한 선행적 이해를 몇 종류쯤 환기시킨다. 그리고 환기된 선행적 이해는 그 국소적인 지각상 집합을 통합해서 의미를 가지는 하나의 도형으로 만들기 위한 가설로서 통합 방법에 관한 규칙을 부여한다. 그리고 통합에 성공할 가능성이 가장 큰 선행적 이해가 선택되어 전체의 작용을 지배한다. 그러나 조금 있으면 그 영향력은 약해져서 다음의 선행적 이해가 선택된다.

앞의 예의 경우에 있어 지각상의 형성은 융단의 격자점을 정보소로 하며, 그 사이에 어떠한 연결을 짓는가에 의해 결정된다. 하나의 선행적 이해에 따라 관계가 지어지면 그 외의 관계 짓기가 제어된다. 이런 의미에서 특정 관계의 생성은 정보소 간의 통합의 자유도에 일종의 메리하리[9)]를 붙인다. 이렇게 해서 입력 신호와 도형 패턴의 선행적 이해 간에 일관된 관계

---

9) 메리하리(メリハリ). 느슨해지는 일과 팽팽해지는 일. 특히 일본 민속 음악에서 음의 억양과 높낮이를 말함. — 옮긴이

를 가진 지각상이 자기조직된다. 그리고 그 지각상에 선행적 이해에 기반한 의미가 부여되는 순서로 진행된다.

이상의 시각 이미지의 자기조직 과정에서는 격자점에 해당하는 정보소의 집합으로부터 선이나 사각형 등의 의미를 가진 정보가 새롭게 만들어진다. 그 정보소를 상호 관계 지어 의미 있는 전체적인 정보를 만드는 과정은 ①각 정보소가 가지고 있는 관계를 만드는 자유도가 감소해서, ②특정 상대를 선택해 연결되어, ③하나의 통합을 가진 전체적인 정보로서 통합되는 과정이다. 이 창조적인 과정 속에서 선행적 이해가 통합 규칙을 부여하는 식으로 정보생성의 동역학이 작용하고 있다.

우리들의 생각에 의하면, 대뇌의 1차 시각역은 뉴런의 협력 작용을 통해 정보소를 상호 관계 지어, 선이나 이미지의 정보를 만들어 내고 있다. 그 결과로서 비로소 '선 검출 능력'을 가진 단순세포 등의 존재가 '확인된다'고 생각한다. 환언하면 1차 시각역은 '선 검출장치'가 아닌 '초기적인 이미지생성 장치'인 것이다.

패턴의 인식은 두 종류의 정보 통합에 의해 실시된다. 우선 격자점에 해당하는 정보소가 일정한 상호 관계를 생성하면서 통합되어 특정 방향의 선 정보로 변하는 것이고, 그것이 상위 의미의 패턴 속에서 국소적인 패턴이 된다. 예컨대 사각형의 한 변에 해당하는 것이 이 국소적인 패턴이다. 제2의 단계에서는 이러한 국소적인 패턴이 또한 상호 관계 지어져 통합되어, 사각형처럼 개념적인 의미를 가진 하나의 도형 패턴으로 변한다. 선은 국소적인 패턴이 또한 전체 패턴으로서의 의미를 가지고 있는 특수한 예이다.

이러한 두 종류의 정보 통합의 존재에 대응해서 두 종류의 선행적 이해가 존재하고 있다. 그것을 임시로 '제1종의 선행적 이해'와 '제2종의 선행적 이해'로 명명해 본다.

요소적인 기호로부터 선의 정보가 생길 때 필요한 '선이라는 선행적 이해'가 '제1종의 선행적 이해'에 해당한다. 이 선의 생성에 필요한 '제1종의 선행적 이해'는 뇌의 1차 시각역의 구조 속에 고형화되어서 존재하고 있는 것으로 생각된다.

막 태어난 아기고양이를 세로선만 보이는 환경 속에서 당분간 키우면 그 후 일생 동안 가로선이 보이지 않게 된다는 것은 잘 알려져 있는데, 이것은 가로선에 대한 '제1종의 선행적 이해'가 소실한다는 점으로 설명할 수 있다. 허블과 비셀이 발견한 단순세포의 활동은 '제1종의 선행적 이해'에 의해 생성된 선으로서의 정보를 협력적으로 만들어 내는 기능에 의한다고 생각된다.

또 '제2종의 선행적 이해'는 일반적으로 장기 기억으로서 형성된 도형 개념에 해당한다. 이것은 선의 집합으로부터 도형의 이미지를 만드는 작용을 행하고 있다.

해석 기능의 메커니즘

대뇌 인식의 '계산 이론'은 '뇌 해석학'의 관점에서 추구하는 것이 가장 유효하다. 뇌가 해석학적인 정보조작을 하고 있다면, 그 정보 처리 원리 속에 해석학적 순환을 적극적으로 극복하는 메커니즘이 존재하고 있어야 한다.

우리는 이 메커니즘이 다음과 같이 진행된다고 생각한다. 첫번째는 정보가 전일적인 프로세싱을 받는 것이다. 이것은 정보소가 부분과 전체 사이에 만들어진 전일적 고리 속을 순환하는 조작정보(신호)에 의해 의미론적인 통합을 향해 수렴하도록 진행되는 것을 의미한다.

두번째는 선행적 이해의 단계적인 호출이다. 이것은 이중double 전일적 고리의 형성이라고 말해도 좋다. 우선 요소적인 기호의 집합이 1차 시각역에 주어진다. 거기에서 선의 정보가 제1종의 선행적 이해에 따라 자발적으로 또 임시로 조직화되어, 국소적 이미지의 집합으로서 선의 집합이 생기며 이것이 일종의 '국소적 핵'이 된다. 그리고 다음 과정에서는 이 국소적 이미지의 집합이 제2종의 선행적 이해를 호출, 이 국소적 이미지를 전체적으로 모아 하나의 지각상을 형성해 가는 것이다.

이 두 개의 자기조직 과정 간에는 전일적 고리가 생성되어 (4부 그림 4에 나타나듯이) 조작정보가 전일적 고리 속을 끊임없이 순환한다(두 개의 프로세스는 사실상 대부분 동시에 진행되는 것일 것이다). 그리고 입력되는 정보소와 제2종의 선행적 이해가 자기조직된 지각상을 매개로 해 역동적으로 결부된다. 뒤에 기술하고 있듯이 이미지와 선행적 이해가 상호 조정해서 안정적인 결합을 만들도록 일정 범위 내에서 변화한다. 이것에 성공하면 이미지가 확정되어 명료하게 된다.

여기서 우선 문제로 삼고 싶은 것은 정보의 통합에 관한 문제이다. 이것은 전술한 제2종의 선행적 이해의 단계적인 호출에 앞서 정보소가 어느 정도 자발적으로 통합된 초기 과정이 존재함을 주장하는 것이다. 이 과정을 임시로 '초기 통합 과정'이라 부른다. 여기에서 사용된 것이 제1종의 선행적 이해이다.

이미 진술했듯이 정보소의 통합에는 일반적으로 여러 가능성이 있다. 초기의 통합 과정에 있어서는 이 여러 가능성 각자가 전일적 고리의 형성을 동반하면서 동시에 진행된다. 그리고 그 속에서 다른 가능성의 추구 사이에 경쟁이 일어나, 곧 거기에서 살아남은 몇 개의 국소적인 패턴이 출현한다. 그러나 '제2종의 선행적 이해'의 작용에 의해 적절한 구속조건이 창출되지 않은 동안은 하켄이 말하는 의미에서의 완전한 예속관계는 성립하지 않는다. '제2종의 선행적 이해'의 작용에 의해 예속관계가 완전히 성립할 때 국소적인 전일적 고리가 전체적인 순환 속에 통합된다.

이것들은 전일적 고리의 성질을 이론적으로 연구함으로써 얻어진 일반적인 원리이다. 이 통합 과정을 좌우하는 조건으로서는 다음을 생각할 수 있다.

① 정보소 간에 관계를 짓기 쉬울 것. 예컨대 정보소 간의 위치가 가까운 것이나 배열의 질서성이 높은 것(제1종의 선행적 이해와 결부되기 쉬운 것)이 유효하다.

② '요동'이 작용한다. 예컨대 다의도형의 경우에 어떤 도형이 최초로 보이는가는 뇌 신경계의 '요동'에 의해 결정되는 것이라 생각된다.

③ 초기 조건을 생각할 수 있다. 패턴 인식에 관한 과거의 이력이나 어떠한 조건하에서 패턴 인식이 시작되는가가 그것이다.

④ 관계하는 선행적 이해의 성질이 있다. 그것은 선행적 이해가 가진 가치라든가 특별한 의미라든가 하는 것이다.

원래 이야기로 돌아가자. 해석학적 순환을 극복하는 제3의 메커니즘으로서 복수의 선행적 이해로부터 조건 부여에 의한 호출을 들 수 있다. 어떠한 단계에서 어떠한 형태의 선행적 이해가 호출되어 최종적으로는 어떻게 해서 한 개가 선택되는 것일까. 이 메커니즘에 관해서는 다음의 가능성이 있다. 우선 최초로 불특정 다수의 선행적 이해가 호출되어 그 사이에서 관계 짓기의 투쟁이 일어나 최종적으로 하나가 선택된다는 것을 생각할 수 있다.

또 하나의 가능성으로서 많은 선행적 이해 중에서 직감적인 비중 부여로 어떤 것을 호출하는 경우가 생기는 것을 생각할 수 있다.

많은 선행적 이해로부터의 호출을 시사하는 예를 두 개 들어 보자. 하나의 예는 프리먼[10]의 후각에 관한 실험에서 보인다. 이 실험에서는 여러 가지 냄새나는 물질을 미리 동물에게 주어 냄새를 학습시킨다. 냄새의 학습이 가능한가 불가능한가는 후각의 초기 통합 과정에 관계하는 뇌의 후구嗅球 주변의 전위 변화를 공간적으로 분포한 64개의 미소 전극을 꽂아 기록하고, 후구에 '템플릿'template (각자의 냄새를 식별하는 틀)이 만들어졌는지 아닌지를 조사해 체크한다. 어떤 물질에 관해서 학습이 끝난 동물에 대해서 그 물질 대신에 (대조 실험으로서) 단지 공기를 주어도, 맡고 싶다고 생각하는 냄새에 대한 동물의 기대가 높아져 있는 때에는 그 물질 대신에 대조실험으로서 단지 공기만 주어도 그 물질에 대한 냄새의 '템플릿'이 호출되어 버린다. 이 '템플릿'이 선행적 이해와 관계된다고 가정하면 이 예는, 특히 조합해야 할 입력 정보가 없어도, 기대가 선행적 이해를 불러내어 그것에 정합적인 인식을 수행할 가능성이 있다는 것을 의미한다.

또 한 가지의 예는 융단 위에서 사각형을 인식하는 경우이다. 일정한 방향에서 직선을 인식할 때 우연히 도중에서 각의 존재를 갑자기 의식하면, 갑자기 사각형의 개념이 머리에 떠올라 정보소 간에 관계 짓는 방식이 갑자기 변경되는 경우가 있다.

홀로닉 컴퓨터가 자기조직하는 정보

뇌의 해석학은 필연적으로 전체적 정보의 생성을 출발점으로 한다. 따라서 뇌의 해석학에 있어서 기본이 되는 것은 외래 신호를 기초로 하는 정보

---

10) 월터 프리먼(Walter J. Freeman). 토끼나 쥐의 뇌의 취구(臭球)에 전극을 심어, 신경활동의 리듬과 냄새의 정보 처리 관계를 연구했고, 최근에는 카오스로 관심을 넓히고 있다. 프리먼은 카오스를 "I don't know state"로서 위치 짓고 있다.

의 자기조직이다. 전체적인 정보를 새롭게 만든다는 것은 그 부분이 되는 정보소 간의 관계를 결정한다는 것이다.

또한 단지 관계를 지으면 되는 것은 아니고, 지어진 관계에 의해 새롭게 출현한 정보가 어떤 의미에서든 생물의 활동과 결부하고 있을 필요가 있다. 따라서 고유한 의미를 가진 정보, 즉 의미적인 정보를 생물의 내부로부터 도입할 필요가 있게 된다. 이 경우 관계에 의존해서 다른 의미를 생성하는 활동이 존재해야만 한다. 이렇게 관계에 의해 의미나 활동의 존재를 협력적으로 결정하는 요소가 관계자이다.

패턴 인식의 예로 말하면, 관계자가 작용해서 정보소 간의 공간적인 연결과 그 상호 순서관계를 결정하는 것에 의해 지각상이라는 의미를 가진 정보가 출현한다. 여기에서는 해석학적 프로세스로서 관계 짓기가 행해질 필요가 있다. 따라서 정보소 간의 연결이 역동적으로 결정될 필요가 있다는 말스부르크의 가설[11]만으로는 불충분하고, 부분과 전체 간을 끊임없이 순환하는 전일적 고리에 의해 연결의 생성과 소멸이 해석학적으로 결정되는 '전일적 연결'(전체 속에서 결정되는 존재적인 관계성)을 생각해야만 한다.

전일적 연결은 뇌에 한정되지 않고 생명시스템 일반에 의미나 기능 등의 작용과 결부된 부분과 전체 간의 정합적인 관계를 공시적으로 성립시키는 메커니즘이기도 하다. 우리들은 전일적 연결에 의해 결부된 정합

---

11) 말스부르크의 가설. 뉴런과 뉴런 간에 시냅스라는 정보의 통로가 있다. 헤브(Donald O. Hebb)는 정보를 보내는 뉴런과 받는 뉴런이 동시에 발화할 때, 양자를 묶는 시냅스 정보의 소통 상태가 좋아진다는 가설을 주장했다. 헤브의 시냅스는 학습이라는 비교적 긴 시간 규모의 현상을 설명하는 것이었지만, 1980년대에 말스부르크(Christoph Von der Malsburg)는 이 가설을 더욱 진행시켜, 전술한 시냅스 증강은 물체 인지 시와 같은 짧은 시간 규모 사이에도 끊임없이 일어나고 있다고 생각했다. 말스부르크의 가설에 따라 뇌를 묘사해 보면, 수백 m/sec의 단기간에 뉴런 상호 관계를 변화시키는 '매 순간 변화하는 뇌'로 그려진다.

적인 관계를 관계자 간에 생성시키는 작용을 '동적 협력성'이라 불러왔다. 이 동적 협력성이 발견된 것도 이미 소개해 온 근육의 연구에서이다. 전일적 연결의 유연함은 다양성을 가진 관계자를 서로 협력시켜 질서의 형성으로 향하게 하는 작용을 가지고 있다.

여기에서 전일적 연결과 관계해서 과학적인 의미에서도, 또 기술적인 의미에서도 대단히 흥미로운 의문이 솟아난다. 그것은 만약 적절한 동적 협력성을 가진 관계자를 고안한다면 그것을 요소로 해서 3부의 〈그림 11〉과 같은 3계층 구조를 인공적으로 구성하는 것이 가능한가, 또 만약 적절한 설계를 하는 것이 가능하다면 그 인공적인 시스템 즉, 홀로닉 컴퓨터에 4부 〈그림 3〉과 같이 시각적인 이미지를 '전경'과 '배경'으로 나눠서 자기조직하면서 그 전경을 인식하는 능력을 부여할 수 있을까 하는 의문이다.

우선은 시뮬레이션에 의해 홀로닉 컴퓨터가 어떠한 조건하에서 어떻게 움직이는지를 연구해 간다면, 거기에서 홀로닉 컴퓨터의 설계에 관한 식견이 얻어질 수 있을 것이고 또 어떠한 형태로 선행적 이해를 부여하면 좋은가도 알 수 있을 것이다.

이런 종류의 연구는 해석 과정을 실행하는 자율적 시스템이라는 관점에서부터 뇌의 작용(설계 이론)을 해명할 뿐만 아니라, 필시 상당히 중요한 의의가 있을 것이다. 또 기술적으로도 그 의의는 여기에 뒤지지 않게 클 것이다. 그 이유는 이렇게 만들어진 홀로닉 컴퓨터는 정보 처리 기술 혹은 계산 이론이라는 관점에서 생각해도 새로운 시스템이기 때문이고, (설령 한정된 범위라고 해도) 나름대로 자기창출성을 가지고 있기 때문에 시스템이 필요로 하는 의미나 기능을 어느 정도 취급할 수 있기 때문이다. 따라서 인간에게 협력할 수 있는 '인간 친화적인 시스템'을 만들 수 있을 가능성이 있다.

일반적으로 의미나 기능을 다루는 것은, 지금까지의 정보 이론이나 컴퓨터가 잘 하지 못하는 분야라는 것을 생각해 봐도, 홀로닉 컴퓨터라는 것은 그 성질을 연구해 볼 가치가 충분하다고 생각된다.

패턴 인식이나 그 밖의 뇌의 해석학적 과정을 실행하는 홀로닉 컴퓨터를 만들기 위해서는 우선 첫번째로 관계자를 생각해 볼 필요가 있다. 그리고 그 관계자가 병렬적으로 작용하는 능동적인 단위 프로세서로서 홀로닉 컴퓨터를 구성한다. 각 관계자는 정보소를 입력하는 것으로 활성화되고, 서로의 협력하에서 정보소 집합을 프로세스한다. 그때 전일적 고리의 작용에 의해 전일적 연결이 형성되어 비로소 입력된 정보소가 통합되어 의미를 부여받는다. '홀론'의 집합체인 홀로닉 컴퓨터 속에서 자기조직되는 정보는 편의상 다음의 두 종류로 크게 나눌 수 있다.

① 프로세서에 코드화되어 있는 정보 : 입력되어 프로세스된 데이터에 해당한다. 정보소의 집합이 홀로닉 컴퓨터에 입력되면 관계자 군의 협력적인 활동에 의해 국소적으로 관계 지어져 부분적인 의미를 가진 불안정한 정보의 집합으로 변한다. 다음에 선행적 이해의 작용에 의해 거기서부터 '전경'이 생긴다.

② 전일적 고리 속을 순환하는 자기 통제를 위한 조작정보 : 입력 데이터에 따라서 자율적으로 만들어진 일종의 제어신호로 정보소 간에 관계를 부여해, 전체적으로 통합함과 함께 요소와 전체 간에 정합적인 의미적 관계를 부여하도록 홀로닉 컴퓨터를 자기 통제한다.

여기에서 중요한 것은 관계자 군에 입력되어 코드화된 정보(데이터)는 그 관계자 군이 스스로 만든 조작정보에 의해 변하고, 다시 또 그 변화한 데이터가 조작정보를 결정하도록 변화가 연속해서 일어나는 것이다. 이렇게 홀로닉 컴퓨터의 내부에서는 입력 데이터에 따라서 자기통제를 위해 정보가 자율적으로 만들어지기 때문에 자율적인 수렴이 가능케 된다.

관계자 모델로서의 비선형 진동자

관계자는 장소적 관계 속에서 협동적으로 작용하는 (자기표현을 하는) 활동 요소이다. 그것은 장에 맞춰 상호 관계를 생성하고 그 관계에 대응하는 자기표현을 서로 창출한다. 그리고 또한 그 표현을 통합해서 장을 생성해 가는 순환을 만들어 낼 수 있는 것이다.

구체적으로는 앞에서 쓴 ①과 ②의 성질을 부여하는 단위 프로세서가 될 것이 요청된다. 이를 위해서는 우선 선택적인 자기창출을 행하는 '활동성', 일종의 자기표현성이 전제로서 필요하고, 다음으로 그 활동성에 관계 의존성을 가지고 있을 필요가 있게 된다. 또한 이 여러 성질들에 의해 전체적인 집단적 표현의 창출이 자율적으로 일어나야 한다. 이러한 성질을 부분적으로 만족하는 것으로서 '비선형 진동자'(자연발생적 진동자)가 있다. 비선형 진동자는 그림 5(비선형 진동자의 동조)에 나타나 있듯이, 상호작용의 존재하에서 자율적으로 동기同期해서 진동하는 '동조'라는 기능을 가지고 있다. 그리고 이 작용에 의해 비선형 진동자의 집합에 동조하는 진동 활동이 자기조직된다.

동조 현상이 일어나는 것은 비선형 진동자의 주기가 자극에 의한 촉발과 에네르기 산일에 따른 감쇠減衰와의 균형에 의해 결정되고 있기 때문이다. 비선형 진동자란 자발적으로 그 내부의 동역학을 여기해 밖으로 나타낼 수 있는 것이다. 휴지休止하고 있는 비선형 진동자를 효과적으로 여기시키는 데는 그 고유주기에 가까운 주기로 변화하는 리드미컬한 변화가 유효하다. 이때 비선형 진동자는 자극의 리듬에 동조되어 진동한다.

복수의 비선형 진동자가 상호 작용하고 있을 때에는 서로의 진동에 자극되어 상호 동조되어 자타불가분한 전일적 상태를 만들어 낸다. 이 협

〈그림 5〉 비선형 진동자의 동조

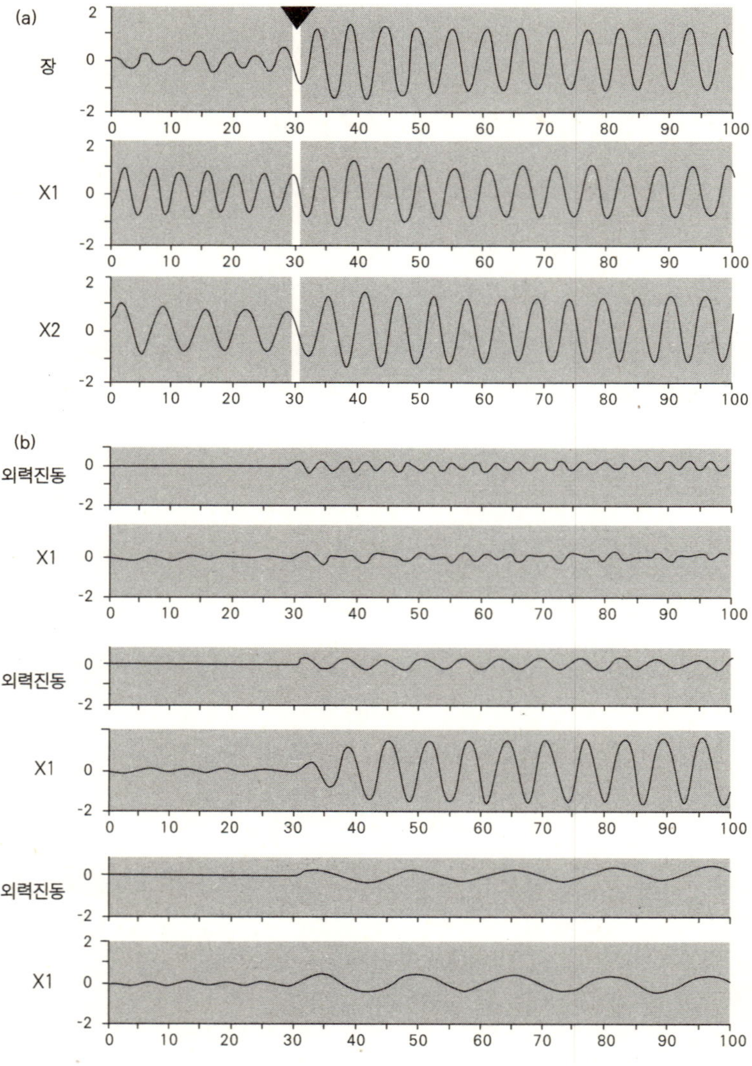

(a) 동조 : 최상단은 아래의 두 개의 단(段)을 포함한 복수의 진동을 합성한 것. ▼에서 나타낸 시간에 상호 작용이 도입된다.

(b) 동조에 의한 활성화 : 세 쌍의 그림 중, 어느 것이나 첫번째 단이 외부로부터 입력된 진동, 세번째 단이 처음에 거의 휴지 상태에 있었던 진동자의 진동이다. 두번째 단에서는 동조에 의한 활성화가 보인다.

동적인 창출성이 있기 때문에 비선형 진동자를 관계자의 베이스로서 사용할 수 있다. 따라서 데이터가 되는 정보소를 비선형 진동자 운동의 예컨대 위상[12]으로 코드화하면 진동자의 집단에 동기한 활동이 자기조직됨에 따라서 코드화되어 있던 정보소도 일정 관계하에서 통합되어 가게 된다. 실제로 다루려면 정보소의 특이성도 고려해서 코드화하지 않으면 안 되므로 특별한 궁리가 필요하게 된다. 또 그 때문에 꽤 복잡한 동조 현상이 보이게 되기도 한다.

비선형 진동자의 흥미로운 성질은 이것으로 끝나지 않는다. 자기 자극에 의한 촉발의 속도를 감쇠의 속도보다 작아지게 하면, 밖에서부터 동조 가능한 가까운 진동수를 갖는 자극을 받지 않는 한 진동하지 않는 이른바 '휴지 상태'를 가진 진동자를 만들 수 있다. 이렇게 조절한 휴지 상태에 있는 비선형 진동자가 활동하고 있는 비선형 진동자와 상호 작용하면, 그림 5의 (b)에 나타나듯이 휴지하고 있는 진동자는 여기되어 진동을 시작한다. 또 각자의 진동수가 너무 달라 동조가 불가능한 경우에는 휴지 상태를 지속한다.

이 성질이 앞에서 기술한 해석학적인 자기통제를 위해 필요하다. 이렇게 비선형 진동자는 뉴런의 기능 단위 군과 닮은 자기창출성과 자기조직성을 나타낸다는 것을 알 수 있다. 양자의 유사성은 표면적인 것이 아니라, 일반적으로 신경세포를 불안정한 상태에 두면 자연발생적 진동을 시작하는 것에서도 잘 알 수 있듯이, 신경의 활동성에 있어 본질적인 것이다. 홀로닉 컴퓨터에 사용된 비선형 진동자는 휴지 상태에 있어, 뉴런과 같이

---

12) 위상(phase, 位相). 주기적으로 변동하는 현상을 특징 짓는 양으로, 진폭과 위상이 있다. 진폭은 변동의 크기의 폭을 나타내고, 위상은 변동의 전 과정 사이에 어떤 상태에 있는가를 나타내는 양이다.

특별한 자극을 받지 않는 한 준안정된 상태에 놓여 자기여기의 기회를 가지고 있다. 이러한 이유에서 우리들은 진폭과 위상을 활동성과 관계성으로 대응시켜 관계자로서 비선형 진동자를 사용하는 것을 제창하고 있다.

병렬 컴퓨터의 가능성을 가진 장치로서 울프램S. Wolfram에 의한 세포 진동자cellular automaton 연구가 유명하지만, 나의 추측에 의하면 개개의 진동자는 '관계성'을 가지고 있지만 '활동성'을 가지지 않으므로(보다 정확히는 이 양자를 동시에 겸비하고 있지 않으므로) 그대로는 정보 순환을 형성할 수 없고 관계자가 될 수 없다. 환언하면 이러한 세포 진동자를 사용한 컴퓨터는 지금까지의 컴퓨터와 같이 '밖에서부터' 프로그램을 부여해 그 작용을 타율적으로 통제하지 않으면 안 되게 된다. 따라서 그대로는 대뇌와 같은 자율적인 해석 기계가 될 수는 없다. 또 단일 뉴런은 활동성은 가지고 있어도 그것만으로는 관계성을 가지고 있지 않으므로, 관계자가 되기 위해서는 다시 기능 단위 집단을 구성할 필요가 있다.

예컨대 시각 피질에 있어서 뉴런의 기능 단위 집단인 칼럼의 작용을 단일 뉴런의 작용으로 귀착하는 것은 불가능하다. 에클스[13)]는 흥분성 뉴런과 억제성 뉴런의 적당한 조화로부터 일종의 자연발생적 진동자가 생기는 것을 지적하고 있는데, 이것은 관계자 구성의 가능성을 나타낸 것으로 생

13) 존 에클스(Sir John C. Eccles). 오스트레일리아 뇌 연구의 권위자. 오스트레일리아 국립대학 교수를 거쳐 미국에 건너가 활동. 은퇴 후 스위스로 이주. 척수반사학을 기초로 척수 내 신경 기능에 대한 연구를 발전시켜, 1950년 억제성시냅스후전위를 발견했고, 이어서 신경세포 상호 간의 결합 작용에 흥분성과 억제성의 두 종류가 있다는 것을 명확히 했다. 그 뒤 중추 신경 내의 기초적 과정의 분석적 연구의 주도적 역할을 해, 1963년 노벨 의학·생리학상을 받았다. 뇌 연구의 장래에 관해서 『뇌와 실재』(*Facing Reality*) 속에서 "기억이나 운동 통제 등은 현재의 과학적 방법으로 진보할 것이지만, 지각이나 자유 의사에 있어서 '정신-뇌'와 관련되는 기본 문제를 연구하는 방법은 아직 발견되어 있지 않고 과학을 완전히 바꾸는 것에 의해서만 해결될 수 있다"고 한다.

각하면 흥미롭다.

올빼미군소붙이[14)]에게는 입의 운동을 담당하는 신경절ganglion과 이동 운동을 담당하는 신경절이 있어 함께 리드미컬한 전기적 운동이 발생한다. 이 두 종류의 운동이 엄밀한 관계를 가지고 일어날 때에는 각자의 신경절의 흥분 리듬은 동조한다. 즉 두 종류의 운동 간의 기능적 관계의 성립은 이 리듬적 활동들 간에 일정한 위상 관계가 성립하는 것에 의해 실현된다.

프리먼의 연구에서는 냄새에 관한 정보가 후구로부터 대뇌의 전리상피질前梨狀皮質로 보내져, 그것이 수용될 때에는 양자의 뉴런 군이 내는 리듬적 활동 간에 동조가 일어나 일정한 위상적 관계(정합적인 관계)가 성립한다. 이것도 위상 관계의 성립과 기능적 관계의 성립이 대응하고 있다는 것을 나타내고 있다. 따라서 많은 정보소 간에 관계가 일어나 새로운 정보가 창출될 때에는 그 정보소들을 코드화하고 있는 관계자로서의 비선형 진동자의 리듬이 상호 동조된다고 가정해도 좋을 것이다.

비선형 진동자나 그 집합에 의해 관계자로서 작용하는 소자를 만들어 그것을 인공적인 시스템으로 사용하려고 하면, 소자가 다음의 두 가지 능력을 가지고 있을 필요가 있게 된다.

첫번째는 상호 작용을 하는 두 소자 간의 특별한 위상적 관계만을 안정화해서 그것 이외의 관계를 불안정하게 하는 능력, 즉 특정한 국소적 관계를 선택적으로 생성하는 능력이다.

두번째로 또 거기에 필요케 되는 것으로서 관계자 집합이 전체로서

---

14) 올빼미군소붙이(학명 Pleurobranchaea japonica). 틸레(Johannes Thiele)에 의해 1925년에 정리됐다. 동물계 연체동물문에 속한다. 일본·제주도 등지에 분포하며 몸은 납작하고 패각은 없다. 연한 황갈색을 띠고 진한 갈색의 그물 모양 문양이 있다. 얕은 바다에 서식하며 크기는 약 10cm 정도이다.—옮긴이

하나의 '전경'을 자기조직(자기표현)할 수 있도록 관계자가 각자의 자기 표현을(즉 국소적 관계를) 자율적으로 결정하는 능력을 가지고 있는 것이다. 여기에는 '전경'과 '배경'을 구성하는 관계자가 '전경'과의 정합성에 따라 그 표현성을 분화시키는 것을 필요로 한다. 그것은 전체 속에서의 관계에 따라 각 소자가 자율적으로 국소적 관계를 강하게 했다가 약하게 했다가 할 수 있는 능력과 관계한다. '전경'을 구성하고 있는 각 관계자에게 있어 '전경'은 장으로서 감지되는 것이기 때문에, 후자는 장의 생성과 그 장에 응해서 자기창출을 조정하는 능력이라고 말할 수 있을 것이다. 이것은 각 관계자가 전체에 있어 각자의 입장을 감지해서 그 입장에 따라 각자 자율적으로 분화해 자기 표현을 행하는 능력, 즉 '홀론'으로서의 능력이라 말할 수도 있다.

여기에서 말하는 제1의 능력은 몇 개의 비선형 진동자를 모아 하이퍼칼럼 형의 작용을 가진 집단을 만들어 이것을 소자로 하면 실행할 수 있을 것이다. 여기에 비해 관계자로서의 작용을 가진 소자를 만들기 위해서는 또한 복잡한 구조를 필요로 할 것이다. 그를 위해서는 뒤에서 간단하게 언급하겠지만 각 관계자가 각자 내부 장소(미시적인 장소)를 가지고 있어 그 속에서 외부장소이자 실제 장소(거시적인 장소)의 상태를 비출 수 있을 필요가 있게 된다. 그리고 또한 관계자가 스스로의 판단으로 적절한 '장'을 생성하는 '장의 창출 규칙'을 가지고 있을 필요가 있다.

비선형 진동자에 이러한 성질을 완전히 부여하는 것은 곤란하다. 우리들은 비선형 진동자의 자기여기성과 자기조직성에 이 능력들을 어느 정도 담당케 할 수 있는 시스템 구조의 설계에 몰두하고 있다(여기에서는 야마구치 요코山口陽子의 독창적인 아이디어가 큰 역할을 했다).

정보를 자율적으로 창출하는 조건

대뇌 인식 과정이 '인공지능'에 의한 정보 처리와 다른 가장 중요한 점은 외계 신호로부터 뇌(정확히는 자기)에 있어 의미를 가진 정보가 자기조직되는 것, 즉 자기에게 있어서 의미 있는 새로운 정보를 자기가 창조하는 자기창출의 장으로서 뇌가 활동하고 있다는 점이다. 이 과정은 유전적인 본능(원형)이나 장기 기억에 비축되어 있는 여러 선행적 이해(의미적인 정보를 가진) 중에서 가장 적합한 것을 자율적으로 선택하고, 필요에 따라 그것들을 자기조직적으로 편성하면서 외계로부터 들어오는 신호 속에 그 의미에 걸맞는 질서를 자기조직적으로 발견하는 메커니즘에 의해 실현되어 있다고 생각된다.

이렇게 해서 자기조직된 정보는 그 선행적 이해에 따라 '해석된 정보'라 할 수 있다. 이 정보의 자기조직 과정은 정보소 군이 많은 관계자에 코드화되어 선행적 이해에 의해 의미를 부여받으면서 관계 지어져 지각상으로서 통합되어 가는 전일적인 해석 과정이다. 신경세포의 활동은 통상 펄스pulse의 형태로 축삭 속에 전파되지만, 신경세포체 막전위의 변화는 직접적으로 주위에 전달된다. 이 미시적인 전기장의 변화는 많은 경우 비선형 진동자의 리듬으로서 기술하는 편이 적당하다. 그리고 뇌 내의 정보 처리는 이 세포체 막전위의 변화에 의해 행해지고 있다.

지금까지 여러 인공지능 이론 그리고 뇌의 신경 네트워크 모델이나 이론이 제시되어 왔지만, 어느 것이든 전술한 자기창출성이 있는 해석 과정을 명확히 다룰 수 있는 것은 아니었고 종래의 연역적인 계산 이론의 경계를 나오는 일은 거의 없었다.

그 원인은 첫번째로는 다양한 개성이나 특이성을 가진 관계자 집합에 있어서 자기조직 현상의 이론적인 연구가 불충분했기 때문은 아닐까. 외계로부터 생명시스템에 입력되는 정보는 일반적으로는 특이하고 불균일한 정보소 집합으로서 받아들여진다. 그리고 그 정보소를 받아들인 관계자는 특이한 개성을 가진 요소로서 활동하지만, 집합에서의 자기조직 현상은 종래 이론 물리학의 틀을 넘는 것이다.

두번째로는 정보의 '의미'와 '운반자'에 관한 이론적인 탐구가 부족하고 정보의 자기창출에 관한 깊은 고찰이 없었기 때문은 아닐까. 정보의 창출에는 새로운 '운반자'가 필요하지만, 문제의 본질은 새로운 '의미'의 창조인 것이고 단순한 기호의 합성과는 본질적으로 다른 것이다. 섀넌의 정보 이론은 그도 말하고 있는 대로 '기호 이론'인 것이다. 이런 의미에서 섀넌의 정보 이론을 뛰어넘을 필요가 있다.

세번째는 시스템 내부에 내재하는 '전일적인 의미의 세계'를 부여하는 '의식 세계'의 구조와 의식 생성의 동역학에 관한 고찰이 부족했기 때문인 듯 생각된다. 동적인 접근은 해석 과정을 받아들이는 새로운 정보 이론을 만드는 데 필요하다.

우리들은 과거 10년 이상에 걸쳐 협력하여 기초가 된 연구를 쌓아 왔지만 겨우 관계자와 장소라는 개념 위에 서서 이상의 여러 문제의 핵심을 향해 나아갈 수 있는 지점에 왔다. 그래서 대뇌 시각피질에 있어서 '이미지 창출'의 기본적인 작용을 도입한 '홀로비전'을 사용해 핵심이라 생각되는 방향으로 구체적으로 나아가 보기로 한 것이다. 홀로비전은 전술한 3계층 모델에 따라 생각된 일종의 홀로닉 컴퓨터이기도 하다. 우선 해석학적인 시각정보 처리를 홀로비전에 구체적으로 실행시켜 보았더니 인간 뇌의 작용에 가까운 특징을 가진 패턴 인식에 비로소 성공했다. 희망적으로 생각하면 대뇌 '계산 이론'의 제1단계에 겨우 도달할 수 있었는지도 모른다.

홀로비전의 중요한 성질로서 강조해 두고 싶은 점은 입력 신호를 정보소 군으로서 생각하면, 패턴으로서 기억하고 있는 선행적 이해와 정합적인 관계를 그 정보소 간에 생성하도록 정보소를 자동적으로 통합해 이미지를 만들어 내는 자기창출 능력을 가지고 있다는 것이다. 이것은 홀로비전이 그 소자에 관계자로서 작용할 수 있는 비선형 진동자 군을 가지고 있기 때문이고, 그 관계자 군의 자율적인 작용에 의해 요소적인 기호 군으로부터 정보를 자율적으로 창출하는 능력을 가지고 있어 가능하게 된다.

마르(4부 각주 1)도 쓰고 있듯이, 뇌가 뉴런 군의 활동에 의해 어떻게 정보를 표현하고 있는가, 바꿔 말하면 정보가 뉴런 군의 활동에 어떻게 코드화되어 있는가 하는 문제는 대뇌의 작용과 의식의 관계를 해명하는 경우에 피할 수 없는 중요한 문제이다. 다음에 설명하듯이 우리들의 연구에서는 이 코드화를 어떻게 결정하는 것이 가장 좋은가 하는 것과 어떻게 하면 정보가 자율적으로 만들어지는가 하는 것이 가장 창의성을 요하는 문제였다.

3계층 모델로서의 홀로비전

뇌의 1차 시각역에는 하이퍼칼럼이라 불리는 뉴런 집합의 꽤 규칙적인 집합 구조가 있어서, 지금까지의 이해에서는 이것이 입력 시각정보의 특징을 분석하는 검출기라고 생각되어 왔다. 그러나 뇌의 '계산 이론'을 구체화하는 홀로비전은 이미 설명했듯이 1차 시각역은 지금까지 믿어 온 것처럼 단순한 신호의 검출기가 아니라 '하이퍼칼럼'을 관계자로 하는 지각상의 창출 시스템이라는 생각에 기반해 기능적으로 다른 3계층 구조를 세웠다. 제1층위는 시각적 신호를 수용해서 적절한 정보소를 만드는 망막 및 외측

슬상체lateral geniculate body에 대응한다. 제2층위는 시각역에 해당하고 여기에는 '하이퍼칼럼의 집합체'가 놓인다. 제3층위는 선행적 이해를 사용하는 장기 기억 층위이다(이 모델의 설계 구조는 3부 그림 11에 제시했다).

제1층위에는 수상면受像面이 있고 이 면은 그물코mesh 구조를 가지고 있다. 외부로부터 들어오는 시각 신호는 여기에서 정보소로 분해되어, 2차원의 이산적인 점(정보소)의 집합으로서 하나의 정보소가 하나의 그물코에 대응하도록 이 수상면상에 비춰진다. 각 그물코에 대응하는 것이 수용세포이다. 이 층에서 외부 신호는 일단 명암 그물코(온-오프on-off 세포)의 모자이크 구조로 분해되는 것이다. 이 단계에서는 아직 선의 정보는 존재하지 않는다. 선의 정보는 제2층위의 하이퍼칼럼 집합체 내에서 정보소를 적절하게 결부하는 것에 의해 얻어진다.

하이퍼칼럼 집합체는 '하이퍼 평면'이 쌓여 만들어진 것이다. 각 하이퍼 평면은 수상면과 같은 크기를 가진 그물코 구조를 가지고, 수상면의 한 그물코에 하이퍼 평면의 한 그물코가 대응하도록 되어 있다. 하이퍼 평면의 각 그물코는 한 개의 칼럼(그 속에 특정한 방향을 가진 선 요소를 창출하는 단순세포가 존재하고 있다)에 대응한다. 하이퍼칼럼 집합체는 각 면에 있어서 이러한 여러 가지 방향성을 가진 칼럼이 서로 상하로 겹치도록 하이퍼 평면이 포개져 있다. 이렇게 해서 집합체의 세로 방향에 생긴 칼럼의 열이 하이퍼칼럼에 해당한다.

결국 수상면의 하나의 '수용세포' 위에 하나의 하이퍼칼럼이 놓이게 된다. 하이퍼칼럼의 구성 요소인 '단순세포'는 입력이 없는 한 휴지 상태에 놓인다. 곧 아래의 '수용세포'가 온 상태이면, 거기서부터 그 위의 하이퍼칼럼 내의 각 '단순세포'(한 개의 뉴런이 아닌 뉴런 군이다)에 신호가 보내져 각자를 흥분시킨다. 그러나 그 흥분은 충분히 약한 역치 이하이고 그대로

〈그림 6〉 비선형 진동의 위상에 대한 선 방향의 코드화

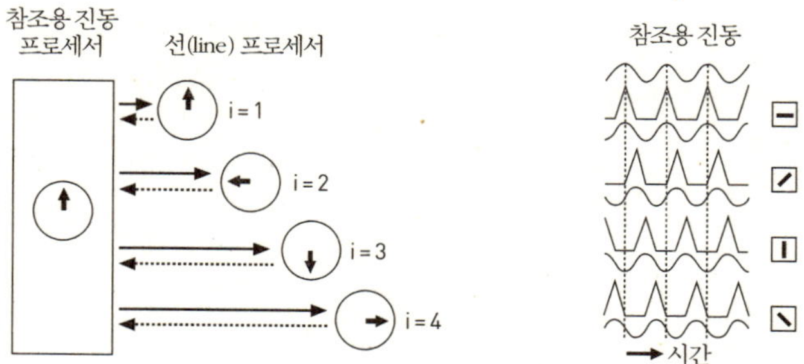

서로의 위상은 참조 진동자와의 위상 시프트(shift) 상호 작용에 의해 안정화하고 있다. 프로세서의 진동이 역치 이상으로 커지게 되면, 그만큼이 펄스로서 메모리 프로세서로 보내진다.

는 이미지 형성에 직접 관여하지 않는다.

하이퍼칼럼 집합체로 정보소를 담당하는 각각의 '단순세포'의 동역학은 비선형 진동자의 형태로 부여된다고 한다. '수용세포'로부터 오는 자극의 입력에 의해 약하게 흥분한 '단순세포'의 비선형 진동자 간에 동조가 일어나기 시작하면, 진동자는 상호 자극해 그 활성을 높여 진폭을 크게 해 간다. 그리고 이 상호 동조에 의해 리듬의 위상 관계가 안정되는 활동을 하는 '단순세포'가 나온다. 여기에 동반해서 그 '세포' 군에 코드화되어 있는 정보소 간에 전일적인 연결이 생겨 하나로 통합되어 선의 정보가 창출된다. 선의 방향은 〈그림 6〉에 나타나듯이, 참조 진동자의 위상을 기준으로 해서 이 위상에 대한 각 비선형 진동자의 상대적인 위상에 코드화되어 있다. 어떠한 정보소가 통합되어 선이 발견되는가는 진동자 간에 동조 현상에 의해 자기조직되는 위상 관계에 의해 결정되지만, 그 관계는 정보소 상호의 위치 관계와 제3층위에 존재하는 의미적 정보의 영향에 의해 결정된다.

〈그림 7〉은 비선형 진동자를 사용해 어떻게 선의 방향성을 발견하는

〈그림 7〉 비선형 진동자를 사용한 선의 방향성 발견

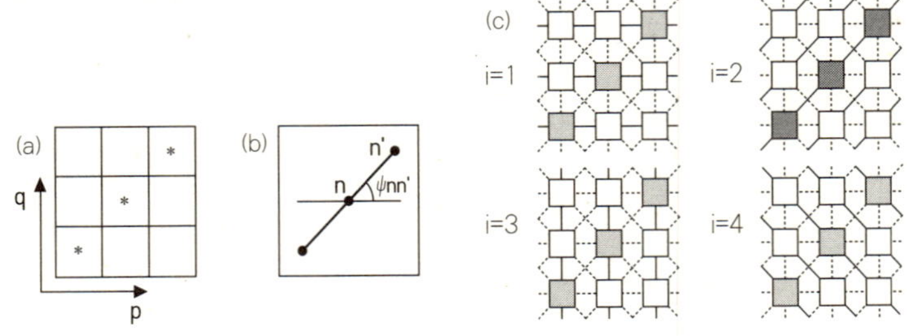

각 하이퍼 평면에 있어서 흥분성의 상호 작용(실선)과 억제성의 상호 작용(점선). 정보소의 입력(a)에 의해 하이퍼 평면 'i=2' 내에서만 (b)와 같은 직선 이미지가 만들어진다.

가를 도식적으로 나타낸 것이다. (c)에서 보여 주듯이 각 하이퍼 평면 내의 '세포' 간에는 공간적으로 다른 방향성을 가진 동조 상호 작용이 가정되어 있다. 실선은 흥분의 상호 작용으로 이 방향에 늘어선 비선형 진동자 간의 동조는 서로의 위상을 동기시켜 진폭을 증대시킨다.

또 점선은 억제성의 상호 작용으로 동조를 억제해 진폭을 감소시킨다. 흥분성의 '세포' 간 상호 작용의 방향성은 각 하이퍼 평면마다 다르다. (a)와 같은 정보소의 입력에 대해 하나의 하이퍼 평면 내(i =2)에서만 상호 동조가 일어나 선의 정보가 형성되고, 다른 평면에서는 억제성의 상호 작용에 의해 '세포'의 흥분은 진정된다. 그 결과 (b)와 같은 직선이 출현한다.

또, 각 하이퍼 평면의 비선형 진동자의 위상은 〈그림 6〉에 나타나듯이 고유의 위상 시프트를 가지고 참조 진동자와 상호 작용해 상호 동조, 그 위상의 고유성을 안정되게 유지하고 있다. 그 상호 작용에 의해 각 '단순세포'의 진동은 더욱 활성화되고 또 참조 진동자의 진폭도 증대한다. 후자는 하이퍼칼럼 집합체에 있어서 정보의 자기조직의 정도를 나타내는 질서 파라미터의 일종의 핵이 되어 있다.

〈그림 8〉 해마

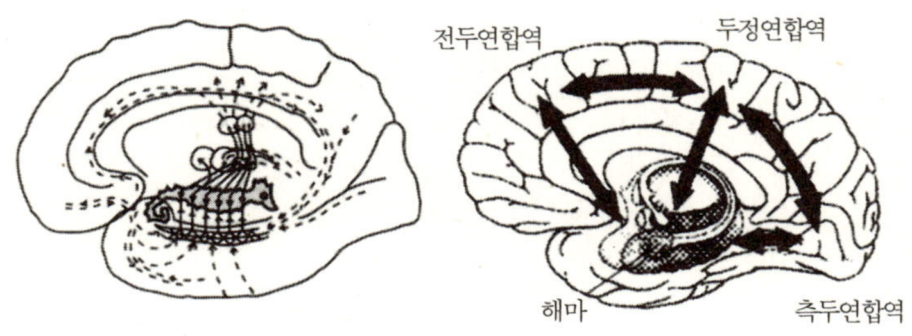

형태가 해마(왼쪽)와 닮아서 이런 이름이 붙었다. 해마는 대뇌 피질의 전두·두정·측두의 각 연합역과 쌍방향의 연결을 가지고 거대한 정보의 고리를 만들고 있다(오른쪽).

전술한 하이퍼 평면 내의 상호 작용 외에도 다른 평면 간의 상호 작용이 있어 이것이 곡선의 생성에 중요한 역할을 행한다. 이렇게 여러 상호 작용으로 활성화된 관계자의 동역학 간에 특별한 위상 관계가 형성되어, 그 진폭들과 맞춰 각 선의 방향성과 길이가 자율적으로 결정되게 된다.

이렇게 제2층위의 하이퍼칼럼 집합체에 지각상이 형성되어 가지만, 이렇게 해서 자기조직된 이미지는 전일적인 정보 순환의 장 속에서 단위 프로세서인 칼럼에 속한 비선형 진동자의 위상과 진폭에 의해 기술되고 있다. 이 진동의 활성화가 어떤 역치를 넘으면 하이퍼칼럼 활동체의 진동은 참조 진동자(그림 8의 해마 작용의 일부를 받아들인 것이라고 생각할 수 있다)로부터 보내지는 운반자파波의 위상에 상대적인 위상 관계를 유지하면서, (펄스적인) 파동으로서 제3층위의 메모리 프로세서로 보내진다. 이 파동 군을 거느린 운반자파는 동조 작용에 의한 선행적 이해를 코드화해 메모리 칼럼 내에 저장되어 있는 '메모리 세포'의 비선형 진동자를 강하게 자극해 활성화한다. 중요한 점은 이 메모리로부터 오는 선행적 이해에 관한 정보가 다시 펄스적인 파동의 형태로 제2층위의 하이퍼칼럼 집합체로

〈그림 9〉 사각형에 가까운 도형의 인식(이미지 형성과 그 해석)

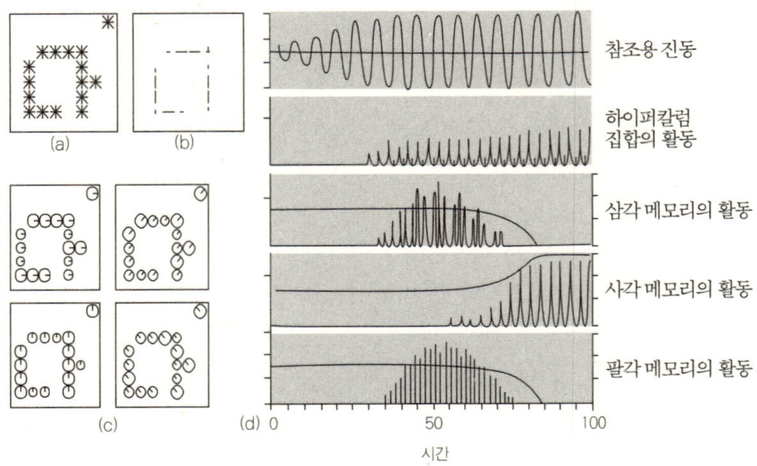

되먹임된다는 것이다. 여기에서 전일적 고리가 형성된다.

여기서 제3층위에는 많은 메모리 칼럼이 존재하고 있고 각자 고유한 선행적 이해를 기억하고 있다. 활성화한 메모리 칼럼 간에 제2층위에서 이미지를 만들어 낸 프로세서와의 사이의 정보 순환량의 대소에 의해 경합이 일어난다. 그동안 이미지는 선행적 이해에 맞춰 일정 범위에서 함께 변형된다. 최종적으로는 단 하나의 선행적 이해에 관한 메모리 세포의 활성이 다른 것을 압도해서 살아남는다. 이것에 동반해서 이미지와 선행적 이해 간의 전일적 고리가 결정화해서 이미지가 뚜렷하게 된다.

이상과 같은 정보 통합의 본질적으로 중요한 점은 최상층의 기억 속에 저장되어 있는 의미적인 정보의 영향을 받아 그것과 조리가 맞도록 이산離散적인 점 즉 정보소 간에 관계가 자율적으로 생겨나 선의 정보가 생성된다는 점이다. 〈그림 9〉에서는 홀로비전의 패턴 인식 결과의 예를 나타냈다. 여기에서는 사각형이 모델 자신에 의해 선택적으로 생성되어 가는 과

〈그림 10〉 평면 격자 모양(a)에 의한 가상적인 선의 인식

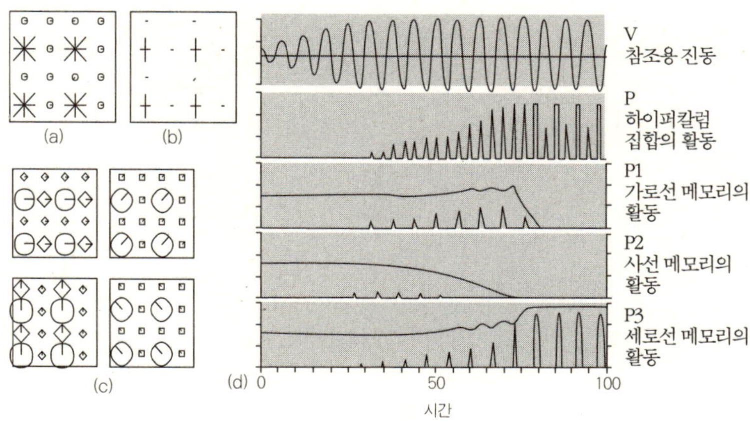

세로선의 이미지 (b)가 자기조직된 경우. (a)·(c)는 어느 것이든 주기적 경계 조건을 갖는다.

정이 나타나 있다. 수상면에 입력된 정보소의 집합(a)에 대해 (c)는 하이퍼칼럼 집합체 속의 각 진동자의 위상과 진폭을 각 하이퍼 평면마다 나타내고 있다. 또 (d)는 참조 진동자로부터 보내지는 진동이다. 이것은 시간의 경과와 함께 이미지가 명확해져서 비선형 진동자의 여기가 크게 되어 가는 과정을 나타내고 있다.

기억 속의 선행적 이해와의 조합이 형성되면 그 높이가 높아지게 된다. 다음은 삼각형·사각형·팔각형에 관한 기억 프로세서로부터의 펄스를 나타낸다. 이 중에서 사각형에 관한 것은 펄스의 최대치가 높으므로, 다른 스케일로 나타내고 있다. 결국(d)는 이미지가 최종적으로 사각형으로서 해석되어 자기조직된 것을 나타내고 있다. 그때 하이퍼칼럼 집합체 속에 만들어져 있는 이미지가 (b)이다. 여기에서 흥미로운 점은 사각형에 직접 관계가 없는 정보소는 '배경'으로 돌려져 약하게 된다는 것이다.

〈그림11〉 홀로비전의 이미지 도출

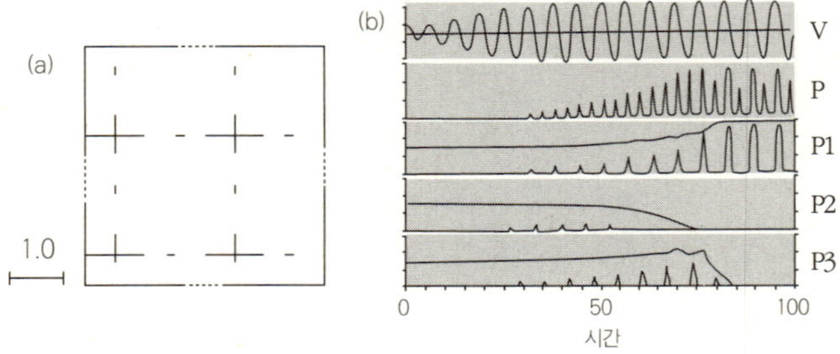

〈그림10〉과 같은 모양의 입력에 대해 가로선의 이미지 (a)가 자기조직된 경우

홀로비전이 '해석하는 지능 시스템'이라면 앞서 말한 것과 같은 사실, 즉 융단의 평면 격자 모양에서 여러 방향으로 선의 지각상이 보이는 현상을 나타내 줄 것이다. 〈그림 10〉은 홀로비전이 선행적 이해로서 가로선·사선·세로선을 가지고 있을 때, (a)의 입력에 대해 (b)와 같은 이미지를 만들어 이 이미지를 (d)로 나타내도록 세로선으로 해석한 것을 알 수 있다. (a)·(b)·(c)는 무한하게 계속되는 반복 구조 속의 일부를 나타내고 있다.

〈그림 11〉은 초기 조건의 약간의 요동으로 동일한 입력에 대해 이번에는 가로선이 보이는 것을 나타낸다. 이 이미지들에 관해 충분하다고는 말할 수 없지만 홀로비전은 '해석하는 지능 시스템'으로서의 기본적인 요소는 충족하고 있다는 것을 알 수 있다.

〈그림 12〉는 (a)의 입력에 대해 홀로비전이 세로·가로·사선 중에 가장 타당한 선행적 이해에 따라 이미지(b)를 만들어 직접 관계없는 정보소를 '배경'으로서 압축한 것을 나타내고 있다. 이것은 맥락에 따라 복잡한 시각 신호 속에서 질서를 발견한다는 방식의 인식을 나타내고 있다.

〈그림 13〉 (a)에 나타나듯이 홀로비전은 처음 보인 삼각형으로도, 사

〈그림12〉 홀로비전의 이미지 해석 I

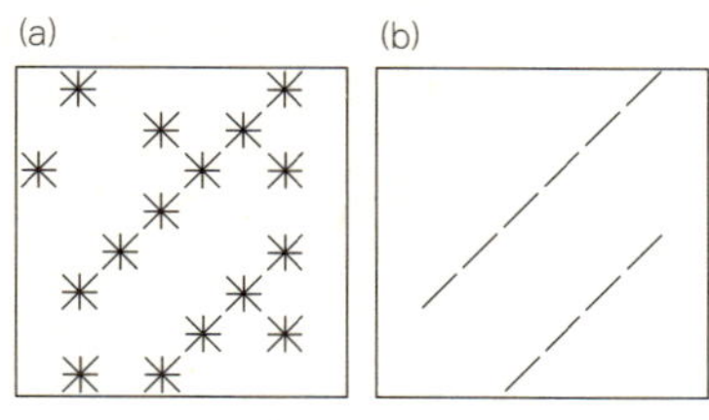

애매한 도형(a)의 해석(2줄의 사선)과, 그 아래에서의 이미지 형성(b)

〈그림13〉 홀로비전의 이미지 해석 II

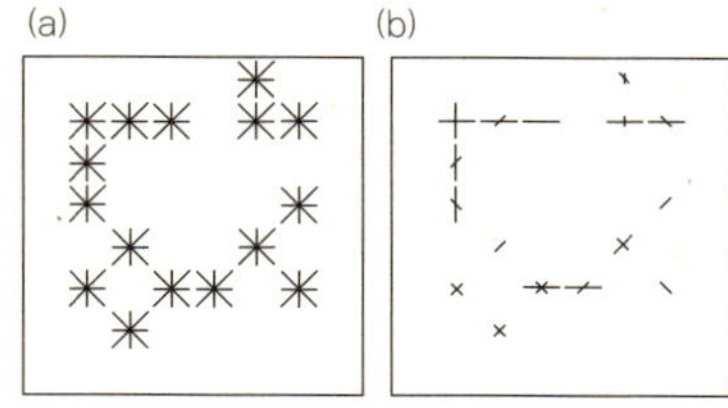

애매한 도형(a)의 해석(사각형)과, 그 아래에서의 이미지 형성(b)

각형으로도 보이는 애매한 도형을 (b)와 같이 정하는데, 그때 그것을 사각형이라 해석하고 있다.

홀로비전은 다의도형이나 애매 도형의 인식에 대해서도 마찬가지로 좋은 인식 결과를 나타냈다. 이것은 홀로비전이 지금까지의 인식 기계와 같은 단순한 패턴 분류기가 아니라 이미지 정보를 창조하는 시스템이라는 것, 또 기억되어 있는 정보가 일정한 범위에서 입력 신호에 맞도록 변하는 것 등에 의해 비로소 가능케 되어 있기 때문이다.

이것들에 입각해서 우리들이 착안한 홀로비전의 기본적인 생각을 패턴 인식만이 아니라 다른 인식 과정에도 적용할 수 있다고 생각된다. 이 모델의 성과를 더욱 발전시킬 수 있다면 각종 인식 과정이나 언어 형성을 설명할 수 있는 이론이 바이오 홀로닉스의 패러다임하에서 구축될 가능성이 높다. 이것에 의해 진짜 바이오 컴퓨터이자 지능 시스템인 고도의 홀로닉 컴퓨터의 실현도 가능케 된다.

현재의 인공지능이 지능적이지 않은 것은 그 작용을 결정하는 규칙을 모두 알고리즘으로 지정하지 않으면 안 된다는 본질적인 수동성을 띠고 있기 때문이다. 비알고리즘적인 처리를 컴퓨터 자신의 자기 통제self control에 의해 자율적으로 실행하는 메커니즘이 획득 가능해져 본질적인 병렬 연산과 '바이오 컴퓨터'의 이름에 값하는 지적인 컴퓨터가 가능케 될 것이다.

그 방향으로의 첫걸음으로서 전술한 비선형 진동자 집단의 동적 협력성에 의한 전일적인 제어 체계holonic connection를 가진 홀로비전은 비알고리즘적 조작에 입각한 시스템의 한 전형이라고 말할 수 있다. 이것을 봐도 '전일적'이라는 개념이나 그것에 기반한 자율적인 기계나 시스템의 구성을 하나의 문화로서 검증해야 할 단계에 와 있다고 생각된다.

3장_관계적 창출의 과학기술에 있어서의 장소적 논리

다양한 방법이 요구되고 있는 가운데

나는 평소 일본을 포함한 동아시아 지역이 낳은 논리에 흥미가 있었다. '무'無라든가 '장소'라는 개념에 입각해서 그것을 활용하는 형태로 관계적 창출을 다룰 수 있는 과학적 논리를 구축하고, 특히 '생명'에 관해서 지금까지의 사고법만으로는 손댈 수 없었던 생명의 창출적 성질들을 이해할 수 없을까 하고 계속 생각해 왔다.

그러나 해외의 연구자와 이야기를 나누면 다음과 같은 날카로운 비판이 들린다. "일본인은 우리들이 노력해서 연구하고 얻은 기초적인 성과를 기술적으로 응용하는 것만으로 돈을 벌어 우리들을 경제적으로 압박하고 있다. 그것은 불공정하다. 일본으로부터는 세계에 공헌할 본질적인 연구성과는 아무것도 나오지 않는 것은 아닌가" 하고 말하는 사람들이 있다. 극히 통렬한 비판을 퍼부은 연구자는 "우리들에게는 저작권이 있다는 것을 일본인은 잊지 마라"라고도 말했다. 시비는 어쨌든 그러한 형태로 과학기술상에서의 마찰이 이미 일어나고 있다.

이러한 상황에 대응하기 위해 일본에서 과학이나 기술상의 기초적인 성과가 나와서 각국의 성과와 교환하는 형태로 지적인 분야에서도 세계인들이 납득할 공정한 방법을 만들 필요가 있게 되었다. 그래서 일본인이 과학이나 기술상의 기본적인 성과를 낸다는 것은 어떠한 것인가를 생각하면, 미국이나 독일·프랑스·영국, 그 외의 여러 나라가 각자의 문화 속에서 연마해서 전개한 사고법을 사용해 성과를 올려 왔듯이 일본에서도 어떤 독자적인 문화적 사고법을 세계에 도움이 될 형태로 활용해서 국제적인 성과를 낳는다는 것이다.

일찍이 가와이 하야오河合隼雄와의 대담에서 "당신의 생각은 화엄華嚴의 사고 방식과 유사한데, 화엄을 공부한 적 있지요?"라고 들은 적이 있다. 나는 화엄에 관해 공부한 적은 없었다. 그렇지만 지금까지의 과학적 사고 속에서는 해결 불가능한 정보 창출의 문제를 생각하기 위해 동양적인 사고방식을 활용해서 과학해 보고 싶다고 계속 생각해 온 것이 화엄의 사고 방식과 일치한 것은 아닐까 생각한다. 사실 이즈츠 도시히코의 『코스모스와 안티코스모스』에 소개되어 있는 화엄 철학의 사고 방식은 나의 뇌의 계산 이론의 사고 방식과 꽤 유사하다. 그것은 나에게 있어 커다란 발견이었다. 동양적 사고법을 하나의 다리로서 생명을 생각하는 방법이 과학기술적으로도 있는 것은 아닌가 하고 생각하고 있다.

오늘날 과학기술의 다양화에 관해서 생각하는 시대가 오고 있다. 지금까지의 과학에서는 통일 이론이 존재한다고 생각되고 있었다. 과학은 미시적인 소립자의 세계에서부터 거시적인 우주까지 인간이나 생명도 포함해서 전 우주를 통일적으로 이해할 수 있는 이론이 존재한다는 신념 위에 서서 진행되어 왔다. 그리고 그 신념을 의심해서는 안 되었던 것이다. 그 본질적인 문제에 다다르면 사고를 정지해 왔다.

그러나 과학에 있어서 변화가 일어나기 시작했다. 과학기술 원리의 다양화라는 생각이 나왔던 것이다. 그 한 가지 이유는 지금까지 과학기술의 입장에서는 금기시되고 있던 '의미의 문제'(마음의 문제)를 향한 관심이다. 의미를 추구하지 않으면 뇌의 활동을 알 수 없다. 그래서 의미를 추구하면 의식이나 무의식의 문제가 나온다. 의식은 커다란 무의식의 세계에 둘러싸여 탄생한다. 의미나 의식의 생성을 과학적으로 이해하는 방법으로서 소립자의 입장에서부터 바라보는 통일 이론에 의해 '보텀-업'적으로 이해하는 방법을 취하는 것은 불가능하다.

그러한 생각에 매달리는 것보다는 많은 컴퓨터 언어가 있듯이 과학의 원리나 방법을 다양화하는 쪽이 실천적인 의미가 있다. 상호 모순되어서는 곤란하지만 당장은 각자의 방법을 병립해서 전체로서 과학기술의 다양한 이론적 핵심을 구축하는 것이 바람직하게 될 것이다. 그것에 관해 일본은 크게 기여할 수 있다. 우리에게 우선 필요한 것은 우리 자신의 논리성을 깊이 있고 가능한 한 객관적으로 취하는 것은 아닌가 생각한다.

자기불완결성에 선 논리

내가 흥미를 가지고 있는 것은 '생명의 논리'이다. '생명의 논리'란 어떠한 것인가. 생명에도 단세포에서 시작해서 여러 층위가 있다. 우리들 자신도 생명적 존재이고 우리들의 체내에 움직이고 있는 간장·심장 등의 여러 기관도 그것 자체로 일단 자립적인 생명을 가지고 있다. 또한 우리들을 넘어서 지구 층위에서 생명을 생각할 수도 있다. 그리고 각자의 생명에는 특수한 성질이 갖추어져 있다. 인간과 개미는 다르다는 차이로서의 성질과 동시에 살아 있다는 보편적인 성질이 있다. 그 보편적인 성질이 있기 때문에 우리들은 살아 있는 것을 보면 확실히 살아 있다는 것을 직감적으로 알 수 있다. 또 잘 생각해 보면 이 두 성질이 함께 작용해서 다양성을 낳고 있다. 다양성이란 단순한 차이는 아닌 것이다.

우리들이 직감적으로 생물을 살아 있는 것이라고 느끼는 것은 물질적인 현상 측에서부터가 아니다. 그 생물 속에 있는 창출적인 법칙성을 우리들도 공유하고 있다는 자각에 의해 생명을 느끼고 있는 것이다. 생명을 가진 존재가 행하는 창출의 '계산 이론'이라든가, 논리성에 공통성이 있다는 것을 직감적으로 느끼고 있는 것이다. 생물의 창출성이 가진 그 보편성을 표현할 수 있는 논리를 나는 '생명의 논리'라 명명하고 있다. '생명의 논리란 무엇인가'를 계속 생각하는 것이 나의 연구 목적이다.

생명의 논리에는 여러 가지 단면이 있지만 그 하나가 생명시스템의 자기불완결성에 입각한 논리라는 것이다. 그것을 생각하기에 앞서서, 우선 생명과 환경의 관계에 대한 생각부터 점검해 보고 싶다. 우리들은 말할 것도 없이 환경 속에서 살아 있다. 환경과 우리들의 관계를 생각하는 데는 두 가지 방법이 있다.

하나는 우리들과 환경을 상대되는 것으로서 양분해서 파악하는 방법이다. 주로 공학적인 파악 방식, 과학적인 파악 방식이다.

또 하나는 환경 속의 일원으로서 자신을 파악하는 것이다. 환경 속의 일원으로서 자신을 파악할 때의 환경을 '거시적인 장소'라 한다. 그러한 환경에서는 일반적으로는 자신이 그 속에 들어 있으므로 환경의 복잡함 쪽이 자기의 복잡함을 크게 상회한다. 이러한 입장에서는 생물이 환경 전체를 알 수가 없다. 언제 어디에서 무엇이 일어나는가 하는 것은 알 수 없다. 전부를 처음부터 읽을 수는 없다. 복잡하기 짝이 없는 환경 속에서 무엇이 일어나는가 알 수 없지만, 어쨌든 자신은 그곳 안에서 살아가지 않으면 안 된다. 그래서 어떻게 하면 환경의 복잡성에 대처 가능한가 하는 것이 문제가 된다.

여기에 '규정 불가능한 불확정'이라는 개념이 나온다. 주의해야 하는 것은 불확정에는 두 종류가 있다는 것이다. 첫번째의 불확정성은 지금까지 말해 왔듯이 우연성에 기반한 불확정성이다. 즉 양자역학에 있어서의 불확정성이나 내일 날씨의 불확정성 등이다. 그것은 무엇이 일어나는가 하는 사건event의 범위는 알고 있지만, 그 범위 내에서 무엇이 일어나는가는 확정되어 있지 않다는 것이다. 이것을 '확률적 불확정성'이라 한다.

두번째의 불확정성은 사건 그 자체가 비한정적이어서 알 수 없다는 것이다. 사건이 출현하는 의미적 공간 그 자체가 미현출未現出, 미정의未定義한 것이다. 이것은 본질적인 불확정성으로 '의미적 불확정성' 또는 '비한정성'이라 부르고 싶다. 예컨대 걸프전쟁에서 이라크가 이런 것을 할 줄은 생각지 못했다는 것은 실은 사건의 의미가 그것이 나타나기까지 알 수 없었다는 것으로 의미적인 불확정성이다. 우리들이 극히 복잡한 환경 속에서 살아가는 경우에는 장래 어떠한 의미를 가진 사건이 일어나는가 하는 것은 비한정으로, 미리 알 수는 없다. '의미적 불확정성'의 유래를 생각해 보면, 그것은 사건의 새로움과 함께 장소가 복잡하고 거기에서 생성하는 장을 미리 아는 것이 불가능하다는 말이기도 하다.

이 무한정한 세계 속에서 살아가기 위해서는 어떻게 자기를 그 내부로부터 통제해 가는가 하는 것이 어떠한 생물에게 있어서도 과제가 된다. 이 문제에 대해 답을 내는 방식을 생물은 진화 과정에서 닦아 온 것이다. 그 하나의 예로서 면역시스템이 있다. 이것은 미지의 병원균에도 어느 정도 대처할 수 있는 시스템이다. 동물이 태어날 때 일생 동안에 걸쳐 걸릴 병을 전부 예견하고 미리 완전한 대책을 준비해 둔다는 것은 불가능하다. 그것이 가능하기 위해서는 환경과 자신의 복잡성이 적어도 동등하지 않으면 안 된다. 그래서 자신의 복잡성이 환경보다 작은 경우에는 환경의 변화에 대해 창조적으로 대처하는 것이 유일한 가능성이다.

자기동일적 실체론의 한계

이러한 견지에 서 있으므로 나는 유전자가 생체의 모든 것을 결정하고 있다는 생각에는 찬성하기 어렵다. 샹죄J-P changeux는 『뉴런 인간』*L'Homme neuronal* 내에서 인간이나 고등 동물에게는 유전자로 정해진 부분이 있는 한편 정해지지 않는 부분(여분)도 있고 그 여분을 환경 속에서 결정해 가는 것의 중요성을 논하고 있다. 특히 비한정성을 가진 환경 속에서 살아가기, 즉 창조적으로 행동하기 위해서는 유전자로 정해지지 않는 여분의 부분을 사용하는 것 이외에도, 예컨대 단기적인 기억은 곧 잃어버려서 다음의 상황을 기다리도록 자기의 상태를 적극적으로 완결시키지 않을 필요가 있다.

자신이 취한 상태를 창조적인 자기창출을 위해 완전히 설정하고 있지 않은 것을 '자기불완결성'이라 한다. 자기불완결성을 생각하는 데는 선禪에서 말하는 '무'의 상태를 고찰하는 것이 참고가 된다. 창조를 향한 전기前期 상태로서 분절화한 의미에 대한 집착을 떠난 무의 상태이다. 이러한 상태를 생물이 그 내부 장소에 품고, 거기서부터 적절한 정보를 창출해 가는 것으로 자기의 복잡성을 상회하는 복잡한 상황에 대응하는 것이다. 즉 생물은 새로운 정보의 창출이 항상 가능한 상태를 지속하고 있다. 미지의 사건이 일어난 후에 혹은 미지의 사건을 추측해서 창조적으로 적응해 가는 원리를 과학적으로 생각한 뒤에 동양에서 발견된 논리를 유효하게 사용할 수 있는 것은 아닐까.

이러한 무한정한 복잡성이라는 관점에서 인공지능을 생각해 보면 현재 인공지능의 냉엄한 한계가 확실하게 드러난다. 인공지능에서는 어떠한 사건이 일어나는가를 그 사건이 일어나기 전에 어떤 방법에 의해 이미 예기할 수 있어야 한다는 것이 전제로 되어 있다. 즉 첫번째의 불확정성의 존재를 전제로 하고 있다. 무엇이 일어나는가 하는 사건의 가능성을 모두 예견해 두고 가능한 한 올바른 판단을 해가려고 한다. 그리고 당연하지만 필요한 조작정보를 모두 프로그래밍할 수 있다는 입장을 취하려고 한다. 그러나 사건의 경계는 열려 있지만 확정 가능한 것은 아니다.

그래서 사건의 경계를 애매하게 만들려 하는 것이 퍼지이론Fuzzy theory의 사고 방식이다. 그러나 퍼지이론에 의한 제어가 성립하기 위해서는 미리 사건 전체를 상당히 예견할 필요가 있어서, 분절화한 정보가 존재하고 있다는 점에서부터 생각해야 한다. 이 이론에서는 미리 학습시킨 조작정보만으로 새로운 상황에 대응할 수 있는 컴퓨터를 개발하려고 한 것이다.

일반적으로 '신경컴퓨터'라 불리는 네트워크 시스템의 학습에는 수천에서 수만 회 정도의 반복 처리가 필요하지만, 그것은 생명시스템의 작용과는 본질적으로 다른 구상에 기초해 있다고 말하지 않을 수 없다. 본래 어떠한 사건이 일어날지 알 수 없는 무한정성에 대응하는 생명시스템 본래의 구조를 생각하고 있지 않은 것이다.

이 구조를 구축하려면 어떻게 하는 것이 좋을까? 이것을 생각하는 것에 의해 '생명의 논리'의 기본이 보이게 되는 것은 아닐까 하고 나는 생각하고 있다.

우리들이 일상적 경험 세계에서 살아 있는 것을 생각하는 경우에 소박인식론(실재론實在論)이라는 것이 있다. 그것은 우리들이 느끼거나 인식하거나 하는 그대로 세계가 존재하고 있다는 것인데, 그 인식론에 의하면 사물의 존재의 경계가 미리 세계에 확실히 깔려 있다고 간주된다. 즉 의미의 분절화라는 의식의 작용을 무시하고 그 원인을 외측의 세계에 두려고 생각하는 것이 된다. 그래서 A는 A이고, B는 B이고, A는 B가 아니다. 이것을 '자기동일적 실체론'이라 하고 사물을 나누는 것에 의해 존재시키는 것을 '분별'이라 한다. 이것을 과학기술의 언어로 말하면 세계의 구조 속에 미리 A와 B가 분별되어 있고 그 구별을 넘을 수 없다는 것이 된다.

현재의 인공지능이나 신경컴퓨터의 입장은 이 자기동일적 실체론에서 있다고 말할 수 있다. 이 입장에서는 '관계를 만드는 것으로써 존재를 성립시킨다'라는 생명의 논리는 보이지 않으므로, 이 방법을 넘으려면 어떻게 하면 좋을지를 계속 물어 갈 필요가 있다.

동양적 존재론의 응용

나는 이렇게 문제를 생각하는 것으로 소박인식론적인 접근에 반해 존재론적인 관계론에 선 접근을 제창해 왔다. 생명관계학이 그것이다. 존재론적 관계라는 관점에서 정신이나 생명의 창출적인 작용을 가능한 한 과학기술적 이론에 의해 파악하는 것이 목적이다. 거기에 입각해서 여러 '생명시스템'에 관한 일반성 있는 설계 이론이 가능할 것을 바라고 있다. 그러나 이러한 문제를 종래의 과학적 논리의 범위만으로 푸는 데는 한계가 있다.

그 한계를 넘는 시도는 동양적인 존재론의 논리를 응용해서 관계 속에서 그 관계에 의존하는 형태로 요소의 존재 상태가 결정된다는 '존재에 자유도와 통합성을 준 이론'을 생각하는 것으로 시작됐다. 어떠한 요소에서도 고정된 하나의 성질을 가지고 있다고 생각하지 않는다. 이것은 요소의 작용이나 의미를 창출적인 것으로서 파악하고 싶기 때문이다. 그 때문에 분절화된 의미, 결정 지어진 정보적 경계를 떼어 내서 시스템 자신이 의미나 조작정보를 창출해 가는 '자율성의 문제'를 생각하고 싶은 것이다. 의미의 경계가 없는 비한정적인 상태로부터 시스템이 존재하고 있는 장소의 상황에 따라 새롭게 경계를 창조적으로 만들어 내는 것을 생각한다. 이것은 화엄 철학에 따르면 이사무애理事無碍라는 상황을 만들어 내는 것에 해당한다.

의미의 미분화 상태는 '무'라고 말해지는 상태에 해당한다. 이것은 규정 불가능한 불확정 상태 속에서 적절한 창조를 행하기 위한 전제이다. 정보의 생성론 속에 이것들을 포함시키는 것은 금후의 중요한 작업이 될 것이다.

의미의 경계를 벗어나 버리면 의미 지어져 있던 존재가 해체된다. 그러면 '것'コト과 '물'モノ의 구별이 해소된다. 불교 철학의 논리에서는 '자성'自性(자기 자신을 자기동일적으로 구별시키는 것)은 본래 존재하지 않고, 자성이 있는 것처럼 생각하는 것은 인간의 분별 의식의 소산이다. 경계를 제거하기 위해서는 의식을 공화空化할 필요가 있다. 이것은 나의 생각으로는 '장소' 속에 만들어져 있는 구속조건을 해소시키는 것에 해당한다.

그렇지만 분별 의식의 소산인 자성을 해체해서 '공'空이라는 상태에 도달하는 것은 필요하지만, 그것만으로는 무한정한 환경 속에서 살아갈 수 없다. 그래서 해체 후의 규칙 창출, 그리고 그 규칙에 의한 의미 창출이 필요케 된다. 시시각각 변화하는 환경에 적응하는 새로운 '유'有를 어떻게 생성하는가 하는 것이다. '공'인 '장소'에 어떻게 존재를 만들어 내는가. 즉 '공'이라는 상태는 아직 규정되어 있지 않은 불완결한 상태이다. 시스템이 자기완결할 만큼의 조건이 정돈되어 있지 않은 것이다. 거기에 완결하는데 필요한 조작정보를 장소로부터 구속조건의 형태로 '부여하는' 것에 의해 '유'를 창출시키고 싶은 것이다.

그 창출은 에네르기를 요구하는 프로세스이다. 단지 방치해 두면 무엇인가가 생기게 되는 것은 아니다. '공화'空化된 상태에서 적절한 존재 상태를 만들어 내는 것, 새로운 세계의 구조를 어떻게 만드는가가 존재 해체 후의 존재론적 요점이다.

'공'은 절대적 무분절 상태이므로 거기서부터 무한한 종류의 자기 분절이 가능하다. 이러한 상태를 '무애'無碍라 한다. 과학적으로는 이 자기 분절화의 메커니즘이 어떻게 되어 있는가가 문제가 된다. 이즈츠 도시히코의 화엄 철학 설명에 의하면 "여러 가지 정보가, 정보가 없는 곳에서부터 일제히 만들어진다. 그것은 병렬적으로 만들어진다"고 한다. 이것은 '거체생기'挙体生起라 불리는 과정이다. 정보의 생성 규칙인 리理가 소실한다는 것은 생성하고 있던 정보가 없어지게 된다는 것이다. 그 '공'의 상태로부터 새로운 정보가 하나하나 만들어져 가는 것이 아니라 일제히 만들어진다는 것에 특징이 있다.

그 이유는 만들어진 정보가 각자 독립하고 있는 것이 아니라 각각 전체로서 통합되어 상호 조리가 맞고 있다는 것, 즉 의미적인 작용을 하면서 각자가 관계로 이어져 상호 침투한 상태가 되어 얽혀 있다는 것에 있다. 새롭게 만들어진 각자의 정보는 서로 무관계한 존재로서 나뉘어 있는 것은 아니다. 다른他 것이 자신自 속에 들어와 있고 다른 것에 자신이 들어가 있는 형태로 정합적으로 되어 있다. 이것을 '자타 비분리성'自他非分離性이라 한다.

이야기가 추상적으로 되어 알기 어려우므로 동물 신체 형태 형성에 관한 유명한 실험을 예로 들어 설명해 보자. 영원蠑螈[도룡뇽의 일종] 새끼의 눈에서 수정체를 절제해 본다. 그러면 영원의 눈은 렌즈가 없어진 카메라와 마찬가지로 아무것도 보이지 않게 된다. 카메라라면 거기서 사용 불가능하게 되지만, 영원 눈의 경우는 그 상태가 되면 조리개의 역할을 하고 있던 홍채라는 조직의 세포가 변화하기 시작한다. 그리고 조리개의 중앙에 렌즈를 재생시킨다. 렌즈가 만들어지면, 그것은 조리개로부터 떨어져 렌즈가 있어야 할 위치로 이동해서 눈이 완전히 복원되는 것이다. 이러한 변화가 가능하기 위해서는 원래 조리개의 세포 속에 렌즈를 만든다는 가능성이 숨어 있어야만 한다.

렌즈 세포에는 크리스탈린Crystallin이라는 단백질이 많이 존재하고 있으므로 투명하게 된다. 렌즈가 되는 세포는 크리스탈린을 특이하게 많이 만들어 낸다. 그러나 예컨대 적혈구의 세포를 취해서 세밀하게 분석하면 거기에서도 크리스탈린이 발견된다. 필요에 따라 다른 어떤 세포라도 렌즈의 세포로 바뀌어 갈 수 있는 가능성을 가지고 있는 것이다. 그러나 그 변화 과정 전부가 유전자에 쓰인 정보로 제어되어 있다고는 생각할 수 없다.

같은 현상을 소박인식론적으로 접근하면, 즉 변화에 따른 조작정보가 모두 미리 고정되어 있다는 입장에서 말하자면, 영원이 만들어지는 생물 진화 과정에서 렌즈를 떼 내는 상황을 유전자가 예기하고 있었다는 것이 된다. 이것은 이상하다. 그것보다도 틀림없이 융통무애融通無碍, 매 순간 변화하는 상황에 따르는 것을 가능케 하는 메커니즘이 존재하고 있다고 생각하는 편이 알기 쉽다. 그 정보 창출 법칙을 '리'理라 하고, 그 '리'로부터의 자기분절화에 의해 '것'이 생긴다고 화엄의 논리는 설정하고 있다. 화엄의 논리는 '장소'에 있어서 정보의 자기창출 논리인 것이다.

세포 분화와 같은 현상은 화엄의 논리를 기초로 해서 생각해 보는 편이 설명하기 쉽다. 세포의 성질 즉 세포의 존재는 본래 고정되어 있는 것이 아니다. 상황에 따라 공화하는 것이다. 공화란 조리개를 만들고 있는 세포가 렌즈의 세포가 되는 도중에 유약화幼若化(유연화)하는 과정에 해당한다.

이것은 스스로가 가진 특성의 틀을 떼어 내서 다시 젊어져 가는 과정을 가진다. 그러면 자신의 성격이 알 수 없게 되어 거기서부터 렌즈가 되기 시작한다. 이렇게 동양의 논리에 서서 고찰하는 편이 이해하기 쉬운 현상이 미해결된 생명 현상에는 보이는 것이다. 이 미해결 문제들은 분화든 의식의 생성이든 존재론을 필요로 하는 문제이고, 과학의 논리적인 기초가 되고 있는 인과율만으로는 해결할 수 없다. 이 점이 아직 충분히 이해되고 있지 않다.

관계의 네트워크에 있어서의 의미 창출

과학기술로부터 보면 동양 논리의 문제점은 그것이 '설계되어 있는' 시스템으로서의 인간의 활동을 활용하는 '생체의 조종자'를 위한 논리이지, 과학기술자라는 '설계자'를 위한 논리가 아니라는 점에 있다. 그래서 동양의 논리를 과학기술에 결부하기 위해서는 그 근거를 통찰하고 몇 가지 논리를 보충할 필요가 있다.

관계론적 논리에 기초해 과학을 생각하려고 하면 관계 속에서 나타나는 여러 가지 사건(상태)을 출현시키는 요소('장소'의 관계자)가 문제된다. 관계가 변화하면 그에 따라 요소의 성질이 무한히 변화해 가므로 요소의 존재 상태가 무한히 있고, 그 일부 또는 하나가 요소 간의 관계 네트워크의 존재방식에 따라 선택적으로 창출된다고 생각한다. 존재 가능한 상태 속에서 어떤 상태가 창출되는가에 따라 각 사건의 성격이 결정된다. 그리고 네트워크가 사라지면 요소도 또한 창출 전의 상태, 즉 '공'의 상태로 바뀌어 간다.

때문에 네트워크의 소멸에 동반해서 그 내부 상태가 생겨나거나 없어지거나 하는 반복을 행해 그 내부 상태를 사건으로서 자기 표현하고 있는 요소 군을 생각해야 한다. 이것이 매 순간의 창조에 해당한다. 각 요소의 내부 상태를 결정하는 것은 그 한 요소만으로는 부족하고 협력적인 접근인 '거체생기'를 넘어, 요소 군 전체 속에서 정합적으로 결정되는 것이다. 복잡한 상호 작용의 네트워크 속에 요소 군 전체의 상태가 상호 의존하면서 동시에 결정된다. 이것이 '연기'緣起이다.

그것을 화엄 철학의 이론에서는 '경두鏡頭의 비유'에 의해 다음과 같이 설명한다. 방 안에 많은 거울을 고리같이 늘어놓고 정중앙에 양초를 세운다. 각 거울의 각도를 조정하는 것에 의해 하나의 거울에 양초가 비침과 동시에 양초를 비추고 있는 다른 거울도 비치도록 할 수 있다. 그리하여 모든 거울이 서로의 거울에 비치도록 배치할 수 있다. 그러한 거울의 상태는 상호 침투해서 작용하여, 그 속에 전체를 비추고 있다고 말할 수 있다. 이것을 '제망'帝網이라든가 '인드라망'因多羅萬이라 한다. 그러한 상태 속에서 각 거울의 상태에 그 위치나 각도에 따라 분화가 일어날 것이다. 그 분화를 창출의 유력有力과 무력無力이라는 개념으로 설명하려고 했다. 유력은 분화에 의해 현현顯現해 오는 성질, 무력은 암재화하는 성질이다. 이러한 네트워크에 기초한 공시적 생성이라는 생각은 이즈츠에 의하면 동양적 논리에 공통된 논리적 구조이다. 그러면 어떻게 해서 '유력'과 '무력'이 결정되는 것일까. 이것은 불량 설정 문제가 된다. 그래서 필요하게 되는 것이 구속조건의 생성 이론, 즉 장소론이다.

나는 1980년경 그때까지의 과학에 이론적인 한계를 느끼면서 홀로비전 연구에 몰두하고 있었다. 우리들은 자기조직 현상의 이론을 출발점으로 해서 연구를 진행해 왔지만, 나중에 생각하면 동양적 논리를 참고로 하면서 생각했던 쪽이 훨씬 순조로웠던 듯하다.

홀로비전 속에서 일어나는 과정을 전술한 동양적 논리에 의해 개설하면 시각정보를 밖에서부터 받아들일 때 일단 뿔뿔이 흩어진 신호로 분해한다. 이 분해에 의해 각 신호를 받아들인 요소(관계자)의 내부 상태가 공화를 일으킨다. 내부 상태가 공화한 요소 무리의 거체생기의 형태로 시각 이미지가 창출된다. 이것은 관계자가 의미가 있는 정보를 만들어 내는 것에 해당한다. 이 과정에서 경험적으로 축적된 기억이 참조될 것이다. 이렇게 생각해서 이상의 것들을 실행하는 이론을 생각하게 되었다.

예컨대 여기에 자동차의 사진을 개재한 신문이 있다고 하자(그림 14). 이것을 점점 확대해 가면 점점의 요소 기호가 보이게 되지만, 크게 확대하면 자동차의 부분을 보고 있는 것인지 배경을 보고 있는 것인지 전혀 알 수 없게 된다. 요소적인 기호 사이에 관계를 짓지 않으면 아무것도 보이지 않는다. 자동차를 요소 기호의 집합으로서 파악하는 것은 망막이다. 망막에는 망막 세포가 평면상에 배열되어 있으므로, 예컨대 연속적인 빛이 들어와도 우선은 불연속적인 점의 집합으로서 파악되어 버린다. 세포에서 대상을 받아들인 이상 점의 집합으로서 받아들일 수밖에 없다. 이 점에서 그것 자체의 의미는 비한정하다.

다음으로 그 점의 집합 속에서 자동차를 보기 위해서는 의미에 따라 요소 기호를 관계 지어 보는 작용이 필요케 된다. 그것을 뇌가 담당하고 있는 것이다. 이미 썼듯이, 기호 군이 대뇌 시각역에 들어오면 각 요소 기호가 관계자에 해당하는 하이퍼칼럼이라는 요소로 받아들여진다. 하이퍼칼럼의 구성 요소의 하나인 칼럼 각각은 내부 상태를 창출하는 기본적인 요소에 해당한다. 그 칼럼들에는 요소 기호를 의미를 가진 정보로 바꾸는 데 필요한 요소적인 의미가 코드화되어 있는 듯이 생각된다(두 개 이상의 칼럼이 동시에 작용해서 내부 상태를 만드는 경우가 있다. 이것은 요소적인 의미는 분

〈그림 14〉 홀로비전 과정 도식

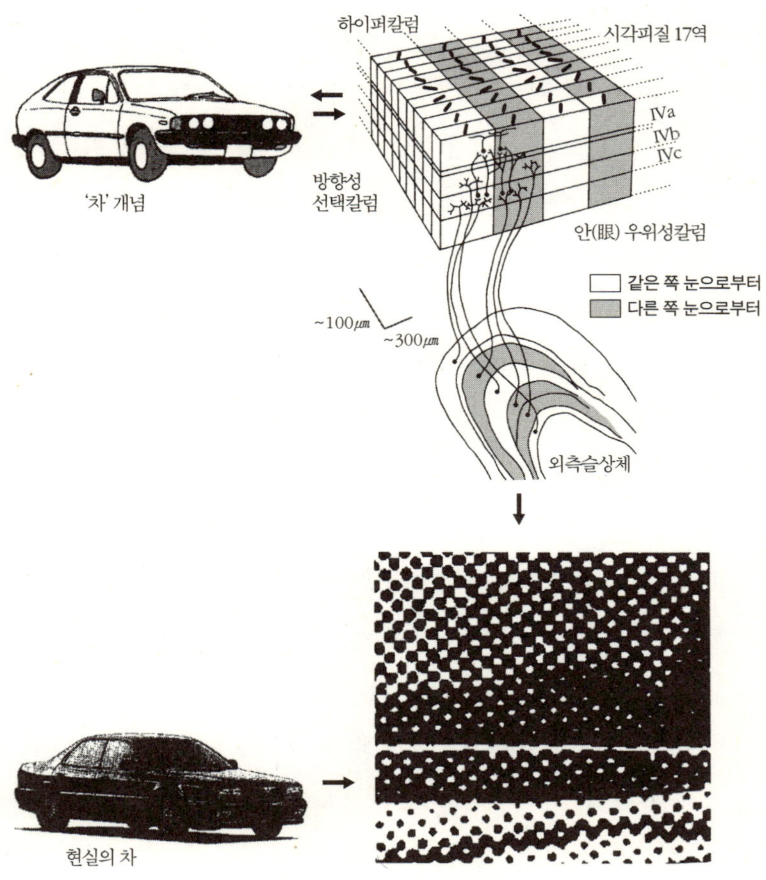

절화되어 있지 않다는 것을 의미하고 있다).

요소 즉 관계자 간의 관계 형성은 물리적인 힘에 의한 것은 아니므로 우리들은 이것을 '동조'라는 현상이라 생각한다. 양자 간의 '동조'란 양자 간의 생성 리듬이 같아져 정합적인 상태가 생성되는 현상이다. 생성 리듬이 동조하는 것에 의해 상호 관계와 상태의 공유가 생긴다. 예컨대 두 사람이 대화를 하는 경우를 상정하면 자신의 정보를 상대에게 전하는 말하는 행위에 대해 상대가 그것에 동조해 맞장구를 치는 것도 동조 현상이다. 양자의 중추신경 속에 생성하는 리듬이 동조하는 것에 의해 언어 이상의 정보를 포함하는 대화가 성립한다는 설이 있다. 동조는 전체의 리듬을 공유할 수 있도록 각 진동자가 그 리듬을 바꾸는 현상이다.

리듬을 발생시키는 비선형 진동자는 보통의 진자와는 달리 일정 범위에서 진동 주기를 바꿀 수 있기 때문에 관계자로서 자기동조할 수 있다. 사실 최근에는 이 동조 현상이 뇌 신경회로에서도 일어나고 있는 듯하다는 연구가 진행되고 있다. 뇌를 구성하는 뉴런 회로 자체에는 본래 리듬을 내는 성질이 있다는 사고 방식이 기본적으로 있는데, 그 리듬이 동조하면 서로 관계가 만들어진다. 관계 형성을 위해 동조가 사용되어 그 동조 방식에 따라 특정 내부 상태가 생기한다는 것이다. 그러면 관계자가 서로 무관계하다는 것은 동조가 행해지고 있지 않은 상태라는 것이 된다.

실제로 리듬을 생성하는 비선형 진동자가 미리 존재해서 진동하고 있다고는 한정할 수 없다. 창출 과정에서 진동자는 일시적으로 만들어지고 곧 사라져 간다. 한 번 진동하는 것만으로 사라지는 경우도 생각할 수 있다. 이러한 진동자를 나는 '창출 진동자'라 부르고 있다. 대뇌 속에서 활동하는 것은 이런 유형의 진동자인 경우가 많다.

존재 상태를 창출하는 시나리오

이것과 관련해서 중요한 현상이 있다. '카오스 진동'이다. 이것은 매우 다중多重의 리듬을 내포한 불규칙한 리듬이다. 이러한 리듬이 존재한다는 것이 명확하게 된 것은 1970년대였다. 1980년대에 '카오스의 물리학'이 탄생했다. 내가 '카오스'라는 현상에 흥미를 가지게 된 것은 그 운동 자체는 단순한 뉴턴 방정식과 같은 인과율적 방정식으로 기술되지만, 궤도가 다음으로 어디를 통과하는가를 예견할 수 없는 현상이기 때문이다. 인과율적으로 예견할 수 없는 운동이 '카오스 진동'의 특징인 것이다.

이하에서는 동양적 논리에 따라 조금 대담한 뇌의 시나리오를 사용해 보기로 한다.

우선 관계자 간의 관계가 무화되어 관계자 내부를 한정할 수 없는 상태를 넓은 의미에서의 '카오스 상태'라 상정해 보기로 한다. 일단 외부로부터 불확정한 정보의 입력을 받은 생명시스템이 그 의미를 알려고 하면 우선 그 내부 상태를 공화한다. 이것은 관계자 간의 관계를 불확정하게 한다는 것이다. 이것을 초기의 '불확정화'(비한정화)라 부르기로 하자. 그것은 그 자체로는 어떠한 상태(정보)가 창출되는가를 결정하는 데는 불충분한 불완결적인 상태이다. 이것은 수학적으로는 '불량 설정 문제'라고 하는 해를 한정할 수 없는 문제에 해당한다. 이것에 몇 개쯤 구속조건을 부가하지 않으면 해를 한정할 수 있는 '양良 설정 문제'로는 되지 않는다. 그래서 생명시스템은 여러 구속조건을 그 내부에서 자기창출해서 내부 상태를 완결시킨다. 그것이 생명시스템의 자율성이나 '의식'에 관계하는 작용이다. 그렇게 구속조건을 내측에서부터 도입함으로써 '카오스 상태'를 일정 질서 상태로 바꾼다. 이것은 의미가 완결된 상태를 만들어 내는 것에 해당한다. 이 카오스화와 질서화가 순환적으로 일어나 외계를 매 순간 인식해 가는 것이 매 순간의 창출을 수반한 인식 과정이다(해석학적 순환이 일어나는 것은 이 '불량 설정 문제' 때문으로 선행적 이해는 '양 설정 문제'로 바꾸기 위한 구속조건이다).

상기의 공화된 상태와 질서 상태를 수학적으로 표현하는 경우에 많은 비선형 진동자의 집합에 의해 카오스 진동이나 리듬으로서 표현하는 것은 의미가 있는 듯이 생각된다. 그래서 이 생각을 한 걸음 진전시키기 위해 유력·무력이 어떻게 표현 가능한가를 생각해 보기로 하자(리듬의 중요성은 화엄의 논리와 관계 깊은 이슬람 철학에서도 설명되고 있다).

유력의 상태란 현재적顯在的으로 창출된 존재 상태이다. 이것을 리듬의 진폭이 큰 상태라고 하고, 또 현재화하지 않은 무력의 상태는 리듬의 진폭이 작은 상태라고 한다. 다음으로 자기 분절화를 수학적으로 나타내려고 하면, 비선형 진동자 군이 많은 소군小群으로 나눠져서 각자의 고유 리듬으로 동조되어 진동하고 있는 상태라 생각할 수 있다(한 번만 정합적으로 동조하고 사라지는 경우도 생각할 수 있다). 동조한 소군은 각자 하나의 의미를 가진 정보를 나타내는 집단으로서 다른 집단에서부터 분리되어 있다고 생각한다. 결국 관계란 동조한 정합적인 상태라고 말할 수 있다. 이 정합성이 공시성을 부여한다.

이런 생각을 실제로 실험하면서 이론적으로 확실하게 만들어 간다고 생각해 보자. 의미를 창출하는 관계자 집단은 대뇌에서는 하이퍼칼럼 집단이다. 하이퍼칼럼에서는 최근에 리드미컬한 활동이 존재하고 있다는 것이 실험적으로 제시되고 있다. 이 관계자의 동역학을 연구해 가면 자기분절화의 원리가 과학적으로 명확하게 될 것이다.

이 관계자 집단에 신호를 보내는 등의 자극을 주면 정말로 분절화가 일어나는가 그렇지 않은가가 그 다음 질문이다. 여러 가지로 생각해 보면 관계자 집단이 있는 것만으로는 불량 설정 문제가 생겨 버리므로 불충분하다. 이 때문에 관계자 집합만으로는 노이즈와 신호를 구별하는 것은 불가능하다.

예컨대 인간에게 있어 노이즈와 신호를 구별하는 것은 중요한 일이다. 구별이 가능하기 위해서는 적어도 경계를 만드는 조작정보가 필요하다. 그것을 가능케 하는 것이 '장소적 구속조건'으로 그 장소적 구속조건을 맥락의 형태로 관계자에게 전하는 정보가 '장의 정보'이다. 그리고 이 구속조건을 자율적으로 만드는 장치가 '내부 장소'에 해당한다.

대뇌 피질은 하이퍼칼럼 간에 관계를 만드는 곳으로 정밀한 계산을 하는 곳이다. 그러나 그것만으로는 불충분하고 의미의 경계, 방향성을 부여해야 한다. 그것은 뇌의 해마나 편도핵扁桃核이 있는 고피질古皮質을 중심으로 해서 행해지고 있다. 해마는 오래된 뇌의 조직이다. 즉 고피질의 안쪽에 있다. 여기에서 다방면에서 오는 정보를 통합적으로 압축해서 장소적 구속조건이 만들어져 최종적으로는 장의 정보로서 신피질新皮質을 향해 나간다는 메커니즘이 있다. 이 장소적 구속조건이 생성할 때 해마에 인접해 존재하고 있는 편도핵의 정동적인 흥분이 커다란 영향을 부여한다. 편도핵은 아라야식阿羅耶識을 담당하고 있다고도 말할 수 있다.

해마에는 여러 가지 정보가 들어가서 최종적으로는 리듬이 생긴다. 이것이 장소적 구속조건이 창출된 상태이다. 우리들이 어떻게 해야 좋은지 알 수 없는 곤혹한 상태에 있을 때에는 해마에 대단히 복잡한 '카오스 상태'가 만들어져 있다. 그렇지만 대뇌 피질과의 사이에서 정합적인 정보순환이 만들어지기 시작하면 거기에 리듬이 생긴다. 또한 리듬을 향해 카오스를 수렴시키는 작용이 생겨난다. 이렇게 해서 정합적인 상태가 생기는 것이다. 일정한 정보와 일정한 정보가 결부된 상태가 된다. 그래서 이른바 조리가 맞는다는 감각이 생겨, 행동 가능하게 된다.

'공'의 상태라는 것은 구속조건의 소실에 의해 대뇌 활동의 리듬화가 생겨나 있지 않은 상태로 그것이 창출에 있어서는 중요한 상태인 것이다.

이 실험들로부터 결론지으면 거기에 창출의 두 중심이 보이게 된다. 한편은 대뇌 신피질에 해당하고 또 한편은 해마에 해당한다. 이것에 동양적인 논리회로를 굳이 결부시킨다고 하면, 전자가 화엄의 논리를 작용시키고 후자가 장소의 논리를 작용시키고 있다고도 말할 수 있다. 그것들이 이어지는 것에 의해 정합적인 관계가 만들어진다. 그래서 의미의 정합적인 창출이 일어나는 것이다. 또한 이것들을 구속하고 있는 조건이 있어 구속조건은 유전적으로 전달되고 있다는 생각에 나는 서 있는 것이다.

보론_생명을 기술하는 원리에 관하여[*]
—독자에게 보내는 편지

언제 끝날지도 모르게 계속 비가 내리는 장마인 채로 여름이 되고 가을에는 겨울의 혹독함을 생각나게 하는 날씨가 이어지다가 갑자기 여름을 떠올리게 하는 더운 날이 오는 등, 계절의 전환이 확실하지 않은 기후가 계속되었습니다. 지구 전체 상태의 혼란, 카오스성이 증가하고 있는 것일까요. 그 대신 이 급격한 한난寒暖의 변화에 의해 이 초목이 시드는 계절로 향하는 지금, 나무들의 단풍이 아름답고, 짙은 녹색과 황색과 분홍색의 중첩이 자연과 함께 사는 기쁨을 전해 줍니다. 저녁 해에 비치는 이 나무들과 같이 사람도 살아갈 수 있을 것인지 요즈음 매일 생각하고 있습니다.

이 책(구판)이 쓰인 때부터 오늘날까지 흐른 세월을 느끼며 조금 보충해 두고자 합니다.

이 책에 쓰여 있는 구속조건의 생성 문제를 진행시키기 위해 니시다 철학을 한 번 확실히 공부하지 않으면 안 된다고 생각하고 있던 때, 가도와키 가키치門脇佳吉 선생의 호의에 의해 다행스럽게도 선생의 동료와 함께 2

* 이 보론은 신판 간행을 맞이하여 저자의 최근 연구를 소개하기 위해 새로 썼다(1999년 1월).

년간 니시다 철학을 공부할 기회를 얻었습니다.

그간 점차 내 안에서 강해져 온 생각은 니시다의 연구는 실재의 논리를 자각의 철학의 입장에서 해명하는 것이고, 한편 내가 행하려고 하고 있는 연구는 장소 또는 장을 출발점으로 해서 근대 문명을 어떻게 초월해 새로운 문명의 건설을 실천할 수 있는가 하는 것이었습니다. 그래서 이를 위해 우선 장소와 장을 깊게 이해하지 않으면 안 된다는 것이었습니다. 바꿔 말하면 인간과 생명의 본질적 다양성, 장소적 과학기술, 과학기술과 예술, 인문의 융합, 사회적인 문제들의 장소적 이해, 또 열린 기업이나 조직의 장소적 경영, 제작과 신체성, 생활과 소통의 장 만들기, 물질 유통과 쓰레기 처리 등에 관한 장소적이고 통합적인 문제 등은 근대 문명을 만들어 온 지성知性에 의해서는 원리적으로 해결 불가능하다는 공통적 특징을 갖춘 문제들로서, 이것들을 뛰어넘어 새로운 문명을 만들기 위한 기본적인 이론을 발견하고 싶다는 것이 나의 생각임을 확신했다는 것입니다.

나는 이 새로운 문명의 설계론을 만드는 장소론을 '창작적 장소론' 또는 '설계적 장소론'이라 부르기로 했습니다. 이 설계적 장소론은 실천을 목표로 하므로 현장성을 중시합니다. 그리고 실천의 논리가 되기 위해서는 그 논리 속에 '이러이러한 것은 불가능하다'라는 '부정否定의 표현'을 가질 필요가 있습니다. 동시에 또 '이러이러한 것은 가능하다'라는 '긍정의 표현'을 가진 것이 아니면 푸는 방법을 보여 주는 이론이 되지 않습니다. 예컨대 어떤 문제를 근대 문명의 지知에 의해 풀려고 할 때 '그것은 불가능하다'라는 것을 논리적으로 확실히 표현하고, 또 '이렇게 하지 않으면 풀리지 않는다'라고 말해 주는 능력을 가진 이론이라는 뜻입니다.

뒤에 설명하듯이 니시다는 장소적 해결의 원리로서 '모순적 자기동일'이라는 중요한 원리를 발견합니다. 그러나 설계적 장소론의 관점에서

나 나름대로 보면 어떻게 그 모순적 자기동일이 성립하는 상태에 도달하는가를 니시다 철학은 말하고 있지 않습니다. 이것이 첫번째로 모순적 자기동일을 애매한 것으로 만들어 구체적으로 묘사할 수 없게 만들고 있습니다. 예컨대 이 상태는 장소 속에 출현하는 균형적 상태를 의미하고 있는 것인지 그렇지 않으면 동적인 과정으로 실현하는 상태를 나타내고 있는 것인지가 불명확합니다. 두번째로 모순적 자기동일이라는 목표에 도달하는 방식이 주어져 있지 않다는 것은 실천의 입장에서 보면 운동 원리가 주어져 있지 않다는 것을 의미합니다. 따라서 설계도를 쓰는 입장에서 보면 모순적 자기동일이라는 필요조건은 발견되었지만 그것을 설계하기 위한 충분조건이 나타나 있지 않다는 것이 됩니다. 세번째로 어느 정도 이와 관련해서 다수의 사람들이 관계하는 조직이나 사회적 문제에 '개체'라는 개념을 어디까지 어떻게 적용할 것인가가 나타나 있지 않습니다. 이것을 알 수 없다면 시장의 안정성이나 창출의 문제를 어떻게 다루면 좋은지가 거의 불명확합니다.

그래서 새로운 이론을 어떻게 만들어 갈지를 생각해 보았습니다만, 「정보를 재파악한다」情報を捉えなおす(『홀로닉스』ホロニクス 제5권 제1호, 1995년 8월, 홀로닉 기술연구회)라는 논문을 쓰면서 설계적 장소론의 기초를 나 나름대로 납득할 수 있는 곳에 둘 수 있었습니다. 이것은 나 자신에게 있어서는 커다란 의의를 가진 논문입니다. 여기에서 내적 관점에 의한 장소와 자기의 자타 비분리적 기술, 자기언급의 역설의 출현에 따른 부정의 표현(혹은 기술 불가능성의 표현), 자기와 장소와의 상호 유도합치에 의한 장소적 자기언급의 생성이라는 형태로 행해지는 긍정의 표현(장소적 표현)의 창출, 그리고 이것을 가능케 하는 자기의 이중영역성의 존재 등 이론의 기본적인 구조를 나타낼 수 있었던 것입니다. 이 책의 구속조건은 이 상호 유도

합치에 의해 생성되고, 모순적 자기동일은 장소적 자기 언급에 의해 창출되는 관계가 됩니다. 이 상세한 소개와 해설은 이 책에서 다루는 범위를 넘으므로, 금후 출판될 책으로 돌리기로 합니다만 물론 논문을 직접 보는 것도 가능합니다.

나는 현재 현장의 긴장 속에 살고 있는 기업과 자칫하면 폐쇄적으로 되려 하는 학술을 실천의 현장에 있어서 공동창조시키면서 창작적 장소론의 실천을 생각하는 조직을 만들기 위해 고투하고 있습니다. 우리들의 시도는 성공하지 않을지도 모릅니다만, 이러한 형태로 21세기에 대한 우리들의 사랑의 메시지를 표현하고 싶다고 생각하고 있습니다. 이하는 독자 여러분께 드리는 나의 메시지입니다.

I.

근대 문명이 인간의 생활에 커다란 기여를 해온 것은 의문의 여지가 없습니다. 그리고 그 문명을 지탱해 온 과학과 기술의 연구는 계속해서 커다란 의의가 있다고 생각합니다. 그러나 나는 요즈음 그 의의에는 긍정적 측면만이 아니라 부정적 측면도 심각하다고 생각하고 있습니다. 인류의 번영도 긍정적 측면만이 있는 것은 아니고 그 내측에 커다란 문제가 생겨나 있습니다. 독자 여러분도 알고 계시듯이 대규모의 환경 파괴라든가, 자원과 식량 고갈 문제, 그리고 지금은 또 버블 경제와 금융, 가정과 교육의 장의 파괴, 저출산 사회에 출현하는 고령자 급증 등 근대 문명이 낳은 문제들은 더 이상 무시할 수 없는 상태가 되어 있습니다.

20세기는 인류가 두 번에 걸친 비참한 대전을 일으키고, 어쩌면 열려서는 안 되는 상자의 뚜껑을 열어 해결 불능의 여러 문제를 이미 지구 규모로 일으켜 버린 세기라 말할 수 있을지도 모릅니다. 이 20세기에 크게 성장한 근대 문명은 내일의 세계에 태어날 아이들에게 너무 큰 빚을 남겨서 그들의 세계를 어둡고 암울한 것으로 만들어 갈 것이 확실합니다. 나는 15년 이상 전부터 현재에 이르기까지 20세기가 만들어 온 빚의 여러 가지 측면을 어떻게 경감해서 다음 세대에게 넘길지를 생각해 왔습니다. 그리고 이것을 과학기술 영역에서 실행하고 과학기술을 아이들을 위해 보다 좋은 것으로 바꿔 가는 국제적인 네트워크를 만들려고 해왔습니다만, 아직 충분한 것은 되지 못해서 대단히 유감으로 생각하고 있습니다. 우리들이 생각하고 있는 것은 미래의 과학기술을 어떤 논리 위에서 구축해 가는가를 연구하고 가능한 것부터 실천해 가는 것입니다. 이러한 활동 속에서 중요한 것을 점차 알게 되었습니다.

그것은 20세기가 만들어 낸 근대 문명이 남긴 빚은 그 20세기를 만들어 온 지성의 논리에 의해서는 해결할 수 없다는 것입니다. 즉 우리들이 여기에서 인정하지 않으면 안 되는 것은 지금까지의 과학기술은 이미 이런 의미에서 논리적 한계가 와 있다는 것, 더욱 확실히 말하면 인간사회가 논리적으로 한계에 도달해 있다는 사실입니다. 이 한계에 다다른 논리에 의해 문제를 해결하려고 하는 것은 빚으로 빚을 해결하려고 하는 것과 같아서 점점 그 빚을 크게 부풀리게 됩니다. 이것을 독자 여러분과 함께 생각해 보았으면 합니다.

전체적으로 보면 인간사회가 논리적으로 한계에 도달해 있다는 것의 의미를 많은 사람들이 알고 있고, 그 한계를 뛰어넘는 새로운 논리는 쉽게 나오지는 않는다는 것을 알았을 때(거대한 '운석'이 지구에 갑자기 접근해 온 것을 알 때), 인간은 스스로의 이성에 대한 신뢰감을 즉 인간 자신에 대한 신뢰감을 어떻게 해서 지켜 갈 수 있을까요. 인간이 이성에 대한 신뢰감을 잃어버릴 때 이 세계에 어떠한 일이 일어날 것인가 걱정이 됩니다.

생각할 수 있는 한 가지 가능성은 사람들이 이성에 따르는 시간이 걸리는 문제 해결을 단념하고, 감정적인 반응으로 빠지는 것입니다. 이미 그러한 징후가 사회에서 보이기 시작하고 있다고 예전에 독일의 친구는 나에게 이야기해 주었습니다. 뒤돌아보면 물론 아시아에도 예측을 허용치 않는 상황이 있습니다. 하나의 감정은 그것 이외의 감정이 동시에 존재하는 것을 허용치 않습니다. 교만의 감정은 다른 감정과 조화적으로 공존하는 것을 거부합니다. 감정에서 시작되는 판단은 시야의 협착을 일으킵니다. 오랜 감정적 대립에 의해 협착된 시야가 세계 여기저기에서 종교나 민족의 대립과 분쟁을 일으키고 있습니다. 감정에 의해 그 분쟁들을 해결하는 것은 결코 불가능하다는 것은 독자 여러분이 잘 알고 계신 대로입니다. 이 근대의 논리적 한계는 인간이 인간 자신의 걸어온 길을 반성적으로, "우리는 대체 어떠한 존재인가" 하고 냉정하게 다시 응시하는 이성의 필요성을 드러내고 있습니다.

이전에 동료 과학자와 생명이 과학에 의해 해명 가능한지 불가능한지를 논의하고 있었을 때, 나는 "나 자신이 지금 현재라는 짧은 시간에 이 지상에 출현해 살고 있다는 것은 정말로 불가사의하고 나에게 있어 최대의 수수께끼이며, 이것은 현재의 과학으로는 풀리지 않는 수수께끼이다"라고 말했습니다. 과학에 의해 해명 가능하다는 입장을 취한 그 동료는 "그것은 별로 불가사의하지 않습니다. 설명하지요" 하고, 부모에 의한 수정에서 시작되어 그 후의 발생 과정이 유전자에 따라 형태 지어지고 생화학적 반응과 생리학적 반응에 의해 생명이 지켜져서 내가 존재하고 있다는 것을 설명하려고 했습니다. "내가 알고 싶은 것은 그런 지식이 아니다. 부모의 행위로 태어난 인간이 왜 형제가 아닌 이 나 자신이 아니면 안 되는 것인가.

왜 이 나라는 자각을 가진 존재가 지금 현재 이 우주에 단 한 번만 나타나 있는 것인가. 내가 알고 싶은 것은 이 단 한 번 출현하고 있다는 그 이유이다" 라고 얘기해 봤습니다만 좀처럼 이해받지 못했던 경험이 있습니다.

이런 글을 쓰는 것도 "자신들은 대체 어떠한 존재인가" 하고 인간이 인간을 다시 생각할 때 이것이 문제가 되기 때문입니다. 인간은 무엇보다도 우선 '존재하고 있다'라는 자동사적인 작용과 주위와 '관계를 만든다'라는 타동사적인 작용, 이 쌍방의 작용을 하면서 살고 있습니다(무엇보다도 '관계를 만든다'는 타동사적인 성질 외에 자동사적인 성질도 있습니다. 이것은 중요한 문제로서 뒤에서 생각할 주제가 됩니다).

'존재하고 있다'라는 자동사적인 작용이란 '내가 존재하고 있다'라는 의미로 인간이 인간 자신을 다시 응시한다는 것에는 이 자동사적인 작용을 확실히 본다는 것을 포함해야만 합니다. 그것은 존재하고 있는 이 나로 눈을 향한다는 것입니다. 그것은 인간 일반이 아니라 어디까지나 '나의 역사'를 지니고 살아가는, 대체할 수 없는 이 나라는 존재로 눈을 향하는 것이고, 또 같은 눈을 주위 사람들이나 생물에게로 향한다는 것입니다. 니시다 기타로는 "우리들의 자기가 신神을 대한다는 것은 개個의 극한으로서이다. 어디까지나 모순적 자기동일적으로 역사적 세계의 개체적 자기 한정의 극한에 있어서 전체적 일一의 극한에 대하는 것이다"라든가 "우리들의 자기는 어디까지나 유일한 개체로서 한 걸음 한 걸음 역한정적으로 절대에 접하는 것이다"라고 쓰고 있습니다. 이 의미는 우리들이 이 나에 관철해 가면 전체적인 (보편적인) 생명의 본질로 접근해 간다는 것입니다. 유일한 개체에 철저하면 철저할수록 보편적인 생명 쪽에서부터 이 나 쪽으로 접근해 온다고 의식된다는 것이 니시다의 '역대응'이라는 개념입니다.

뒤에서 설명하듯이 창조적 활동은 역대응이 핵심적인 작용을 하고 있습니다. 여기에서 인간의 정신성·창조성·논리성·종교성·개성('나'의 개성) 등의 마음의 장소성이 생겨납니다. 또 '관계를 만든다'라는 타동사적 측면에서부터는 다른 것에 대해 압력을 가하는 기능적인 작용에 의해 인간과 자연의 관계들, 인간과 인간의 관계들, 인간과 사물과의 관계들 등이 생겨납니다.

인간이 대체할 수 없는 주체성을 가지고 존재하면서 다른 것과 함께 살아가기 위해서는 이 자동사적인 작용과 타동사적인 작용 양면의 균형을 취할 필요가 있다고 생각합니다. 그것은 자동사적인 작용이 타동사적인 작용을 갖춤과 동시에, 역으로 또 타동사적인 작용도 자동사적인 작용에 의해 영향받는 상태, 자동사와 타동사 쌍방의 작용이 실질적으로 분리되지 않는 상태가 이루어져 있는 것입니다. 그러나 이 '존재하고 있다'와 '관계를 만든다'라는 두 작용 간의 균형은 시대에 따라서도 치우침이 있거나, 요동이 있거나 하면서 변화하고, 또 지역적으로 봐도 이 양측의 균형 상태에 의해서 여러 가지 문명의 패턴이 생겨나 있습니다. 또한 역사적으로 보면 서양 중세는 '존재하고 있는' 것이 '관계를 만드는' 것보다도 중요한 의의를 가진 시대였습니다만, 그 반동으로서 탄생한 근대에서는 '관계를 만드는' 것이 '존재하고 있음'을 압도해서 중요한 사회적 의의를 가진 시대가 되었습니다.

근대 문명의 여러 병폐의 원인으로서 '데카르트적 자타 분리' 혹은 주객 분리를 지적하는 의견은 현재는 오히려 세계적인 상식이 되어 있다고 말해도 좋겠지요(데카르트 자신은 실제로는 이러한 발상의 소유자는 아니었던 듯 합니다만……). 이 자타 분리의 의의는 실은 '존재하고 있는' 것과 '관계를 만드는' 것을 분리해서 인간의 눈을 타동사적으로, '관계를 만드는' 면으로 향하게 하는 역할을 하고 있다고 나는 생각합니다. 그리고 여기에

'자기가 존재하고 있다는 것'에 관한 자문자답에서 유리된 타동사적인 작용만이 집중된 기능 중심의 세계가 태어나서 작용이 작용을 낳아 크게 성장하고, 내용적으로도 복잡해져서 발전한 것이 근대 사회입니다. 그리고 이 속에서 인간은 유일한 나로서 존재하는 장소를 잃고, 스스로의 존재를 묻는 힘을 상실해 점차 그 존재감이 약해져 온 것입니다.

예컨대 "바쁘다, 바쁘다" 하고 말하는 것은 현대인의 공통적인 입버릇이라 해도 지장이 없을 정도입니다만, 그 바쁘다는 것의 실체가 무엇인가를 생각해 보고 싶습니다. '내'가 '존재하는 것'은 그 '나'의 내부에서 자기의 역사를 생성하는 작용과 결부되어 있습니다. 바꿔 말하면 장소 속에서 살고 있는 자기의 역사적 시간을 만들고 있다는 것이 됩니다. 따라서 이 시간의 생성작용은 인간의 자동사적인 작용, 즉 주체적인 존재로서의 인간과 강하게 결부되어 있는 것입니다. 인간에게는 자기 자신이 만들어 내 가는 시간에 맞춰 살아가는 성질이 있고, 이것이 자기의 생활 리듬을 가지고 살아간다는 것의 의미입니다. 그러나 현대인은 기능적인 사회와 타동사적으로 '관계를 만드는' 것에 의해 생활하고 있기 때문에 사회적으로 결정된 기계 장치의 운동이 만들어 내는 시간에 지배되어 있습니다. 기능적인 사회의 움직임에 맞춰져 있기 때문에, 자기 자신의 시간을 생성한다는 자동사를 잃고 타동사적으로 끌려가면서 살고 있는 것입니다. 이것은 장소 속에서 장소와 조화하는 것에 의해 생기는 자신의 리듬에 따라 살아간다는 중요한 자동사를 잃고 있음을 의미하는 것입니다. 타율적으로 설정된 시간 속에서 자율성(자동사성)을 잃고 산다는 것이 '바쁘다'라는 것의 의미입니다. 인간이 이렇게 자동사를 잃는 것은 '나'를 잃는 것이고, 결과로서 주체적인 인간으로서의 존재감이 점점 엷어지는 것입니다.

과학기술은 근대가 낳은 타동사적인 작용의 핵심적 존재로서 발달해 온 것으로 그 유용함도 언제나 인간의 타동사적인 면의 확대에 한정되어 왔습니다. 게다가 '나'와의 관계를 버린 과학은 자동사적인 작용을 말하는 방법을 잃고, 생물의 이미지를 타동사적으로 말하는 것만이 가능했던 것입니다. 그래서 과학은 '존재하고 있는' 것과 무관계한 '객관적'인 '인간상'을 낳았습니다. 과학의 압도적인 성공과 발달로 생명을 표현하는 논리에서도 커다란 변화가 나타납니다. 한마디로 말하면 타동사적인 전개를 논리적으로 기술하는 오성의 적용이 신뢰받아서 자동사적인 작용인 자각의 논리로서의 장소적 논리를 배후에 분리해 놓고, 타동사적 논리 규칙인 인과율에 기초해 오성적 논리에 의해 생명을 기술하는 방법이 발달한 것입니다. 또한 오성적 논리를 고속으로 행하는 컴퓨터라는 도구를 손에 넣어 거기에 몸을 맡기게 된 것이 이 경향을 압도적으로 진행시켜서 이제는 오성적 논리의 법칙성인 인과율에 의해 생명·인간·사회·우주를 설명하려고까지 생각하게 된 것입니다. 그리고 인간의 정신성·창조성·윤리성·종교성·주체적인 개성 등을 말하는 논리와 함께 이 인간들의 자동사적인 작용은 사회의 지평에서 사라져 버린 것입니다.

자기가 '존재하고 있다'라는 것에서부터 떨어져 물질을 주객분리적으로 기술하는 것은 양자역학이나 복잡계(이 책에서는 구판부터 '복잡한 시스템'이라 불러왔습니다만) 등에서는 중요한 문제를 일으키는 것으로 그 영향은 그만큼 심각하지는 않다고 생각됩니다. 그러나 생물, 인간 그리고 생명 일반을 인과율적 법칙성에 기초해 오성적 논리로 논하는 것에서부터 생겨나는 기계론적 생명관에는 본래 엄격한 한계가 존재하는 것입니다. 그리고 이 기계론적 생명관에 의해 논의되는 인간에게는 그 주체성·정신성·창조성·종교성·개성 등이 존재하지 않습니다. 알기 쉽게 말하면 근대 과학의 논리는 평균치를 논할 때 사용하는 논리입니다. 이 자동사적인 성질들은 본래 '유일성'을 가지고 있는 것이므로 평균을 낸다는 조작 자체가 허용되지 않는 것입니다. 그러나 많은 과학자들은 그렇게 생각하지 않습니다. 평균 불가능한 것은 존재하지 않는다고 생각해 버리는 것입니다. 여기서부터 기계론적 생명관이나 기계론적인 인간관이 생겨납니다.

독자 여러분께서는 실제 텔레비전에서 일상적으로 행해지고 있는 인간의 뇌나 신체의 작용에 관한 의사나 과학의 해설이 거의 인과율에 기반해서 행해지고 그것을 보고 듣는 사람들도 그 인과율적인 설명을 받아들여 이해하게 된 듯한 기분이 되어 고개를 끄덕이고 있다는 것을 알고 계신다고 생각합니다. 그러한 기계론적 생명관이나 인간관에 기초해서 여러 사회적 문제나 경제적 체계 등이 논해지고, 또한 소학교부터 대학까지 교육이 행해지고 있는 것이 현실입니다. 일본의 장래를 결정하는 정치나 행정에 종사하는 사람들이나 지식인이 이러한 기계론적인 생명관이나 인간관에 따라 판단하고 결정을 하고 있는 것입니다. 따라서 지평 아래에 숨어 있는 여러 문제는 언제까지나 밖에 나올 기회가 없이 계속 무시됩니다.

그러나 숨어 있는 여러 문제들이야말로 20세기가 끝나려고 하는 현대 인간사회가 걸려 있는 중증의 질병의 원인은 아닐까요. 예를 들어 봅시다. 독자 여러분은 이미 납득하고 계시겠지요. 현재의 소학교나 중학교에서는 왕따(이지메) 문제를 비롯해 여러 가지 이유에서 학교에 가지 않는 학생이 대단히 증가하고 있습니다. 또 소학교에서는 수업이 성립하지 않는 학급붕괴라는 현상마저 일어나고 있습니다. 이 원인들은 미시적인 시야에서 보면 각자 다를지도 모릅니다만, 그래도 지역을 막론하고 이만큼 많이 발생한다는 것은 거기에 일반적인 원인이 있음을 의미하고 있는 것입니다. 그것은 한 집 한 집이 독립되어 자동사적인 작용이 상실된 가정에 아이들이 태어나고 타동사적인 사회 속에서 살아왔다는 것, 그리고 이후에도 그 속에서 살아가는 것 이외에 아무것도 보이지 않는다는 것이 본질적인 원인이 되고 있다고 생각합니다. 학생들에게 있어 자신이 '살아서 존재하고 있다'라는 것에 대한 의문이 무엇보다도 절실하고 중요함에도 불구하고, 이 의문에 답해 주는 어른은 주위에 없고 역으로 학교나 가정에서 시계처럼 기계적으로 기능하기를 강요받고, 또 채찍질하듯이 몰아붙여 획일적인 시험 성적에 의해 인간이 순위 매겨지는 것이 직접적인 원인은 아닐까요. 또 사회적으로 '관계를 만드는' 상태로 들어가기 어려운 학생이 '관계의 세계'로부터 학대받는 것은 아닐까요. 만약 이러한 것이 원인이라고 하면 20세기의 지가 만들어 온 사회적인 지평 아래에 숨겨져 있는 여러 문제로부터 이러한 사회적인 중증이 시작되고 있는 것은 아닐까요.

다른 예를 들어 봅시다. 시장이라는 것은 사람들이 '존재하고 있다'라는 자동사적인 작용과, '경제적인 관계(경제적인 거래)를 만든다'라는 타동사적인 작용이 공존하고 있는 장소입니다. 따라서 경제적인 관계 외에 서로 그 속에서 '존재하고 있다'라는 것에서 오는 윤리성이 작용해야 비로소 인간의 생활에 밀착하는 시장으로서 기본적인 활동이 생겨 거기에 시장주의 경제가 성립한다고 생각됩니다. 사람들이 시장에 '존재하고 있으'므로 시장에는 생산과 유통과 소비의 순환에 의해 고유한 시간이 생겨나서 그 리듬에 따라 경제의 자율적인 발전이 일어나는 것입니다. 그러나 '존재하고 있는' 것에 기반한 장소성을 시장의 논리로부터 분리해 버려서 상거래라는 기능적 관계성의 논리만으로 시장을 움직이려고 하면 어떻게 될까요. 이 결과로서 출현한 현상이 예컨대 다량의 단기적인 자금이 시장에 투입되어서 그 자금이 컴퓨터의 지시에 의해 초 단위의 정밀도로 이동하는 위험이 큰 투기입니다. 인간을 포함한 시장이라는 장을 기계론에 따라 취급한 결과, '관계를 만든다'라는 타동사적인 면에 강하게 끌리게 됨으로써 그 다른 한편으로 인간이 '존재하고 있는' 장으로서의 자동사적인 작용에서 유래하는 시장의 장소적인 조정 능력을 낮춰 버립니다. 자동사적인 작용이 낮춰진다는 것은 시장 그 자체를 안정화시키고 있는 윤리감도 사라져 버리는 것이 됩니다. 시장이 이러한 기계론적 시스템이 되면 타동사적인 경쟁만이 남아 버블 경제를 낳습니다. 또 위험이 높아지기 때문에 투자를 삼가게 되어 경제는 리듬을 잃습니다.

이것은 버블 경제의 붕괴로부터 공황, 더 나아가서는 시장 경제의 붕괴로 진행하는 악몽과도 같은 과정은 아닐까요. 지금 금융시장에서 일어나고 있는 것은 위험이 높은 '아이들의 불꽃놀이'에 의해 그 아이들이 화상을 입는 것만이 아니라 집이 불 타서 관계가 없는 많은 사람들이 희생되어 가는 것에 비유할 수 있는 것은 아닐까요. 이것이 미래 세대가 떠맡을 커다란 빚으로서 남아 있습니다. 마찬가지의 관점에서 생각하면 지구 환경의 변화에 관해서도 '존재하고 있다'라는 것에 대한 배려가 결여되어 있다는 문제가 떠오르게 됩니다.

인류는 여러 난문과 조우하고 있습니다만 그 문제들에는 공통적인 특징이 있다는 것을 깨닫게 됩니다. 그것들은 모두 "존재하고 있다는 것을 경시하고 발달해 온 문명 속에 놓여 이미 이 이상 계속해서 존재하고 있는 것이 불가능하게 된 생명"에 의해 만들어지고 있다는 것입니다. 근대 문명의 긍정적 측면 뒤에 숨겨져 온 부정적 측면이 커다란 모순의 형태가 되어 지평 위에 출현해 왔다는 것이므로, 이대로의 형태로 계속해서 문명을 진행시키려고 해도 어딘가에서 더욱 커다란 모순이 생겨나고 이미 이 이상은 분식결산粉飾決算을 진행시킬 수 없는 상태가 발생하고 있다는 것을 의미하고 있다고 나는 생각하고 있습니다. 이 모순들을 뛰어넘기 위해서는 어떻게 해서든 '존재하고 있는' 것과 '관계를 만드는 것'을 분리해 온 근대 문명을 대신해서 이 양자를 함께 생각하는 새로운 문명을 만들어야 합니다. 그리고 지금까지 지평 아래에 숨어 있어 사람들의 주의를 끌지 않았던 인간의 주체적인 점·정신성·창조성·윤리성·종교성·개성 등을 보이는 위치로 적극적으로 끌어낼 필요가 있습니다.

II.

국제사회는 혼미한 와중에 있습니다. 인간이 인간 자신을 어떻게 재파악하는가 하는 문제에 직면해 있다고 생각합니다만, 여기에서 '장'場이라는 개념이 커다란 의미를 가진다고 나는 확신하고 있습니다. 다른 한편으로 일본 전통 문화는 '장의 문화'라고들 말하고 있습니다. 만일 그렇다면 이 혼미를 빠져나오기 위한 창조가 일본 사회로부터 생겨날 수 있는 것은 아닌가 하고 나는 생각하고 있습니다. 생각해 보면 선禪의 철학적 이치가 노能[일본 전통기예의 하나로 노래를 부르며 춤추는 가면극] ·다도·꽃꽂이·검술의 신음류新陰流 등의 형태로 창조의 꽃을 피운 것은 무로마치室町시대입니다. 그 시대는 약 100년간에 걸쳐 수도에 오우닌応仁의 난이 계속되어, 전국적으로 그 영향이 미쳐 그때까지의 사회적 질서가 근저에서부터 부정되고, 세태가 크게 어지러워져서 다음의 전국시대戰國時代로 이행해 가는 혼미기였습니다. 내일 당장 살아남을 수 있을지 없을지 알 수 없는 커다란 혼미 속에서 사람들은 살아갔다고 생각합니다. 일본에 한하지 않아도 문화·문명의 창조는 항상 이러한 혼미 속에서 행해지는 것은 아닐까요. 이 시대의 선조가 어떻게 살아가서 오늘날에도 많은 사람들의 관심을 국제적인 층위로 모을 수 있는 문화를 창조할 수 있었던 것일까요. 현재의 혼미 속에서 태어난 새로운 문화·문명의 창조는 그 근저에 국제성이 있는 것이어야만 합니다. 바꿔 말하면 적어도 동서의 다양한 사고 방식을 통합하는 것이 그 근저에 없으면 안 된다고 생각합니다.

장이란 무엇인가를 오해 없이 서구 사람들에게 설명하려고 하면 나 자신이 장이라는 개념을 올바르게 파악하고 있는지 아닌지, 그리고 어떻게 말하면 상대가 바르게 이해에 도달하게 되는지가 언제나 대단히 고심하게 되는 점입니다. 그것은 사물을 보는 관점에 일본인과 서구인은 커다란 간격이 있어서 이 차이는 각자의 문화 속에 암재적으로 존재하고 있는 '문화의 뿌리로서의 종교'의 차이와 관계가 있는 것은 아닐까 하는 생각조차 들게 됩니다. 장이라는 개념은 근대적인 것을 파악하는 방식에서 가장 먼 곳에서 성립하고 있는 개념입니다. 그래서 현재 커다란 의의를 가지고 있는 것입니다. 장이라는 개념을 물리학의 전기장이나 자기장이라는 개념과 동류의 것으로서 설명하는 사람들이 있습니다만, 이것은 틀렸다고 생각합니다. 그것은 물리학적인 실체적 개념에 기반해 정의할 수 있는 것이 아니며, 따라서 전기장이나 자기장과 같이 대상화 가능한 것도 아닙니다.

장은 사람들의 마음에서 생겨나고, 그리고 자각되는 것입니다. 그 때문인지 장은 포착할 수가 없는 개념이라고도 말해집니다. 마음속에 만들어진 것을 불확실하다고 말해 버리는 것도 하나의 견해입니다만, 그렇다면 그 견해로 일관하는 것이 중요하겠지요. 아름답다·바람직하다를 비롯해 감정과 관계하는 일체의 것은 불확실하고, 색채도 불확실하며, 음악 등도 불확실한 것이 됩니다. 다시 또 확실하다고 생각하고 있는 물리적인 실체 개념도 엄밀히는 마음속에서 만들어진 것으로 그렇게 생각하고 있는 자신이 살아 있다는 것조차도 불확실한 것이 됩니다. 중요한 것은 세계와 자기의 실재성이 결부되어 있다는 것이고 그런 의미에서 장은 실재적인 근거를 가지고 있는 것입니다.

이것을 어떻게 설명할 것인가. 이것을 생각하면 실재의 이론으로서의 니시다 철학에 부딪치게 됩니다. 니시다 기타로는 메이지明治기의 일본이라는 동서의 문화가 격렬하게 부딪치는 장소에 살았고, 굳이 그 혼돈 속에 몸을 두어—나는 문화의 창조를 위해서는 굳이 혼돈 속에 몸을 두는 생활태도가 중요하다고 생각합니다만—동서 철학의 융합을 시도한 일본인입니다. 그의 업적의 위대함은 장을 말하려고 하면 니시다 철학을 무시하고 말할 수 없는 요소 요소에 '돌을 놓았던' 점에 있다고, 다른 표현으로 말하자면 국제적인 무대에서 장을 말할 때의 화법을 결정했다는 점에 있다고 나는 생각하고 있습니다. 이것은 다른 한편으로 니시다의 생각에 구속되는 것이 되므로 니시다가 대체 무엇을 어디까지 어떻게 말했던 것인가 하는 이 점을 확실히 하는 것이 '장'을 국제적인 무대에서 연구하고 이것을 서구 사람들에게 말하기 위해 중요하다고 생각합니다. 예컨대 니시다 철학과 제2차 세계대전의 관계가 어떠했는지 이것은 국제적인 무대에서 말할 때 결코 무시할 수 없는 문제라고 생각합니다.

또한 장의 사고를 사회적 문제나 기술적인 문제로 활용하려고 한다—나의 입장이 이것입니다만—면, 만약 니시다가 장의 모든 것을 말하고 있다면, 나에게 있어서 필요한 것은 "니시다 기타로를 읽는" 것이 되고 만약 그렇지 않다면 왜 니시다가 말하고 있지 않는가를 이해해서 그 점을 뛰어넘도록 노력을 해야 한다는 것이 됩니다. 한마디로 말하면 "무엇을 말하고 있지 않는가"가 확실히 나타나 있지 않다는 점이 니시다 철학의 가장 커다란 문제점이고, 왜 그것을 말하고 있지 않는가 하는 점에 니시다 철학의 본질이 있다고 느끼고 있습니다.

나는 현재 다음과 같이 생각하고 있습니다. 니시다가 행한 것은 한마디로 말하면 '장에 있어서 개체'를 기술하는 논리는 어떠한 논리적 구조를 가지는가 하는 발견이고, 다음으로 이 논리 구조를 그의 절대 변증법이라는 수법을 사용해 형태학적으로—해부학적으로—명확하게 한 것입니다. 장소적 논리의 형태를 발견해서 그 '해부'를 했다고도 말할 수 있겠지요. 니시다가 발견한 장소적 논리구조는 '실재하는 개체는 의미적 구조(의미를 가진)를 만들어 장소 속에 존재하고 있다'라는 것이었습니다. 그리고 니시다는 그 의미적 구조를 생성하는 기본 원리를 해명했습니다. 그것이 모순적 자기동일입니다. 니시다 철학의 의미적 구조(의미가 있는 구조)의 생성에 관한 이 기본 원리는 운동적 원리는 아니고 형태적 원리라는 특징을 가지고 있습니다. '장에 있어서의 개체'는 모순적 자기동일에 의해 설명 가능한 의미적 구조를 취해서 존재하고 있다는 점에서는 그렇다는 것이 됩니다.

예컨대 하늘을 나는 새를 잡아서 왜 하늘을 날 수 있는지를 조사합니다. 그러면 날개깃이 덮어씌워진 유선형의 몸이 있고, 그 몸으로부터 목이 나와 그 앞에 좌우의 눈이 각자 한 개씩 나와 있고, 선단先端에는 한 개의 주둥이가 있다. 그리고 몸으로부터는 좌우 대칭으로 날개가 나와 있다. 그리고 그 몸의 아래에는 날개깃이 덮어씌워져 있지 않은 다리가 좌우 대칭으로 두 개 나와, 그 앞에 발톱이 있는 발가락이 붙어 있다. 그 날개를 넓혀 상하 운동을 하는 것에 의해 하늘을 날고, 부리와 양 다리를 이용해 먹이를 잡는다……라고, 새의 신체 각부의 구조와 그 사이의 관계를 새가 살아가기 위해 필요로 하는 의미적 구조와 결부시켜 모순적 자기동일에 의해 생성적으로 설명해 가는 것이 니시다의 입장이 된다고 생각합니다.

만년의 니시다는 더욱 이 모순적 자기동일에 의해 의미적 구조가 출현하는 작용에 관해서 '역대응'의 논리 등 깊은 고찰을 행하고 있고, 그것에 보강하는 형태로 장소적 논리 구조의 창조론을 생각했다고 여겨집니다. 이것은 의미적 구조의 형태형성에 해당합니다. 예를 들어 말하면 '알 속에 새의 형태가 어떻게 형성되는가'라는 문제에 주목해서 그 법칙성을 개체 간의 상호 한정과 장소에 의한 일반 한정, 또한 절대 무의 장소의 역대응이라는 형태로 파악한 것이라고 나는 생각하고 있습니다. 이렇게 해서 새의 신체와 그 각부의 형태학적 관계가 기본적으로 해명되었다고 합니다. 확실히 '새가' 왜 날 수 있는가 하는 문제를 생각함에 있어 이 형태학적인 고찰은 기본적인 구속조건이고 무시할 수 없습니다. 그러나 그것이 중요한 조건이라는 것은 인정하지만, 새가 난다는 운동에 관한 내용은 거의 아무것도 명확하게 파악되어 있지 않다고 생각하는 입장이 있습니다.

이 입장에 서면 "그러면 인간이 새의 구조를 흉내 내 만든 인공적인 날개를 몸에 붙이고, 그것을 수동적으로 움직이면 실제로 날 수 있는가" 하는 의문이 생깁니다. 실제로 체험 가능하지 않으면 정말인지 아닌지 알 수 없다는 실천의 입장에 섰기 때문입니다. 이것을 실천의 입장, 혹은 설계의 입장이라 부르기로 합시다. 그래서 형태적인 해석에 기초해서 실제로 나는 것을 실천하려고 하면 여기서 설계에 관한 여러 가지 의문이 솟아납니다. 어떠한 형태와 크기의 날개로 하면 좋은가, 그 날개의 강도는 어느 정도로, 그것을 어떻게 어느 정도의 속도로 움직이면 좋은가, 다시 또 어떻게 하면 전진하고 어떻게 하면 회전가능한 것인가 하는 '난다'라는 운동을 중심으로 한 의문입니다. 형태의 뒤에 숨겨져 외관상의 형태만으로는 설명할 수 없는 것이 많이 있다는 것을 알게 됩니다. 신체의 운동이라는 문제가 있고, 이 운동과 형태가 결합하는 곳에 난다는 성질이 생겨나는 것입니다만, 이 운동이 어떻게 발생하는 것인가를 포함해 생리학적인 성질에 대해 아무것도 모르고 있다는 것에 생각이 미칩니다.

즉 운동과 형태라는 서로 상대를 이끌어 낼 수 없는 두 개의 독립된 성질이 있고, 그 운동과 형태가 난다는 목적을 충족시키도록 정합적으로 결부되는 곳에서 나는 작용이 생겨나는 것입니다. 새의 형태가 난다는 목적에 정합적으로 만들어져 있다는 것을 발견한 것만으로는 날기 위해 요구되는 필요조건을 기술한 데 지나지 않고, 그것만 있다면 날 수 있다는 의미에서 보면 충분조건은 되지 않는 것입니다. 그러면 무엇이 있다면 충분하게 되는 것일까. 형태적인 논의만으로는 비행체를 명확하게 설계하는 것은 불가능합니다. '난다'라는 것에 관한 유체역학적인 원리가 나오지 않으면 설계 방침은 서지 않습니다. 그 유체역학적 원리는 실제 체험해 보지 않으면 알 수 없는 것이므로, 현장에 가서 실제로 여러 가지 경험을 해봐서, 그 경험에서 생겨나는 직관을 기초로 가설을 세우고, 또 그것을 현장에서 명확하게 실행해 본다는 당연한 방법밖에 없습니다. 이 단계에서 외관상의 형태 속에 숨어 있는 운동 원리가 보이게 되는 것입니다. 이 실천의 입장에 서면 니시다 철학은 문제 설정 방법과 필요조건을 말하고 있는 것뿐이라고 말할 수 있습니다. 따라서 그것을 어떻게 사용하는가에 따라 여러 가능성이 있게 됩니다.

이 실천의 입장에 서서 생각하는 것이 내가 제창해 온 설계적 장소론의 입장입니다. 이것은 니시다 철학이 목표로 한 것, 즉 '무'로부터 바라본다는 것을 중요한 기초로 하는 것입니다. 그러나 그것이 기초의 전부는 아닙니다. 기초의 하나에 지나지 않는 것입니다. 이 무의 관점에서는 충분히 논의되고 있지 않는 것이 운동을 생성하는 '나의 신체', 혹은 '우리들의 신체'와 그 주위와의 관계성이라는 문제인데, 실천과 그를 위한 설계의 입장에서는 아무리 해도 이 문제를 무시할 수는 없습니다. 그리고 실제로 신체라는 '유'에 의해 운동의 생성(창출)과 그 제어라는 주체적인 작용이 생겨나게 된다고 나는 생각합니다. 따라서 신체라는 유와, 그 신체를 통해 일어나는 주위와의 관계를 운동성을 통해 알기 위해서는 신체 중심적인 관점을 아무래도 무시할 수 없게 됩니다.

나는 '무'의 관점을 장소 중심적 관점, 개체의 신체를 통해 행해지는 '유'의 관점을 자기 중심적 관점이라 부르고 있습니다. 그리고 이러한 유와 무라는 두 개의 관점이 서로 정합적으로 될 수 있다면, 이 다른 관점에 동시에 설 수 있는 것입니다. 내가 하늘을 나는 새라면 '난다'라는 운동을 통해 형태의 의미를 깊게 알고, 또 형태의 의미를 생각하는 것에서부터 능숙하게 나는 방법을 알 수 있습니다. 실제로 자기의 운동지知와 장소적 형태의 지知가 결부되는 것에서부터 '나는 무엇을 위해 무엇을 해야 하는가'라는 자기의 존재에 관한 기본적인 물음도 생겨나는 것입니다.

일본의 장의 문화도 선이라는 무의 관점에서 보는 세계와, 예컨대 진검을 들고 서로 싸운다는 신체적인 유의 관점에서 보는 세계를 결부시키는 곳에서 성립한 것입니다. 실제로 장소론을 기초로 새로운 문명의 건설을 생각하는 입장은 실천의 입장이므로 반드시 설계적 장소론이 필요하게 됩니다.

그러면 무의 세계와 유의 세계는 어떠한 관계가 되는 것일까. 이 책의 구판에서 그것을 제시했었습니다만, 여기에서 그 결론을 간단히 내린다면 무의 세계와 유의 세계가 상호 유도적으로 영향을 주면서 정합적으로 접하는 것입니다. 그리고 그 경계가 유의 세계에서 생성하는 운동의 구속조건이 되는 것입니다. 알기 쉽게 말하면 장의 활동이 장 속에 어떤 개체의 내부에 생성하는 운동의 구속조건이 되어 개체의 상태를 결정하도록 장소를 설계해야 한다는 것입니다.

이렇게 쓰면 추상적으로 생각됩니다만, 예컨대 이 원리를 금융시스템에 활용하면 개개의 투기자의 행동을 장이 윤리적인 구속조건으로서 속박하도록 금융시스템을 설계하는 것이 됩니다. 실제로 일찍이 미국처럼 인간이 무한하다고까지 생각되는 넓이를 가진 공간에 살고 있으면 미개척지frontier를 자유로이 개척해 그 활동 공간을 넓혀 갈 수 있을 것입니다. 그리고 자유 경쟁의 원리라는 '보텀-업'적 원리는 이렇게 무한히 넓혀 갈 수 있는 듯한 활동 공간 속에서는 중요한 주도 원리가 됩니다만, 현재와 같이 환경의 유한성이 인간의 생활과 생명의 유지에 심각한 문제가 되고 있는 시대에는 자유의 내용을 규정할 필요가 있게 되는 것입니다.

확장가능계에서는 자기중심적 관점에서 행해지는 자유경쟁이, 폐쇄계에서는 장소 중심적 영역과 자기중심적 영역의 이二영역적 합치가 기본적인 설계 원리가 된다고 나는 생각하고 있습니다. 폐쇄계를 일一영역적 문제로서 설계하면 자유의 직접적인 제한이 됩니다만, 이영역적 합치는 개개 인간의 활동 방법에 의해 틀이 변화를 한다는 사고 방식에 기초한 것입니다. 이러한 설계를 이영역적 설계라 나는 부르고 있습니다. 두 영역의 상호 유도 합치에 의한 구속조건의 생성이라는 생각은 이 이영역적인 설계 원리입니다. 경제시스템이 이렇게 설계되어 있지 않기 때문에 버블 경제와 버블적인 금융 문제가 발생하는 것입니다. 이 설계 원리의 적용이 기대되는 시스템으로서 인터넷이 있습니다. 이렇게 이 책의 구판에서 논해 온 것은—물론 이 실질적인 증보개정판인 '신판'에서도 그것이 더욱 깔끔한 형태로 표현되어 있습니다만—현재라는 시대 속에서도 중요한 의의를 가지고 있다고 나는 자부하고 있습니다.

III.

이 책의 특징은 니시다 철학과는 이질적인 출발점에서 출발해서—근대 과학 이론에서 출발해서 — 장과 장소를 논하고 있다는 점에 있습니다. 그것이 충분히 논해지고 있는가 아닌가는 독자의 판정에 맡길 수밖에 없습니다만, 어쨌든 내가 아는 한 전례가 없는 장소와 장의 입문서라고 생각합니다. 이러한 특징을 가진 이 책이 존재하고 있는 이유는 첫번째로 나에게는 생물이나 인간이 살아 있는 상태를 과학적으로 이해하고 싶다는 목표가 있고 그것을 좇고 있는 동안에 니시다 철학과 만난 것입니다. 처음부터 니시다 철학을 공부했거나, 니시다를 목표로 출발한 것은 아니었던 것입니다. 따라서 나는 니시다의 독창적인 업적에 경의를 느끼고 니시다 철학의 뛰어난 점은 솔직히 받아들이면서도, 또 그렇기 때문에 기본적으로는 비판적인 태도를 버리려고 하지 않는 것입니다. 두번째로 내가 최근(도쿄대를 퇴임한 후) 목표로 하고 있는 것은 설계적 장소론의 확립이므로, 당연히 니시다와 다른 입장에 서지 않으면 안 됩니다. 또 설계적 장소론에 있어 장소적인 과학기술의 창조는 중요한 목적이므로 이 책이 이 입장을 버릴 필요는 없다고 생각하고 있습니다.

니시다 철학의 중요한 기본원리로서 (절대) 모순적 자기동일이 있습니다. 이것은 장소 속에서 위치를 점하는 여러 개체 간에 생성하는 의미적 구조에 대해 장소가 어떻게 활동하는가를 나타내는 원리입니다. 의미적 구조는 의미적인 관계에 있는 기호적 요소(개체)에 의해 나오는 것이므로 개체 간에 생성하는 장소적 관계의 생성원리라 해도 좋다고 생각합니다. 설계적 장소론의 입장에서는 이 모순적 자기동일을 예컨대 사회라는 장소에 국소적인 영역'을 점하고 활동하고 있는 여러 조직 간의 관계 생성에 사회의 장이 어떻게 영향을 주는가를 표현하는 원리라 생각할 수 있습니다. 단 이 원리로 말하는 개체 간의 관계는 엄밀히 말하면 자동사적 관계로, 개체가 서로 타동사적으로 관계하고 있을 때의 관계와는 다르다고 여기에서는 일단 생각해 두고 싶습니다. 여기서 내가 자동사적 관계라 말하고 있는 것은 '내가 장소 속에 존재하고 있다는 것' 즉, 나는 이러한 역할을 가지고 이 장소 속에 존재하고 있다'라는 것을 상호 인정하는 관계입니다. 이것은 장소 속에 위치 지어진 개체의 장소적 역할 간의 관계에 해당하는 것이므로 세로 관계라 가칭해 두겠습니다.

문제는 이 세로 관계가 처음부터 개체 간에 존재하고 있는 것은 아니라는 것입니다. 모순적 자기동일 상태가 성립하기 이전은 개체 간에는 상호 인정할 수 있는 장소적인 역할이 만들어져 있지 않습니다. 타동사적인 관계(가로 관계)밖에 존재하지 않고, 그것이 장소의 활동에 의해 세로 관계로 점차 변화한다고 생각하는 것이 타당하다고 봅니다. 그것으로 모순적 자기동일이 출현하는 것입니다.

개체가 대체할 수 없는 존재라는 것은 각자 본질적으로 독립하고 있다는 것입니다. 신쇼志ん生의 만담에 "나와 너는 태어나게 된 때는 다르지만, 죽을 때도 다른 사이다"라는 표현이 있습니다만 이것이 개체라는 것입니다. 기본적으로 독립하고 있으므로 개체는 각자 자유로이 활동 가능한 공간을 넓히려고 서로 다툽니다. 공간 속에 아직 점유되어 있지 않은 빈틈이 있다면 거기에 조금이라도 영역을 확장하려고 한 결과 빈틈이 메워져 갑니다. 또한 다른 개체의 활동 영역으로 진입하려고 해서, 서로 상대를 부정하려고 합니다. 그리고 개체의 집합에는 '전국시대'가 다가옵니다. 이런 의미에서 개체 간에는 기본적인 모순이 있는 것입니다. 이것을 니시다 철학에서는 "개個는 개個에 대해 개個다"라고 말하거나, 개체는 서로 절대 부정의 관계에 있다고 말합니다.

이런 전국시대와 같은 상황인 채로는 개체 간에 서로의 생사를 건 싸움이 계속됩니다만 제2의 가능성으로서 공간 그 자체를 확대해서 틈을 넓힐 수 있다면 그것으로 서로 간에 생사를 건 싸움이 일어날 기회를 감소시키게 됩니다. 이것이 '제국주의 시대'이고, 문화·문명의 측면에서도 환경에 대해 서양은 이 입장을 취해서 발전적인 근대 문명을 만들어 온 것입니다. 그러나 장소를 이미 이 이상 확대하는 것이 불가능하다는 '근대 문명의 벽'이 다가오면 개체 집합은 개체 간의 모순을 현재화顯在化시키지 않는 제3의 원리를 구하지 않으면 안 되게 됩니다. 그것이 새로운 의미적 구조의 공동창조적 창출입니다.

제3의 가능성인 새로운 의미적 구조의 공동창조적 창출에 관한 원리에 해당하는 것이 니시다의 모순적 자기동일이라고 생각할 수 있습니다. 그러나 이 의미적 구조를 설계하는 입장에서 보면 모순적 자기동일은 설계의 필요조건에 불과합니다. 구조를 설계한다는 실천적 입장에서는 타동사적인 작용이 필요케 됩니다. 자동사의 생성이라는 필요조건만으로는 무한정하고 아무것도 설계할 수 없으므로, 어떻게 해서든 충분조건을 보충해서 그 필요조건을 필요충분조건으로 만들 필요가 있습니다. 모순적 자기동일의 원리가 어떠한 의미적 구조의 내부에서 작용하는가를 명확히 하고 그 의미적 구조를 설계하기 위한 원리를 발견하는 것이 극히 중요한 과제가 되는 것입니다.

대체할 수 없는 개체로서 존재한다는 것은 서로 작용하고 서로 공격하는 타동사적인 관계, 즉 가로 관계 외에도 장소라는 개체의 집합이 '존재하고 있는' 무대에 각 개체가 대체할 수 없는 역할을 가지고 함께 존재하고 있는 세로 관계가 출현한다는 것입니다. 장소는 개체가 존재하는 곳이므로 세로 관계를 가진 개체의 집합이 그 장소에 질서를 가지고 존재할 수 있는(안정된 생활을 영위할 수 있는) 상태가 출현하기 위해서는 어떻게 하면 좋은가를 생각하는 것이 설계적 장소론입니다. 개체 간의 관계는 타동사적인 가로 관계에서 시작되어, 질서 있게 '존재하기' 위해 장소로부터 한정을 받아(장의 작용을 받아) 세로 관계를 생성한다. 여기에 다양성의 생성이 처음으로 일어나는 것입니다. 그리고 타동사와 자동사가 함께 존재하는 의미적 구조, 즉 생명적 구조가 생기는 것입니다.

그래서 필요하게 되는 것이 '내적 관점에 선 장소 설계'라는 생각입니다. 이 생각은 개체 간의 타동사적 관계는 장의 작용에 의해 자동사적 관계로 변화한다는 점을 고려해서 내가 착안한 것입니다. 이 내적 관점에 선 설계라는 생각은 "개체가 장소에 있어서 존재하는 것은 장소에 있어서 작용한다는 것이고, 장소에 있어서 작용하는 것은 장소에 있어서 창출한다는 것이다. 그리고 개체가 장소에 있어서 창출한 것이 장소의 상태와 정합해 있으면, 이번에는 '장소의 창출'로서 개체에 역으로 작용하게 된다. 그리고 개체는 이 장소의 작용에 자극되어 또 창출을 계속한다. 이 장소를 매개하는 순환적인 운동(장소적 창출 순환)의 생성에 의해 개체의 존재에 리듬감이 생긴다. 각 개체의 창출이 장소의 창출로서 공유되는 것에 의해 개체 간에 상호 공유 가능한 장소적 존재 상태가 생성한다. 이 장소적 순환 운동이 정합적으로 되는 것이 개체의 집합이 장소에 있어서 존재한다는 것이다" 라는 사실에 서 있습니다. 이 장소적 창출 순환의 지속을 가능케 하는 구조를 생각하는 것에서 장소의 설계 원리가 생겨납니다. 따라서 이 원리는 개체와 장 간의 상호 유도합치에 의한 의미적 구조 창출의 운동론적인 표현이 될 필요가 있습니다.

다시 한번 모순적 자기동일에 의한 의미적 구조가 생겨나고 장소가 또 변화를 해가기 위해서는 장이 변할 수 있어야만 합니다. 장이 변하지 않는다는 것은 곧 그 구조를 유지하는 힘이 없게 된다는 것을 의미하고 있습니다. 장이 크게 변하지 않는 것은 한 번 만들어진 세로의 관계가 그대로 고형화되기 때문이고, 그 이유는 개체로서의 인간이나 그 구조가 일단 획득한 권리나 이익에 고집해서 장소 속에서 획득한 영역을 지켜 거기서부터 나오려고 하지 않기 때문입니다. 이러한 상태가 되면 개체는 발전성이 없는 장에 지배되게 되는 것입니다. 고형화된 의미적 구조 속에서는 발전의 계기가 생기지 않습니다. 고형화된 의미도 장소와 정합적인 한 그 질서를 유지하는 작용을 합니다. 그러나 곧 변화하려고 하는 장소와의 사이에서 모순이 생겨 낡은 의미적인 구조를 유지해 가는 것이 불가능하게 됩니다. 그리고 '존재하고 있다'라는 것을 근본적으로 바꾸지 않으면 안 될 때에 고형화된 의미적 구조는 변화에 대해 저항하거나, 때로는 모순을 크게 만들거나 하는 역할을 합니다.

일반적으로는 인간이나 그 구조는 자율적인 노력으로 자기 자신의 존재를 변경할 수 없는 경우가 많고, 외측으로부터의 비판이 중요한 역할을 합니다. 그것은 개체가 존재하고 있는 상태가 장소와 정합적으로 되어 있지 않다는 '개체의 존재에 관한 장소적 견지에서부터의 비판'입니다. 이 비판을 받아들이는 것에 의해 개체는 자기 부정을 강요받아 모순을 극복해 새로운 관계를 만들어서 새로운 장소 속에서 지속적으로 존재해 갈 수 있는 것입니다.

이러한 개체의 변화를 동반하면서 장이 변화해 갈 때에는 새로운 장소 속에서 각 개체가 싸우면서 새로운 영역을 재설정할 필요가 있습니다. 그를 위해서는 그때까지의 의미적 구조를 지탱해 온 개체 간의 세로 관계가 풀려, 한 번 가로 관계로 변할 필요가 있습니다. 일반적으로 생성적인 장소 속에서는 개체 간의 세로 관계는 끊임없이 가로 관계로 변할 가능성을 품고 있어 긴장감이 있는 관계를 만들어서 항상 자기 부정을 가능케 하는 상태가 되어 있습니다. 생성적인 장소를 만들기 위해서는 자기 부정(자기가 존재하고 있는 상태의 부정)을 가능케 하는 구조를 어떻게 짜 넣는가가 중요합니다. 그를 위해서는 밖으로 열린 상태를 설계할 필요가 있습니다. 모순적 자기동일의 작용에 의해 생겨나는 의미적 구조에는 계층적인 상사성이 있습니다. 여기에서 생각하고 있는 구조를 사회라는 장소 속의 개체로서의 기업이나 조직의 구조라 생각하면 그 개체를 인간이라 생각할 수 있습니다만, 이번에는 그 인간을 하나의 장소로서 그 내부에 의미적인 구조를 생각할 수 있습니다.

그렇지만 학술이나 기술과 같이 고도의 전문지식이 필요케 되는 영역에서는 영역의 외부 사람들은 전혀 엉뚱한 비판을 하지 않기 위해서라도 전문가들의 말을 그대로 잘 이해하지 못한 채 받아들여 판단하는 것 이외에는 실제로 방법이 없습니다. 그 결과 영역이 고착화해서 폐쇄적으로 되어 버릴 경향이 보입니다. 학술이 폐쇄적으로 변하는 경향은 별로 새로운 것은 아니며, 예컨대 데카르트는 고형화된 의미적 구조 속에 살고 있던 당시 대학 교수들의 지식에 실망했고, 그래서 고형화된 장소를 벗어나 여행을 떠나서 그 체험의 현장에서 새롭게 질문하는 것을 시작하려고 했었습니다. 그는 자기 자신의 존재에 관한 기존의 지식을 철저하게 의문시하는 것에서부터 시작했던 것입니다. 이것은 유아가 자신의 존재를 확인하기 위해 의문을 연발하는 것과 유사합니다. 새로운 장소에 나와 새로운 체험을 계속해서, 거기서부터 철저하게 자기를 의심해서 자문자답한다—이것은 고형화된 의미 구조를 가진 세계 속에서 밖으로 나오기 위한 가장 유효한 방법입니다. 이것이야말로 '존재하고 있다'는 것에서부터 출발하는 방법인 것입니다.

학술과 기술 분야에는 일본의 장래가 걸려 있어 앞으로도 거액의 세금이 사용될 것이라고 생각합니다. 거기에 일본의 미래가 있고 꿈이 있는 것입니다. 그러나 그 투자가 너무나도 거액의 프로젝트로서 집중적으로 행해지기 때문에, 만약 실패하면 아이들의 미래에 말할 수 없는 거액의 빚을 남기는 것이 되어 버려 나라의 존립에 영향을 줄 가능성조차 있습니다. 따라서 이것은 눈을 감고 과감하게 큰 결단을 내린다는 건곤일척乾坤一擲이어서는 안 됩니다. 후손들에 대한 사랑과 국제사회에 있어서 일본의 책임을 위해서도 그 위험성을 회피할 수 있는 조치가 취해져야만 합니다.

여기서 걱정이 되는 것이 하나 있습니다. 그것은 미래를 향한 즉 다음 문명의 건설을 위해 행해져야 하는 그러한 연구 투자가 '기계론적 생명관'이라는 근대 과학의 생명관 위에 서서 설계되고 있다고 보인다는 점입니다. '기계론적 생명관'이라는 것은 이미 논리적으로 한계에 이른 의미적 구조를 가진 20세기적 세계의 생명관이고 다음 문명을 주도하는 것은 불가능하다고 생각하고 있습니다. 이러한 걱정은 나만의 착각에서 오는 것이 아니라 해외에서 그 나라의 과학기술정책에 영향을 주고 있는 연구자들로부터도 요즘 자주 듣는 비판으로 무시해 버릴 수 있는 것이 아닙니다.

문제는 이러한 '존재에 관한 비판'을 반영할 수 없는 '고형화한 20세기적 의미적 구조를 가진 시스템'이 나라의 장래를 위협할 가능성이 있다는 점입니다. 과학기술의 당사자들이 외부로부터 비판을 받아들여 자기 부정이 가능케 되는 장을 행정 당국이 만들고 있지 않은 것은 아닌가 합니다. 지금까지의 일본 행정에는 책임을 회피하려고 하는 자세가 강해서, 오류의 흔적을 지우고 '무오류'의 증거를 남기는 것에 너무 속박되어 온 것은 아닐까요. '존재하고 있는' 것에 대한 비판을 포함시키지 않도록 행정 자신이 선택한 '권위 있는 전문가'에 의해 위원회를 구성하고, 거기서 판단하려고 하는 경향이 있습니다. 이러한 사람들 다수는 세로 관계 속에서 확인된 '권위 있는 전문가'라든가 외국을 참조해서 입을 여는 평론가 등, 행정에 있어 불리한 것은 그다지 말하지 않는 사람들인 경우가 많은 것입니다. 그러나 가령 행정의 폐쇄성과 학술의 폐쇄성이 유착해서 폐쇄적인 조직이나 장을 만들어 거기서 일본의 미래에 커다란 영향을 줄 정도의 결정을 해버릴 가능성이 있다고 하면, 설계적 장소론의 관점에서 말해서 커다란 문제가 있습니다. 장래 나라의 존립에 관계될 정도의 중요한 결정은 장소적 관점에서서 판단되어야 하는데, 그것이 기존의 학문적 영역의 전문가라는 이유에서 선택된 '권위자'들의 비판에 맡겨지는 구조에는 논리적 모순이 있고, 그래서 설계적 관점에서 검토해 볼 필요가 있습니다.

중요한 것은 이러한 위원회를 국민 생활의 입장에서 여는 원칙이라고 나는 생각합니다. 예컨대 실제로 물건을 생산하는 현장에서 새롭게 만들 제품의 방향성을 모색하고 실천하고 있는 사람들이나, 예컨대 이 책의 독자와 같이 미래에 높은 지적 관심을 가지고 있는 '생활하고 있는 시민'의 참가를 원리상 가능하게 하고 그러한 사람들과 정보를 공유하여 장소적 판단을 모색하는 것입니다.

현재 사회 이곳저곳에서 생겨나 있는 커다란 혼란은 인간이 존재하고 있는 장소를 확대하는 것이 실질적으로 불가결하게 됨으로써 야기된 것이라고 할 수 있습니다. 이것에 의해 모순이 생겨나고 이것이 용이하게 해소될 수 없으므로 폐색감이 생깁니다. 폐색된 장소 속에서는 아이들도 미래의 꿈을 그릴 수 없습니다. '존재하고 있는' 것에 대한 인식을 문명사적으로 대전환해야 할 필요가 광범위한 영역에서 생겨나 있는 것입니다. 이것은 '존재하고 있다'라는 자동사와 '관계를 만든다'라는 타동사를 나눠 자동사적인 작용을 시선이 닿지 않는 지평 아래로 떨어트리는 것에 의해 깔끔하게 만든 기계론적 논리를 사용해 진행해 온 근대가 이미 그대로의 형태로는 나아갈 수 없다는 것을 의미하고 있는 것입니다. 발상의 근본적인 전환이 필요합니다. 요구되는 것은 자동사적인 작용을 정당하게 짜 넣는 것입니다. 바꿔 말하면 시대는 주객비분리의 형태를 한 새로운 사고에 선 문명을 만들 것을 요구하고 있는 것입니다.

IV.

'장을 읽는다'라는 것은 새로운 장소를 창출하기 위해 필요한 것입니다. 새로운 장이 크게 되도록 자기의 활동을 결정하는 것이 새로운 의미를 가진 구조를 만드는 것입니다. 그러면 어떻게 해서 그것이 가능할까요. 버블 경제에 놀아나 사람들이 투기를 한 것도 장의 의미를 잘못 읽은 결과는 아닐까요. 장의 생성을 새로운 의미의 생성으로서 생각하면 윤리라는 문제가 대두됩니다. 버블 경제의 문제점은 표면상으로는 화려하게 보여도 그것은 낡은 장소의 틈을 메운 것뿐이고, 인간이 품고 있는 모순을 해결하는 새로운 장소의 창조가 없었다는 것입니다. 즉 근대 문명을 뛰어넘어 새로운 문명을 맞이하기 위한 창조가 없었다는 점입니다. 창조에는 방향성이 없으면 안 됩니다. 윤리는 이 방향성을 나타낸다고 생각하고 있습니다. 창조적인 장에는 윤리성이 없으면 안 되는 것입니다. 이 윤리성에서 사명감이 생겨납니다. 어떤 사명감을 지니고 행하는 행위가 아니면 깊이 있는 창조에는 도달할 수 없습니다. 사명감을 가지고 활동함으로써 좁은 의미에서의 '나'에 대한 집착을 버리고 장소의 문제를 짊어진 행위가 가능케 됩니다.

혼다의 쿠메 타다시久米是志 전 사장의 이야기로는 혼다는 지금까지도 "이제 이걸로 회사가 망하는가" 하고 생각할 위기를 누차 경험해 왔지만, 그때마다 독창적인 창출이 일어나 발전해 왔다고 합니다. 그러한 창출상의 비약이 일어난 커다란 원인은 위기적 상태가 출현하면 사명감을 가지고 핵심을 향해 노력을 집중하는 사람들이 출현한 것이었습니다. 그 사명감이야말로 변화와 모험을 향한 용기를 부여하는 것입니다. 이러한 혼다의 기업 풍토는 '기술은 사람에게 봉사하기 위해 있다'라는 혼다 소이치로本田宗一朗의 윤리관에 의해 생겨난 것일지도 모릅니다.

생명의 특징은 이러한 창조성에 있는 것입니다. 이 창조성에 어디까지 깊게 들어갈 수 있는가에 의해 생명에 관한 여러 가지 논리가 시도됩니다. 창조는 비약을 동반해 나타납니다. 비약이야말로 창조의 본질을 이야기하는 것입니다. 그 비약은 선승에게 돌연 찾아오는 깨달음과 유사해서 의식의 밖에서 돌연히 찾아오는 것이기 때문에, 그것을 정확히 전달하는 것은 불가능하고 또 그 상태는 사람에 따라 다르다고 생각합니다. 그러나 여러 사람들의 경험담을 통합해서 생각하면 동양인이든 서양인이든 상관없이 창조에는 특징적인 공통점이 있습니다. 그것들을 나의 경험과 비교해서 나 나름대로 정리를 해봅니다.

창조에 있어서 우선 중요한 것은 새로운 의문을 발견하는 것입니다. 창조란 정답을 발견하려고 하는 활동은 절대로 아닙니다. 자신이 의문을 느끼는 곳에서부터 출발할 수밖에 없는 것입니다. 다음으로 그 의문이 어떠한 문제에서 생겨나는 것인지 그 기원을 명확하게 만들어 갑니다. 자신의 의식이 투명하게 되는 데 따라 의문 속에 존재하고 있는 '문제의 핵심'이 점차 확실하게 보입니다. 나는 이것을 '문제의 순화'라 부르고 있습니다. 이윽고 그 이상은 순화 불가능한 단계에 옵니다. 그것은 그 핵심을 한마디로 표현할 수 있는 상태에 도달한 단계입니다. 그리고 그 핵심적인 문제를 어떻게 해결할지를 밤에 잠들어 있는 동안에도 무의식 중에 계속 생각해 갑니다. 이것을 '문제를 품고 잔다'라고 합니다. 젊은이가 좋아하는 사람을 낮에도 밤에도 계속 생각할 때와 같이, 생각한다기보다 뜻을 모아 의식을 집중해 가는 것입니다. 이러한 상태가 계속되면 심신이 소모됩니다만, 오히려 그 심신 소모의 임계적 상태에 자기를 두는 것이 비약을 위해 필요합니다. 그리고 생각하고 있는 문제로부터 무의식 중에 떨어진 순간에 돌연 핵심적인 진실이 눈앞에 번뜩여 거기서 새로운 세계가 넓혀져 갑니다. 그 세계는 섬광이 일어나기 전에는 전혀 생각하지도 않았던 것입니다. 요컨대 창조라는 것은 자기 자신이 '존재하고 있는' 장소가 변하는 것입니다.

창조의 과정은 어느 정도는 단련할 수 있는 것으로, 야규 세키슈사이柳生石舟斎의 "어제의 나에게 오늘은 이긴다"라는 곳까지 나아갈 수 있다고 생각합니다. 그것은 문제의 핵심을 파악하는 방식이 능숙하게 되기 때문입니다만, 그것만은 아니고 자기 자신에 대한 집착를 간단하게 버리고 문제를 푸는 일에 순수하게 될 수 있기 때문에, 솔직한 눈으로 장소를 볼 수 있게 되기 때문입니다. 윤리에 의해 인격을 연마해 가면 명확한 방향이 선명하게 보이게 된다고 생각합니다. 니시다 기타로의 "물로부터 나를 비춘다"物來たって 我を照らす라는 말은 유명합니다만, 절대 무의 장소의 빛에 의해 자신의 존재가 비치게 되는 것입니다. 윤리에 대한 감성을 높여 가면 갈수록 희미한 빛이 보내지고 있는 것이 보이는 것입니다. 그것은 누군가에게 좋은 평가를 받거나, 혹은 자기의 명예를 위해 무언가를 한다는 기분과 전혀 무관한 세계입니다. 창조는 콜럼버스와 같이 자기 자신을 믿고 무한정한 미래 속으로 나가는 모험입니다만 그 암흑의 어둠 속에서 헤매고 있는 자신의 존재를 비추고, 미래를 향해 불러내는 작업입니다.

과학자나 기술자가 무언가를 창조적으로 발견할 때에는 정신적인 모험을 경험하고 있습니다. 모험 없는 비약은 존재하지 않는 것입니다. 모든 모험이 그런 것처럼 그것은 자신이 '존재하고 있는' 무한정한 장소 속에서 행해지는 모험입니다. 창조적인 과학자에게 있어 과학을 한다는 행위는 그 무한정한 장소 속에서 자신이 설정한 목적을 향해 행하는 모험을 의미하고 있습니다. 만약 그 모험 과정을 정말로 충실히 기술하려고 한다면 하나의 모험이야기와 같이 가설로서의 목표의 발견, 확신과 착각, 시행착오, 절망적인 방향으로 달리려고 하는 감정, 기분의 흔들림과 용기에 의한 극복, 그리고 반복되는 오류, 사랑에 의한 지탱, 미묘한 징후를 읽는 직관, 행운, 성공의 환희, 감동 등을 포함해 사실 경과를 써 가는 것이 되겠죠. 축약해 최소한의 것을 써도 상상, 가설의 설정, 망설임과 직관, 자신과의 싸움 등을 무시하는 것은 불가능하다고 생각합니다.

과학을 한다는 행위는 과학자에게 있어 여러 가지 주관적인 마음의 움직임을 포함한 행위이고, 이러한 마음의 활동을 모두 사용하고 자기의 전부를 바쳐 처음으로 창조적인 발견이 일어나는 것입니다. 과학이라는 객관적인 진리의 탐구에 왜 이러한 주관적인 작용이 개입하는가 하면 과학자는 미래라는 무한정한 상태 속에서 설정된 문제를 향해 모험하지 않으면 안 되기 때문입니다. 그것이 무한정한 미래에 속해 있는 문제인 이상, 그 문제도 실제로는 존재하지 않을지도 모릅니다. 이것은 콜럼버스가 모험의 목표로 설정한 '인도'가 대서양이라는 당시의 무한정한 장소의 저편에 그가 생각한 대로는 존재하고 있지 않을지도 모르기 때문입니다. 따라서 모험을 하는 자는 항상 스스로가 스스로를 의심하고, 말을 바꾸면 '존재하고 있는' 것이 의심스러운 상태에 놓이므로 직감력과 용기와 냉정한 판단력을 가지고 자기 자신을 마주보지 않으면 안 되는 것입니다. 이 무한정의 상태가 한정된 상태로 바뀌는 것은 '신대륙'을 발견한 뒤입니다. 즉 비한정한 것이 확정되는, 혹은 비한정한 것이 한정된 것으로 바뀌는 것은 모험이 종료된 후입니다. 목표에 달한 모험가가 과거를 뒤돌아보고 자신의 족적을 반성적으로 바라볼 때 인과율적인 기술이 생기는 것입니다. 창조는 처음부터 보이고 있는 섬(정답)에 도달하는 행위는 결코 아닙니다. 본질적으로 주객비분리적인 과정입니다.

다른 한편 과학의 논리는 보이고 있는 섬(정답)에 도달한다는 행위를 위해 사용되는 논리여야만 합니다. 뉴턴 운동방정식을 사용하는 것은 그가 그 방정식을 발견한 모험적인 과정을 체험하기 위해서가 아니라, 모험의 결과로 목표를 달성한 그가 반성한 곳을 누구나가 경험하기 때문입니다. 그 때문에 누구나가 사용할 수 있는 객관성이 있는 논리가 아니면 안 됩니다. 그것은 '존재하고 있다'라는 자동사를 분리해서 지평 아래로 숨기고, '관계를 만든다'라는 타동사만으로 세계를 기술할 때의 논리가 아니면 안 되는 것입니다.

과학 논문에서는 '내가 존재하고 있다라는 자동사가 기술되는' 것이 허용되지 않습니다. 마치 비한정한 장소의 존재가 없었던 듯이 한정된 공간과 시간(니시다의 언어로는 유의 장소) 속에서 행해지는 기술이어야 하는 것입니다. 여기에서 말하는 비한정이란 불확정이 아니라, 사물을 기술하기 위해 사용되는 좌표계 자체가 아직 발견되고 있지 않다는 것, 혹은 사물 자체가 정의되어 있지 않다는 것입니다. 비한정한 장소는 니시다의 언어로는 '절대 무의 장소'에 해당합니다. 과학 논문에서 행해지는 것은 과학자에 의해 발견된 '신대륙'을 출발점으로 하여 현재에서 과거를 향해 반성적으로 역행하면서, 오성의 작용에 의해 모든 사건이 필연적으로 일어난 것처럼 인과율의 규칙에 따라 재기술해 가는 행위입니다. 이렇게 인과율에 의해 창조가 진행되는 것처럼 '객관적'인 기술이 완성되는 것입니다. 과학자 자신이 '존재하고 있는' 자동사적 부분은 이 방법에 의해 사라져 버립니다.

여기에서 중요한 것은 과학적 논리의 기반을 이루고 있는 인과율적 논리는 인간이 현재에서 과거를 반성적으로 돌아볼 때 사용되는 시간적인 의미에서는 사후적 논리라는 것, 그리고 오성에 의한 추론이란 이렇게 한정된 과정을 진행하기 위한 논리에 관한 추론이라는 것입니다(여기서 말하는 시간이란 시계의 움직임에 의해 결정되는 타동사적인 '시간'이 아니라 존재하고 있는 것에 의해 생겨나는 자동사적인 시간으로, 베르그송이 순수 지속 durée pure이라는 개념으로 표현하려고 한 것입니다). 이 인과율적 기술이 오성에 의한 역행으로 만들어지는 것이라는 것은 예컨대 베르그송의 『사유와 운동』*La Pensée et le mouvant*에 의해 이미 100년 가까이나 전에 치밀한 논의와 증명이 행해져 있습니다만, 『고바야시 히데오 강연집』小林秀雄 講演集에서 베르그송의 세계를 고바야시 자신의 언어로 알기 쉽게 들을 수가 있습니다(고바야시의 강연은 쇼와昭和 36년부터 수년 간격으로 학생을 위해 행해진 것으로 시대도 예전이라 그 때문에 현재의 관점에서 보면 문제를 느끼는 표현도 있습니다만, 그러나 그 저변에 일관해서 흐르는 사상은 이 책의 독자에게 강하게 호소하는 힘을 가지고 있다고 생각합니다).

이렇게 해서 만들어진 과학의 논리에는 어떠한 성질이 있는가라는 것을 지금 당장 생각하지 않으면 안 된다고 생각합니다. 이 과학의 논리에 관한 문제에 날카로운 고찰을 한 베르그송의 생각을 참고로 하면서 조금 논해 보기로 하겠습니다.

인간은 항상 그 감각기관을 통해 외계로부터 신호를 받아들여 그것을 인식하고 있습니다. 불교에는 유명한 유식론唯識論이 있고 인간의 활동을 팔식八識으로 나눠서 논하고 있습니다만, 감각기로부터 신경섬유를 통해 들어오는 신호 군은 뇌 속에서 의식할 수 있는 상으로 바뀌어 인간이 그 상을 의식함으로써 외계를 인식한다는 것은 동서양이 거의 일치하는 견해입니다. 칸트는 이러한 상을 통해 인간이 아는 세계와 외계에 참으로 존재하고 있는 세계인 '물자체'Ding an sich를 구별한 사람입니다만, 대상을 물질적인 세계에 한정하면 오성의 작용에 의해 '물자체'의 세계와 정합적인 상태에 도달하는 것이 가능하다고 생각했습니다. 현재와 같이 양자역학이나 복잡한 시스템에 관한 지식이 쌓이게 되면 인간과 물자체의 세계 간에는 분리할 수 없는 관계가 존재할 수 있다고 생각되므로, 오성에 대한 칸트의 고찰은 흔들리고 있다고 생각합니다. 또한 칸트는 오성에 의해서는 인간정신의 세계에 도달하는 것이 불가능하다는 것을 증명했습니다만, 베르그송은 직관적인 방법과 오성적인 방법을 통합적으로 사용해 이 정신의 작용(예컨대 창조)에 도달하는 것이 가능하다는 입장을 취했습니다.

베르그송은 창조에는 창조력과 직관적 방법이 필요하다고 생각했습니다만, 창조의 중심인 직관을 오성에 의해 표현 가능한가, 바꿔 말하면 직관한 것을 오성에 의해 모두 표현 가능한가 불가능한가를 대단히 치밀하게 고찰해서 '불가능하다'는 결론을 내고 있는 것입니다. 즉 과학자의 창조적 활동을 (오성에 의해 반성해서 만들어진) 과학의 논리로부터 과학자의 창조의 논리를 이끌어 낸다는 역행은 절대적으로 불가능하다는 것을 나타낸 것입니다. 베르그송은 직관한 것을 분석하는 것은 가능하지만 분석에서 직관으로 역행하는 방법은 없다고 기술했습니다. 내가 사용해 온 언어로 표현하자면 자동사를 타동사로 바꾸는 과정은 논리적으로 가능하지만, 이때 나 자신을 분리해 버리기 때문에 이 역의 과정은 절대적으로 불가능합니다. 즉 타동사로부터 자동사를 이끌어 내는 것은 논리적으로 불가능합니다. 기계론적 생명관은 오성에 의한 반성에 의해 태어난 것입니다. 이것은 과학의 논리에 의해 창조를, 그리고 생명을 기술하는 것이 가능한가 불가능한가 하는 가장 중요한 문제와 밀접히 관계하고 있습니다. 이것의 가능성은 이미 독자 여러분께는 명확할 것이라고 생각합니다.

우리들은 각자 장소에 '존재하고 있다'라는 자각自覺을 가지고 살고 있습니다. 만약 자신이 '존재하고 있는' 것을 자각할 수 없는 뇌 — 인과율적인 과학의 논리에 따라 작용하는 뇌 — 가 있다고 한다면, 그러한 뇌는 장소를 의미 있는 것으로서 인식할 수 없습니다. 니시다 기타로의 언어로 말하면 판단을 하는 능력이 없는(인식도 판단의 일종입니다) 것이 됩니다. 판단에 있어서 필요한 것, 자신이 장소에 존재하고 있다는 자각을 가지기 위해 필요한 것은 자신이라는 주체가 자신에게 자각되지 않으면 안 된다는 것입니다. 주체가 장소 속에 존재하는 것을 자각하기 위해 뇌는 신체를 필요로 합니다. 그리고 그것이 주체의 자각과 밀접하게 연관되어 있습니다. 이러한 장소적 자각은(이 책에서 이미 논의했듯이) 인과율적 논리에 의해 설명 가능한 것이 아닙니다.

자각의 논리는 니시다 기타로에 의해 기본적인 연구가 이루어져 있습니다만, 거기에서는 "장소에 있어서 자신이 존재하고 있다"라는 의식의 자동사적인 작용으로서 자각이 고찰됩니다. 나는 이 자각의 작용을, 일반적으로 말하면 생명의 자동사적인 작용을 지금까지의 과학기술에서 사용되고 있는 타동사적인 논리를 사용해 기술하려고 하면 자기언급의 역설이라는 논리적 모순에 부딪쳐 버리기 때문에 기술 불가능한 상태에 빠져 버린다는 것을 지적하고 싶습니다. 즉 주객 분리를 전제로 하는 지금까지의 과학기술의 논리에 의해 분리됐다고 치부한 주체를 논한다는 역설에 부딪쳐 버리는 것입니다.

자각의 문제, 즉 '존재하고 있다'는 자동사의 문제를 채택하기 위해서 과학기술의 논리적 혁명이 필요하게 됩니다. 이런 기본적인 문제가 존재하고 있다는 것이 무시된 채로, 기존 과학기술의 연장선상에서 '꿈'이 말해지고 있는 것이 현실입니다. 안이하게 만들어진 그 '꿈'의 지평 아래에서는 오성에 의해 창조를 기술한다는 원리적인 불가능이 숨어 있는 것입니다.

V.

인내심 강한 독자와 함께 걸으면서 독자 여러분과 로맨티시즘을 조금 나눌 수 있었는지도 모릅니다. 그리고 자신의 철학을 만들어 가면서 사건을 생각하는 방법도 조금은 전달할 수 있었다면 또한 기쁜 일이라고 생각하고 있습니다. 왜 우리들은 자연과학의 이야기에서 시작해서 생명과 장소와 장을 말하고 최후에는 자연과학을 부정하는 듯한 인상을 주는 알기 어려운 길을 걸어온 것일까요. 마지막으로 이 문제를 다루고 싶습니다.

세포부터 장기·개체·가정·학교·기업·사회적인 조직들·시장·문화, 그리고 여러 층위의 제도들을 가진 국가 등 대강 넓은 의미에서의 생명을 가지고 '살아 있다'라고 생각할 수 있는 것은 모두 '존재하고 있다'라는 자동사적인 작용을 가지고 장소에서 있다는 것을 다시 한번 강조해 두고 싶습니다. 이 자동사적인 작용이란 장소의 작용 아래에 있어서 '의미를 가진 구조를 스스로 만드는' 작용(구체적으로는 장소적 순환 운동의 지속)이라 할 수 있습니다. 말을 바꾸면 생명이란 의미를 가진 구조, 즉 의미적 구조를 장소적 순환 운동에 따라 계속 창출하는 것입니다. 따라서 나는 독자에게 의미적 구조야말로 생명적 구조라는 것을 전달하고 싶습니다.

이야기를 듣거나 책을 읽거나 음악을 듣거나 회화를 감상하거나 할 때 이 표현들 속에서 우리들은 의미를 발견합니다. 또 사람의 표정이나 사회의 움직임에서도 의미를 발견합니다. 이러한 것이 가능한 것은 받아들인 신호 군에서 '의미를 가진 구조를 스스로 만든다'라는 작용을 우리들의 신체와 그 신체라는 장소에 있어서의 뇌가 가지고 있기 때문입니다.

의미적 구조에는 부분적인 의미(요소적 기호의 의미)와 전체적인 의미(맥락)라는 두 종류의 의미가 존재하고 있습니다. 그리고 기호의 부분적인 의미는 전체적인 의미에 따라 분별화됩니다. 부분과 전체 간에는 서로 의존하는 관계가 있어 결코 (블록을 쌓는 것처럼) 부분적인 의미로부터 '보텀-업'적으로 전체적인 의미가 생겨나는 것은 아닙니다. 이것만으로는 장소에 있어서 존재하고 있다는 생명적인 존재 양식은 표현 불가능한 것입니다. 부분적인 의미는 개체로서의 작용에서부터, 그리고 전체적인 의미는 장소에 존재하고 있는 것에서부터 생겨납니다. 이렇게 의미는 부분과 전체의 쌍방에서 만들어지고, 이윽고 양자가 정합적으로 이어져 두 종류의 의미를 가진 구조로서 출현하는 것입니다. 따라서 부분에서 전체가 생긴다는 인과율적인 법칙을 의미의 창출에 적용하는 것은 불가능합니다.

근대 문명의 특징은 '신을 죽여' 버렸기 때문에 어디까지나 한계를 모르고 발전하는 것으로서, 인간이 스스로의 활동을 생각했다는 것입니다. 그 때문에 인간이 생각하는 '이상적 시스템'이나 '이상적 사회'는 한계를 모른 채 어디까지나 확대되어 발전하는 것으로 간주되어 왔습니다. 그리고 독자 여러분도 알고 계시듯이 인과율적 법칙에 의해 인간의 활동을 기술하려고 했습니다. 그러나 '한계를 모른다'라는 것은 전체적인 의미를 결정하는 논리, 즉 개체의 존재 방법을 결정하는 장소의 작용에 관한 논리가 결여되어 있다는 것입니다.

따라서 그러한 '이상적 시스템'은 의미적 구조(자신이 존재하고 있다는 점에 의미를 두는 상태)를 만들지 않습니다. 즉 생명적 구조를 만들지 않는 것입니다. 생물로서의 그러한 '이상적 시스템'의 본질은 암세포와 다른 점이 없어 자신만의 작용의 논리에 의해 어디까지나 주위를 침범해 넓어지고, 주위의 생명을 빼앗고는 마침내 자기 자신도 죽는 것, 장소적 자멸 이외에는 선택의 방법이 없는 시스템입니다. 이러한 시스템이 출현하는 것은 장소적 순환 운동을 생성하는 작용이 없기 때문입니다. 장소에 있어서의 창출을 장소에서 공유하는 것을 하지 않고, 개체의 각자가 가능한 만큼 많이 전유하는 활동밖에 가지지 않습니다.

예컨대 버블 경제는 이렇게 해서 생겨납니다. 그것은 "한계를 모르고" 확대되는 '이상적 시스템'으로서의 시장을 만듦으로써 시장 또한 장소에 존재하고 있다는 것을 잊고 장소적 자멸을 이끄는 것입니다. 최근의 금융 시장에서는 이 '이상적 시스템'의 논리가 더욱 명확하게 기능하고 있습니다. 거기에는 한 나라의 시장에 거액의 돈이 투기되어 하늘 높은 줄 모르고 커져 가는 버블 경제를 발생시켜서, 거기에서 생겨나는 '인공적 현실감'에 의해 주식 등 자신이 소유한 상품의 가격을 올리고 있습니다. 이윽고 그 '이상적 시스템'이 장소적으로 자멸하기 직전 최고 가격에 도달한 시점에서 그 상품을 순간적으로 팔고 빠져 나가는 것으로 거대한 이익을 손에 넣는다는 식입니다. 거기에는 하나의 시장에 밖에서부터 작용해서 그 작용을 이용해 이익을 시장 밖으로 빼낸다는, 장소에 대한 타동사적인 관여밖에 없습니다. 장소에서 작용한다는 것, 즉 장소적 경쟁 순환의 지속이라는 시장주의 경제의 근본 원리가 이 금융시스템에서는 성립하고 있지 않은 것입니다.

결국 시장의 내부에 들어와 장소적 창출 순환을 생성한다는 자동사적인 작용을 하는 대신에 그 시장에 외측에서부터 타동사적으로 압력을 가하는 이러한 '이상적 시스템'은 파괴된 시장에 의해 불황이나 경제적 위기를 낳는 암세포적 시스템입니다. 어떠한 인간도 이 지상의 여러 생물에게 '살아 있다'라는 존재를 부여하고 있는 작용, 즉 장소의 창출 작용을 파괴할 자유 따위는 가지고 있지 않습니다. 의미적 구조를 만드는 원리에 의해 사회적 시스템이나 여러 제도 등을 설계하는 것은 21세기의 중요한 과제입니다.

의미적 구조가 만드는 원리를 형성적인 입장에서 나타내는 것이 니시다의 모순적 자기동일입니다. 의미적 구조의 창출에는 우선 '개체'와 '장소'라는 두 종류의 준비를 필요로 합니다. 개체란 인간과 같이 상호 대체하는 것이 불가능한 개성적 존재이고, 그 생성적인 작용에 의해 부분적인 의미 창출의 역할을 하는 것입니다. 이것에 비해 장소는 개체의 작용에 "이 장에 존재하고 있다"라는 자동사적인 의미를 부여하는 것, 즉 장소는 개체가 생성하는 부분적인 의미에 전체적인 의미(말하자면 맥락)를 붙이는 작용을 하는 것입니다. 경제로 말하면 이는 장소인 시장이 가격을 매긴다는 것에 대응하는 것입니다.

그런데 개체에 의한 부분적인 의미의 생성은 다음과 같이 생각됩니다. 개체는 장소 속에 존재함으로써 자동사적으로 그 의미를 생성하고 있는 것입니다. 다른 개체에는 본질적인 차이(모순)가 존재하고 있기 때문에 서로 접하는 것에 의해 상호 그 존재를 한정합니다. 개체는 존재함으로써 개체적인 의미를 자동사적으로 생성하고 있으므로 결국 개체가 서로의 존재를 상호 한정함으로써 개체의 존재 간에 경계가 생긴다는 것은 개체적인 의미의 분절화가 일어나는 것이 됩니다. 이 개체 간의 상호 한정에 비해 장소의 작용 쪽은 장에 의해 그 속에 존재하는 개체의 의미 생성작용을 한정하고 있는 것입니다. 그리고 중요한 것은 개체 쪽에도 개체의 상태에 맞게 역으로 장을 한정하는 작용이 있기 때문에 전체와 각 부분 사이에 정합적인 관계가 가능합니다. 이것들이 함께 작용해서 의미적 구조가 생기는 것이 모순적 자기동일입니다.

이 책에서는 니시다와는 다른 방식으로 "의미를 가진 구조를 스스로 만든다"라는 작용을 이해하는 것을 목적으로 고찰을 진행해 왔습니다. 다른 점이란 '스스로 만든다'라는 점을 더해 고찰한다는 것입니다. 이 '스스로 만든다'라는 동사를 생각하기로 하면 장소와 개체의 작용을 운동론적으로 기술하는 것이 반드시 필요하게 됩니다. 그래서 이 책에서는 자기조직이라는 현상을 고찰하는 것에서부터 '스스로 만든다'라는 자율성의 작용을 이해하고, 또한 관계의 생성을 자기조직하는 문제를 다룬 것입니다. 구체적으로는 개체를 자기조직성이 있는 주체성을 가진 생명적 요소로 생각하고 이것을 관계자로 명명해서 그 운동론적인 성질을 생각했습니다. 관계자의 중요한 작용의 하나는 관계에 따라 자신의 존재가 결정되고, 그 존재를 장소에서 표현한다(자기의 표현을 창출한다)는 작용(운동)을 가지고 있다는 것이므로, 나는 관계자를 배우라 부르는 일도 있습니다. 여기서부터 관계자가 관계에 따라 창출하는 연기緣起적 요소라는 것이 나옵니다.

다음으로 관계자가 어떠한 작용에 의해 그 표현을 창출하는가를 운동론적으로 생각하려고 하면 어떻게 해서든 관계자 내부 구조에 관해서 고찰하지 않으면 안 됩니다. 그때 참고가 되는 것이 대뇌의 요소인 하이퍼칼럼입니다. 이 구조를 기초로 생각하면 관계자는 그 내부에 몇 개 정도의 기본적인 '표현 형태'를 가지고 있다는 것을 알 수 있습니다. 그리고 그 형태 집합 속에서 적절한 형태를 몇 개인가 선택해서 그것들을 통합적으로 사용해 적절한 표현을 창출한다고 생각됩니다(이것은 대뇌 기저핵basal ganglia이 운동의 형태로부터 통합된 운동을 만들어 내는 작용에 해당합니다). 이것이 관계자에 의한 부분적 의미 창출(표현)의 운동입니다. 이렇게 관계자가 자신의 작용을 생성하면서 주위의 관계자 사이에서 가로 관계를 자기조직하고 있습니다. 관계자 간의 관계에 의존해서 자기표현을 위해 선택된 형태가 결정됩니다만, 또 역으로 형태가 결정되면 관계자가 창출하는 표현이 결정되므로 여기서도 관계자 간의 관계가 결정되어 있습니다. 또한 장은 관계장 내부에 직접적인 영향을 줘서 그 장에 합치하는 내부 상태를 생성시키는 작용을 가지고 있으므로 선택된 형태의 범위를 한정합니다.

내부 상태에 장이 직접 영향을 주는 것을 나는 '장의 술어적 작용'이라 명명하고 있습니다. 술어적 작용은 선택된 형태의 범위를 한정하는 것으로 관계자 간에 성립하는 관계를 짜 넣는 작용을 하는 것입니다. 관계자에는 자기조직성이 있습니다만, 그것은 관계자의 내부 상태가 장을 매개로 해서 서로 협력적으로 제휴해 작용한다는 것입니다. 관계자의 자기조직성은 그 술어적 작용에 자기조직성이 있다는 것입니다. 관계자가 개체의 성질을 가지고 있다는 것은 각자의 관계자의 표현은 서로 제휴해서 행해지지만, 그 형태의 선택은 기본적으로는 모두 독립해서 행해진다는 것입니다. 이 개체로서의 독립성이 없다면 의미적 구조를 자기조직하는 것은 불가능합니다. 즉 생명적 구조가 창출되지 않습니다. 이 표현의 독립성을 낳고 있는 것이 개체의 특징인 주체성입니다. 이 점은 니시다의 모순적 자기동일로부터 보면 명확합니다만, 지금까지의 과학기술에서는 거의 주체성에 주목해 오지 않았고 주체성을 이론적으로 취급하는 방법이 확립되어 있지 않다는 것을 지적해 두고 싶습니다.

주체성이 있는 두 개체를 무리하게 붙이려고 하면 각자의 독립성을 잃어버리게 되므로 강한 상호 간섭이 일어나, 한편이 다른 한편에 흡수되어 주체성을 잃어버리지 않는 한 그것을 멈추는 것은 불가능합니다. 개체 간에는 서로 다른 것을 부정하는 모순이 생성한다고 니시다는 말합니다. 이 관계자 간의 모순 생성을 각자의 관계자의 작용에 자기언급의 역설이 생성한다는 형태로 취급하려고 하는 것이 나의 입장입니다. 관계자는 이 역설이 생기지 않는 '거리'를 서로 지키면서, 가능한 한 독립적으로 행동하려고 합니다. 여기에서부터 개체적 존재의 상호한정이 생기는 것입니다.

장소적 일반자에 의한 일반적 한정이라 니시다가 부른 것이 이 책에서는 장소적 구속조건의 생성과 그 구속조건에 의한 관계자 간의 관계의 한정이 됩니다. 이 구속조건은 장소 속에서 생긴 전체적인 의미인 맥락을 관계자에게 가져다주는 작용을 합니다. 그리고 관계자의 내부 상태를 구속조건으로서 한정하는 것에 의해 관계자가 생성하는 표현의 의미를 맥락에 맞도록 한정하게 됩니다. 이 구속조건을 생성하는 작용이 장소적 자기언급이라는 작용이고, 그 작용 속에서 일어나는 상호 유도 합치에 의해 구속조건에 의한 한정이 일어나게 됩니다. (장소적) 창출 순환은 이 장소적 자기언급의 운동론적 표현이라고 생각할 수 있습니다.

장소적 자기언급이라는 개념은 장소에 있어서의 자기를 운동론적으로 취급할 때 가장 중요하게 되는 개념입니다. 니시다 철학의 자기는 "나는 나 아닌 나"我は我なくして我라는 말처럼 '자기 아닌 자기'입니다. 이것은 '자기'가 아리스토텔레스의 배중률排中律을 만족시키는 존재가 아니라는 것을 나타내고 있습니다. '자기 아닌'이라는 것은 '절대 무의 장소에서 있다'라는 자기의 '절대 부정'을 통과함으로써 자기가 성립하고 있다는 것입니다만, 이것은 설계적 장소론에서는 "장소적 자기언급에 의해 일어나는 창출 순환의 유지가 자기"라는 역동적인 자기 파악 방식을 취합니다. 이 사고 방식은 장소에서 자기를 자기가 언급하는 것(장소 속에 자기를 위치 짓는 것)에 의해 자기가 성립하고 있다는 것으로 절대부정을 매개로 해서 자기가 존재하고 있다는 니시다 사유의 적극적이고 구체적인 표현이 되고 있다고 생각하고 있습니다.

이 창출 순환의 지속이라는 생각에서 창출 리듬이 생깁니다. 이 책은 비선형 진동자(리듬 진동자)와 그 동조라는 자기조직의 동역학에 의해 생명의 창조성이나 동적인 면을 기술하려고 했던 것인데, 이 비선형 진동자는 창출 리듬을 가진 관계자의 동적인 성질을 그럭저럭 표현하려고 한 것입니다. 니시다의 독창적인 사색에 의해 발견된 모순적 자기동일을 단순한 해석 원리로 하지 않기 위해서는 창출 리듬과 그 동조에 의한 질서의 자기조직이라는 생각에서 출발하는 것이 커다란 의의를 가지고 있다고 생각합니다.

한 학자로서 성실히 산다는 것은 어떠한 것일까 하고 매일 생각하면서, 이 복잡한 시대를 나 나름으로 응시하고 후회를 남기지 않도록 살고 있습니다. 이렇게 사는 것에 나 나름의 사랑이 있습니다. 이 편지가 사랑의 메시지로서 독자 여러분의 마음에 무엇인가를 남기기를 바라며 끝맺습니다.

1999년

시미즈 히로시

구판 후기

정치하게 만들어져 완결된 논리를 가진 것처럼 보이는 근대 과학 이론도 실제로 적용해 보려고 생각하면 여러 구멍이 뚫려 있다는 것이 요즈음 내 느낌이다. 특히 관찰이나 문제의 대상과 관찰자와 문제의 해답자 사이는 실제로는 나누는 것이 불가능한데도, 근대 과학의 이론에서는 이것을 분리 가능한 것으로서 다루고 있다. 그 영향을 생각하는 것이 근대의 모순들을 뛰어넘는 과학을 향한 입구가 된다. 그 하나는 양자론의 관측 문제이고 또 하나는 이 책에서 문제로 삼아온 구속조건의 문제가 있다.

이론에 구멍이 뚫려 있다는 것은 어떤 것일까? 이론의 역할은 경험의 정리에 있는 것이 아니라 아직 경험하지 않은 사건의 예견에 있다. 어떤 이론이 그 예견성을 잃은 현상과 만나는 것은 그 이론이 가지고 있는 논리 형식을 그 현상에 유효하게 적용할 수 없다는 것을 의미한다. 이론을 유효하게 적용할 수 있다고 기대되어 온 현상들의 일부에 그것이 본질적으로 적용 불가능한 것이 있다는 것을 "구멍이 뚫려 있다"라고 표현한 것이다.

이론에 구멍이 뚫려 있다는 것은 근대 과학만의 문제가 아니다. 근대 문명의 발전을 짊어져 온 근대 기술의 이론도 마찬가지이다. 예컨대 전문가 시스템expert system이라 불리는 인공지능을 질병 진단에 사용하면 인간보다 뛰어난 진단이 가능하다는 생각에서 많은 노력이 행해져 왔다. 그러나 실제로 사용해 보면 전문가 시스템에는 인간이 가지고 있는 종합적인 판단력을 넣는 것이 불가능하다는 것이 알려졌다. 이것은 전문가 시스템의 논리, 그리고 그 논리를 낳은 정보 처리 이론에 구멍이 뚫려 있다는 것을 의미한다.

정보 처리 이론의 어디에 어떠한 원인에 의해 구멍이 뚫려 있는가 하는 것은 인간의 지능, 더 나아가서는 뇌 정보 처리의 본질적인 원리를 아는 데 있어서 극히 중요하다. 그리고 그 문제를 인간만이 아니라 생물 일반으로 넓혀 생각해 본 것이 이 책이다. 즉 생물의 본질을 정보의 관점에서 좀더 관철해서 생각해 보려고 하는 것이 이 책의 입장이다. 여기에 쓰여 있는 것 대부분이 우리들의 실천적인 연구 활동 속에서 생겨난 것이라는 점에 이 책의 커다란 특징이 있다고 생각한다.

1970년대 전반에는 나는 근대 과학, 특히 자기조직 현상의 물리학 이론을 생물학에 적용함으로써 생명을 이해하려는 꿈을 가지고 있었다. 그러나 동시에 내 마음의 지평에는 '정보의 창조'가 생물의 무엇보다도 본질적인 특질로서 떠올랐었으나, 그것은 아직 내 마음을 크게 점하지는 않았다. 1970년대 후반이 되자 나는 '정보의 창조' 연구가 어떠한 논리를 요구하는가를 생각하기 시작했고, 그것이 자기조직 현상의 물리학 이론의 허점을 건드리는 문제가 되기 때문에 조금씩 연구를 쌓아 나가지 않으면 용이하게 달성할 수 있는 것은 아니라는 생각을 가지기 시작했다. 나에게는 나아가야 할 길의 방향은 명백했지만 그 방향으로 걷기 시작하는 것이 과학이나 기술의 세계에서 거의 독립하는 것을 의미하고 있는 것처럼 생각되기도 했다. 따라서 나는 나 자신의 말과 행동이 자기조직 현상의 물리학

밖으로 나오지 않도록 주의해 왔다.

그렇지만 50세가 되었을 때 그때까지 꽤 준비도 되었고 내 정년 퇴임까지의 시간 등을 생각해서 지금이야말로 '정보 창출' 연구를 향해 본격적으로 연구를 시작해야 할 때라고 결의했다. 그것은 나 자신이 올바르다고 생각하고 있는 것에 충실히 살기 위해 나에게 남겨져 있는 귀중한 시간을 그렇게 써야 한다고 생각했기 때문이지만 또 금후 사회가 그것을 필요로 하고 있다는 사명감도 그것 못지않게 있었다.

그래서 나는 연구실의 스태프와 대학원생 제자들에게 지금부터 생물에게 있어서의 정보의 자기조직 연구를 하고 싶다는 생각을 전했다. 그리고 우리들이 연구하게 될 정보는 전통적인 섀넌 정보와는 다른 것으로 '생물에 있어서의 의미'를 가지고 있는 정보라고도 지적했다. 당시 정보가 과학의 대상이 된다고 생각하고 있지 않은 사람들도 많았으므로 나의 제안은 생각했던 대로 연구실 내에서 커다란 혼란을 불러일으켰다. 그리고 연구실의 태반이 납득하기까지 나는 약 2년간에 걸쳐 참을성 있게 설득을 계속하지 않으면 안 되었다.

당시 나에게 제시된 의문점을 한마디로 말하면 "역학에는 체계가 있고 그것에 의해 자연이 충분히 기술된다는 것은 지금까지 의문의 여지도 없을 정도로 제시되었다. 그리고 그것이 생물의 세계에도 합당하다는 것이 충분히 예상되고 있는데도 왜 이제 와서 정보라는 것을 생각하지 않으면 안 되는가" 하는 것이었다. 마찬가지의 의문이 연구실 밖에서도 많은 사람들에 의해 나왔다. 그리고 그러한 의문에는 오해가 함께 붙어 다녔다. 그 무엇보다도 큰 오해는 내가 "생물의 전체적인 성질만을 생각하고, 요소를 무시하고 있다"는 것이었다.

이 책에서는 이러한 의문에 나 나름으로 대답하고 있다. 이러한 사정도 있어서, 나는 내 주변의 사람들에게 내가 생각하고 있는 바의 방향성과 의의를 끊임없이 보여 주거나 연구실에서 실행되고 있는 연구의 의미를 이야기하지 않으면 안 될 상황에 있어서, 주로 그 때문에 꽤 많은 것을 써왔는데 그것이 이 책의 기초가 되고 있다. 그러나 이 책의 탄생에 이르는 작업은 단순한 것은 아니었다. 쓴 것을 모아서 보니 꽤 방대한 것이 되었다. 거기에는 나 나름의 논리의 발전을 보여 주는 여러 가지 흔적과 함께 많은 중복이 있었다.

그래서 주로 편집공학연구소 사람들의 노력으로 가능한 한 중복을 제거해 읽기 쉬운 기술로 편집한 것이 이 책의 조고粗稿이다. 그러나 그 반면 유감이지만 원고가 섞여 버려 논리가 애매하게 되어 버렸기 때문에 읽기 어렵게 된 곳도 있어 내가 다시 논리를 통하도록 하기 위해 세세한 손질을 많이 가함과 동시에 나의 요망을 가능한 한 넣게 되었지만, 내 일정도 바빠서 원고가 몇 번이나 왕복되어 이 책의 초고가 편집공학연구소에 넘겨지고부터 이미 2년 정도를 경과하고 있었다.

이 산고의 노력을 해주신 사람들이 편집공학연구소의 다카하시 히데모토高橋秀元, 오노 데라유키小野寺由記, 야마다 도모유키山田智行 등이며, 또 그것에 못지않게 원고의 교정쇄를 읽고 수정·정리하는 등 성실한 노력을 한 것이 우리 연구실의 이와부치 아키라岩渕輝 조수이다. 이 분들에게 마음으로부터 깊은 감사와 사과를 하고 싶다. 이 분들과의 인내심 있는 노력과 관용의 마음이 없었다면 이 책은 햇빛을 보지 못했을 것이다. 또 이 책의 성립을 가능케 해준, 오랜 시간에 걸쳐 노고를 나누고 늘 나를 계발시켜 준 연구협력자 여러분들에게도 감사하고 싶다. 나는 이들을 자랑스럽게 생각하고 있을 뿐만 아니라 이들과 생을 함께할 수 있었던 것을 마음으로부터 감사하고 있다. 아울러 도요타 재단과 주식회사 혼다의 따뜻한 후원에도 감사를 하고 싶다. 그 덕분에 만들어진 '살롱' 속에서 여러 사람들과 대화하는 것이 커다란 자극이 되었기 때문이다. 덧붙여 말하자면 도요타 재단과 혼다 연구소의 원조에 의해 다년에 걸쳐 실행해 온 포럼이나 연구회 활동 등에 이 책이 힘입고 있는 부분이 있다. 특히 자기와 장소, 니시다 철학과 장소와의 관계에 관해서는 각각 나카무라 유지로中村雄二郎 씨와 아키즈키 료민秋月龍珉 노사老師께 가르침받은 바가 적지 않다. 마음으로부터 감사하고 싶다.

겨우 3년 정도 전부터 나 자신이 정말 하고 싶은 것을 연구의 진행 방법을 포함해서 구체적으로 자각할 수 있게 되어 내가 무의식 중에 구하고 있던 것이 무엇이었던가를 나 나름대로 납득할 수 있는 상태가 되었다. 그것과 함께 생물의 '정보 창조'라는 현상의 연구도 재작년쯤부터 새로운 양상을 맞이하게 되었다. 그것은 정보의 창조를 '장소—관계의 형성—존재상태의 창출'의 형태로 관계학 군의 동역학으로부터 취한다는 생각이다. "좋은 생각은 나중에 온다"라고 누군가가 말했지만 내 경우는 너무 나중에 왔는지도 모른다. 정년까지 약 1년 남았는데, 그 사이에 연구를 위해 얼마나 시간을 낼 수 있을까. 그것은 알 수 없지만 나 나름 노력을 해보고 우리들이 실시해 온 연구에 관해서는 조만간 전체를 정리해서 보고드리고 싶다고 생각하고 있다.

1992년 3월 10일

혼고本鄕에서

신판 후기

종전終戰의 더운 날에 그저 멍하니 세토瀬戸의 산들을 보고 있으면 "나라는 망해도 산하는 남아 있구나"国破れて、山河あり"*라는 생각이 진한 감개를 동반하며 용솟음친다. 그것은 자신들이 재출발할 곳은 남겨진 이 산하밖에 없다는 생각이었다. 나라가 망한 뒤에 남은 산하, 그것은 분리해서 버릴 수 없는 우리의 장소이다. 교과서도 없고 전기도 들어오지 않는 그런 학교와 가정이지만 시간만은 넉넉히 있었다. 그리고 또한 그 가혹한 상태 속에서야말로 사랑이 있었다. 한 학생의 의문에 몇 시간이나 진지하게 함께하는 것을 기쁨으로 삼는 선생님들, 매일 밤 선생님의 집을 방문해서는 어두운 서재 속에서 함께 얘기하고, 칠흑 같은 밤길을 하늘을 가득 채운 별들을 품으며 돌아갔다. 선생님들은 생활의 어려움을 결코 말씀하시지 않았지만 그러나 갈 때마다 몇 권인가 책이 없어져 있었다. 회고해 보면 선생님에 의해 마음에 씨앗이 심어지고, 주위의 어른들의 사랑으로 축복받은 장소가 주

---

* 두보의 시, 안사의 난 때 두보가 반란군에게 잡혀 장안(長安)에서 포로로 있으면서 지은 글로 『춘망』(春望)에 전한다.—옮긴이

어져 있었던 것이다.

그런 와중에 한 중학생의 머리를 점하고 있던 것은, 서구 사람들을 설득할 만큼의 힘을 가진 새로운 일본 문화를 어떻게 만들어 가는가 하는 문제였다. 이 나라의 사람들은 예부터 단가短歌를 부르고, 하이쿠俳句를 읊으며 또 사소설私小説을 쓰고 살아왔지만, 이러한 사적 영탄에는 줄거리를 발전시켜 전개해 가는 힘이 없는 것은 아닐까. 큰 국제적인 무대에서 자신들을 표현해 가기 위해서는 줄거리가 발전하고 깊어져서 대하大河가 되어 전개될 장편소설을 낳을 수 있게끔 문화를 만들지 않으면 안 된다. 그러나 어떻게 하면 이 폐허의 일본에 대하와 같은 사상을 낳을 수 있을까? 그것을 실행해 가기 위해서는 일본 문화의 어디에 입각하면 좋은 것일까? 이러한 문제를 계속 생각하고 있는 동안에 이윽고 가벼운 노이로제 기미가 보여 학교를 쉬게 되었다.

어느 날 세토의 중고 서점의 선반에 한 권의 묵직한 책을 발견해서 무심코 손에 들었다. 그것은 가네코 모토오미金子元臣의 『만요슈 평석』万葉集評釈 제1권이었다. 책을 펴고 바라보는 눈에 유우랴쿠雄略 천황의 '바구니도 좋은 바구니를 가지고, 호미도 좋은 호미를 가지고'籠もよ み籠持ち ふくしもよ みぶくし持ち로 시작하는 만엽장가万葉長歌가 들어왔다. 그것이 내 마음을 연 것이다. 첫째로는 학교에서 교육받아 온 '신으로서의 천황'과 너무나도 다른 인간으로서 젊은 여성에게 말을 거는 천황의 노래를 처음 보았다는 신선한 충격으로 과연 고대 일본은 이러한 나라였던가 하는 생각이 들었다. 그러나 그보다 더 내 마음을 강하게 때린 것은 장가라는 노래 형식이었다. "여기에 새로운 일본 문화를 입각시킬 가능성이 있는 것은 아닐까. 장가를 낳은 이 정신을 단가가 아닌 방향으로 전개할 수 있다면 발전성과 전개 가능성이 있는 새로운 일본 문화를 만들 수 있지 않을까" 하고 직관했던 것이었다.

내 속에서 '다음은 서구 문화가 전개되는 발전성을 받아들이기 위한 입각점을 이해하는 것'이라는 생각이 생겨나서 과학자로의 길을 결단했다. 서구 문학이나 철학 문헌을 통해서보다 과학자로서의 과학의 논리와 사상 속에 살면서 서구의 사고 방식을 몸으로 경험하는 쪽이 자신의 목적과 합치한다고 생각했기 때문이었다. 그러나 대학에 입학했던 나에게는 다시 커다란 문제가 남아 있었다. 그것은 이러한 형태로 나 나름으로 발견한 동서양 두 개의 사상적 기초를 지금부터 어떻게 융합하는가 하는 문제였다. 진실로 나 자신이 납득할 수 있는 방침을 세울 수 있기까지는 대학 3학년부터 4학년에 걸친 약 1년간 사색의 집중을 필요로 했다. 그리고 발견한 것이, 일본 문화 속에서 살아온 나 자신을 대상으로 "살아 있다는 것은 어떤 것인가"라는 문제를 넓게 보고 가능한 한 과학적으로 엄밀하게 연구해 가면 저절로 동서의 논리가 융합되어 대하 소설과도 같은 전개성이 있는 이론이 생겨날 것이라는 점이었다. 그리고 그 첫걸음이 "살아 있는 상태란 무엇인가"라는 과학적 연구가 된다고 확신했다. 이렇게 나의 일생에 걸쳐 고구考究할 문제를 발견했을 때는 과연 기쁘게도 만엽장가 같은 리듬이 마음 깊은 곳에서부터 용솟음치는 기분이 들었다. 그 뒤 내 마음에는 한 시기의 휴면은 있었지만 지금까지 이 리듬이 멈추지 않은 채 계속되고 있다.

자연과학의 연구는 실기実技의 터득에 필요한 수행시간이 길고, 또 그 뒤 조교수나 교수가 되어 자신의 생각대로 연구를 진행할 수 있는 자유를 얻었다고 해도 학생에게 전문 교육을 하거나 연구를 지도할 의무가 생긴다. 좁은 전공에 묶이지 않고 넓은 영역에 걸쳐 연구를 행하려고 생각하면 모든 여력과 사적인 시간을 그 연구에 바칠 작정을 하지 않으면 실행할 수 없다. 나의 경우 규슈九州대학 이학부 교수가 된 38세 때부터 준비를 시작했지만 학생 시절에 그렸던 꿈을 향해 겨우 본격적으로 몰두하게 된 것은 50

세가 되어서부터였다. 그리고 60세에 도쿄대학을 퇴임하기 전에 내 나름으로 생각해 온 중요한 부분을 한 권의 책으로서 발표했다. 그것이 이 책의 구판『생명과 장소』(1992년)이다. 지금 이 책이 신판으로서 완결된 것을 눈앞에 두고 나는 인생의 '단풍'을 느끼고 있다.

신판 간행에 즈음해서 도쿄대 공대의 미야케 요시히로三宅美博 조교수는 각주를 전부 체크해 주신 것뿐만 아니라 전체에 걸쳐 여러 가지 건설적인 비판을 해주셨다. 원고를 정독하고 정리해 주신 몬다 구니코門田邦子 씨, 오노 요우코小野蓉子 씨, 그리고 NTT출판의 사이토 히로시斎藤博 씨에게 감사하고 싶다. 과학기술 진흥 조정비 통합 연구 '인간의 여러 사회적 활동의 해명, 지원에 관한 기반적 연구'에 의한 것도 크다.

1999년 2월

하라주쿠原宿에서

옮긴이 후기

이 책은 시미즈 히로시清水博의 신판 『생명과 장소』生命と場所ー創造する生命の原理를 완역한 것이다. 구판은 1992년에 일본에서 출간되었으며 국내에 번역되어 있다(임승원 옮김, 『생명과 장소』, 전파과학사, 2000). 구판과 신판 사이의 저자의 사상적·이론적 발전을 비교하고 싶으신 독자께서는 둘 다 참조하는 것도 흥미로울 것이다. 구판에서는 주로 전문가 시스템expert system에 대한 비판과 조작정보에 대한 연구를 소개하고 있는 데 비해 신판에서는 자기조직론의 관점에서 불량 설정 문제를 양 설정 문제로 바꾸기 위한 구속조건을 생성하는 뇌의 활동에 관한 연구 등이 추가되었다.

시미즈 히로시는 생명관계학 분야에서 자기조직계, 복잡계 연구에 기반하여 홀론 소자素子를 이용한 홀론 컴퓨터의 개발이나 로봇 기술에의 응용, 생물의 운동 원리에 대한 해명 등 다채로운 활동을 해왔다. 1990년대 들어서는 가네자와金沢 공업대학에서 장 연구소 소장으로서 장 연구에 기반한 과학기술과 그것의 사회적 응용에 대한 연구를 시작하였고, 1997년에는 장의 아카데미를 장 연구소 내에 설립, 현재까지도 왕성한 저술 활동을 하고 있다.

이 책에서도 생명 과학과 화엄 철학, 니시다 기타로의 사상 등 동북아 전통을 접목시켜 논의를 전개하고 있지만 2000년대 들어서는 잇벤一遍이나 신란親鸞과 같은 일본 전통의 불교 사상가들이나 요시다 쇼인吉田松陰, 가미이즈미 이세노카미 노부츠나上泉伊勢守信綱 등 일본 역사의 격변기에 활동했던 인물들로부터 사상적 영감을 얻어 활발한 문화론, 현대문명 비판 등을 전개하고 있다. 특히 장소론에 대한 논의를 더욱 넓혀 생물의 신체에 머무는 국재적 생명과 생명 상호 간의 관계 및 그들이 속한 공간 자체가 갖는 편재적 생명의 이중성을 주장하고, 후자를 '순수 생명'이라고 하여 양자의 조화로운 합치를 주장하는 등 보다 본격적인 사상가로서의 면모를 보이고 있다. 『생명과 장소』는 이러한 저자의 사상적 전개를 인식론적으로 뒷받침하는 고리의 역할을 하고 있는 저작일 뿐만 아니라 그 자체로 현대 생명과학의 이론적 발전을 잘 소개하고 있는 고전이라 할 수 있다(시미즈 히로시의 철학적 에세이인 『장의 사상』場の思想, 東京大學出版會, 2003이 철학아카데미http://www.acaphilo.org의 생명과학연구실에 역자에 의해 번역되어 있으므로 저자의 사상에 대해 더 알기를 원하는 독자는 참고하기 바란다).

주지하다시피, 20세기 이래 서구 현대 철학은 프랑스나 독일로 대표되는 대륙 철학과 미국과 영국 등 영미 철학으로 크게 양분되었다. 양자는 각자 크게 다른 학문적 방법론과 이념을 지니고 있고 주안점을 두고 있는 활동 영역도 다른데, 그것은 과학 철학 분야에서도 예외가 아니었다. 유럽 과학철학 내에서는 순수 과학 이론 자체보다는 과학과 자본, 인간 욕망의 연관관계 등에 관심을 갖거나 보다 미학적인 쪽과 접목한 과학철학(가스통 바슐라르) 등의 움직임이 있었다. 이에 비해 영미 철학계에서는 보다 엄격한 인식론적 증거를 요구하고 과학적 이론 자체의 해명에 집중했으며, 특히 초기 과학철학의 창시자들이 대개 물리학자들이었기 때문에 영미 철학계에서는 지금도 물리학적인 모델에 기반한 논증이 강하게 작용하고 있다. 이런 대립구도에 변화를 불러일으키고 있는 것이 복잡계 현상의 연구 및 자기조직 현상의 발견에서 비롯된 생물학 분야의 급격한 발전이다. DNA 이중나선 구조가 발견되기 이전에 생물학은 은연중에 과학(철학)자들 내부에서도 과학으로서 확고한 지위를 누리지 못했다. 생명 현상에서 관찰되는 사례들은 물리학의 사례와는 달리 일반적인 법칙하에서 동일한 운동을 한다고 파악하기 힘들었고 이론의 설명과 예측이 힘들었기 때문이다. 예컨대 천체물리학에서는 일식과 같은 행성의 운동을 수백, 수천 년 전이나 그 후까지 확인·예측할 수 있고 양자 역학은 양자의 운동을 소수점 아래 수십 자리까지 정확히 계산하고 있다. 이에 비해 진화론은 엄격한 인식론적 증거를 요구하는 이들에게는 받아들이기 의심스러운 이론일 뿐만 아니라 진화론 내에는 생물 진화의 일반적 법칙이 존재하지 않는다. 그러나 생명과 비생명의 경계에서 관찰되는 산일 구조나 비슷한 시기에 발전한 복잡계 이론 등에 힘입어 새롭게 수학적으로 계산 가능한 모델이 등장함에 말미암아 생물학적 현상에 대해 회의적인 눈초리를 보내던 기존 입장에서 서서히 탈피하게 되었다. 현재에 이르러서는 생명 현상이 물리학적 현상과는 독립적인 다른 원리로 발생하고 있다는 것이 인정되었고, 기존 과학철학과는 또 다른 독자적인 학문 분야로서 생물학의 철학phiosophy of biology이 활발히 연구되고 있다. 물론 생물학의 발전 과정에서는 분자생물학 등 전체를 부분으로 분석하는 방법론이 큰 역할을 하였고 이런 방법론이 아직까지도 주류를 점하고 있는 것이 사실이다. 하지만 비주류 영역에서 새롭게 모색되고 있는 비물리학적 방법론의 적용·발달에 따라 과학 자체의 성격 변화는 물론 존재론·심리철학·인식론 등 다른 철학 분야에까지 영향을 미칠 가능성이 있다. 또한 인지과학 등 비교적 신생 학문으로서 인간의 신체나 뇌와 정신의 관계에 대해 탐구하는 분야에서는 현상학처럼 기존 인문주의의 전형으로 여겨졌던 분야도 접목되어 활발히 연구되고 있다. 인지과학 자체가 여러 학문 분야가 모여 만들어진 학제 간 연구의 성격이 짙은 만큼 대립되는 듯 보이는 철학적 조류도 통합적으로 연구되기를 요청받고 있는 것이다. 이 책을 이러한 담론적 배경을 염두에 두고 읽는다면 더욱 명확하게 파악할 수 있을 것이다.

한 가지 더 언급해 두고 싶은 것은 현재 동북아가 처한 학문의 지리적 정세에 관한 것이다. 중국을 비롯한 한국과 일본은 고유한 사상적 전통을 지니고 있고 세계사적으로도 수준 높은 사유를 펼쳐 왔다. 그러나 근대 이후 학문의 수입으로 인해 서구 사상과 더불어 공존하는 형태가 된 데다가 현대 서양철학이 불과 수세기 사이 급격히 발전한 수리-과학적 이론들과 방법론을 흡수하거나 전제한 채 현대적 사유를 전개하고 있는 데 비해 동북아의 고유 사상은 이들이 요구하는 방법론이나 인식론적 증명 기준에 적응하지 못한 채 전체적으로 훈고학적 성격을 띠게 되었고, 서구 사상과 접목하는 경우에도 최소한 그 무게중심이 서구 쪽으로 기울게 되었다. 이러한 정황에서 화엄 철학이나 선불교의 사상과 접목해 과학 이론을 전개하고 있는 시미즈 히로시의 사상적 실천은 그 시도 자체만으로도 동북아 전통의 계승은커녕 문과와 이과가 분리되어 서로 잘 교류하고 있지 않은 한국의 현 상황에서 시사하는 바가 크다고 해야 할 것이다. 또한 유사한 학문적 상황에서 일본 학계가 어떻게 연구를 진행해 나가고 있는지 타산지석이 되었으면 하는 바람이다.

이 책은 일본의 철학적 전통과 결합한 과학서이긴 하지만 한 철학자의 사유에 대해 깊이 파고든 주석서는 아니다. 보다 일반적인 차원에서 생명과학에 대해 소개하고 있는 데다 내용이 그다지 난해하지 않고 현대 생물학의 발전 과정에서 발견된 중요한 원리들을 전반적으로 설명해 주고 있기 때문에 좋은 입문서가 될 것이라고 확신한다. 과학 분야는 특성상 이론의 갱신 속도가 빠르고 세부 학문이 많기 때문에 의외로 일반 독자들을 대상으로 한 입문서로서 균형을 잘 이룬 책을 쓰기란 쉽지 않다. 더구나 그것이 현대 학문의 최전선에 서 있는 모험적인 분야에서라면 더욱 그렇다. 어쩌면 아직 이 책의 내용이 낯설게 여겨질 독자도 계실지 모르지만 저자가 말하고자 하는 기본적인 원리에 대해 곰곰이 숙고해 본다면 이것이 전혀 새로운 존재론을 향해 열린 길이라는 사실을 깨닫게 될 것이다.

독자 여러분은 구판 번역과 비교해 보면 용어의 번역에 있어서 상당히 차이가 난다는 것을 알 수 있을 것이다. 원서 자체가 일본어의 특성상, 그리고 과학계에서의 용어 사용 특성상 원어를 그대로 사용한 경우가 많았으나 이들은 일관적으로 새로운 번역어를 사용해 주어야 했다(예컨대 coherence는 구판 번역에는 그대로 '코히런스'라고 되어 있지만 신판 번역에서는 '정합성'으로 번역했다). 또 일본어투인 용어들도 수정해야 했다('소정보'는 '정보소'로, '시각야'는 '시각역'으로 수정했다). 개중에는 한국 과학계에서 여전히 통용되는 용어도 있지만 일본어투인 것은 다른 대안이 있는 경우에는 그것을 따랐다. 번역 용어나 내용과 관련해 발생할 모든 오류는 역자에게 책임이 있으며 지적하실 사항이 있다면 감사히 수용할 것이다.

생명과학 세미나에서 번역을 진행하면서 같이 공부한 모든 분들에게 감사의 말을 전하고 싶다. 더불어 원고를 최종 검토하면서 실수나 오탈자를 일일이 지적해 주고 조언해 주신 그린비 출판사의 강혜진 씨에게도 감사를 드리고 싶다.

2010년 2월

역자 박철은, 김강태

찾아보기

【ㄷ · ㄹ】

【ㅁ】

【ㅂ】

【ㅅ】

【ㅇ】

【ㅈ】

【ㅋ · ㅌ】

【ㅍ · ㅎ】